本书由海南师范大学资助出版

海南岛及周围语言

比·较·研·究

张惠英◎著

中国社会科学出版社

图书在版编目（CIP）数据

海南岛及周围语言比较研究/张惠英著. —北京：
中国社会科学出版社，2017.10
ISBN 978-7-5203-0993-6

Ⅰ.①海… Ⅱ.①张… Ⅲ.①汉语方言-方言研究-
海南 Ⅳ.①H17

中国版本图书馆 CIP 数据核字（2017）第 224741 号

出 版 人　赵剑英
责任编辑　张　林
特邀编辑　宋英杰
责任校对　闫　萃
责任印制　戴　宽

出　　　版　中国社会科学出版社
社　　　址　北京鼓楼西大街甲 158 号
邮　　　编　100720
网　　　址　http://www.csspw.cn
发 行 部　010-84083685
门 市 部　010-84029450
经　　　销　新华书店及其他书店

印　　　刷　北京明恒达印务有限公司
装　　　订　廊坊市广阳区广增装订厂
版　　　次　2017 年 10 月第 1 版
印　　　次　2017 年 10 月第 1 次印刷

开　　　本　710×1000　1/16
印　　　张　24
插　　　页　2
字　　　数　448 千字
定　　　价　109.00 元

序

　　惠英把《海南岛及周围语言比较研究》书稿交我，嘱我写序。她知道我很关注汉语方言与少数民族语言的关系，也很注意海南岛汉语方言调查研究的事情。

　　2001 年 4 月 23 日，我以《方言》杂志编辑部的名义，邀请在京的汉语方言学界和少数民族语言学界的部分专家学者，在中国社会科学院召开了"汉语方言和少数民族语言研究座谈会"，讨论如何把我国汉语方言和少数民族语言的调查研究紧密结合，互相靠拢、互相借鉴、互相启发、互相结合。《方言》杂志 2001 年第 3 期刊登了这次座谈会的发言纪要。同期杂志还刊发了关于汉语方言与少数民族语言体貌问题一次研讨会的详细报道。

　　2006 年 2 月，我执笔为刘新中教授大作《海南闽语的语音研究》作序。我曾说过："对于语言学工作者来说，海南更是一块难得的宝地。根据刘新中博士的调查，海南岛上有黎语、苗语、村话、临高话、那月话、回辉话、儋州话、军话、闽语、客家话、迈话、付马话、疍家话等十几种语言和方言。在一个地域面积不大，只有 700 多万人口的地方，其语言之复杂多样、丰富多彩的程度，大概在其他地方是不太容易看到的。更为重要的是，这么丰富的语言资源，迄今为止还没有得到充分的调查和开发，以至于有好几种语言和方言由于缺乏足够的调查材料，连它们的系属现在还没有研究明白。"

　　可是，由于各种原因，我虽然很关注汉语方言和少数民族语言调查研究的互相结合，但却无法去做更多实际的工作，只是在一些学术会议上发表一点想法而已。我也没有时间和精力去做海南岛语言或方言的实地调查研究，只是利用已经发表的语言事实，写过几篇文章，讨论过一些问题而已。我经常感叹这是心有余而力不足。

　　对于上面说到的两个方面，惠英都做得比我好。

　　惠英的方言研究，从《吴语札记》开始，就注意从吴语方言的比较中探讨一些口语词的来历。1990 年，她又主要从粤语和吴语的比较中，写了《广州方言词考释》。写作过程中，她求教于几位师长，当时粤语研究做得很好的白宛如先生批评她：你好好研究吴语方言就是，干嘛要涉及粤语广州话呢？李荣先生也板着脸说："你还要不要吃方言这碗饭？"他们都是好意，怕惠英对不熟悉的方言理解有误。经李荣先生仔细审稿后，《广州方言词考释》终于在1990年《方言》杂志上连载两期。从20世纪90年代中期开始，惠英又把北方话常见的词头"圪"，和南方话常见的词头"阿"，和哈尼语、阿昌语、傈僳语、普米语、木雅语的词头a（ɑ/ɐ/ɛ）相比较，还比较了苗语词头qa，指出那个词头有a的声音变体，写了《词头"圪、阿"探源》，明确汉语词头"圪、阿"和苗语词头 qa/a 来源一致，都是量词兼指示词的"个"（1995年首届官话会议论文）。可见她的研究一开始就有非常强烈的语言方言比较意识，而且是汉语方言与少数民族语言的比较意识。

20世纪90年代中期，她因健康原因来到今海南师范大学（原名海南师范学院），一下被海南很特色的地名人名所吸引，利用去香港几所大学长期访问查找图书资料的方便，写了《语言和姓名文化：东亚人名地名族名探源》一书，从"巴蜀"到暹罗、老挝，到越南、日本，这一大圈的地名族名都有所涉及。同时还写了《汉藏系语言和汉语方言比较研究》，后来又对北方的"胡同""圐圙""蒙兀""敖包"等做了她的考证。可以说，在她研究时，中国南方北方及周围地域，她都予以关注。

惠英的比较研究，多为词汇、特别是虚词类来历的考释。她2001年出版的《汉语方言代词研究》，就把南方北方的指示代词、人称代词、疑问代词的来历，作了较为广泛的比较研究。例如她把北方话的疑问词"什么"、"甚"（来自"什物"），广州话客家话的"乜野"（咩嘢）、"脉介"（均来自"物个"），都从音韵出发、参酌文献、比较分析。我们再看海南闽语的"乜、个乜"，也来自"物、个物"，都是从名词转化而来。临高话的"ki^3、$ki^3 kai^3$ / $ki^3 ka^3$"，是直白的"几、几个"。显然它们的来历都是相通的。

值得指出的是，今北京土话连词 han^{53}（用作"和"），在海南临高话中，"喊" $hem^{1/2}$ 不止用作连词介词"连，和、给、替、为、向、同、对"等，还可直接用作动词，反映了这个词的古老本色。而且，这个带-m尾的词，在周围的长流土话、黎语中都有反映，来源相同。请看这篇《临高话动词介词连词"喊" $hem^{1/2}$——赞叹临高话的古老》的小标题：

一　动词用法 hem^2：跟、跟随

二　介词：跟、跟随

三　介词：给、替、为

四　介词：向、对、问

五　介词：同（引进比较的事物；引进动作的对象）

六　介词：对待

七　介词：连（连……也/都）表示强调，甚而至于的意思

八　连词：和

九　和长流土话、黎语的比较

又如，黎语"屎、屎榫（屁股）拉屎、臭、闻（嗅）"这类词，都以 ha:i^{11}、ha:i^{53} 为核心，原来，这个 ha:i^{11}、ha:i^{53} 的音，就是许夷切的"屎"。屎，《说文》未载。《广韵》上声旨韵式视切："屎，俗。本许夷切。"又平声脂韵喜夷切（写作三种字形：脥、尿、屎）："脥，臀之别名。""尿，呻吟声。""屎，上同。"今汉语方言不知何处还存"许夷切/喜夷切"的音，连丁声树编录、李荣参订的《古今字音对照手册》44 页也未载此音。让我们惊奇的是，黎语 ha:i^{53}、ha:i^{11}，壮语多数方言的 hai^4、傣语的 xi^5、海南东方村语的 ha:(i)^3 就来自许夷切/喜夷切的音。

这些少数民族遗存的古老语言，不只印证了中华文明的悠久历史，还为我们认识语言的发展演变提供了活生生的例子。例如名词和量词同源，量词来源于名词的典型表现，在黎语、壮语中让我们看得特别清晰。《从海南岛黎语量词"老、爸、郎"说起》一文中，我们可以看到，黎语量词"老、爸、郎"和壮侗语族的量词"翁、父、母、奶"，显然都是从尊老敬老的称谓名词的发展演变而来。

海南的语言方言的环境，给惠英的语言研究提供了足够丰饶的土壤。除此之外，惠英也具备了必要的学术积累。这种积累包括：一是对她母语崇明方言的深入了解；二是对汉语方言之间的比较，以及今方言和古文献的比较；三是音韵训诂的素养、本字来历的考究功夫。当然，她的不足是没有系统调查过一种少数民族语言。这其实也是包括我在内的许多汉语方言工作者的一个遗憾。不过，几年前她有机会对海南长流土话进行了比较仔细的调查，也许摸索到了调查土话的一些经验。毕竟都是语言调查，道理和方法都是相通的。

说说上面的一些话，就知道惠英把一些作品结集成《海南岛及周围语言的比较研究》一书出版，这是水到渠成、顺理成章的事。这本语言间比较研究的文集，既让我们看到了悠久的汉语历史，也让我们看到了兄弟民族和周围地区人民之间千百年来深入的交流和共建的文明。也可以看出汉语方言与少数民族语言调查研究的结合，是语言研究一个正确方向。在这个方面我们显然还是做得很不够的，很期望后来的年轻学者能够做出更多的努力。

惠英年纪大了，好用手机拍摄花草禽鸟，聊以自乐。一次在游轮上拍摄飞鸟时自题："全神贯注，捕捉点滴"。这正是做学问时的态度，我们共勉，也与朋友和读者共勉。

张振兴

2017 年 3 月 23 日

前　言

海南岛的语言丰富而复杂，既有汉语方言，如海口话、文昌话、军话、儋州话等，又有黎语、回辉话、苗瑶语，还有临高话、村话等。语言学工作者对此蕴藏丰厚的还未好好开垦的语言宝藏之地，没法不动心，不怀情。吸引我来到宝岛的缘由，固然还有温暖的阳光、清新的空气、湛蓝的天空、洁白的沙滩等难得的享受，而语言的古老凝重、错综复杂、多姿多态，无疑也是对我心神的一大吸引力。

20 世纪 90 年代中期至今，20 多个年头，虽然天资不敏，也还努力锻炼寻觅，凭借先行者的有关积累，辗转思索，有所笔录。年迈之际，积篇成集，谨谢天赐厚恩，谨谢海南父老乡亲的关爱。

本集所收 30 篇，都以海南岛语言和周围语言为主要研究对象，都是到了海南岛以后写作的文章。可分四部分：第一部分是"海南岛的语言"，以汉语方言为主；第二部分是"临高话"；第三部分是"黎语"；第四部分是"海南岛周围的语言"，主要是壮侗语言和汉语方言的比较。

我从海南岛及周围的语言研究中，看到了中华文明的悠久历史，看到了这种文明的传播辐射，看到了语言接触过程中的曲折变化；而最吸引我的是海南岛及周围语言的既古老凝重又生动形象。例如：

甲骨文中的"祖、妣"，在海南陵水黎族地名中有集合的"祖"字地名，"妣"则用作母亲、雌性、尊大，用来称巫师、峒长的词头：

	母亲	母鸡	拇指
通什	pi^6	pi^6 khai^1	pi^6 go^6 ɬiaŋ^2
保城	pi^6	pi^6 khai^1	pi^{6}hɔ^6 ɬiaŋ^2
堑对	phi^6	phi^6 khai^1	phi^6 ɬiaŋ^2

这个 pi^6 还用作巫师、峒长等词的词头：

pi^{31} tua^{35}　　　（娘母，指巫师。据中南民族学院，1956，50 页）

pi^{31} ki:m^{35}　　　（禁母。同上 59 页）

pi^{31} kwa^{31}　　　（毕寡，指峒长。据广东省编辑组，1986，58 页）

又如：

临高话的"lai^3"来自"得"（声母 t-、l-相谐声，犹如"棣 t-、隶 l-"

相谐声），既表得到，又表存有，犹如《论语》"三人行，必有我师"，也作"三人行，必得我师"。"得、有"异文，义通互用。唐陆德明《经典释文·论语音义》引《述而》："我三人行，必得我师焉。"今本《论语·述而》作"必有我师焉"。"得"和"有"是异文，"得"表示"有"。

又如：

临高话的 luk^8，可指窝、巢；关牛马的地方、厕等：

luk^8 mo^1　猪栏；猪圈

luk^8 ma?^{8}　马厩

luk^8 mu?^{8}　蚁窝

luk^8 fən^3　粪坑（干的）

luk^8　蜂窝

luk^8 təi^3　牛栏（水牛）

这个"luk^8"，就是"院落"的"落"。

《海南村话》178 页的 lok^{13} khai^{35} 鸡窝、lok^{13} siat^{33} 鸟窝、lok^{13} kɔ^{35} 蜂房中的 lok^{13}，也是"落"。

落，可指人的居处，如"部落、村落、院落"。《广雅·释诂上》："落，居也。"《后汉书·循吏传·仇览》："庐落整顿，耕耘以时。"李贤注："案，今人谓院为落也。"

生动形象的一面，也是令人难忘，如：

长流土话称肚子为 hoŋ^{31}，和"桶"同音（桶，又读 hoŋ^{55}：水桶 hoŋ^{55} nam^{31}；饭桶 hoŋ^{55} tia^{31}）。长流土话等方言，以"桶"称肚子，取其形似也。

刘剑三《临高汉词典》289 页"桶"也读 hoŋ^3（刘写作"筒"），如 hoŋ^3 nam^4（水桶）、hoŋ^3 lou^4（便桶；尿桶）。有趣的是 hoŋ^3 也表示怀抱、胸前，hoŋ^3 jua^3 表示怀抱、衣襟。比较长流土话 hoŋ^3 表肚子，再看临高话的 hoŋ^3 表示怀抱、胸前、衣襟，就可明白原来临高话表示的怀抱、胸前、衣襟，实际上是肚子的引申。

又如"囊"指"皮"：

刘剑三《临高汉词典》245 页称皮肤、物体的外层都是 naŋ^1，如：

naŋ^1 və?^{7}　篾青（引者按，即竹篾之皮也）

naŋ^1 dun^3　树皮

naŋ^1 sek^7　书皮（引者按，sek^7 即"册"）

naŋ^1 ho^3　虎皮

桥本万太郎《临高方言》150 页称皮也是 naŋ^{23}，35 页称果皮为 naŋ^{23} mak^{55}。

桥本和刘书中的这个 naŋ^{23} / naŋ^1 就是"囊"。

符昌忠《海南村话》169 页的"牛皮"为：naŋ^{35} deːu^{35}（黄牛皮）、naŋ^{35} teɵi^{42}（水牛皮）。其中的 naŋ^{35} 也是"囊"。

《黎语调查研究》458 页皮肤的几处读音是 noːŋ^1、naŋ^1、nuaŋ^1、nuaŋ^4、nɔːŋ^1，都是"囊"。黎语保定话男生殖器为 naŋ^2（同上 78 页），大概是"卵囊"的"囊"。

古代汉语"皮囊"连用，可以指人、畜的躯体。如：元无名氏《蓝采和》第二折："你敢化些淡虀汤，且把你那皮囊撑。"可见"皮、囊"同义并列。

还有，壮语、傣语、布依语等以"鸟"表示"一"，以"双"表示"二"，是很有启示的语言现象。汉语数词"一、二"是一条横线、两条横线，"只（隻）、双（雙）"是一只鸟、两只鸟，都可用来表示数目"一、二"。可见汉语的"隻（一隻鸟）、雙（两雙鸟）"，对周围的语言，起了多么大的作用！在文明的演进中，汉语汉字在整个东南亚、东亚扮演了多么重要的角色！

点点滴滴，万千景象，感谢阳光雨露；不忘初衷，行有余力，继续观察思考。报答天公，报答父母，报答师长，报答父老乡亲！

张惠英 2017 年 1 月 18 日
于三亚龙栖湾

目　录

第一辑　海南岛的语言

第二辑　临高话

细　目

第一辑　海南岛的语言

从"美兰"机场说起*

——海南地名研究之一

（《海南师范学院学报》1999年第2期，
收入《汉语方言代词研究》，语文出版社2001年）

　　海南的地名，犹如海南风光一样奇特引人，犹如海南方言一样复杂纷纭，犹如黎苗兄弟民族一样古老质朴。笔者初来乍到，就被通什镇、牙龙湾、抱罗（粉）、嘉积（鸭）等地名所吸引。经过数年的搜集整理，结合海南方言和少数民族语言的比较研究，自觉启发良多，得益非浅，现在不揣谫陋，整理成文，就正于学界同行及海南乡亲。

　　现在就从"美兰"机场说起。

　　美兰机场的建设和营运，是海南文明进程中的一个标志，而"美兰"之名，则蕴含着最古老的命名之实。初看起来，"美兰"是个平常之名，因为"美兰"作为女子名可谓寻常可见，而地名常由人名转化而来，所以不足为怪了。但在海南，情况就不那么简单了。无论"美"还是"兰"，都有一个并非简短的语言学的"故事"，原来"美"是"母"的雅化，"兰"是"栏"的雅化。我们从中既可看到语言文字发展演变的曲折奥妙，也可窥视人类文明进展的历史轨迹。

一　先说"美"（包括"迈、买"）

　　"美"作地名，在琼山、临高非常密集，据1996年11月海南省民政厅编的《海南省行政区划简册》，琼山有170多个村子以"美"为名，临高有80多个村子以"美"为名，都以"美"地名首字为常见，作后字为少见。请看（注意，人有同名，地也有同名，所以见到同名时，不必怀疑是重复之误）：

　　琼山府城：美元　美爱（6页）

---

　　*　本文在搜集资料过程中，得到海南省方志办陈波先生、省民政厅区划地名处吉嘉松先生、临高县政府办公室王贵辛先生、临高县方志办王军先生、陵水县民宗局符有奇先生的大力帮助，琼籍学者新加坡理工大学云惟利先生对初稿提过意见，特此一并致谢。

永兴：美秋　美孝　美赫　美豪　美梅　美觉　美德　美照　美甘　美品　美朗（7页）

石山：美傲　美贯　美岳上　美岳下　美社　美新　美富（8页）

东山：美舍（8页）　美太坡、美文坡（9页）

遵谭：美好　美炳　美运　美盈　美万　美昌　美杏　美顶　美洪　美德（10页）

新坡：君美　美位（11页）

美仁坡：美仁坡（12页）

龙桥：美傲　美朗　美任（12页）

十字路：美傲　美贤　美焕　美插　美秀　美朗　美玉　美贤　美仁　美儒　美备　美程　美岭　美初　美定　美万（13—14页）

龙塘：卜美　美本　美味　美脑　榜美　美焕　美榜　美有　美隆（14页）

灵山：美庄　美焕　美大　美程东　美程西　美跃　兰美　美炎　美仁外　美仁内（15—16页）

演丰：美学　美仁　美男墟　美男上　美男下（17页）

演海：成美　美园（18页）

三江：美敏　美和　道美一　道美二（19页）

大致坡：美贴上　美贴下　美偶　美峰一　美峰二　美峰三　美板　美训一　美训二　美浑下　美敫　美浑中　美浑上（20页）

咸来：美良上　美良一　美良二　美桐一　美桐而　美桐三　美仁山　美扬（21页）

旧州：美永　美等　美毛　美连　美顶　美傲　美郑　美添　美俗　美岭　美南　道美　福美　美崖　美良　美良园　美环　美仁一　美仁二　美本一　美本二　美本三　美本四　美本五　美本六　美傲一　美傲二　美傲三　美片　美备（22—23页）

新民：美源　美仍　美赤坡（23页）

云龙：美丹　美下　美坦　美上（24页）

红旗：美雅　美清　美管　美福　美山　美玉　美崖　美正（24—25页）

三门坡：美里　美城　美南　美东（26页）

谭文：美宗（27页）

甲子：美兆　美茶　玉美　里美　美界　美甬　美早　美伦（27—28页）

美安：美觉　美城　美福　美月　美榔　成美　美玉　美岭（29页）

临高坡莲：美珠　美中　美南　美棉　美北　美郎　美道　抱美　美国　美灵上　美灵下　美鳌　美来（177页）

龙波：美堂　美莲　美朗　美梅　美珠　美里（178页）

和舍：美育　美尧　美本　美拥　美半　美胡　美巢上　美巢下　美南（179页）

皇桐：美香　美巢　美吉　美埚　美裔　美本　美星　美万（179页）

博厚：美月　美调　美山　堂美　美所　美雅　美略　美锦　美榄　美隆　美伴

（180—181 页）

　　美厦：美厦（181 页）

　　东江：美山　美文　美北　美南（182 页）

　　美台：美台　美圣　美文　美保　美里　美榔上　美榔下（182—183 页）

　　美良：美良　美良圩　美略（183 页）

　　新仍：美罗　美本（184 页）

　　南宝：美郎（185 页）

　　东英：美傲（185 页）

　　临城：美当　美山　美迎老　美迎新（186—187 页）

　　多文：美巢　美东　美西　美还　美兴　美龙　美堂　美图（187 页）

　　马袅：美盈　美览（188 页）

　　如此密集的"美"字地名，不要说在内地少见，就是在海南的中部南部，也没有这种情形。所以，琼山、临高密集的"美"字地名，一定有它曲折的隐情。

　　我们注意到，在 16 世纪初的《正德琼台志》中，常见的地名用字为"迈、买"，例如：

迈罗井（卷五 16 上）　　　　　　迈陈都（卷十二 3 下）

迈本岭（卷五 20 下）　　　　　　迈容桥（卷十二 9 上）

迈南山（卷五 21 下）　　　　　　买愁村（卷五 16 下）

迈荳岭（卷五 21 下）　　　　　　买扶都（卷二十 4 下）

迈容东坝（卷七 4 下）　　　　　　买射市（卷二十 5 下）

南迈岭水（卷七 7 上）　　　　　　买舍市（卷十二 5 下）

迈别都（卷十二 2 上）　　　　　　买涂市（卷十二 6 上）

迈端都（卷十二 2 下）　　　　　　买舍桥（卷二十 8 上）

迈犊都（卷十二 3 下）

　　直到今天，琼山还有不少村子以"迈"为名，例如（据《海南省行政区划简册》）：

　　府城：迈仍一　迈仍二　迈仍三　迈仍四（6 页）

　　灵山：迈雅　迈咏　迈节（16 页）

　　云龙：迈风　迈操（24 页）

　　据 1990 年的《临高县志》载："1148 年（宋绍兴十八年），胡铨被流放吉阳军（今三亚市），路经买愁村（今黄桐区美巢村）作诗一首。"这首诗就是《临高买愁村口占》："北往长思闻喜县，南来怕入买愁村。区区万里天涯路，野草荒烟正断魂。"其中的"买愁村"今已定名为"美巢"村，可见"美"和"买、迈"声音相近，"买愁"和"美巢"谐音。大概"迈、买"

的地名用字，都用音近的"美"来美化，所以当今的《临高县志》已见不到"迈、买"的地名用字了，由此我们可以明白，琼山、临高密集的地名用字"美"，实际上是用来写"迈、买"这个音的。

那么"迈、买"这个音在临高、琼山一带又指什么呢？原来，这个音和母亲、女性、雌性的词同音或音近。据现有的资料，我们看到如下内容。

1. 以文昌话为依据的云惟利《海南方言》115 页，"母姆"音 mai²¹，"迈"音 mai⁵¹。153 页注（27）指出，有个和"迈"同音的字，指的是"出嫁了的年轻女子。可能是'姆'字的白音"。可见文昌话"母姆"一读 mai²¹，又读音 mai⁵¹，读音和"迈"完全同音。文昌话"母姆"既指母亲又指已婚女子，和吴语"娘"既指母亲，在"娘子"词中又指妻子，在"小娘"词中又指女孩的情形相类。

2. 海口话"母"音 mai²¹³（陈鸿迈《海口方言词典》126 页），和文昌话相同（都是阴上调）。

3. 临高话"父母"音 beʔ⁵⁵ mai³¹，mai²¹ 指母亲；娶妻叫 ou²³ mai³¹，可知 mai³¹ 又指妻子；母马叫 mai³¹ maʔ⁵⁵，mai³¹ 又指雌性；临高话 mai³¹ 还用作词头，乌鸦、老鹰、老鼠等词都以 mai³¹ 开头，并无标志性别的意思（词例引自桥本万太郎《临高方言》190、144、20、18、17 页）。

所以，无论是"美"还是"迈、买"，用作地名是都是指"母"，在语音上是可以说得通的。最后的实证，就是海南特别是黎族地区的"母"字地名。

海南定安县有个母瑞山，在 1982 年的《广东省县图集》定安图上，还能看到"母瑞三队、母瑞四队、母瑞五队"等地名，而到了 1996 年海南省民政厅编的《海南省行政区划简册》上已不见"母瑞"村名了。在《广东省县图集》中，我们还看到了琼中县有黎母山、佛母岭、鸭母坡，崖县有石姆隆、石姆龙、锦母角、象姆岭，儋县有鹿母湾，保亭县有母柏田、母赤、母早、什母。

早在 1511 年的《正德琼台志》中，就有"母横、母楞"（卷一 12 页下）。在清张嶲等编的《崖州志》250 页有"母坠、母彰"。在《黎族古代历史资料》中，记着万州黎有"母子、土母"（574 页），陵水黎有"母盛弓、母感弓、母岸弓、指妈弓、母招弓"（577、588 页）。在乾隆五十七年的《陵水县志》卷八 13 页有"母赞、母合、母农、母老、母阳、母顿、母葵、母刺、母寝、母赞上、母赞下"。

今《海南省行政区划简册》陵水黎族自治县的地名中，以"母、妈"为名的如：母付一、母付二、母爸、母育、母茂、母发、母供上、母供下、水姆大、水母子、吗畜、吗咏（引者按，《海南省地图册》作"吗吟"）、早妈、吗造。

和"母"作地名相类，也用"妻、婆、卑、比"作地名，如《黎族当代历史资料》载：妻抱崔查村、妻玉村、妻蛮村（544 页）；婆贝村（539页）、婆杰村（540 页）、婆村（541 页）、婆媒村、婆包村（543 页）、婆眉村、婆骨村（544 页）、陈婆艻村（545 页，"艻"大概用同"寮"——引者）、婆信村（546 页）、黎婆上、黎婆下、黎婆内、黎婆外（555 页）、那婆（568页）；卑休村（545 页）、比鲊村、北比村（546 页）、比言、比道（594 页）。

需要说明的是，黎语通什等地称母为 pi¹³，称峒长为"毕寡"[pi¹³（母）kwa³¹（管）]（据《黎族社会历史调查》58 页）。所以，字形可作"毕、卑、比"等，来源都是表母亲、女性的 pi¹³，和汉语"祖妣、考妣"的"妣"同源。黎语中沙、黑土、白沙、加茂等地，表母亲的词为 mei³/me¹/ma:i⁵（据《黎语调查研究》451 页）。这个 m 声母的音和海南方言相对应，都是汉语的"母"。

其实，海南以"母、妻、婆"为地名，在内地很多地方都能见到，例如"姑苏、牯熊夷（古吴地名）、无锡、无湖（今作芜湖）"用"姑、母"（"无"通"母"）作词头（详参拙作《从姑苏、无锡说起》），在贵州三都水族自治区，就有"姑哄、姑龙、姑贵、姑罗、姑乐、姑八、姑曰、母秀、母牙坡、母鱼、的母、母书"等大量用"姑、母"构成的地名。有的就用"妈"（有时写作"马"）作地名，如深圳蛇口附近有"妈湾"，韩少功《马桥词典》透露："马桥弓据说原来也叫妈桥弓。"（注意：书中"马桥弓、双龙弓、岔子弓"等名，和黎族"母感弓、母盛弓、母岸弓"等以"弓"为名一致，来自汉语的地亩量词。）台湾海峡金门、马祖的"马祖"，本为"妈祖"，香港青马大桥下面的"马湾"本是"妈湾"。乃至"马蜂、蚂蚁、蚂蟥"的"马、蚂"，也是由"妈"词头变来。为了雅化、美化、文明化，我们的语言特别是文字，也要化妆打扮，以应时尚。

海南的"母"字地名除了写作"迈、买、美"等字外，还写作"亩、某、模"。在清张嶲的《崖州志》上我们就看到：

亩桃　亩喇　亩猥　亩强　亩中　亩感　亩早　亩崩　亩遥　亩追（253 页）

某雷　某文　某蓬　某正　某西　某屏　某梅（250 页）

某蓬岭（43 页）

模焦　模钦　模惰　模农　模邱（248 页）

今地图无论是 20 世纪 80 年代的《广东省县图集》，还是 20 世纪 90 年代的《海南省地图册》，或《海南省行政区划简册》，都见不到"亩、某"作地名。"亩、某"也就是"母"，云惟利《海南方言》126 页"母（鸡母）拇某"同音[bo²¹]，128 页又有"亩某模"同音[mou]，只是声调不同。所以"亩、某、模"都用来写"母"，这和厦门、泉州等地的闽语用"某"来写女人、女儿、妻子这些词，是同样的道理，例如厦门话"某"指妻子，"查某"指女人，"查某仔"指女儿。

二　再谈"兰"

今美兰机场附近有个"美男"村，所以"美兰"来源于"美男"，可以看作是"美男"的雅化。而且"兰"代替"男"既反映了有些闽语方言 n、l 在鼻尾韵中相混的情形，也符合海南地名的取名习惯。

用"兰"作地名，在临高、儋州、文昌等地比较集中。"兰"又作"栏、朗、郎"。例如（据《海南省行政区划简册》）：

儋州：学栏　大栏　蔗栏　花栏　高栏　黄兰　大栏　兰田　麦兰田　大坡栏　里栏　文栏　林栏　宽栏　方兰　马兰　茶兰地　基兰　瓜兰　加兰　七柏榔　学栏　茶兰　兰彩　兰洋　美郎　番郎　美朗　龙兰　和朗　兰优　兰仕　兰逢　大兰地　坡朗　春兰　长兰　朗阅　高兰　郭朗　兰秀　西兰　铺头兰　荔朗　堆栏　兰芳　马栏新　社栏　兰屯　良兰　兰训　孙兰　石栏　朗棉　兰训墟　白朗　兰山　白朗　昌兰　加兰　北方兰　英兰　兰城　高兰　香兰（113—132 页）

文昌：青兰　岘白　山良尾　谷岘　上岘仔　西排岘　城岘　下岘　上琅　光岘上　光岘下　大岘　月岘　后岘园　上岘上　上岘一　上岘三　下岘　排岘西　排岘中　排岘东　排岘坎　排岘山　岘田东　岘田南　岘田中　岘田仔　岘坑　林兰　兰二　华兰　才岘坡　美兰　木兰　东后岘　西后岘　牛口岘　上岘　堆岘　草岘　排岘　排岘　昌岘　黄岘村　下岘村　兰东　兰西　昌郎仔　昌郎　后岘陈　后岘周　福岘　宅岘　岘口　岘头　王兰　王兰仔　后岘坡（62—89 页）

临高：兰闹　兰栋　兰文　兰林　兰胡　兰堂　兰古　兰文　兰威　兰梧　兰堂　兰逢　兰麦　兰罗　兰罗　兰吾　兰堂　兰刘　兰麦　兰李　兰庄　兰谢　兰琴　兰栋　兰河　兰堂　兰秦　兰颜　兰洪　兰庞　兰王　兰林　兰合　美览　美郎　和郎　古榔上　古榔下　美朗　美榔上　美榔下　美郎　甘郎　才郎　郎基　武郎　波浪　邦浪上　邦浪下　贯郎（178—188 页）

"兰"lan^{55} 在临高话中指家（刘剑三《临高县地名考释》，55 页）。笔者以为，临高话的 lan^{55}，就是汉语的"栏"。"栏"可以指用来养家畜的圈。用"栏"表示家，就是用养家畜的圈来指家，是人畜合住的反映。汉语用"家"，也是屋内养猪的字形结构，也是人畜合住的反映，所以家、栏是一组同义词，犹如"盲（由亡目构成）"和"瞎（由害目构成）"是一组同义词一样，只是不同地区的人选用了不同的字眼而已。儋州市的地名很多就写"栏"，三亚市有个"羊栏镇"，儋州市新州镇有个"羊屋村"，意思正相呼应。写作"兰"显然又是美化、雅化。

"栏"又作"浪、琅、郎"等，是海南方言如文昌话、海口话"栏、郎"同音而致。陈鸿迈《海口方言词典》222 页载："栏 laŋ^{24}，养猪的较大的房屋"。这个"栏"和"浪、朗"声韵相同，只声调不同。云惟利《海南方言》119 页"郎、栏"都读 ua 韵阳平调，声母 n、l 相混。所以，用"兰、栏、朗、峎、郎"作地名，就如同用"屋、宅、寮"作地名。

我们要说，在看到"美兰"来自"母栏"同时，要看到吴越的"姑苏、姑熊夷、无锡、无湖、河姆渡"，还要看到相邻的东南亚地区，如湄公河（英文 Mekong）、湄南河（英文 Mae Nam Khong）、泰国的清迈（英文 Chiang Mai）、夜半颂（英文 Mae Hong Son）等。这个 Mai/Mae/Me 都表母亲、女性，汉字在大陆多译作"湄"，在台湾多作"夜"或加女字旁的"嬷"，因为闽南话口语读"夜（冥）"为 me 或 mε，海口、文昌亦然，加女字旁表母显而易见。这种以"母"命名的习惯来源一致。早在甲骨文中，我们已看到"父甲、父乙、母甲、母乙"等命名，在金文中则见到"鱼母、大母、车母、叔向父、毛父"等命名。所以，海南地名提供了语言学的丰富资料，昭示了古文明的某些迹象。

最后，我们还要说明，"美兰"是"母栏（母氏之家）"的雅化美化，是因为对读书人来说，用"母、妈"等称呼作地名不雅。这种改俗为雅的情况到处可见。孙中山的故乡"翠亨村"原为"蔡坑村"，北京"猪市口"写下来就成了"珠市口"。

参考书目

陈鸿迈　1996　海口方言词典　江苏教育出版社
广东省编辑组　1986　黎族社会历史调查　民族出版社
广东省测绘局　1982　广东省县图集　广东省地图出版社
海南省民政厅　1996　海南行政区划简册
韩少功　1996　马桥词典　作家出版社
临高县志编委会　1990　临高县志　广东人民出版社
刘剑三　1992　临高县地名考释　《海南史志》第 1 期
欧阳觉亚、郑贻青　1983　黎语调查研究　中国社会科学出版社
桥本万太郎　1980　临高方言　Tokyo
瞿云魁　陵水县志　乾隆五十七年刻
唐胄　1964　正德琼台志　上海古籍书店影印
云惟利　1987　海南方言　澳门东亚大学
张惠英　1998　从姑苏、无锡说起　《方言》第 4 期
张嶲等　1983　崖州志　广东人民出版社
中国科学院民族所　1964　黎族古代历史资料

海南岛"那"作人名地名考

　　海南、广东、广西、贵州等地有很多"那"字地名。从徐松石（1941）《粤江流域人民史》开始，都把这个地名"那"看作是壮语 na 表示水田的意思而来。我们从语言学的角度看，可以看出更多的含意和更普遍的社会现象。那就是，汉语指示词"那、者、这、个"用作地名在南方北方都能见到，犹如英语地名用 THE：THE UNITED STATES（美国）、THE UNITED KINGDOM（英国）、THE YANGTZE RIVER（长江）、THE RHINE（莱茵河）、THE SAHARA（撒哈拉沙漠）。THE 和 THIS、THAT 同源，表示指示、专指。

　　例如：

　　江西（据《江西省地图册》）：那家（20 页，修水县）、那塘（38 页，樟树市）

　　山东（据《山东省地图册》尹嘉珉主编 2000 年）：

　　尚那里、殷那里、路那里、孔那里、郑那里（81 页，梁山县）

　　段那里（99 页，东平县）乜家湾（132 页，平邑县）

　　吉林（据吉林省地图册）：

　　前图那嘎、西图那嘎、吴达那羊点（40 页，前郭尔罗斯蒙古自治县）

　　那金河、那金站、那金镇（42 页，洮南市。因产金而得名。参臧励龢等编《中国古今地名大辞典》"那金河"）

　　黑龙江（据《黑龙江省地图册》）：后那家（10 页，五常市牛家满族镇）

　　河南、河北、山东等地的地名，都有"××那（里）"的结构、说法。

　　例如：

　　河南省（据《河南省地图册》）：

　　杞县：顾那（19 页）

　　孟州市：北那、南那（26 页）

　　台前县：张那里、丁那里、艾那里、高那里、韩那里（77 页）

　　西华县：刘那、何那（125 页）

　　河北清河县：梁家那、邱家那、华家那（《河北省地图册》44 页）

一 海南闽语、临高话、黎语的"那"字人名

云惟利《海南方言》126页、156页记载有和"挪、娜"同音的na³³(阳平),注解中指出,这个音的一个用法是"名词词头。多用为孩子排行的称呼,相当于普通话的'老'。如:~大,即老大。"作者没写汉字,只用一个"□"来表示。笔者以为,这就是表示指示意义的"那"字的阳平调。另据同事林敏告知,除了"那大、那二"表排行外,也可用在人名前,如"那明、那英"。刘剑三先生也告知作者,临高人人名前也可加nə(阳平)。

在《临高县志·革命烈士表》(511—525页),就有很多用"那"作人名首字。用"那"作人名首字,和用"阿"作人名首字一样,都是词头,都表某种指示意义。例如(据《临高县志·革命烈士表》511—525页):

姓名	牺牲时间	姓名	牺牲时间
符那训	1927年8月	符那明	1927年12月
符那存	1927年12月	王那勾	1929年2月
符那能	1929年8月	符那轻	1929年8月
王那堂	1929年8月	代那卜	1929年11月
王那是	1929年12月	符那堂	1929年12月
李那土	1930年11月	符那上	1931年7月
陈那年	1931年11月	符那累	1931年8月
王那壹	1941年5月	严那茂	1939年3月
黄那代	1939年12月	王那面	1940年6月
符那庆	1940年12月	符那俭	1943年8月
王那书	1943年8月	王那纪	1943年9月
符那羊	1944年4月	林那尧	1944年6月
符那八	1945年5月	陈那狗	1945年5月
刘那溉	1945年6月	王那正	1943年7月
王那兔	1943年2月	蔡那喜	1943年3月
孙那义	1943年6月	梁那昌	1944年9月
符那遵	1944年4月	王那党	1945年2月
符那君	1945年2月	符那豹	1945年3月
陈那养	1945年秋	王那登	1945年8月
王那臣	1945年8月	符那廉	1946年8月
陈那果	1946年8月	符那从	1946年9月
符那尊	1947年4月	陈那寒	1946年5月
王那度	1946年6月	郑那行	1946年10月

王那多	1946 年 10 月	符那威	1946 年 10 月
李那通	1946 年 10 月	符那社	1946 年 10 月
陈那壹	1946 年 12 月	黄那麻	1947 年 1 月
王那壮	1947 年 2 月	符那中	1947 年 8 月
王那炳	1947 年 9 月	符那弱	1947 年 9 月
陈那言	1947 年 12 月	黄那汗	1947 年 12 月
王那二	1948 年 2 月	王那损	1949 年 9 月
陈那自	1949 年 11 月	王那吉	1948 年 12 月
王那桂	1949 年	王那中	1949 年 2 月
王那达	1944 年 7 月	王那并	1948 年
符那疆	1939 年 2 月	符那南	1939 年 9 月
符那先	1941 年 6 月	王那军	1947 年 5 月
陈那二	1947 年 8 月	符那祥	1948 年
王那时	1944 年 8 月	王那寿	1945 年 5 月
林那生	1949 年 8 月	王那必	1929 年 4 月
劳那立	1930 年 6 月	吴那高	1930 年 6 月
李那龙	1930 年 9 月	劳那九	1947 年 8 月
王那用	1930 年 3 月	符那洲	1944 年 2 月
符那春	1947 年 6 月	陈那涉	1930 年 12 月
王那积	1931 年 4 月	陈那瑞	1948 年 12 月

（张惠英《语言与姓名文化》274—275 页）

从历史记载看，海南旧地方志中从元朝开始就有以"那"为名前缀字的官员，黎族首领以"那"为名为姓的从明朝开始就有不少。例如：

（元）刘那本罕，以儋知军摄郡。（《正德琼台志》卷廿九，5 页下，又卷卅一，3 页上"刘那本罕"下注：永乐志作那木。）

（元）牛那海，字留根，立簿，安丰人，延祐初升临高县尹。（《正德琼台志》卷卅一，8 页下。）

（明弘治）符那槛、符那树。（《临高县志》，11 页："1501 年（明弘治十四年）9 月，符南蛇遣部属符那槛、符那树会合临高黎首王琳、王细保等率众围攻临高县城。"

（明弘治）陈那洋。乾隆五十七年《陵水县志》卷八，9 页上："明弘治三年，黎亭等峒黎陈那洋等作乱。"

（明正德）郑那忠。乾隆五十七年《陵水县志》卷八，10 页下："正德二年，崖州千家村乱。……（正德）七年，万州鹧鸪、龙吟等峒黎郑那忠等复出。"

（明嘉靖）那红、那黄。乾隆五十七年《陵水县志》卷八，11 页下："嘉靖十八年，万州黎贼那红、那黄以千户万人杰激变，入陵水黎亭岭脚乡城大乱。"

（明嘉靖）那燕。《崖州志》278 页："（嘉靖二十八年）知州邵浚虐取黎赋，激变黎酋那燕。"

（明万历）那阳、那牙、那定。《崖州志》279 页："（万历）四十年十一月，黎歧）那阳、那牙、凡阳、那定等，结罗话诸峒，焚掠村市。"

（明万历）那保、那真。张㠛等《崖州志》279 页："计先后擒获贼首那保、那真等一百八十二名。"

（明万历）那诺、那朱、那恩。乾隆五十七年《陵水县志》卷五，18 页上："龙兆熙，万历四十三年征廖二峒叛贼，招抚那诺、那朱、那恩等三十二村黎一千五百名。"

（清康熙）那入、那瑾、那昌、那湿。乾隆五十七年《陵水县志》卷八，13 页下："（康熙二十八年）黎首那入、那瑾等投见输诚。……黎首那昌、那湿等归顺。"

（清康熙）那柳。乾隆五十七年《陵水县志》卷八，13 页上："（康熙二十八年）斩贼首王干雄、王文成等三十五人，招出余党那柳等四百二十一人。"

（清雍正）王那诚、那萃。乾隆五十七年《陵水县志》卷八，15 页下："（雍正）八年春正月，崖、定、琼三州县生黎王那诚、王天贵、番否等、陵邑生黎那萃等共二千九百四十六人输诚向化。"

（清乾隆）那隆。乾隆五十七年《陵水县志》卷八，13 页下："乾隆三十一年三月，定安县六峒黎首王天成纠众王深水光头四、那隆等自定安至会同、乐会、陵水、崖州一带黎地焚杀客民。"

（清乾隆）那回。张㠛等《崖州志》281 页："（乾隆）四十六年，官坊黎因奸役盘剥，黎首那回等遂作乱。"

（清嘉庆）韦那养、韦那文、韦那硬。张㠛等《崖州志》231 页："嘉庆八年，抱怀村黎首韦那养、韦那文、韦那硬等，纠党聚啸。"

（清道光）黎那鸡。张㠛等《崖州志》274 页："道光九年十二月，洋淋村黎酋黎那鸡作乱。"

（清同治）刘那棍。张㠛等《崖州志》275 页："（同治八年）刘白皮、刘那棍等出降。"

（清光绪）黄那敛。张㠛等《崖州志》285 页："（光绪）二十年十月，大水弓黎黄观泰、黄那敛等作乱。"

（清光绪）吕那改。张㠛等《崖州志》275—276 页："（光绪二十二年）教民陈庆昌入黎索债，被多港峒吕那改枪死。"

又据广东省编辑组《黎族社会历史调查》（民族出版社，1986 年）240 页：光绪年间"六弓首领那贵去陵水"。241 页道光十四年八月《奉宪永禁扰索示碑》有："总管：卢那洪、卢那有、符那休。头家：林那安、盘那□、韦那令、为亚出。理事：吴亚三、符那若、文那卒。"

（1920 年）林那门、吴那入。1990 年出版的《临高县志》15 页："（1920 年）5 月，以林那门（林国栋）、吴那入（吴冠山）为首，……1927 年夏，林那门、吴那入被捕杀。"

需要指出的是，黎人本无姓氏，至今有的还无姓氏，都是在某种情况下跟随别人而有姓。所以上述记载中的"那回、那燕、那阳、那牙、那定、那保、那真、那贵、那诺、那朱、那恩、那红、那黄、那柳、那入、那瑾、那昌、那湿、那隆、那萃"，都是无姓氏，而用"那"指称。

在刘耀荃编的《黎族历史纪年辑要》（广东省民族研究所，1982 年）中，我们还看到以下"那"字人名：

（明洪武）唐那虎。"明太祖十七年甲子（1384）七月，儋州宜伦县黎民唐那虎、郑银等乱。"（36 页，据《明史·列传二百七》）

（明成化）符那南。"明宪宗成化五年己丑（1469）儋州七方黎符那南判。"（47 页，据黄佐《广东通志》）

（明成化）符那推。"明宪宗成化十一年乙未（1475），儋州落窑峒黎符那推乱。"（47 页，据《明史稿》）

（明成化）符那玉。"明宪宗成化十二年丙申（1476），……古镇州黎贼符那玉等向化。"（48 页，据黄佐《广东通志》）

（明弘治）陈那洋。"明孝宗弘治三年庚戌（1490），陵水县黎亭、峒脚等峒黎陈那洋等作乱。"（49 页，据黄佐《广东通志》）

（明成化）符那南、那月。"先成化初，土舍王赋欲并七方，致符那南之乱，官军平后，其侄那月者，率领蛇父族定钦等诸黎……"（49 页，据《明史·列传二百七》）

（明正德）王那弄、王那边、王那拯。"明武宗正德七年壬申（1512）三月，……王那弄、王那边、王那拯附居冲路。"（52 页，据黄佐《广东通志》）

（明隆庆）那一。"万州黎首那一诱结群黎为乱，自隆庆元年丁卯（1567）出峒动掠为患。"（60 页，据《万州志》）

（明万历）那进、那长。"明神宗万历四十年壬子（1612）春，……后夏五月内，兵勇捉黎首张何、那进、那长等解官正法。"（65 页，据《万州志》）

（明万历）那臭、那求、那欣。"明神宗万历四十一年癸丑（1613）……

先后擒贼首那臭等一百八十二名，……擒斩贼首那求、那欣等。"（66 页，据《古今图书集成·职方典》）

（明万历）那献。"明神宗万历四十五年丁巳（1617）……杀黎首那献，夺回被掳人口。"（67 页，据《万州志》）

（明崇祯）符那恩。"明怀宗崇祯四年辛未（1631），昌化县落晒叛黎符那恩行劫。"（68 页，据《昌化县志》）

（清康熙）那叉、那嘎。"清圣祖康熙十六年丁巳（1677），琼山县黎酋那叉、那嘎等聚党蹂躏州县。"（78 页，据《琼山县志》）

（清康熙）那言、那佛。"康熙三十九年，指妈洞生黎王振邦同弟那言、那佛，因营兵扰害，杀死水尾营官兵。"（83 页，据《感恩县志》）

（清同治）刘那沛、刘那盘、刘那。"清穆宗同治（八年）……生擒刘那沛、刘那盘等七名，……将滋事戕官首犯刘振欣、刘那沛、刘那三名就地正法。"（98 页，据故宫博物院清档案部材料）

二　《明史·土司列传》的"那"人名

"那"作人名，不只海南一地有，不只海南的汉人、黎人、临高人有，其他地区、其他民族也用"那/纳"作人名，以《明史·土司列传》为例：

1. 安南长官司土舍那代助之以兵，……（8071 页）

2. （洪武十七年）土官那直来朝贡象，……（8100 页）

3. （洪武二十七年）知府那荣及白文玉等来朝贡。（8100 页）

4. 景东部皆僰种，……历讨铁索、米鲁、那鉴……（8074 页）

5. （洪武十六年）罗雄州土酋纳居来朝，赐钞币。（8083 页）

6. 洪武十五年，总管刀平与兄那直归附，授千夫长。（8075 页）

7. （嘉靖中）（刀平）复调其子刀仁，亦率兵千人，征那鉴，克鱼复寨。初，镇沅印为那氏所夺，至是得印以献，命给之。（8078 页）

8. （永乐）十二年，故土知府那直子那邦入贡方物。（8101 页）

9. 宣德五年，黔国公沐成奏，元江土知府那忠，被贼刀正、刀龙等焚其廨宇及经历引信。（8101 页）

10. 正德二年以那端袭土知府。（8101 页）

11. 嘉靖二十五年，土舍那鉴杀其侄土知府那宪……

12. 万历二十五年，土舍那恕招降车里功，许袭祖职，赏银币。（8102 页）

13. 永乐元年，缅酋那罗塔遣使入贡。（8130 页）

14. 宣德元年，平浪贼纪那、阿鲁等占副长官地，……（8189 页）

三　《正德琼台志》等所载"那"字地名的指示性

交代了"那"可作人名首字表示指示意义之后，我们可再看旧志所记"那"字为首的山川地名，那个"那"的指示意义就一目了然、明白无误了。请看：

临高有个"那盆岭"，"在县东南三十里，……忽于平地突起一峰，高耸而圆，状如覆盆，蜿蜒东北去"。（《正德琼台志》卷五，16 页上）所以，"那盆岭"就是那形如覆盆的山岭。

临高有个"那新陂"，"在县西十里县廓都，源自高山，涌流经此，乡人筑塞，灌田五顷"。（《正德琼台志》卷七，5 页上）所以，"那新陂"就是那新筑的灌溉用水塘。

临高有个"那泥井"，"在县西三十里西塘都，故传宋庆元丙辰大旱"，于是掘成一井，"傍有小石刻云庆元三年六月十八日记"（《正德琼台志》卷五，18 页下）。南宋庆元三年是公元 1197 年。"那泥井"当然是那个泥土中掘成的井。

临高有个"那白市"，今改作"博厚墟"。"有个叫那白的人在此开一间店铺卖酒饭供应过路客人。后来居住和交易的人逐渐增多，便成为墟。"（《临高县志》42 页）

儋州有个"那姑山"，"相传乾隆时有少林寺僧名那姑者逃难住此，故名"。（《儋县志》卷一，25 页上）

儋州有个"那合陂"，"在州北二十里通化都，源自马鞍山流出至此。知县吴子善以木栅堰水正流，复于溪北浚渠导水东之以灌田畴"。（《正德琼台志》卷七，6 页下）所以"那合陂"就是那溪水、渠水合流灌溉的水塘。

儋州有个"那细峰"，"那细峰崭岩乎北"。（《正德琼台志》卷四，10 页上）所以，"那细峰"是那个尖削陡险的峰。

上面提到的"那白市""那姑山"，是以人名"那白""那姑"来取名，和海南汉族黎族以"那"为人名首字也相合。一些黎村地名以"那"为首的也是明显的指示意义，例如儋州黎村名：那边村。鞋皮那边村、那父爹村、曹奴那纽村、曹奴那劝村、曹奴那累村、曹奴那分村、曹奴那续村等（《黎族古代历史资料》下册 543—544 页引戴璟《广东通志初稿》卷三十六"生黎"）

四　北方、南方、东南亚、东亚地区"那"地名人名

其实，以"那"为地名首字表指示义在南方北方都能见到。据臧励龢等编的《中国古今地名大辞典》如：

那金岭，在广东儋县。产锡。

那金河，奉天洮南县北二十里。产金。

那川县，唐置，今缺。当在四川旧龙安府境。

那地土州，唐为僮人溪峒，名曰那州。明初省那州入地州，改那地土州。广西庆远府。

可见，南方的"那金岭"和北方的"那金河"遥相呼应。而从唐朝开始设置的"那川""那州"或者已废，或者已改，但"那"的指示性质显而易见。

我们不妨再看看居住在云南、四川等地的纳西族词头。各地纳西族的自称有 nɑ^{13}（纳），na^{33}zɯ^{33}（纳汝），nɑ^{33}xĩ^{33}（纳恒），nɑ^{31}ȵi^{33}（纳西）等（据和即仁、姜竹仪 1985，2 页），虽然写作"纳"，和"那"同音。而且他们崇拜的生育女神就叫"那蹄"（引自赵国华《生殖崇拜文化论》163 页）。"那"用作族名和人名的词头，表指示。

东南亚地区的"那（纳、乃）"地名人名

（1）越南、老挝的地 Na 名（据《世界地名录》，中国大百科全书出版社 1984 年）：

越南：	Na Ba 纳巴	Na Kon 纳昆
	Na Bac 纳巴	Na Dan 纳敦
	Na Ban 纳坂	Na Don 纳敦
	Na Bat 纳拔	Na Don 纳敦
	Na Bon 纳奔	Na Dong 纳同
	Na Buoc 纳波	Na Duong 纳堂
	Na Cao 纳高	Na Duong 纳扬
	Na Cham 纳占	Na Hac 纳哈
	Na Chang 纳章	Na Hai 纳海
	Na Coi 纳圭	
老挝：	Nabok 纳博	Na Ching He 纳京河
	Na Bo Noy 纳博内	Nadi 纳迪
	Na Can 纳甘	Nadong 纳东
	Na Chang He 纳章河	

（2）泰国的 Na（那）地名

泰国旅游胜地沙梅岛，就有：

Na Torn（那通），行政中心所在地

Na Muang（那芒），瀑布名

Na Tian（南天），蝴蝶园名

按，"南天"译名声音不谐，似应改作"那天"。

泰国表示府的意思叫作 Nakor/Nakhon，译作"那空、那坤、洛坤"等多种形式，可以前置，也可以后置，而且 na 音可译可不译。例如（据胡子丹《国际汉译地名辞典》）：

Phranarkorn　帕那空县　261 页（按，Narkorn 在后，译作"那空"）

Narkorn Rathom　佛统府　263 页（按，Narkorn 在前）

Narkorn Chaisri　坤西施县　263 页（按，Na 音未译）

Narkorn Suwan　那坤素王府　267 页（按，Narkorn 译作"那坤"）

Narkorn Luang　洛坤銮　265 页（按，Narkorn 译作"洛坤"）

其他"那"地名，也是既有前置，也有后置，如：

Se-na　社那县　265 页

Bang Na　万那县　268 页

Na-noi　那莲县　271 页

Na Tawee　那他威分县　276 页

Ja Na　乍那县　276 页

Na Kae　那家县　282 页

（3）泰国的"纳、乃"作封号、人名

"纳、乃"在泰国可用作封号、人名，而这个"纳、乃"实际上相当于词头表指示。请看（据吴翊麟 1985《暹南别录》）：

（吴让）蒙暹廷赐姓"纳宋卡"（Na Song khla）（39 页）。注谓："台语 Na 有'封在'、'住在'、'在某地成长发荣'之意。"

（吴）绵初献身为三世皇御侍，得皇之心，封乃渣烈，曾随军南下平乱，协理大泥政务，复为皇所赏识，晋乃律奈伟龙。佛历二三八三年（1840），晋子爵，爵号銮顺陀拉努乐，佐理宋卡政事。（95 页）按，吴绵又作"乃绵"（86 页）。是侍御官。

御秘书厅官员乃喷兔，即乃迷。（98 页）

乃拉阇正农，即乃嗡。（98 页）

志仁，又名文爽，……嘉庆十七年（1812）十六岁时，即献身为拉玛二世皇御侍。丙子二十一年（1816）封官乃蓬派。（115—116 页）

吴让前任宋卡城主乃容之子乃琴闻洛坤失守，挟嫌与乃帖壁各纠合千人之众，与文辉为敌。（75 页）

洛坤公之子赛武里侯乃醒举家走避宋卡。（86 页）

（吴宠）五子乃恩，卫侍。……七子乃璧，御侍。（99 页）

宋卡侯吴登箧，暹名乃参。（100 页）

以上"纳宋卡""乃渣烈""乃律奈伟龙""乃喷兔""乃拉阇正农""乃

蓬派""乃容""乃帖壁""乃醒""乃恩""乃璧""乃参"等的"纳、乃",
都是官员的封号。下面请看"乃"作人名的例子。如(据吴翊麟 1985《暹
南别录》):

> (吴绵)长子宣列,暹名乃匿。
>
> 次子宣冰,泰译乃秉。
>
> 四子宣宾,泰译乃边。
>
> 五子宣越,泰译乃曰。
>
> 六子宣驶,泰译乃赛。
>
> 七子宣煅,泰译乃吞。(以上 98 页)
>
> (吴宠)四子……名判,又作乃伴。(99 页)
>
> (志仁)长子乃宠(乃忖)。(116 页)按,93 页,96 页就作"吴宠"。
>
> ……
>
> 宋卡吴国主时代,有吏其衔曰乃暗甫津,即"中国头人"。……暹语县长称"乃暗
> 甫"。(192 页)
>
> ……

最后,需要说明的是,"那、纳、乃"三者之间,"那、纳"北京话和
很多方言同音,"那、乃"字形虽有异,今北京话也不同音,而在 20 世纪
二三十年代的厦门话中,"那、奶"可读同音(罗常培《厦门音系》40 页)。
犹如日语地名中的 Na 可译"那"或"奈"。

再看泰国中文报上的"乃"字人名,从"乃"可加可不加看,"乃"是
表敬的人名词头。如泰《中华日报》2001 年 8 月 15 日:

乃朱邻·禾兰叻乍能域(车祸死者)	6 版
乃颂塞·帕匿禾军(车祸伤者)	6 版
乃挽宗·皆亚(四十二岁,驾驶员)	6 版
乃安子兀·菩庵蓬(二十八岁,目击跳河自尽案者)	6 版
乃颂猜(北榄坡直辖县遭枪杀者)	6 版
乃逸(化名,三十五岁,南邦府直辖柏木区男子)	6 版

(按,《星暹日报》141 页作"吃亿",无词首"乃"。)

乃绿(乃逸妻,上文作"娘绿")	6 版

又如泰《中华日报》2001 年 8 月 9 日:

乃尼蓬("前民立党三届民代")	3 版
乃坚皆(廿五岁,乃尼蓬之子)	3 版
乃那隆(卅一岁,"特别战争中心军人")	3 版
乃那他蓬("泰爱泰党华富里民代")	3 版
乃威奈(或舍陈,"乃那他蓬的父亲")	3 版

乃颂蓬（被枪杀者名）　　　　　　　　　　　　　　　　3 版

乃威七（廿一岁，乃颂蓬胞弟）　　　　　　　　　　　　3 版

乃乍堵隆（十九岁，乃颂蓬侄儿）　　　　　　　　　　　3 版

乃良塞（六十一岁，餐馆主人）　　　　　　　　　　　　3 版

乃前（或亿甲蓬，卅四岁，翁卡劝县挽颂汶区委会议员）3 版（按，下文称"乃亿甲蓬"）

乃威腊·岩沙岳（卅二岁，加油站职员）　　　　　　　　3 版

乃沛吞·宗真那军（乌汶府孔詹县次长）　　　　　　　　4 版

乃威他子·挽图班（乌汶府第十区候选人）　　　　　　　4 版

乃朱滴蓬·添素汪（乌汶府第十区候选人）　　　　　　　4 版

又如泰《中华日报》2001 年 8 月 15 日：

乃哥信·革通（清迈府尹）　　　　　　　　　　　　　　7 版

（按，《星暹日报》7 版作"哥信"，无词首"乃"）

乃巴博·班耶察滴叻（农合部助理部长）　　　　　　　　7 版

乃披莫·薛玛洛（泰爱泰党曼谷民代）　　　　　　　　　7 版

乃披拉蓬·逸沙腊博哩（"曼谷大众运输机构总裁"）　　　7 版

乃博蓬·杜那力（"学术厅厅长"）　　　　　　　　　　　7 版

乃滴蓬·佐集（"农合部事务委员会顾问"）　　　　　　　7 版

乃吉洁·披博社里探（肃贪委员会委员）　　　　　　　　8 版

乃敢那隆·壮铁（"肃贪委员会秘书长"）　　　　　　　　8 版

乃逸卡蓬·梭腊素察（"民主党执委"）　　　　　　　　　8 版

乃沙铁·比都郑差（"民主党罗勇民代"）　　　　　　　　8 版

乃荣育·滴溢沛叻（"内阁发言人"）　　　　　　　　　　8 版

乃颂木·乌泰汕（"内政部助理部长"）　　　　　　　　　8 版

乃坚塞·罗哈差腊警少尉（"京都市次长"）　　　　　　　8 版

乃蓬贴·贴干乍那（"司法部长"）　　　　　　　　　　　8 版

（按，《星暹日报》6 版作"蓬贴·贴干乍那"，无词首"乃"。）

乃朱璘·叻沙纳威实（"民主党执委"）　　　　　　　　　8 版

乃洛拍隆·兴乍能（"宪庭秘书长"）　　　　　　　　　　8 版

乃素逸·提腊蓬（"宪庭法官"）　　　　　　　　　　　　8 版

乃巴育·玛哈寺诗里（泰爱泰党党名册民代）　　　　　　8 版

乃朴巴速·素叻沙哇里（"林务厅长"）　　　　　　　　　8 版

乃趋辑·限沙越（"农合部长"）　　　　　　　　　　　　8 版

乃乍都隆·彩盛（"国务院事务部长"）　　　　　　　　　9 版

乃巴颂·邬泰盛猜（"盘谷银行董事副总裁"）　　　　　　9 版

乃针隆·阿迪甘（"大城银行总裁"） 9版

乃胶仑·吉滴沙他蓬（"对外贸易厅长"） 9版

乃拍允·博他腊军猜（"淡水养虾公会董事长"） 9版

又如泰《中华日报》2001年8月19日：

乃裕哇叻·甲蒙越（"中央选举委员会委员"） 4版

乃卡宁·汶素汪（"前制宪议员"） 4版

（按，标题只作"卡宁"：《前制宪议员卡宁阐明宪法第六十三条宗旨》，无词首"乃"。）

乃比差·差霖哇匿（"宪庭法官之一"） 4版

乃蓬贴·贴甘乍那（"泰国司法部长"） 4版

乃旺巫哈玛努·玛他（"交通部长兼新希望党秘书长"） 4版

乃挽若·曼读坦（"民主党副党魁"） 4版

（按，标题只作"挽若"：《挽若疾呼泰国民立政制正开倒车》，无词首"乃"。）

又如泰《星暹日报》2001年8月15日：

乃窝拉威（碧瑶府国际"狮子会十三区主席"） 3版

乃洛·蒲盛（"洛堪岱狮子会主席"） 3版

乃威谦（狮子会总务） 3版

乃拉粦（狮子会理事） 3版

乃阿里猜（狮子会理事） 3版

乃巴慕医生（狮子会理事） 3版

乃沙愿比勒（狮子会理事） 3版

乃通堪钦塔（狮子会理事） 3版

乃塔旺温珠（狮子会理事） 3版

乃披帕·翁沙洛（"碧瑶府尹"） 3版

乃颂蓬（拉差明灯善坛"常务理事"） 3版

乃沛汶（拉差明灯善坛"常务理事"） 3版

乃班耶（拉差明灯善坛"常务理事"） 3版

乃亚拉春（拉差明灯善坛"常务理事"） 3版

乃吉打越（拉差明灯善坛"常务理事"） 3版

乃哇拉逸（拉差明灯善坛"常务理事"） 3版

乃颂塞（拉差明灯善坛"常务理事"） 3版

乃琛·母蒙语（"兀玛国室内装置工程有限公司远东区执行总理"） 10版

纳他蓬·干可（十七岁，小偷） 14版

又如《世界日报·泰京新闻》2001年8月19日第2版：

乃育哇叻·国蒙拉域

乃吉拉·汶朴乍纳顺通（以上均为"中央选举委员会委员"）

乃素探·盛巴吞（"泰爱泰党副党魁兼大学部长"）

乃威腊（卅二岁，清迈府直辖县海耶区玛希隆路四十号"油站工人"）

乃乍朗（卅二岁，清迈府直辖县白象区挽节油站"油站工人"）

乃川立沛（"反对党领袖民主党魁"）

乃缴讪·阿滴菩提（"曼谷市上议员"）

乃颂蓬（卅一岁，英肯府直辖县迈达区万茵丙八村"娘莎蒙"之兄）

乃乌伊拉育（乃颂蓬邻居）

乃努曾（卅七岁，乃乌伊拉育的牧牛工人）

乃披读（卅五岁，"机车骑士"）

乃碧（卅七岁，"猪肉贩子"，娘若伦之夫）

乃沛洛（长途冷巴司机）

乃莲（乃沛洛的"第二驾驶员"）

乃素朴（卅岁，车祸伤者）

（4）马来语"拿督"称尊者

我们在余秋雨《文化苦旅·漂泊者们（其一）》中发现，马来语有"拿督"一词，表示尊者的意思。这个"拿"的音，和泰国用来作封号的"纳/乃"在音义上都相吻合。

《文化苦旅·漂泊者们（其一）》，写的是旅居新加坡东北角一个偏僻小岛上的福建籍老华侨，有一段写"拿督大伯公"是这样的（279页）：

> 走到码头了，老人并不领我到岸边，而是拐进一条杂草繁密的小径，说要让我看一看"大伯公"。我说刚才已经看过，他说"你看到的一定是北坡那一尊，不一样"。说着我们已钻到一棵巨大无比的大树荫下，只见树身有一人字形的裂口，构成一个尖顶的小门形状，竟有级级石阶通入，恍若跨入童话。石阶顶端，供着一个小小的神像，铭文为"拿督大伯公"。老人告诉我，"拿督"是马来语，意为尊者，从中国搬来的大伯公冠上了一个马来尊号，也不要一座神庙，把一棵土生土长的原始巨树当作了神庙，这实在太让我惊奇了。老人说，当初中国人到了这儿，出海捕鱼为生，命运凶吉难卜，开始怀疑北坡那尊纯粹中国化的土地神大伯公是否能管辖得住马来海域上的风波。于是他们明智地请出一尊"因地制宜"的大伯公，头戴马来名号，背靠北根巨树，完全转换成一副土著模样，从树洞里张望着赤道海面上的华人樯帆。

这个"拿督"就是汉语"那督"的借音，这和福清有个地名写作"拿口"（参冯爱珍《福清方言研究》75页）一样，实际上和"支那人"的"那"（na^{33}上声）同音。

（5）日本的 Na（那、奈）地名

在日本，地名用字 Na（な），汉字就有"那"和"奈"两种写法，如"那霸、那贺、那古"和"奈良、奈多、奈古"，可见"那、奈"同音异写。而且日语地名用字 Na（な），似无实际意义，大概用同词头。请看日本的 Na"那、奈"地名（据陈述夫等《日本地名词典》）：

Naie	ないえがわ	奈井江川	（位于北海道）	586 页
Naiecho	ないえちょう	奈井江町	（位于北海道）	586 页
Naka	なか	那加	（位于崎阜县）	587 页
Naka	なか	那珂	（位于福冈县）	587 页
Naka	なか	那贺	（位于长崎县）	587 页
Nakae	なかぇ	奈狩江	（位于土分县）	588 页
Nakagawa	なかがわ	那珂川	（流穿栃木县和茨城县）	591 页
Nakagawa	なかがわ	那珂川	（又称岩户川）	591 页
Nakagawa	なかがわ	那贺川	（位于德岛县）	591 页
Naka	なかぐん	那珂郡	（位于茨城县）	593 页
Naka	なかぐん	那珂郡	（位于岛根县）	593 页
Naka	なかぐん	那贺郡	（位于德岛县）	593 页
Naka	なかぐん	那贺郡	（位于和歌山县）	593 页
Nagisan	なぎさん	那岐山	（位于冈山县）	608 页
Nagisen	なぎさん	那岐山	（なぎさん的古称）	608 页
Nagawa	ながゎむら	奈川村	（位于长野县）	608 页
Nagicho	なぎちょう	奈义町	（位于冈山县）	608 页
Nago	なご	那古	（位于千叶县）	609 页
Nago	なご	奈古	（位于山口县）	609 页
Nagonoura	なごのぅら	奈吴浦	（位于富山县）	609 页
Nagonoura	なごのぅら	奈吴浦	（位于三重县）	609 页
Nagonoe	なごのえ	奈吴ノ江	（位于富山县）	609 页
Nagofunakata	なごふなかた	那古船形	（位于千叶县）	609 页
Nasahava	なさはら	奈佐原	（位于栃木县）	609 页
Nasamiseto	なさみせと	那沙美瀬户	（亦称奈佐美瀬户）	609 页
Nasa	なさわん	那佐湾	（位于德岛县）	609 页
Nasu	なすぐん	那须郡	（位于栃木县）	610 页
Nasu	なすこうげん	那须高原	（位于栃木县）	610 页
Nasu	なすしちとぅ	那须七汤	（那须郡的七温泉）	610 页
Nasu	なずじっとぅ	那须十汤	（那须郡的十温泉）	610 页

Nasu	なすそすい	那须疎水	（那须野原的水渠）	610 页
Nasudake	なすだけ	那须岳	（位于枥木县北部的火山）	610 页
Nasumachi	なすまち	那须町	（那须郡北部）	610 页
Nasogawa	なえがわ	奈曽川	（位于秋田县）	610 页
Nata	なた	那谷	（位于石川县）	610 页
Nata	なた	奈多	（位于福冈县）	610 页
Natahama	なたはま	奈多浜	（位于福冈县）	611 页
Nachi	なち	那智	（位于和歌山县）	611 页
Nachisan	なちさん	那智山	（位于和歌山县）	611 页
Naba	なば	那波	（位于兵库县）	614 页
Naba	なはし	那霸市	（位于冲绳本岛）	614 页
Nahangawa	なはりがわ	奈半利川	（位于高知县）	614 页
Nahanricho	なはりちょう	奈半利町	（位于高知县）	614 页
Nara	なら	奈良	（位于奇玉县）	616 页
Narai	ならい	奈良井	（位于长野县，是村落）	616 页
Naraigawa	ならいがわ	奈良井川	（发源于长野县）	616 页
Nara	ならかいどぅ	奈良街道	（由大阪市至奈良市的道路）	616 页
Naragatake	ならがたけ	奈良夕岳	（位于石川县）	616 页
Nara	ならけん	奈良县	（近畿之一县）	617 页
Narazawa	ならざゎ	奈良泽	（位于山形县）	617 页
Nara	ならし	奈良市	（位于奈良县）	617 页
Narada	ならだ	奈良田	（位于山梨县）	617 页
Narada	ならだわんせん	奈良田温泉	（位于山梨县）	617 页
Naradako	ならだこ	奈良田湖	（位于山梨县）	617 页
Narushima	なるしま	奈留岛	（位于长崎县）	618 页
Narucho	なるちょう	奈留町	（位于长崎县）	618 页

引用书目

陈述夫等　1983　日本地名词典　商务印书馆

杜怀静　2001　贵州省地图册　中国地图出版社

冯爱珍　1993　福清方言研究　中国社会科学出版社

广东省编辑组　1986　黎族社会历史调查　民族出版社

和即仁、姜竹仪　1985　纳西族语言简志　民族出版社

胡子丹　1980　国际汉译地名辞典　国际文化事业有限公司

临高县志编委会　1990　临高县志　广东人民出版社

刘耀荃　1982　黎族历史纪年辑要　广东省民族研究所

罗常培　1956　厦门音系　科学出版社

瞿云魁　1793　（乾隆五十七年）陵水县志（影印本）

唐胄　1964　正德琼台志　上海古籍书店影印

吴翊麟　1985　暹南别录　台湾商务印书馆

徐松石　1941　粤江流域人民史　中华书局

尹嘉珉　2000　山东省地图册　中国地图出版社

云惟利　1987　海南方言　澳门东亚大学

余秋雨　1997　文化苦旅·漂泊者们（其一）　东方出版中心，

臧励龢等　1933　中国古今地名大辞典　商务印书馆

张惠英　2002　语言与姓名文化　中国社会科学出版社

张廷玉等　1995　明史　中华书局

张巂等　1983　崖州志　广东人民出版社

赵国华　1990　生殖崇拜文化论　中国社会科学出版社

中国大百科全书出版社　1984　世界地名录　中国大百科全书出版社

中国科学院民族研究所　1964　黎族古代历史资料（无出版社）

海南方言量词[mo˨]考

（载詹伯慧、李如龙、张双庆编《第四届国际闽方言研讨会论文集》，汕头大学出版社 1996 年）

　　海口方言有个量词[mo³³]，是阳去调，相当于普通话的量词"个"，如"一～侬（一个人）、一～盆（一个盆儿）、一～银（一元钱）"等。

　　这个量词在海南方言中流行很广，使用也很频繁。海南人一般就把它写作"枚"，而这个量词在海南各地方言中声调的归类，从各家记音看，不太一致。例如陈鸿迈记的海口方言是阳去调[mo³³]；冯成豹（1992，56 页）记的琼海话是阳去调[mo⁴²]；梁明江（1994，43—44 页）记的琼海话是阳去调[mo⁴²]和阳入调[mo³²]两种读法；梁猷刚 1986 年的遗稿《海南岛文昌方言音系》则把这个量词记作阳入调[moʔ³³]，还加注："枚 [moʔ³³]：一～（一片）"（127 页）。

　　把这个量词写作"枚"当然是为了通俗易懂，但从韵母、声调看，和"枚"不协。所以，要搞清这个量词的来历，先要搞清它的所属调类。

一　量词[mo]来自古阳入调

　　海南方言的量词[mo]在海口、琼海等方言读阳去调，而在文昌话中读阳入调。那么，如何确定这个量词的调类呢？

　　先看海口话。海口话的阳去调固然有来自古去声浊声母字，如"自、忌、地"等少数字，更多的则来自古上声浊声母字，如"是、在、后、有、瓦、耳、里"等，以及古入声浊声母字，如"物、碟、蚀、玉、伏、舌、闸、杂、蜡、沓、合、掠、食、杓、亦、跋、辣、热、偌、白、脉、麦、拔、笠、落、学、薄、莫、锡、着、石、叶、药、截"等（据陈鸿迈《海口方言词典》稿）。所以，海口话的阳去调，实际上是一个来自古去声、古上声、古入声的混合调。量词[mo³³]虽然读的是阳去调，但来历只据海口话无法判断。

　　再看琼海话。琼海话的阳去调和和海口话相似，也是一个来自古上声、古去声、古入声的混合调。其中来自古入声的如：

a 韵：杂、踏、腊　　　　　　i 韵：篾、物、玉

o 韵：薄、莫、落、学　　　　ia 韵：席、掠、食、勺

e 韵：社、捏、历　　　　　　io 韵：略、石、药

oi 韵：拔、笠　　　　　　　 ie 韵：月

ua 韵：跋、辣（据冯成豹 1992，45—47 页）

最后看文昌话。梁猷刚《海南岛文昌方言音系》的音节表中，量词[moʔ³³]是阳入字，[mo]音节没有上声和去声字。

这样，通过海口、琼海、文昌三种方言的比较，我们确定这个量词[mo]是阳入调，既适用于文昌话，也适用于海口话和琼海话，因为如上所述，海口和琼海两处的阳去调，很多是来自古入声浊声母字。

而且，至今归属尚未明确的海南省临高话，也有这个量词，桥本万太郎记作[moʔ⁵⁵]，和"十"[tep⁵⁵]、"甲"[kiap⁵⁵]都是以辅音尾结尾的高平调，可归为阳入调。（临高话"一"[it³³]、"七"[sit³³]、"八"[bet³³]、"六"[sok³³]是带辅音韵尾的中平调。）

既然这个量词[mo]来自古阳入字，当然就和灰韵阳平字"枚"谈不上语源关系了，临时写作"枚"只能是权宜方便而已。

下面我们要考察一下量词[mo]的多种用法。

二　量词[mo]可兼有指示词和领属助词等多种用法

[mo]作为一个量词，不只在海南的汉语方言中常见，而且在少数民族语言中也能见到。

例如，归属未明的临高话，量词[moʔ⁵]用得很广（引自桥本万太郎 1980）：

It³³ moʔ⁵⁵ laŋ³³（一只帽子）	80.53 页
It³³ moʔ⁵⁵ lan⁵⁵（一所住宅）	85.7 页
It³ moʔ⁵⁵ phoŋ⁵⁵（一间房）	87.1 页
It³³ moʔ⁵⁵ ʃin³（一个头发旋儿）	151.34 页
It³³ moʔ⁵⁵ tə²³（一个字，指五分钟）	252.93 页
It³³ moʔ⁵⁵ bon³³（一个半）	260.8 页
təp⁵⁵ leŋ⁵⁵ moʔ⁵⁵ liau²³（十多个）	261.37 页
hau⁵⁵ hau⁵⁵ moʔ⁵⁵ ə³³（头一个）	262.40 页
tu⁵⁵ tuʔ³³ moʔ⁵⁵ ə³³（最后一个）	262.41 页
nə²¹ moʔ⁵⁵（这个，那个）	264.26 页
kia²¹ liau²¹ moʔ⁵⁵（几个）	265.46 页
kua³³ na³³ moʔ⁵⁵ ə³³ li²¹ bai³³（上个礼拜）	267.15 页
pçiak⁵⁵ dau⁵⁵ moʔ⁵⁵ ə³³ li²¹ bai³³（下个礼拜）	267.16 页

ŋa³³ moʔ⁵⁵ pɕiŋ²³ kua²¹（五个苹果）　　　　　　　　273.12 页

nə²¹ moʔ⁵⁵ ʒaŋ²³　（那口井）　　　　　　　　　　279.30 页

tam²³ moʔ⁵⁵ ŋon⁵⁵（三块钱）　　　　　　　　　　280.41 页

təp⁵⁵ moʔ⁵⁵ ŋon⁵⁵（十块钱）　　　　　　　　　　280.44 页

ti³³ moʔ⁵⁵ keu⁵⁵（四个月）　　　　　　　　　　281.70 页

von³³ moʔ⁵⁵ keu⁵⁵（两个月）　　　　　　　　　283.100 页

分布于云南境内的哈尼语，属于藏缅语族，但和汉语关系很密切。哈尼语也有一个量词[mo⁵⁵]，和海南方言、临高话的声音很相近，是一个相当于汉语"个"的通用量词。例如：

xa³³ gɯ⁵⁵ tshi³¹ mo⁵⁵　（一个鸡窝）

　鸡窝　一　个

di³¹ phu³¹ tshi³¹ mo⁵⁵　（一个锤子）

　锤子　一　个

pu³³ kha³¹ tshi³¹ mo⁵⁵

　村寨　一　个　　（一个村寨）

（李永燧 1990，41 页）

还有仫佬语称人的量词[mu⁶]，和我们讨论的量词[mo]，大概也是同一个东西。

这个量词[mo]，在海口方言中，还可以用作指示词，相当于北京话的"这"或"那"。读为长入调[mo⁵⁵]：

mo⁵⁵ 塔真悬（山上那座塔真高）。

坐 mo⁵⁵ 椅上宽宽讲（坐这椅上慢慢说）。

mo⁵⁵ 天即乌（这天这么阴）。

mo⁵⁵ 地方闹热（那地方热闹）。

（陈鸿迈 1992，31—32 页）

这个量词[mo]，在海口方言中，还可以用作表领属、限定的助词。例如：

我 mo⁵⁵ 团共伊 mo⁵⁵ 团是同学（我的儿子和他的儿子是同学）。

是汝 mo⁵⁵ 爸叫汝，无是汝母叫汝（是你爸叫你，不是你妈叫你）。

狗 mo⁵⁵ 鼻利，兔 mo⁵⁵ 耳长（狗的鼻子灵敏，兔子的耳朵长）。

今年 mo⁵⁵ 天真热（今年的天气真热）。

汝上 mo⁵⁵ 堂学生爱听（你上的课学生喜爱听）。

（陈鸿迈 1992，33 页）

这个量词[mo] 还可作称谓名词前缀，如～二（老二）、～文（阿文）等。

初看起来，海口话的这个指示词、领属助词[mo⁵⁵]是长入调，而量词[mo³³]

是来自古入声的阳去调，似乎互不相干，因而量词写作"枚"，指示词写作"妠"，把两者区别了开来。其实，这个长入调的[mo⁵⁵]从来历看，也来自古明母入声字。因为海口方言元音尾韵的长入调，一般都来自入声，如"折、缺、铁、拍、答、甲、拉、壁、赤、拆、钵、擦、喝、百、压、责、说、惜、歇、郭、血、驳、桌、托"等。也就是说，海口话的长入调[mo⁵⁵]当是来自古明母阳入调。量词读阳去调[mo³³]，而指示词、领属助词读长入调[mo⁵⁵]，是用声调的不同来区别不同的用法。这种语言现象在汉语方言中很普遍，即以海口话而论，也属常见。例如：

物，指东西时读[mi³³]（阳去调），如"物食（食物）、物配（送饭的菜肴）"。用作疑问词，就读长入调[mi⁵⁵]，写作"乜"，如"乜物（什么东西）、乜年（哪一年）、乜个时候（什么时候）"等。这个"乜"和粤语、客家话一样，都是来自"物"（详参张惠英1990a，135—136 页）。最后，"物"在指人（含轻视或玩笑意）时又读[vut³]（阳入调）："汝即枚物来棍我（你这家伙想来骗我）。"（据陈鸿迈《海口方言词典》稿）

又如"么"。"么"用在句末，问动作、情况是否已经发生、出现或结束，就读阳去调[mo³³]，如"伊去去么（他已经去了没有）？""么"用在句末表示疑问，就读长入调[mo⁵⁵]，如"即多物是汝个么（这些东西是你的吗）？"（据陈鸿迈《海口方言词典》稿）

到了琼海方言，也有这个"妠"，音[bo⁵⁵]，55 调和阴入一致，只是没有辅音韵尾，而且是[b]声母。琼海话读[b]声母的来自古明母微母，如"武无梅尾味微望晚袜墨"等。所以，尽管声调、声母和量词[mo⁴²]不一致，但究其来源都是古明母入声字。

三 量词[mo]来源于"物"

上文我们证实了这个量词[mo]是来自古明母入声字，即阳入调。这里我们要进一步说明，这个量词[mo]和"什么"的"么"同音。

从海口话看，读阳去调的量词[mo³³]，和用在句末问动作、情况是否已经发生、出现或结束的"么"[mo³³]完全同音。从琼海话看，量词是阳去调[mo⁴²]，"么"是阴去调[mo²¹³]（冯成豹 1992，45 页），我怕"么"的阴去调读法是个书面音，冯文语法例句中没有看到用"么"的词语，书面读音与口语音在声调上有所不同这很平常，重要的是两者声母、韵母还是保留一致。更有意思的是，在海南作者笔下，这个用作领属助词的[mo⁵⁵]就写作"么"：

（1）他么母！人老了，连吃顿饭都不得安生，这叫什么事呀！（苏务本《动迁》9 页，《天涯》1995 年第 6 期）

（2）就别说头家了，沾点边的也能来钱，上村有大卵脬主任，听说也捞了不少。

他么母！征地征地，都益着这些人了！（同上 10 页）

　　按，"他么母"，用海南话写，是"伊么母"，是骂人话"他的娘"的意思。"么"在这两例中都是作领属助词，就是那个"妳"。而这个"么"，现在只用于"什么"一词中，所以搞清这个"么"的语源就很重要。

　　笔者曾在《释"什么"》《广州方言词考释》等文中指出，"什么"来自"什物"，"么"来自"物"。"物"作为疑问词在今南北方言中读音变异很大，而吴语如上海和苏州一带，"么"字都读阳入的[moʔ]，和"莫摸目木"同音。这[moʔ]的读音和海南方言的读音很近似，所以，到此可以基本明确，海南方言的量词[mo]大概和属于古入声的"物"有一定瓜葛。以上都是从量词[mo]的声音加以考察。

　　从意义和用法上看，量词[mo]可兼作指示词和领属助词等用法特点，和另一个南方方言常见的量词"个"很相似（参张惠英 1990，1993），笔者曾在《广州方言词考释（二）》，301 页论及名词量词同源，"个"来自表竹枚义的名词用法。这儿，量词[moʔ]的来源会进一步向我们展现名词量词同源这一汉藏语系的共同特点。

　　量词[mo]在海南的汉语方言中可作指示词和领属助词等，但从现已发表的资料看，还未见作名词的情形。而在归属未明的临高话中，我们却看到了[mo]的名词用法。例如（引自桥本万太郎 1980）：

1）lan⁵⁵ moʔ⁵⁵（住宅）　　　　　　　　　　　　　　　　　　85.7 页

　　It³³ moʔ⁵⁵ lan⁵⁵（一所住宅）　　　　　　　　　　　　　　85.7 页

2）ŋon⁵⁵moʔ⁵⁵（一块钱）　　　　　　　　　　　　　　　　　115.6 页

　　tam²³ moʔ⁵⁵ ŋon⁵⁵（三块钱）　　　　　　　　　　　　　280.41 页

　　显然，第 1 组中的[lan⁵⁵ moʔ⁵⁵]是一个名词，[lan⁵⁵]指住所，[moʔ⁵⁵]可指万物的名词；第2组中的[ŋon⁵⁵moʔ⁵⁵]并非数量结构，而是一个名词，指成块的银子，当然也可指一块钱。[ŋon⁵⁵]就是ʮ银ʮ字的汉字借音，[moʔ⁵⁵]则是ʮ物ʮ的汉字借音。这两组例中，除了[lan⁵⁵]暂时不明底细外，其他几个词都是汉语借音：[it³³]是"一"的借音，[tam²³]是"三"的借音。

　　我们需要指出的是，临高话的量词[moʔ⁵⁵]，据梁敏的《临高话简介》271 页（《语言研究》1981 年第 1 期）所说，是一个"什物"的量词，即这个量词[moʔ⁵⁵]只用于什物，不用于人。这样，这个[moʔ⁵⁵]既指"什物"，又只用于什物的量词，可以看作是名词量词同源的好例子。再看下面哈尼语的例子，就会使我们的认识更加深切。

　　[moʔ⁵⁵]在临高话中作名词用的例子又如（桥本万太郎1980）：

phun²³ tiŋ⁵⁵ moʔ⁵⁵（雨点）　　　　　　　　　　　　　　　　3.44 页

ʃet³³ moʔ⁵⁵（切丁儿）　　　　　　　　　　　　　　　　　64.12 页

这两个例中的[mo?^{55}]都是名词，指小丁点儿的东西。

名词量词同源的现象在哈尼语中表现最为明显，例如：

xa^{33} gɯ^{55} tshi^{31} gɯ^{55} /   xa^{33} gɯ^{55} tshi^{31} mo^{55} （一个鸡窝）

  鸡窝　　一　个（窝）　鸡窝　　一　　个

di^{31} phu^{31} tshi^{31} phu^{31} /   di^{31} phu^{31} tshi^{31} mo^{55} （一个锤子）

  锤子　　一　个（锤）　锤子　　一　　个

pu^{33} kha^{31} tshi^{31} kha^{31} /   pu^{33} kha^{31} tshi^{31} mo^{55} （一个村寨）

  村寨　　一　个（寨）　村寨　　一　　个

（李永燧 1990，41 页）

所以，我们从量词[mo]的声音同"么"，其用法既可指什物，也可作什物的量词（海口话和琼海话已进展到可作人和物的量词），从名词、量词同源现象这点考虑，基本上可以明确这个量词就是由"物"演变而来。而[mo]既作量词又兼指示词、领属助词的特点，和南方方言那个"个"有着同类的平行的发展趋向。从这点看，"个、物"是一组同义词。

参考书目

陈鸿迈 1992 海口方言的"妳" 《语言研究》1992 年第 1 期

       1996 海口方言词典 江苏教育出版社

冯成豹 1992 海南省琼海方言记略 《广东民族学院学报》1992 年第 2 期

李永燧 1990 哈尼语名、量、动词的同源现象研究 《民族语文》1990 年第 3 期

梁敏 1981 "临高话"简介 《语言研究》1981 年第 1 期

梁明江 1984 海南方言说要 海南出版社

梁猷刚 1986 海南岛文昌方言音系 《方言》1986 年第 2 期

桥本万太郎（M.J.hashimoto） 1980 （临高方言）The Be Language, Tokyo

张惠英 1982 释"什么"《中国语文》1982 年第 3 期

       1990a 广州方言词考释 《方言》1990 年第 2 期

       1990b 广州方言词考释（二） 《方言》1990 年第 4 期

       1993 "兀底、兀那"考 《方言》1993 年第 3 期

海南方言的分区

（《方言》2006 年第 1 期 79—89 页，本文有所修订）

一　关于海南语言与人口

1.1　1987 年版《中国语言地图集》没有海南方言专图，只附见于 B12 闽语图。

在 B12 闽语图中，海南省的汉语方言有闽语、客家话、军话、儋州话、迈话。海南省的闽语称为琼文区，分为府城片、文昌片、万宁片、崖县片、昌感片五个片。图中把儋州话、迈话都归为粤语区，但文字说明则未作分类。除了这些，还有多种方言并用区（万宁片、崖县片、昌感片、儋州话地区都有）。

B12 闽语图关于海南闽语的文字说明是：

琼文区的主要特征是有[ʔb]和[ʔd]两个吸气音声母，但绝大多数地方没有[pʻ tʻ tsʻ kʻ]等送气的塞音、塞擦音声母。本区方言比较复杂，还可以根据有无[f v]或[ɸ b]声母，分为府城片、文昌片、万宁片、崖县片、昌感片等五个片。

笔者经过实地调查并参考新近的研究成果，认为原有的分区符合实情，总体可以维持不变，区划名称略有改动：原图琼文区改为琼文片，原图琼文区下属的五个片依次改为小片，即府城小片、文昌小片、万宁小片、崖县小片、昌感小片。原来说明文字简略之处，或分布区域不详细的地方，还有没有涉及到的，本文作一些补充。

海南于 1988 年建省以后，市县区划、地名更改等情形时有出现，现在都根据中华人民共和国民政部 2004 年编的《中华人民共和国行政区划简册》，一一订正。

人口数字也有变动。1987 年版 A1 图《中国的语言》文字说明，表 2 "中国的人口"中把"广东省和海南省"列在一起，总人口是 59299220，汉族 58239089，少数民族 1056731，汉族占百分比的 98.21%，少数民族占 1.78%。没有说明海南的人口数。现在据海南省民政厅 2004 年 8 月的统计资料（民政厅地名区划处处长林庆雄先生提供），海南全省人口总数为 810

万人。

1.2 关于汉族人口和少数民族人口的比例，据 1994 海南省地方史志办公室编《海南省志》所载，明朝永乐十年（公元 1412 年），海南汉族黎族人口比例为八十八比十二（19 页），到 1990 年人口普查时，汉族 5442386人，少数民族共 1115096 人（其中黎族 1019503 人，苗族 52044 人，壮族31017 人，回族 5695 人，其他少数民族 6837 人），汉族占总人口的 83%，少数民族占总人口的 17%，黎族占总人口的 15.55%（67 页）。我们以为，由于社会的飞速发展，尽管少数民族人口数量增加很快，而本族语言的使用情况正好成反比，也就是说，使用的人数是越来越少。据陈波估计，少数民族中讲黎语的约 80 多万人，讲临高话的约 50 多万人，讲村话的约 6万多人，讲苗语的约 4 万多人（分别见《海南省志》257 页，261 页，262页，263 页。语言部分为陈波所写），加上讲回辉话的，共 140 多万；也就是说，讲少数民族语言的人数占总人口的 17%以上，这个估计大概不太切合实际。实际上，少数民族地区的人，都或多或少地会讲海南闽语或普通话，更何况很多少数民族成员在外工作，并不使用母语。1987 年版 C14《海南岛少数民族语言分布图》（欧阳觉亚负责）估计的数字，略少于陈波所估计的，讲少数民族语言的人口总数是 1360900 万人。

至于讲汉语方言的人数，今 810 万海南人口中，除了会讲少数民族语言的 136 万人（取欧阳觉亚估计的整数），就有 674 万人讲汉语方言。其中，讲儋州话的约 70 万人，讲客家话的约 6 万人，讲军话的约 11 万人，讲迈话的约 1.2 万人，讲蛋家话的约 5000 人，还有从四面八方来到海南工作、经商、教学的外地人员，约 40 万人，他们讲普通话或各自的母语，所以剩下的 5.453 万人都讲海南闽语。

二 海南闽语的区划和各小片特点

2.1 海南闽语（琼文区）的区划仍依原 B12 图分为五小片：

府城小片（总人口 267 万）：海口市（160 万）、琼山市（今已并入海口市琼山区）、澄迈县（49 万）、定安县（31 万）、屯昌县（27 万）

文昌小片（总人口 102 万）：文昌市（56 万）、琼海市（46 万）

万宁小片（总人口 88 万）：万宁市（55 万）、陵水县（33 万）

崖县小片（总人口 161 万）：三亚市（50 万）、乐东县（46 万）、白沙县（18 万）牙叉镇（县城）及其他城镇、保亭县（16 万）县城及其他城镇、琼中县（20万）营根镇（县城）、乌石、湾岭、五指山市（11 万）原名通什县，以及所辖其他城镇

昌感小片（总人口 61 万）：东方市（38 万）、昌江县（23 万）

临高县以临高话为主，儋州市以儋州话为主，这两处的人口数都未

计入。

2.2　府城小片　以海口话为代表。主要特点是（据陈鸿迈 1996，引论 4—5 页；杜依倩 2005）：

① 声母有吸气音ʔb ʔd：

边ʔbi^{24}	伏ʔbu^{24}	笨ʔbun^{33}	碰ʔboŋ^{24}	笔ʔbit^5
帝ʔdi^{24}	猪ʔdu^{24}	唇ʔdun^{21}	东ʔdoŋ^{24}	直ʔdit^3

② 舌根擦音有x h之分：

区xi^{24}	糠xo^{24}	兼xiam^{24}	筐xiaŋ^{24}	曲xiak^5
天hi^{24}	汤ho^{24}	添hiam^{24}	窗hiaŋ^{24}	剔hiak^5

③ 入声韵尾有p t k（没有喉塞音尾ʔ）：

立lip^3	叔tsip^5	十tap^3	漉lɔp^3	接tsiap^5
得ʔdit^5	出sut^5	骨kut^5	屈xut^3	物vut^3
法fak^5	实tak^3	木mok^3	肉hiɔk^3	弱niɔk^3

④ 入声除了阴入阳入外，还有一个主要由古入声字演变来的长入调55：

鳖ʔbi^{55}	乜 mi^{55}	折 tsi^{55}	缺 x i^{55}	蒂ʔdi^{55}
答ʔda^{55}	扎 ta^{55}	甲 ka^{55}	塔 tʼa^{55}	巴 va^{55}
尺 sio^{55}	脚 kio^{55}	借 tsio^{55}	要 io^{55}	相 tio^{55}
弄 laŋ^{55}	星 seŋ^{55}	框 xuaŋ^{55}	侬 noŋ^{55}	弓 koŋ^{55}

2.3　文昌小片　以文昌话为代表。主要特点是（据梁犹刚 1986，124—132 页）：

声母也有吸气音ʔb ʔd：

边ʔbi^{44}	部ʔbu^{42}	笨ʔbun^{42}	崩ʔboŋ^{44}	笔ʔbiet^5
帝ʔdi^{11}	猪ʔdu^{44}	唇ʔdun^{22}	东ʔdoŋ^{44}	直ʔdit^3

舌根擦音有x h之分：

欺xi^{44}	糠xo^{44}	欠xiam^{11}	窗xiaŋ^{44}	确xak^5
喜hi^{21}	好ho^{21}	嫌hiam^{22}	胸hiaŋ^{44}	霍hak^5

有双唇擦音ɸ：

鼻ɸi^{44}	疲ɸi^{22}	夫ɸu^{44}	浦ɸu^{22}	拍ɸaʔ^5
破ɸua^{11}	伴ɸua^{42}	彭ɸe^{22}	品ɸien^{21}	读ɸak^3（学）

入声韵尾有p t k ʔ四个：

合hap^3	粒liap^3	十tap^3	立 tiop^3	接tsiap^5
得ʔdiet^5	出sut^5	骨kut^5	踢xat^5	挖uat^5
六lak^3	目mak^3	木mok^3	一ziak^3	极kek^3
铁xiʔ^5	甲kaʔ^5	学oʔ^3	额ŋeʔ^3	八ʔboiʔ^5

去声除了阴去阳去外，还有一个高去：

阴去 11：世ti¹¹　　　　帝ʔdi¹¹　　　　丽li¹¹　　　　见ki¹¹　戏hi¹¹

阳去 42：是ti⁴²　　　　地ʔdi⁴²　　　　利li⁴²　　　　技ki¹¹　系hi⁴²

高去 53：闭ʔbi⁵³　　　　视ti⁵³　　　　虑li⁵³　　　　絮si⁵³　艺ŋi⁵³

　　2.4 万宁小片 以万宁话为代表。特点是声母比海口、文昌多了送气塞音pʻ，入声韵尾只有t、k、ʔ三个（据《万宁县志》133—134 页）。

　　因《万宁县志》所载太简单，现据刘兴中博士学位论文《海南闽语的语音研究》89—93 页所记万宁县港北话为例（书中也单列声母或韵母），如：

　　　　pʻ声母：谱编扁遍（89 页）

　　　　　　　　普派屁偏破票拍品潘番烹沛肺婆鼻妇朋赔皮浮（90 页）

　　　　　　　　府非俘赴（92 页）

　　　　　　　　饭防凡犯范（93 页）

　　　　入声-t韵尾：纳合鸽盒（126 页）匣接妾涉劫业贴帖叠蝶协法乏（127 页）

　　　　　　　　立习湿入（129 页）热（130 页）托作索各（137 页）

　　　　入声-k韵尾：乐阁恶削约雀廓（137 页）觉角确壳剥（139 页）

　　　　　　　　北墨刻息职力（140 页）

　　　　入声-ʔ韵尾：答搭踏杂塔塌榻（126 页）插闸甲押鸭（127 页）

　　　　　　　　歇篾铁末沫掇括（131 页）桌学（139 页）

　　去声除了阴去阳去外，还有一个读 51 调的高去，它包含古清音声母去声字，也包含古浊音声母去声字。例如：阴去（13 调）四；阳去（42 调）是；高去（51 调）视。

　　2.5 崖县小片 以三亚话代表。特点是声母有三个送气塞音pʻ、tʻ、kʻ，入声韵尾只有t、k两个，有阳上调。例如（据黄谷甘 1991，247—248 页）：

　　　　声母pʻ：铺鼻肺芳

　　　　声母tʻ：胎梯动柱

　　　　声母kʻ：乞客局曲

　　　　韵尾t：蛤节 杰直 脱出夺阅

　　　　韵尾k：角目接灭国局缩曲弱竹

　　　　阳上（42 调）：有耳

　　2.6 昌感小片 以东方市板桥墟话为代表。特点是声母有送气的塞音塞擦音pʻ、tʻ、kʻ、tsʻ四个，有齿间擦音θ，入声韵尾只有-ʔ 一个。例如（据冯成豹 1989，47—52 页）：

　　　　声母pʻ：判庞平普

　　　　声母tʻ：滩天体偷

　　　　声母kʻ：起溪坎虹

　　　　声母tsʻ：粗脆从曹

声母θ：斜写谢扫生

入声韵尾ʔ：aʔ 鸭甲拍毒落　　　　iʔ 日失入急铁　　　　uiʔ 卒滑屈律骨

　　　　　　eʔ 百白说册隔格　　　iaʔ 鹿绿竹菊雀　　　uaʔ 郭扩廓

　　　　　　aiʔ 识密节力盒贼　　　iəʔ 药歇削尺石掠　　uəʔ 活辣缺割杀喝

　　　　　　eiʔ 踢拔八哲别灭　　　iaiʔ 夹接粒劫胁　　　uaiʔ刮发罚越劣绝

　　　　　　ouʔ 各木触畜　　　　　iouʔ 觉却若虐酌

2.7　　闽语琼文片的特点，以及五个小片的差别。琼文片主要特点有是：

1）有吸气音声母[ʔb]和[ʔd]。五个小片只有昌感片没有吸气音声母，而据刘兴中博士学位论文《海南闽语的语音研究》89 页所载，昌感片的昌城、昌化也有吸气音声母[ʔb]和[ʔd]。并进一步指出，海南闽语中只有在东方市南部沿海的新龙、感城、板桥一带有 p 声母，而没有没有吸气音没有声母。请看吸气音声母[ʔb]和[ʔd]在海南闽语中的分布（据刘兴中 2004，89、90、92、94、95 页）：

例字	文昌	琼海	万宁	陵水	府城	澄迈	定安	屯昌	通什	三亚	感城	新街	昌城	昌化
八白分	ʔb	ʔb	ʔb	ʔb	ʔb	ʔb	ʔb	ʔb	ʔb	ʔb	p	ʔb	ʔb	ʔb
刀大猪	ʔd	ʔd	ʔd	ʔd	ʔd	ʔd	ʔd	ʔd	ʔd	ʔd	t	ʔd	t	ʔd

位于海南岛西海岸的昌感小片，吸气音声母[ʔb]和[ʔd]的有无，并非完全一致。感城和板桥一致，都没有吸气音声母[ʔb]和[ʔd]，而昌城则只有吸气音声母[ʔb]，而没有[ʔd]。

吸气音声母[ʔb]和[ʔd]的分布，在海南岛很普遍，不止遍及海南闽语，而且其他方言如儋州话、儋州中和军话、三亚地区的迈话，也都存在。而且，其他语言如临高话、黎语等也都存在。只有客家话、蛋家话还未见到这两种吸气音声母。

2）府城小片、文昌小片声母有 x、h 之分，万宁小片、崖县小片和昌感小片则无此分别。例如（海口话据陈鸿迈 1996，文昌话据梁猷刚 1986）：

如文昌话"快缺太气"读x声母，"火花血陷"读h声母。

海口：起xi²¹³　糠xo²⁴　铁hi⁵⁵　剔hiak⁵　曲hiak⁵　窗hiaŋ²⁴　胸hiaŋ²⁴　嫌hiam²¹　好ho²¹³

文昌：起xi²¹　糠xo⁴⁴　铁xi²⁵　踢xat⁵　曲xiak⁵　窗xiaŋ⁴⁴　胸hiaŋ⁴⁴　嫌hiam²²　好ho²¹

尽管海口和文昌都有 x、h 之分，但同一个字或同一个来历的字，两者的 x、h 之分配，并非完全一致，如"铁踢曲窗"等字，文昌读 x 声母，海口读h声母之分。又是同中有异，错综复杂。这在刘兴中（2004，95 页）古定母今读声母表 110 页古溪母今读声母表（文昌话据梁猷刚 1986）中就可看到一斑：

例字	文昌	琼海	万宁	陵水	府城	澄迈	定安	屯昌	通什	三亚	感城	新街	昌城	昌化
头糖	h	h	h	h	h	h	h	h	h	h	t'	h	t'	h
开	x	h	h	h	x	x	x	h	h	k'	k'	h	k'	k'

3）文昌小片的文昌话，有 ɸ 声母，还有几个古来母字今读 t 声母，这是文昌话的一个声母读音特点。例如（据梁猷刚 1986，126—131 页）：

鼻ɸi⁴⁴　　疲ɸi²²　　夫ɸu⁴⁴　　浦ɸu²²　　府ɸu²¹　　富ɸu¹¹　　负ɸu⁴²

抛ɸa⁴⁴　　爬ɸa²²　　泡ɸa⁴²　　拍ɸaʔ⁵　　编ɸien⁴⁴　　方ɸaŋ⁴⁴　　旁ɸaŋ²²

文昌话 ɸ 声母的读法，在海南闽语中见得较少。据刘兴中的调查，陵水的三才镇也有这个声母，如"谱编、普派屁偏破票拍、婆鼻朋赔皮、府非法福赴番肺、浮符妇凡犯"等（刘兴中 2004，95 页；89—93 页；176 页还说到，琼海、万宁的 ɸ 和 p' 可以互换）。文昌话的 ɸ 声母，来自古帮、滂、并、非、敷、奉母。其他地方则读 f 或 p' 或 ʔb。

文昌话有几个古来母字今读 t 声母（据梁猷刚 1986，130 页）：

林 tiom²²　　凛 tiom²¹　　笠 tiop⁵　　立 tiop³

4）府城小片、文昌小片多数方言没有[p' t' ts' k']等送气的塞音、塞擦音声母，府城小片只有一个"拍"字读 p' 声母，可能受其他方言影响，文昌小片的琼海市嘉积镇话"夫谱甫配被泼抛"等都读 p' 声母（据冯成豹 1992，41—51 页），万宁小片也有送气的塞音声母[p']，崖县小片有有三个送气音声母[p' t' k']，昌感小片就有[p' t' ts' k']四个送气音声母，如昌感小片的板桥话"平、体、粗、客"就分别读 [p' t' ts' k']四个送气音声母。古送气的塞音、塞擦音声母，在府城小片、文昌小片多数方言中就读擦音声母，例如（语音资料不足的只好阙如）：

例字	海口	文昌	三亚	板桥
坡	fo²⁴	ɸo⁴⁴	p'o³³	p'o³³
品	fin²¹³	ɸien²¹		
偏	fin²⁴		p'in³³	p'en³³
铁	hi⁵⁵	xiʔ⁵	t'i⁴⁵	
偷	hau²⁴	xau⁴⁴		
泰	hai³⁵	xai¹¹	t'ai²⁴	t'ai³⁵
粗	sɔu²⁴	sou⁴⁴	sou³³	ts'ou³³
七	sit⁵	siet⁵	sit⁵	
超	siau²⁴	siau⁴⁴		ts'iau³³
苦	xɔu²¹³	xou²¹	k'ou²¹	
开	xai²⁴	xui⁴⁴	k'ai³³	k'ui³³
起	xi²¹³	xi²¹	k'i¹¹	k'i¹¹

曲　　hiak⁵　　　　　xiak⁵　　　　　kʻiak⁵

5）昌感片的声母有齿间擦音θ，和舌尖擦音s形成对立（刘兴中 2004的调查材料只有s）。例如（据冯成豹 1989，49—50 页）：

诗θi³³　　　　　　　　　　师si³³
势θi³⁵　　　　　　　　　　试si³⁵
是θi⁴²　　　　　　　　　　市si⁴²
收θiu³³　　　　　　　　　树siu³³

昌感片板桥话的θ声母，并非此片读有。笔者调查的万宁县曲冲村音系（发音人文一花，21 岁，海南师院政法系学生）也有θ声母，和 s 声母对立。例如：

θ：辛束小旋四肃

s：色帅酸三船襄

还有儋州话和军话擦音声母也有ʃ、θ之别：ʃ 沙手神实；θ 心孙碎色。

6）关于-m、-n、-ŋ韵尾的分布。府城小片文昌小片保留-m、-n、-ŋ韵尾，而万宁小片则处于过度状态（万宁城关话、曲冲话失落-m韵尾，则失落-m韵尾，陵水三才镇话则还有一些字读-m韵尾）崖县小片昌感小片无-m韵尾，并入-n、-ŋ韵尾。而从古-m、-n、-ŋ韵尾的演变情况看，各地情况都有一定差别，海口话的韵母，古山宕江通四摄字都读aŋ韵或 iaŋ韵或uaŋ韵，如："班网帮虫"读aŋ韵，"江穷肿双"读 iaŋ韵，"慌判专串"uaŋ韵。其他地方就不同，参差不齐。请看（冯成豹 1989，板桥话字音资料有限，有些字音只好阙如。陵水三才镇话代表万宁小片，据刘新中提供的调查材料）：

例字	海口	文昌	陵水三才	三亚	板桥
淡	ʔdam³³	ʔdam⁴²	ʔdam⁴²	ʔdan⁴²	taŋ⁴²
廉	liam²¹	liam²²			len²¹
南	nam²¹	nam²²	nam²²	nan²²	
林	lim²¹	tiom²²	lim²²	lin²²	
心	tim²⁴		tin⁴⁴	tin³³	
班	ʔban²⁴	ʔban⁴⁴		ʔban³³	
按	aŋ³⁵	an¹¹		an²⁴	aŋ³⁵
万	vaŋ²⁴	ban⁴⁴	van⁴⁴	van³³	
难	naŋ³³	nan⁴²		nan²²	naŋ²¹
乱	lui²⁴	lui⁴⁴		luan⁴²	luan⁴²
寸	sun³⁵	sun¹¹	sun²⁴	sun⁴²	
放	ʔbaŋ³⁵	ʔbaŋ¹¹	ʔbaŋ³⁵	ʔbaŋ²⁴	
光	kuaŋ²⁴	kuaŋ⁴⁴		kuaŋ³³	kuaŋ³³

铜	ʔdaŋ²¹	ʔdaŋ²²	taŋ²²	ʔdaŋ²²
洞	ʔdoŋ³³	ʔdoŋ⁴²	ʔdoŋ⁴²	ʔdoŋ⁴²

7）府城小片有 [-p -t -k] 入声韵尾，无 [-ʔ] 韵尾；文昌小片有 [-p -t -k -ʔ] 韵尾；万宁小片只有 [-t -k -ʔ] 韵尾，崖县小片三亚话只有 [-t -k] 韵尾，西北一点的黄流镇话只有 [-ʔ] 韵尾，昌感小片也只有 [-ʔ] 韵尾。如三亚话"接灭"读ək韵母，"杰直"读it韵母；昌感小片板桥话"鸭甲拍毒落"都读aʔ 韵母。

8）多数方言只有一个上声，但崖县小片有阴上阳上的对立。如三亚话"死比"读阴上 21 调，"耳有"读阳上 42 调。

9）府城小片除了阴入阳入外，还有长入调，多数由古入声演变而来，如海口话读长入调 55 的如：八驳塔迹缺铁阔喝尺借跳弓。文昌小片万宁小片除了阴去阳去外，还有一个混合去声，是由古清音声母去声和浊音声母去声演变而来，文昌小片从调值 53 出发，叫作"高去"调，如"视簸味兆命迅"等字。万宁小片就叫"混去"，如"视"。

三 儋州话、客家话、军话、迈话、蛋家话

3.1 儋州话 儋州话分布于今儋州市除东南角以外的大部分地区；白沙县与儋州交界的几个村落：狮球乡、荣邦乡等；昌江县北部沿海的海尾镇、南罗镇一带，以及石碌镇的一部分；还有三亚市的个别村落（参刘新中 2001，49 页；黄谷甘 1991，243 页）。说儋州话的人口约 70 万。

原 B12 图把海南的儋州话、迈话一起归入粤语，而原 A1《中国的语言》把儋州话列为"非官话"方言，没有进一步说明其系属："儋州话——海南省儋县大部分地区与昌江县南罗等地说儋州话，约 50 万人。现在把儋州话列为未分区的非官话。"

有关儋州话的主要著作有丁邦新的《儋州村话》（1986）和吴英俊的《海南省儋州方言单字音表》（1988）。儋州话有文白读两种音系，我们以白读音为依据，比较丁、吴两种记载，声母都是 16 个，韵母是丁记 57 个，吴记 68 个，声调都是 6 个。吴英俊（113 页）："儋州话不论文读白读，都没有送气声母。但是古非敷奉母及滂并 _{大部分} 母字，今儋州话读双唇清擦音[ɸ]，有的人有时也读作[pʻ]或[f]，没有区别意义的作用。"丁邦新《儋州村话》5 页就记作[pʻ]。

儋州话的语音特点：

有吸气音声母ʔb和ʔd：ʔb 搬拜保白；ʔd单德读啄。

有双唇擦音ɸ声母：ɸ 风饭破婆。

有 x、h 之别：x 替弟苦桥；h花海胡化。

韵母有鼻音韵尾-m -n -ŋ，有入声韵尾-p -t -ʔ。

关于儋州话的归属，丁邦新（1986）《儋州村话》189 页提出，儋州话文言音和粤语类似，白话音介于赣、客之间："文言音可能是早期从粤语区传到儋州和白话音混合的。好些现象都证明文言音和粤语类似。""如果以赣客语这一大支来说，那么儋州村话的白话音代表的是早期赣客语的一种类型。如果以目前情形为准，由于白话音保持许多中古的现象，我们可以说它是介于赣语和客家话之间的另一种大方言——儋州村话。" 梁犹刚（1984）《广东省海南岛汉语方言的分类》认为，儋州话白读音近似粤语，读书音近似北方话："据《儋县志》民国二十三年续修，1982 年重印本 199 页记载，儋州人来自旧高州、梧州府。现代儋州话还保留着粤语的一些特点，但也渗透了海南岛各地方言（语言）的一些共同特点。""儋州话还有专用于读书的读书音。读书音的语音系统与北方话近似。"

笔者注意到，从今天的儋州话白话音看，声母有吸气音ʔb、ʔd 喉擦音分x、h，这是海南闽语的典型特点；声调六个，和周围的客家话相似；韵母和粤语、客家话接近；很难判定，所以仍从原 A1 图所说，属"未分区的非官话"。

3.2　客家话　客家话分布在儋州市南丰镇、兰洋镇，那大镇的一小部分，以及东风农场、番加农场、侨植农场等地；乐东县抱由镇；琼中县松涛镇和中平镇的思河；三亚市的个别村落（参刘新中 2001，50 页；黄谷甘 1991，243 页）。说客家话的人口约 6 万。

客家话音系据笔者调查的儋州市那大镇石屋村话（发音人李海锋，1974 年生，中学教师）。

客家话的声母特点，是具备内地客家话所有的送气塞音塞擦音声母：

pʻ 步鼻破符　　tʻ 太道同　　tɕʻ 秋深枪　　tsʻ 处醋从松　　kʻ 共杰穷桥

客家话的韵母特点，是具备鼻音韵尾-m　-n　-ŋ，和入声韵尾-p　-t　-k。例如：

-m 三胆减含|检廉念|林心

-n 官关简半|权连星邻冰捐选|圆县员缘

-ŋ 庚党|横|光

-p 合|甲|接夹|p 急

-t 挖滑活辣|刮|雪色则侧踢

-k 百划|绿足独毒郭|脚育肉|入剥恶学觉着行，可以；~火|削

客家话声调 6 个：

阴平 44 诗衫|弟近淡社下|暖买有礼　　　　阳平 21 时移

上声 41 使等纸|老女米椅李　　　　　　去声 51 试盖正事士

阴入 3　急竹得一甲乙六　　　　　　　阳入 5　局食杂读

我们看到，古全浊上声字"弟近淡社下"、次浊上声字"暖买有礼"都读同阴平调，这种现象和广东梅县客家话完全一致（参黄雪贞 1995，引论 18 页），可以认作客家话是无疑的。梁犹刚（1984，267 页）指出："海南岛的客家话是清代嘉庆、道光年间（19 世纪上半叶）从粤东嘉应州迁来的移民讲的方言，口音与梅县一带客家话近似。"

3.3　军话　海南省的军话分布范围不小，西部和南部都有。刘新中（2001，50 页）把军话分成三片：崖城片，如三亚市崖城墟；儋州片，如那大、中和、王五、长坡等地；昌感片，如昌江县的乌烈、保平、昌化、昌城，东方市的八所、三家、罗带等地。丘学强（2005）《军话研究》3 页对海南的军话分布有更详细的介绍（人数约 11 万）：

> 海南省东方市讲军话的有罗带乡的罗带、十所、福久、那悦、小岭、大坡田、红兴、下名山、上名山、青山，八所镇的八所、居龙、大砖坡、福耀、皇宁、蒲草，三家乡的乐安、岭村、官田等地。另外，昌江市的昌化镇及昌城乡的部分村落、乌烈镇的大部分村落也讲军话。东方及昌江讲军话的共约六万人。

> 讲崖城军话的有海南省三亚市崖城镇宁远河以北城西的西关、公元、崖城的遵一村、遵二村、崖城一队、崖城二队，东关市、城东马站，共约一万人。水南高山村（独村）有五、六百人讲十所军话。

> 讲儋州军话的有海南省儋州市的中和镇、那大镇以及王五、长坡等地，共约四万人。约占全县总人口的 5.7%。海头、木棠以前也是讲军话的。

关于海南军话的由来，梁猷刚（1984，267 页）认为："海南岛的军话是北方话的一支。'此乃五代前士夫以军戍儋，遂相传习，故名军话。''与南省官话正音相同。'军话实际上是几百年前传入海南岛的西南官话的一支苗裔。"云惟利（1987）《海南方言》3 页认为，军话就是"官话"："'军话'的'军'应是'官'字的音讹或因仿读'官'字而来"，因为海南人受粤语影响很大。

海南军话在不同的地方有所差异，如儋州中和军话就有吸气音声母ʔb和ʔd："巴鞭白部"读ʔb声母，"打达读洞"读ʔd声母。而东方八所的军话、三亚崖城军话就没有这两个吸气音声母ʔb和ʔd。

这三处军话的共同特点是：

有送气的塞音和塞擦音：pʻ 爬偏平捧　tʻ 清崔秋寻　tʃʻ 池陈船丑　kʻ 卡开区丘

入声韵尾只有-ʔ。如东方八所军话：

iʔ：立七十习律尺

aʔ：八法察达鸭

声调只有 5 个：阴平、阳平、上声、去声、入声（如东方八所军话）：

阴平 33	分施衣	阳平 31	魂时移
上声 51	粉史椅以	去声 55	饭试意异
入声 11	佛湿壹逸		（据丘学强 2005，56—59 页）

看来，儋州中和军话的声母受周围海南闽语、儋州话影响，也有两个吸气音ʔb 和ʔd，而东方市三亚市的军话，都没有这两个吸气音。总之，海南军话属官话系统，从地缘看，可以说是西南官话的一支。

3.4 迈话 迈话的分布，黄谷甘、李如龙（1987）《海南岛的迈话——一种混合型方言》介绍，是在三亚市崖城区拱北、城东、水南三乡及羊栏区羊栏妙林两乡，使用人数约 1.2 万左右（1982 年的统计）。另外，梁犹刚（1984）认为乐东县的沿海渔村和岛屿也有说迈话的，黄谷甘、李如龙（1987，273 页）则认为那是蛋家话。

原图 B12 把迈话划归粤语，梁猷刚（1984）、陈波（1984）都认为属于粤语，黄谷甘、李如龙（1987）提出："迈话既有粤方言的成分也有同海南闽语及客赣方言相同的地方，可以说是一种混合型方言。"

本文以为，迈话确实混合有海南闽语特点，如吸气音ʔb（波比）、ʔd（多担）；有客赣语特点，如古全浊塞音塞擦音不分平上去入都读送气的清塞音清塞擦音："婆皮办病白"读pʻ声母，"茶除赵丈静族席"读tʃ声母；有粤语特点如舌叶音声母：tʃ（猪知）、tʃʻ（耻超）、ʃ（施烧），还有入声三分为上入 5（急局）、中入 3（锡药）、下入 1（读俗）等。考虑到边缘地带方言都是混合有周围方言的一些特点，也就是说都有某种程度的混合性，所以仍从原图归入粤语。

3.5 蛋家话 蛋家话分布于三亚市南海、榆港、后海藤桥渔业村，使用人数约 5000 人，属粤语；《海南岛志》把蛋家话称为艇家语，并说艇家语即广东语也（据黄谷甘，1991，245 页）。蛋家话的音系如下（据黄谷甘1991 提供的 220 个例字中整理）：

（1）声母 14 个（包括零声母）：

p 变步　pʻ 坡　　m 舞买　f 灰费　t 刀答　l 林粮　tʃ 字尖　tʃʻ 设臭　ʃ 三杀
k 减割　kʻ 勤窍　ŋ 咬牛　h 贪帖歇　○ 叶业日硬仁鸭

（2）韵母 41 个：

a沙茶	ε车蛇	o歌我	ɔ坡坐	ai斋买	ɐi西世	ei肥皮	ɔi蔡改
a:u敲	eu咬	ɐu扣马	ou杜步	ɔu母嫂袍	an山蚕	ɐn敢减针林	aŋ生硬轻
ɛŋ名井	œŋ双港唱	ʔɔ恶	at物佛	ak法杀	ɛk尺石	ɔk国脱	i师是
iu窍赵	in店欠	iŋ星经	it必	ik历	u妇	ua画瓜	uai怪
uɐi桂鬼	ui水追	uan惯	un官门	uɐn滚	uɔŋ黄	uŋ送红	ut阔割
uk局俗							

（3）声调9个：

阴平53 沙西，55 坡歌　　　阴上35 左组　　阴去33 课债 上阴入5 七息 下阴入3 帖接

阳平21 茶崖　　　　　　　　阳上13 舞柱我 阳去11 外赵 阳入1 业药食

蛋家话没有吸气音声母ʔb、ʔd，有tʃ、tʃʻ、ʃ三个舌叶声母，都和广州话相似；声调的调类调值也和广州话相似，阴平有55调和53调两种，有三个入声。蛋家话有没有n、tʻ这两个声母，可能是受广州话n、l不分的影响而只有l，受海南闽语无送气塞音的影响而没有送气音tʻ。总的来说，归入粤语是合适的。

四　少数民族语言和汉语方言混合地区

上文说过，海南的少数民族语言有黎语、苗语、村话、回辉话等。从语言使用的实际情况来看，海南岛有少数民族语言和汉语方言的混合分布地区。这些混合地区如下所示。

（1）白沙、保亭、乐东、陵水、琼中五县和五指山市，为黎语、苗语和汉语方言混合区。

（2）昌江县、东方市，为黎语、苗语、村话和汉语方言混合区。

（3）临高县，为临高话和其他汉语方言混杂地区。

（4）三亚市，为黎语、苗语、回辉话和汉语方言混合区。

在少数民族和汉族共同居住的地区，为了求得互相交流、理解和共同发展的社会需要，就要有一种大家都能接受的语言作为交际工具。那就是比较简易的接近于所在小片的海南闽语，如昌江县、东方市的，就用接近昌感小片的海南话，三亚、乐东的，接近崖州小片，陵水的接近万宁小片，临高的接近府城小片。而白沙县、保亭县、琼中县、五指山市四个县市的，则说接近崖州小片的海南话，这种海南话有吸气音ʔb、ʔd（同其他琼文区闽语），但有送气的塞音塞擦音pʻ、tʻ、kʻ、tsʻ（不同于府城小片、文昌小片、万宁小片）。而且，在1988年海南省建省之前，和崖县、乐东县一样，都为海南黎族苗族自治州所辖，而和北部的海口、琼山、文昌、临高、儋县等所属的海南行政公署是不同的行政区划。

笔者调查了保亭什岭黄桂琴（海南师范大学学生）：有吸气音声母ʔb、ʔd，也有送气的塞音塞擦音。例如：

八ʔbuei²⁴　　笔ʔbiet⁵　　凳ʔdeŋ²⁴　　桌ʔdok²⁴　　搭ʔdɑ²⁴

妇pʻu²⁴　　　天tʻi⁴⁴　　　锄tsʻu⁴⁴　　　曲kʻiak⁵　　局kʻiak⁵

笔者调查了通什（今名五指山市）福光村陈海花（海南师范大学学生，黎族），声母的特点和保亭的基本一致：

八ʔboi⁵⁵　　比ʔbi³¹　　弟ʔdi⁵³　　凳ʔdiŋ⁵³　　桌ʔdo⁵⁵　　督ʔdok⁵

方pʻɑŋ⁵⁵　　替tʻuai²⁴　　天tʻi⁵⁵　　锄tsʻu³¹　　初tsʻɔ⁵⁵

五 长流土话的归属讨论

海南省海口市长流土话分布在秀英区的长流、荣山、新海、海秀、丰南，琼山区的石山、美安、遵潭龙桥、十字路等地以及澄迈县的老城等地。

搞民族语言的都把长流土话（陈波名为"琼山土语"）归类为临高话的方言。海南省地方志编辑委员会编的《琼山市志》（中华书局 1999）方言部分为陈波所写。陈波也把"琼山土语"归属于临高话，"分布在琼山西部的龙塘、龙桥、十字路、石山、美安等镇，永兴（除罗经、美目、美熙、龙安、松村、美德村）以及遵潭镇的安久、坡仔、王现、儒洞、儒杏、儒盈、儒老村等村，云龙镇的潭连、美在、国群、本良等村，府城镇的红星、城南、儒逢、那央管理区等"。但陈波并未交代明确的语音系统。

据笔者亲自调查，长流土话的音系是和海口话差别较大的一种汉语方言。词汇有一些和临高话相近，但所占比例不过 30%。临高话、长流土话的归属是否需要讨论一下？还是依照旧图？笔者以为，如果以现实为重，当考虑作为一种混合型汉语方言处理。

长流土话的音系如下（发音人麦光燊，70 岁，中学教师。笔者《海南方言分区（稿）》发表后，又去调查长流土话词汇，归纳同音字汇，对声母韵母作了补充修订）：

声母二十个（包括零声母）：

ʔb 巴罢坝	p' 怕爬破	m 马骂雾
ʔd 大打帝	t 四是事婶	t' 拖左走	n 奴奶拿	l 儿而楼
ts' 遭皱资	s 叉沙查	z 柔由油崖
tɕ' 朱猪支	ȵ 女汝倪	ɕ 舒妻施	ʑ 异诱又
k 九巨歌	k' 科概丐	ŋ 碍义误	h 希替后
○ 呼荷_薄~矮于牙污哑亚		

（又，声母ʐ，至今还只见于"浅[ʐiŋ⁵⁵]"，暂不独立。）

韵母八十三个（口语音用小字"口"表示）：

ɿ 自史四事	i 批支居于住	u 部都书姑路
a 巴叉差社野	ia 家假下牙茄	ua 瓜瓦寡画蛙
ɐ □ [nɐ⁵⁵]（kæk⁵〜别人）		
ɪ 时脐□[lɪ²⁴]（ʔda⁵⁵〜脊背）		
e 爹□[ne⁵⁵]_大	ie 皮里吕写尼	
ɛ 髀_{大腿根}□[ʔbɛ²⁴]_火	iɛ 斜爷夜借遮	
o 无补儿而土		
ɔ 波拖初个左	iɔ 头（拳头：k'ɑn³¹ ciɔ²⁴）□[kiɔ²⁴]_是	

ə 之此思徐除

ɑi 灾海介解台   uɑi 衰怀乖帅快

ai 母台哀鞋

ei 席戏□[mei²⁴]晕；醉

əi 杯为催内退   uəi 虽吹规亏雷

ɔi 剃细

ɑu 包遭高好闹   iɑu 标庙笑交烧

ou 某跑首友后   iou 牛周丘九妇

am 谈痰咸

ɑm 南担三渗含   iɑm 尖占点闪染

om 犯泛范范

                     im 禀心岑任甚

an 办潘山鲲颜   ian 边颠连权犬

                     ien 电担量词担：石头

ɑn 般凡万伞拳   uɑn 段酸官眼怨

on 认春阵

ən 奔分准根因   uən 春纯匀尹训稳隐

en □[nen³¹]风

                     in 宾贫电刃身

aŋ 囊曩肮~脏   iaŋ 良长讲厂香

ɑŋ 帮忙仓刚巷   uɑŋ 庄双光矿塘

eŋ 灯锭

əŋ 冰灯曾耕硬

oŋ 蜂风蚌浓穷

ɔŋ 江

                     iŋ 兵平兄琼应

ap □[sap⁵]缝隙   iap 叠接~爱甲穴

æp 答杂纳押

ɔp 鸽合盒

                     ip 立执接入给

at 拔泼末抹刊   iat 秩诀铁血乙   uat 夺绝说刮郭

æt 八乏杀达压

ø 律出卒戌突

ət 物不佛勿没   iət 热

ot 拙

ɔt 割葛喝渴豁

　　　　　　　　　　　it 笔匹雪赐一日　　　　ut 骨滑窟屈核

ɑk 角　　　　　　　　iɑk 略虐勺雀学　　　　uɑk 啄缀琢

æk □[kæk⁵ nɐ⁵⁵]别人

ek 客息孩子；小；低贱脉　　iek □[tiek⁵]肋骨

ǝk 百北魄格黑

ok 薄伯莫各索

ɔk 确霍鹤沃恶~人

　　　　　　　　　　　ik 逼特敌域石　　　　uk 卜复独六局屋

ɑʔ □[ʔbɑʔ⁵]血（疑即脉字）

　　　　　　　　　　　iʔ □[iʔ⁵]小（hoŋ31-24 ～小肚子）

eʔ 额（[kok⁵ ŋeʔ³]字即"角额"，指鬓角）

　　　　　　　　　　　ieʔ □[n̠ieʔ⁵]佣工

oʔ □moʔ³ 个，疑即物　　　　　　　　　　　uʔ 韭

声调六个（书面读音只有一个入声，调值5）：

阴平 55 诗梯衣灯　凳付附妇

阳平 24 时题绳床

上声 31 使体九卷

去声 53 试替事件救

阴入 5 识一发督桌

阳入 3 脉肋□[ʔdok³]拉、撒、排泄贼热□[ʔuɑt³]呕吐目[mɑk³ ʔdɑ⁵³]眼目

按，个别词在词语中读 33 调，如：mo³³□（想）；he³³□（藏）。暂不另立调类。又，词语中有 25 调，如 p'ɑn²⁵ 雨（下雨），较少见，暂不独立。

我们把长流土话和周围方言相比，长流土话的声母系统，既有海南闽语的两个吸气音[ʔb]和[ʔd]（按，这是周围方言如儋州话、军话、海口话乃至临高话等绝大多数海南语言的共同特点），又有海南闽语所少有的，特别是临近的府城小片所没有的送气塞音和塞擦音，有很多古不送气清音都读为送气音。如"左走遭皱资猪朱支概丐"等。临高话就没有这种送气音（参刘剑三 2000，"引论" 6 页）；《琼山市志》870—875 页所记琼山土语也没有这种送气音；可以说，把长流土话归属临高话，很值得斟酌。相比之下，只有客家话有比较多的送气塞音和塞擦音，上文所述儋州那大镇客家话，古浊塞音和塞擦音无论平仄，都读送气音，如"同穷桥步鼻道共杰"等字。从韵母系统看，长流土话无撮口韵，而入声p、t、k韵尾齐全。从调类看，上声去声都不分阴阳，只有平声入声分阴阳，一共 6 个调。而临高话有 7个调，入声就有 3 个。所以，从长流土话的音系看，其归属需要讨论。是

否可以说，是一种古老的海南本土方言？

本文主要引用和参考文献：

陈波　1984　海南岛语言种种　香港《语文杂志》第 12 期

陈鸿迈　1996　海口方言词典　江苏教育出版社

丁邦新　1986　儋州村话　中央研究院历史语言研究所

杜依倩　2005　海口方言同音字汇　未刊稿

冯成豹　1989　海南省板桥话的语音特点　《方言》第 1 期

1992　海南省琼海方言记略　《广东民族学院学报（社会科学版）》第 2 期

海南省地方史志办公室　1994　海南省志·人口志　方言志　宗教志　南海出版公司

海南省地方志编辑委员会　1999　琼山市志　中华书局

黄谷甘、李如龙　1987　海南岛的迈话——一种混合型方言　《中国语文》第 4 期

黄谷甘　1991　海南省三亚市汉语方言的分布　《方言》第 4 期

黄雪贞　1995　梅县方言词典　江苏教育出版社

梁犹刚　1984　广东省海南岛汉语方言的分类　《方言》第 4 期

1986　海南岛文昌方言音系　《方言》第 2 期

刘新中　2001　海南岛的语言与方言　《方言》第 2 期

刘新中　2002　陵水三才镇话（调查材料）

刘兴中　2004　海南闽语的语音研究（即将出版）

刘剑三　2000　临高汉词典　民族出版社

丘学强　2005　军话研究　中国社会科学出版社

万宁县志编委会　1994　万宁县志　南海出版公司

吴英俊　1988　海南省儋州方言单字音表　《方言》第 2 期

云惟利　1987　海南方言　澳门东亚大学

张惠英　2006　海南方言分区（稿）　《方言》第 1 期

中华人民共和国民政部　2004　中华人民共和国行政区划简册　中国地图出版社

从闽语称谓词头"俺、儿"说起

（《湛江师范学院学报》2008 年第 2 期）

一　俺

1.1　永安话词头"俺（安、按）"ő¹，武夷山市话词头"俺"aiŋ¹

地处闽中的永安话有个词头"俺"ő¹（据《福建省志·方言志》）：

俺公（祖父）　　俺妈（祖母）　　俺爸（父亲）　　俺奶（妈妈）

俺伯（伯父）　　俺叔（叔叔）　　俺哥（哥哥）　　俺姊（姐姐）

俺妹（指称男女小孩）（以上 262 页）

还用在单字人名前，如：俺珍，俺成。（262 页）

还有称呼小孩的昵称，如：俺狗，俺猫。（262 页）

还可以用在长辈的排行前，如：俺大（大叔）、俺二（二叔）、俺三（三叔）。（263 页）

由于永安话"俺"是第一人称单数，"俺侪"是第一人称复数，所以"俺"演变为称谓词头就非常自然。

武夷山市话也有"俺"aiŋ¹ 这个词头（据《武夷山市志》）：

俺娘（女人）　　　俺娘囝子（女孩子）　（1078 页）

俺娘囝（女儿）　　俺娘孙（孙女）　　（1079 页）

1.2　明溪话词头"俺"aŋ³¹（据《明溪县志》960 页）：

俺公（祖父）　　俺嬷（祖母）　　俺哥（哥哥）　　俺伯（伯父）

俺囝（儿子）　　俺官（公公）　　俺爹（父亲）　　俺婆（母亲）

俺姐（姐姐）　　俺婶（伯母）　　俺新人（媳妇）　俺阿婆（婆婆）

又可用在人名前：俺菊、俺喜、俺香、俺礼、俺花（960 页）；956 页有"俺多萨（咱们）"。

李如龙《福建县市方言志 12 种·明溪县方言志》215 页还载有：

俺娘（妻子）　　俺娘孙（侄女，孙女）　俺_{按，"俺"原文作"啊娘"，标音同"俺"}囝（女儿）

显然，这个"俺"，也是第一人称"俺"的演变。"俺多萨"表示咱们在 220 页也有记载。

1.3　漳平话词头"安"an²⁴

漳平话词头"安"an²⁴，既可用于亲属称谓前，也可用于指示词前（据张振兴 1992）：

安爹、安父、安叔（父亲）；安奶（母亲）；

安父（伯父、父亲）；安婆（伯母）；安叔（叔父、父亲）；

安公（祖父）；安妈（祖母）；安舅（舅）；安妗（舅母）；

安姑（姑）；安姨（姨）；安兄（哥哥）；安姐（姐姐）（以上 145 页）

安姑（小姑子）；叔伯安姐（堂姐）；表安姐（表姐）（146 页）

安□ an²⁴⁻⁵⁵ hio³¹（这里）（166 页）按，hio³¹ 音同"许 ₃"（44 页同音字表）。

安□am²⁴⁻³³ mau¹¹（那里）（166 页）

我们以为，这个词头"安"，大概也是"俺"。

1.4　沙县话词头"俺"ʒ²¹

沙县话词头"俺"ʒ²¹（据《沙县志》）：

俺爹（父亲）　　俺公（祖父、外祖父）　　俺娘（母亲）　　俺妈（祖母）

俺婆（外婆）　　俺奶（伯母）　　　　　　俺姐（叔母）（725 页）

这个"俺"大概就是"俺"。729 页"□侪（我们）"音ʒ³³ tse³¹，比照永安话，当是"俺"。用"俺"作称谓词头，犹如今北方话一些方言用"我"作称谓词头，如"我爸、我娘、我哥"可当面称呼。福建德化的"阮爸、阮妈"的"阮"是第一人称复数，就是"我们"，也是一种自称作称谓词头，和"俺"作词头同理。吴语则用"自"作人称代词词头，1908 年上海土山弯慈母堂第二次印的《土话指南》就有很多"自我我（亦作是我上海话"自、是"同音）、自侬你、自伊他（亦作是伊）、自伲我们、自伲你们"；明万历本《金瓶梅词话》也有用"自"作人称代词的现象（参张惠英 2001，83—86 页）。

1.5　傣雅语的代词词头ʔan³³

傣雅语的代词词头ʔan³³（据邢公畹《红河上游傣雅语》）

ʔan³³ tu³³ 我们（93 页）

ʔan³³ hau⁵³ 咱们（243 页）

ʔan³³ su⁵⁵ 你们，su⁵⁵ 你们（195 页）

ʔan³³ kʼau³³、kʼau³³ 他们（93 页）

ʔan³³ xau⁵⁵（243 页）

ʔan³³ kau³³ 我（243 页）

ʔan³³ mə³³ 你（243 页）

ʔan³³　mən³³、mən³³ 他（243 页）

这个词头ʔan³³，并不只是用作词头，还有一些别的值得注意的用法。就是ʔan³³ 可以作量词，作指示词，作人称代词，还可以作指人指物的名词。

例如：

用作量词：hi¹¹ hən⁵³ hi¹¹ ʔan³³。

$\qquad$ 一　家　一　个（一家一个。）　　（243 页）

用作指示词：ka²⁴ vat³³ ʔan³³ faŋ⁵⁵。

$\qquad$ 去　挖　的　埋［去挖那埋（着）的。］（243 页）

$\qquad$ ʔan³³ tɕa³¹（坏事）（244 页）

笔者以为，上述两个例中的这个 ʔan³³，实际上表示指示。

用作人称代词"他们"：ʔan³³ tɕəu²⁴ va¹¹（195 页）

$\qquad$ 他们　就　说

笔者以为，指示词和人称代词相通。

用作指人名词：su⁵⁵ ka²⁴ t'a:mʔ⁵⁵ ʔan³³ hen²⁴ vo⁵³ ʔan³¹。ʔan³³hen²⁴ vo⁵³ ʔan³¹

$\qquad$ 你们 去 问 的 看黄牛 那 的 看黄牛 那

$\qquad$ tɕəu²⁴vok⁴⁴ su⁵⁵ jwo⁵³。（195 页）

$\qquad$ 就 告诉 你们 了

（197 页译文：你们去问那些看黄牛的。那些看黄牛的就告诉你们了。）

笔者以为，这个 ʔan³³ 实际上是指人，而 ʔan³¹ 则表指示。指示词 ʔan³¹（又见 244 页），和这个 ʔan³³ 显然有同源关系。

1.6　桑孔语词头 aŋ⁵⁵

桑孔语 aŋ⁵⁵ 用作词头（包括称谓词头）的例子（据李永燧《桑孔语研究》，124 页）：

aŋ⁵⁵ u⁵⁵ 肠子　　　aŋ⁵⁵ phji³¹ 肺　　　　aŋ⁵⁵ phap³¹ 肝

aŋ⁵⁵ ŋga³¹ 儿子　　aŋ⁵⁵ tɕhe⁵⁵ 舅父　　aŋ⁵⁵ mboŋ⁵⁵ 丈夫

aŋ⁵⁵ phuɯŋ³¹ 盖子　aŋ⁵⁵ tsham³¹ 楔子　aŋ⁵⁵ kɤŋ³¹ 山

aŋ⁵⁵ si³¹ 水果　　　aŋ⁵⁵ nm⁵⁵ 穗子　　aŋ⁵⁵ pja⁵⁵ 坡

桑孔语 aŋ⁵⁵ 用作人和动物的量词（145 页）

1）ta³¹ ʑɯɯŋ³³ ŋa³¹ aŋ⁵⁵

$\qquad$ 客人 五 个（五个客人）

2）tsø³¹ aŋ⁵⁵ n̠i³¹ aŋ⁵⁵

$\qquad$ 老人 二 个 （两位老人）//按，第一个 aŋ⁵⁵ 实际上指人。

3）khɯ³¹ sem³¹（m）aŋ⁵⁵

$\qquad$ 狗 三 只 （三只狗）

按，（m）aŋ⁵⁵ 的冠音（m）是受前面音节的韵尾影响而致，可有可无。

4）a³¹ mboŋ³¹ n̠i³¹ aŋ⁵⁵

$\qquad$ 马 二 只 （两匹马）

二 尼、依（儿）

2.1 雷州话词头"尼"ni^{11}

广东雷州话词头"尼"ni^{11}，可用于亲属称谓前，多是背称，也见面称，也见自称（尼婆妇女自称）；也可用于非称谓词前。例如（据张振兴、蔡叶青《雷州方言词典》）：

尼官（郎君，女婿）（5页"乜健"下）

尼父父亲、尼母母亲（9页"尼"下）

尼姊（称姐姐，面称只叫"姊"）

尼姨（1. 旧时大多数人称母亲为尼姨，面称只叫"姨"。2. 称母亲的妹妹，有时为了跟母亲相区别，往往叫"阿尼姨"，或"阿姨"。3. 称妻之妹。）

尼舅（称母亲的弟弟）

尼妈（称祖母）

尼阿（称父亲）

尼爹（1. 称夫之父。2. 女婿称岳父。）

尼哥/尼兄（1. 称兄。2. 称父亲。3. 称年纪比自己大的男子面称。）（以上9页）

尼呗 ni^{11} pɔ^{11}（称舅父之妻）

尼婆（妇女自称）

尼母（称父母的姐姐）

尼娜娜（形容身体左右摇摆）

尼嫂（1. 称哥哥之妻。2. 旧时乡下人称母亲为尼嫂。）

尼哥（称姐夫）

尼我（男人自称）

尼丈（1. 父母妹妹的丈夫。2. 称妹妹的丈夫。）

尼郎/尼长（1. 称叔父。2. 旧时称父。）

尼伯（伯父）

尼奶（奶奶，祖母）

尼奶膣（祖辈骂孙辈的粗话。膣指女阴）

尼妹（1. 妹妹。2. 称婴儿。）

尼黎（指说话结结巴巴的人）

尼□□ neu^{33} neu^{55}（形容举动轻佻、不严肃）

尼祖（曾祖母）

尼姑（称父之妹或夫之妹）（以上10页）

尼婶（1. 婶子。2. 称弟之妻。）

尼妗（称母弟之妻）

尼姆（伯母）

尼翁（称大舅父或大姨丈）

尼婆侬（1. 称中年妇女。2. 对别人称自己的妻。）

尼公（祖父）

尼公无神（原指神没有神灵，引申为人没有威风和气魄）

倪公侬（1. 男人。2. 背称丈夫。）

尼镘镘（1. 形容嘴一张一合。2. 形容大小便频繁。）

尼叔（叔父）

尼□□nuk⁵ nuk⁵（形容说话吞吞吐吐，行动畏畏缩缩。）

泥□nak⁵（指人毛病多，爱挑剔，难侍侯） 引者按，此"泥"当是"尼"，音义相同"尼"。

呢ni⁵⁵（阳去调）妹（排行最小的妹妹）（以上 11 页）

呢姑长、呢姑（小姑，丈夫最小的妹妹）

呢单（小而结实）

呢嫜（身材小巧的少妇）（以上 12 页）

　　雷州话的这个"尼"的来历，只看雷州话本身，还看不清楚，而从下文福建闽语词头"儿、郎"的比较，可以看出"尼"也是来源于"儿"，是"儿"的一种读法。海南屯昌话"儿"就有 ni³¹（阳平调）的白读音，如"瓜儿（带花的小瓜）、苦瓜儿（带花的小苦瓜）、豆儿（子粒尚未显现的嫩豆荚）、弱[niɔu⁵⁵]团儿（小孩子）"等（引自钱奠香 2002，15 页）。吴语苏、沪地区"儿子"就读同"尼子"。

　　2.2　福州话词头"依"i⁵⁵

　　关于"依"i⁵⁵，冯爱珍《福州方言词典》18 页解释为：

　　（1）用在姓名前，有亲昵的意味：依妹、依平、依林

　　（2）用在亲属名称的前面，表示面称：依爹｜依姑｜依哥

　　（3）用在某些名词前面，成为对人的称呼，有亲昵或戏谑的意味：依命_{宝贝儿}｜依嬷_{瘸子}

　　有关的词条摘录如下：

依志、依志哥（面称同志）

依姨（1. 称母亲的妹妹。2. 称跟母亲年龄差不多的妇女）

依母（1. 伯母。2. 中年的妇女）

依姑（父亲的妹妹）

依爸（面称父亲‖出现的时间比"依爹"晚）

依妈 ⁵⁵（面称母亲‖出现的时间比"依奶"晚。……还可以管母亲叫依婶、依姨、依姐或叫名字等。）

依妈 ³³（祖母。面、背称均可）

依家（面称叔父）

依爹tia⁵⁵（面称奶妈之夫）

依爹tie⁵⁵（面称父亲。||……还可以管父亲叫依哥、依叔、依家或叫名字等）

依姐（1. 面称姐姐。2. 称年轻的女性）

依奶（1. 面称母亲。2. 面称奶妈。3. 詈语，类似北京话的"妈的"：～今旦乞依骗去）

依弟（1. 面称弟弟。2. 称小男孩儿）

依爷（旧时面称父亲）

依婆（1. 伯祖母[父亲的伯母]。2. 老年的妇女）

依婆母（年长的妇女）

依嫂lo³³（指被雇到家中做杂事的妇女）

依嫂so³³（1. 面称嫂子。2. 称中年妇女）

依哥（1. 面称哥哥。2. 称平辈的年长者）

依大、依大头、依厝（鸨母）

依舅（面称舅舅）

依妹（1. 面称妹妹。2. 称小女孩儿）（以上18页）

依宾（表兄。||宾，"表兄"的合音）

依婶（1. 面称叔父之妻。2. 称中青年妇女。3. 称继母）

依板（谑称老板或上司）

依妗（面称舅母）

依公（1. 祖父[面、背称均可]。2. 称呼跟祖父年岁差不多的无亲属关系的老人）

依瘸（谑称瘸腿的人）

依命、依乖（对子女的昵称，相当于北京话的"乖乖、宝贝儿"）

依伯（1. 伯父。2. 尊称年长的男子）

依缺（谑称豁唇的人）（以上19页）

按，《福清市志・方言》1030页载，称母亲的"娘奶"，也可以说"依奶、依乜"。而福州方言的阴平连调在阴平55、阳平53、阴入5之前保持不变，其余调前都变读阳平53，所以，福州方言的词头"依"i⁵⁵在多数情况下读同阳平调i⁵³，和"儿"i⁵³同音。"儿、郎"义同，都可以用来指年轻孩童，所谓"小儿郎"是也。这样，这个词头"依"很可能是"儿"的音变，"儿、郎"用作称谓词头，就是晚辈自称"儿、郎"演变而来。

再看福清话，冯爱珍《福清方言研究》这个亲属称谓词头也写作"依"i⁵³，如186页"依奶₍母亲₎、依娜₍母亲₎、依 mie²¹ ₍母亲₎、依母₍年长妇人₎、依家₍叔父₎"，187页"依婶₍叔母₎"等。需要指出的是，称母亲的"依娜"也作"□n⁵⁵娜"，这个异读，当然可以有多种解释，一是受后字"娜"影响所致，一是"儿"的一种读法，n声母和阳平调和"儿"字相合，很多方言儿化就是加一个n尾，吴语崇明话"儿子"就读 n^{24} $ts\eta^{424\text{-}31}$。

这样，用晚辈自称"儿、郎"来作称谓词头，和用"俺"作亲属称谓词头就是同样的道理。"儿"用作称谓词头，古文献中常见（参张惠英 2001，73—76 页），此从略。

三　郎

"郎"作为称谓词头，请看《福建省志·方言志》519—521 页对"父亲、母亲"的记录：

	父亲	母亲
福州	郎爸loun⁴ mɑ⁶	郎奶loun³ nɛ³
长乐	娘爸loun² pa⁶	娘奶loun² le³
连江	郎爸loun² pa⁶	郎奶loun² nɛ³
福清	娘爸nyoŋ² pa⁶	娘奶nyoŋ² nɛ³
平潭	阿爸a¹ pa⁶	依奶i¹ na³
永泰	郎爸loun² pa⁶	郎奶loun² nɛ³
闽清	郎爸loun² pa⁶	郎奶loun² nɛ³（以上 519 页）
古田	郎爸loun² pa⁶	郎奶loun² nɛ³
屏南	郎爸loun² pa⁶	娘奶nyoŋ² nɛ³
罗源	农爸nuŋ² ma⁶	农奶nuŋ² nɛ³
宁德	农爸nuŋ² ma⁶	农奶nuŋ² nɛ³
霞浦	农爸nuŋ² ma⁶	农奶nuŋ² nɛ³
柘荣	农爸nuŋ² ma⁶	农奶nuŋ² nɛ³
周宁	郎爸lɔŋ² pa⁶	农奶noŋ² nɛ₃
寿宁	农爸nuŋ² ma⁶	农奶nuŋ² nɛ³
福鼎	农爸nuŋ² ma⁶	农奶nuŋ² nɛ³
德化	阮爸gun³ pa⁴	阮妈gun³ bã⁴（以上 520 页）
永安	俺爸õ¹ pɔ¹	俺妈õ¹ bã¹；俺奶õ¹ li¹
沙县	俺爹ɔ³ ta¹	俺娘ɔ³ giɔ²
南靖	娘爸liũ² pe⁶	娘妳liũ² le³
平和	娘爸liũ² pe⁶	娘妳liũ² lẽ³（以上 521 页）

表中所列的几种说法很给我们启发。德化的"阮爸、阮妈"的"阮"是第一人称复数，就是"我们"，也是一种自称，和"俺"表示自称同理，吴语崇明话"我姆妈我妈"和"我里姆妈我妈"都指自己的母亲，尽管"我"表单数，"我里"表复数。

还需要指出的是，冯爱珍《福州方言词典》351 页记载称父母为"郎爸"

noun^{53} ma^{242} 和"娘奶"noun^{53} nɛ^{33}，用字和记音不一致，但一看就知道，这是个人处理或排印校对的问题，其音为"郎"当无问题。

四 妃（婢）bi^{55}

雷州话有个词头"妃"bi^{55}（阳去调），是借用字。《雷州方言词典》4 页：

妃 1）加在姓、名、爱称、排行的前头，相当于词头"阿、老"：～吴｜～凤｜～大嫜｜～二 2）加在形容词的前面，使变成指人的名词：～悬$_{高个子}$｜～翘$_{驼子}$｜～粗$_{大个子}$

"妃"作词头的例子如（据《雷州方言词典》4 页）：

妃吵（=老吵）：话多的人

妃大：老大，大儿子，大女儿

妃哑：哑巴

妃尾：最末了生的儿子或女儿

妃花：麻子

妃肥：胖子

妃醉：称经常酗酒的人

妃跛（=老跛）：瘸子

妃呆：呆子

妃矮：矮子

妃九：妃狗，常用作对小孩的爱称

妃亩（=老亩）：瘪嘴儿

妃聋：聋子

妃瘩：瘦子

妃蒙：瞎子

妃松（=老松）：傻子

妃戀：疯子

妃怯：不好的人（多指子女），相当于有的地方叫"孬种"

妃咧：称嘴巴特大的人

妃二：老二，二儿子，二女儿

笔者以为，妃，《广韵》平声微韵芳非切，雷州话这个词头 bi^{55} 读的是阳去调，和"妃"的音韵地位不合，所以这个词头很可能来自"婢"。婢，《广韵》上声纸韵便俾切，雷州话今读阳去调的一些字，就来自古浊上字，如"造、浩、兆、牡、杏$_{（以上见《雷州方言词典·引论》13 页）}$、俭、辩、远$_{（以上见《雷州方言词典·引论》15 页）}$、范、梦、仲、凤$_{（以上见《雷州方言词典·引论》17 页）}$"，所以，《广韵》阳上调的"婢"读成阳去调的 bi^{55}，是可能的。而且，婢用作称谓词头，也是和自称相关。"婢"自古就用作妇人自称的谦词，例如：《左传·僖公二十年》"寡君之使婢子自侍执巾栉"，杜预注："婢子，妇人之卑称也。"《礼记·曲礼下》："自世妇以下，自称曰·婢子。"所以，"婢"作称谓词头，犹如"俺、儿"作称谓词头。最后，福建建阳、建瓯等地很多人名，特别是男性的名字都有用"婢"的情形。例如（据《建瓯县志》，不注"女"的，都是男性）：

（优秀人物）	谢荣婢	1940 年生	956 页
	林礼婢	1945 年生	957 页
	黄荣婢	1920 年生	958 页
	张松婢	1934 年生	958 页
	刘财婢		959 页
	叶楷婢	1943 年生	960 页
（烈士）	叶宗婢	1922 年生	967 页
	游木婢	1948 年被害	968 页
	江生被	1926 年生	968 页
	龚财婢	1925 年生	969 页
	练东婢	1920 年生	969 页
	梁火婢	1925 年生	969 页
	李松婢	1953 年牺牲	970 页
	吴泗婢	1922 年生	971 页
	周吓婢	1926 年生	971 页

福建省有些地方的取名特点，不只这个"婢"字，还有相关相类的"母、婆、奶、娘"等字（参张惠英 2002，60—70 页）。闽语用这类字眼来取名或作词头的特点，在别的方言以及少数民族语言中都能见到类似现象。

五　家、宿

5.1　遂溪话词头"家"

雷州半岛遂溪话也是闽语方言，称父母既可以用词头"尼（儿）"，也可以用词头"家"，称呼其他亲属则用"家"。例如（据 A.O.YUE-HASHIMOTO: THE SUIXI DIALECT OF LEIZHOU, The Chinese University of Hong Kong, 1985。下面引用时就译为《雷州遂溪方言》）：

□伯（爸爸面称）ndi^{22} pæ^{53}（302 页）

姨妈（母亲面称）ndi^{22} næ^{53}（303 页）

[□名]（小名、乳名）ni^{22} mia^{22}（302 页）

笔者以为，ndi^{22} 和 ni^{22} 是一种声音变体，《雷州遂溪方言》4 页的声母表介绍声母时，就把 n 和 n（d）归结为一个声母。读 ni^{22} 音的有"尼、呢"（163 页），"乳"读 ni^{33}，声调不同，所以，ni^{22} mia^{22} 就是"儿名"（名，音

mia^{22}，见 145 页），意为小名、乳名。

遂溪方言以 "家" 为亲属称呼词头（用于背称）的例子如（据同上）：

家祖伯（祖父）kæ^{35} tʃɐu^{53} pæ$^{53-33}$

家祖奶（祖母）kæ^{35} tʃɐu^{53} næ^{53}

家伯（父亲）kæ^{35} pæ^{53}（以上 302 页）

家奶（母亲）kæ^{35} næ^{53}

家公（公公_{夫之父}）kæ^{35} koŋ^{35}

家婆（婆婆_{夫之母}）kæ^{35} pʻɔ^{22}（以上 303 页）

家姊（姐姐）kæ^{33} tʃi^{53}

家妹（妹妹）kæ^{35} mbue^{35}（305 页）

我们以为，这个词头 "家" 表示自己的意思，"家奶" 相当于 "俺奶"。福建闽语很多地方称自己为 "家己、家自"，请看（据《福建省志·方言志》546—547 页）：

	自己		自己
厦门	家己ka^1 ki^6	金门	家己kai^1 ki^6
同安	家己ka^1 ki^6	泉州	家己ka^1 ki^4
晋江	家己ka^1 ki^5	石狮	家己ka^1 ki^5
南安	家己ka^1 ki^4	惠安	家己ka^1 ki^5
安溪	家己ka^1 ki^4	永春	家己ka^1 ki^6
漳州	家己ka^1 ki^6	德化	家己kai^1 ki^6
龙海	家己ka^1 ki^6	长泰	家己ka^1 ki^6
华安	家己ka^1 ki^6	南靖	家己ka^1 ki^6（以上 546 页）
莆田	家己ka^1 i^6	仙游	家己ka^1 i^6
尤溪	家自ko^1 tse^6	沙县	家自ko^1 tsɿ^5（以上 547 页）

按，上表中，金门、德化 "家" 读kai^1，似有可酌之处，而其他各处的 "家" 词头明白可信。

5.2 广州话词头 "家"

广州话 "家" 可用作称谓词头，有的只可背称，有的也可面称。例如（据白宛如 1998，13—14 页）：

家父、家母（13 页）

家婆（夫之母，背称）

家公（夫之父，背称）

家姐（姐姐，背称：我有三个家姐）（以上 14 页）

按，郑定欧《香港粤语词典》19 页 "家姐" 条指出："引称、对称都可以用：佢有两个家姐。"

家嫂（儿媳妇，旧时面称：大家嫂、二家嫂）（14 页）

按，李新魁等《广州方言研究》298 页"家嫂"也可以称呼嫂嫂。

家持（尼姑庵的庵主；做法事时尼姑中的主持人）（14 页）

其实，"家"用作词头的现象，在全国很多方言中都能见到。除了用作亲属称谓的词头，也可以用作其他事物如动物植物和日常用具的词头，例如（据许宝华、宫田一郎 1998）：

家己（自己）：福建永春、厦门、仙游。广东潮阳。台湾。（5152 页）

家自（自己）：福建三明。

家叔（叔父）：福建福州。（5155 页）

家提手（扫帚把）：福建漳平。（5161 页）

家提仔（扫帚）：福建漳平。（5161 页）

家孙（孙子；孙儿）：北京官话；西南官话。（5154 页）

家爸（泛称非族、戚的长辈男子）：甘肃兰州。（5155 页）

家姉（泛称非族、戚的长辈妇女）：甘肃兰州。（5157 页）

家首（妻子）：云南昆明、澄江。（5155 页）

家台（妻子）：安徽太平。（5153 页）

家达达（有孩子的妇女对丈夫的称呼）：青海西宁。（5159 页）

家达子（游手好闲的公子哥儿）：北京。（5159 页）

家达子（自家人或有亲戚关系的人）：天津。（5159 页）

家松儿（极心爱的东西）：贵州铜梓。（5160 页）

家枣儿（枣儿）：山东牟平。（5160 页）

家狗母（母狗）、家狗牯（公狗）：浙江云和。（5160 页）

家狗嫲（母狗）、家狗骡（骡子）：浙江丽水。（5160 页）

家鬼子（麻雀）：河北张家口。（5160 页）

家麻雀（麻雀）：江苏连云港，福建泰宁，贵州黎平。（5161 页）

家雀子（麻雀）：山东济南、郯城、枣庄、费县、平邑。（5161 页）

家翅儿（麻雀）：山东利津。（5160 页）

家拔子（麻雀）：内蒙西部。（5160 页）

家巴子（麻雀）：山西山阴、大同、忻州。（5158 页）

家拉巴（麻雀）：河北廊坊。（5160 页）

家拉拉（麻雀）：青海西宁。（5160 页）

家黑子（麻雀）：河北张家口。（5161 页）

家岑鸟子（麻雀）：山东淄博、桓台、临朐。（5161 页）

家扁豆（扁豆）：山东诸城。（5160 页）

5.3 海南屯昌话词头"宿"

海南屯昌闽语"宿"siu^{35}（去声）可作称谓词头，不仅对人称呼自己的亲属时用，而且别人引述时也可以用。例如（据钱奠香 2002）：

宿父（家父）　　　　宿母（家母）　　　　宿姐（家姐）

宿老弟（家弟）　　　宿姑女强（家妹）　　宿舅爹（家舅）

宿妗姸（家妗）（以上 14 页）

宿老弟（小弟）（93 页）

宿公（爷爷）（93—94 页）

宿老公（丈夫）（110 页）

宿老婆（老婆）（122 页）

宿父母（父母）（126 页）

《海南屯昌闽语语法研究》把"宿父、宿母、宿姐、宿老弟"等注释为"家父、家母、家姐、家弟"，好像只有称自己亲属才用的谦辞。而我们从实际用例看，这些称谓不只是用于和人交际时称呼自己的亲属，也可以用来称呼别人的亲属。例如（据钱奠香 2002）：

1）开妖门映下，ka^{55} 是汝宿母，住外叫我。（打开门一看，原来是你妈在外面喊我。）（110—111 页）

2）许枚是伊宿母，无是伊宿姐。（那个是他母亲，不是他姐姐。）（131 页）

4）伊是汝宿哥无？（他是不是你哥哥？）（180 页）

5）喝叫fiak^5 fiak^5 去然许枚是伊宿父，啼叫ŋe$^{213-33}$ ŋe^{213} 去然许枚是伊宿老弟。（fiak^5 fiak^5 地斥责的那个是她父亲，嘤嘤地啼哭的那个是她小弟。）（93 页）

6）行猛猛许枚是伊宿父，行宽宽许枚是伊宿公。（走得很快的那个是他父亲，走得很慢的那个是他爷爷。）（93—94 页）

7）iɔm^{31} 过ni^{55} 今旦转外家，ka^{55} 是伊昨暮凑伊宿公搅闹相争。（怪不得她今天回娘家，原来是昨天她跟丈夫斗嘴过不去。）（110 页）

8）伊宿老婆撖伊斥蜀顿。（他老婆把他臭骂一顿。）（122 页）

9）连遘伊宿父母都无认伊去。（连他的父母都不认他了。）（126 页）

上述例中"汝宿母、伊宿母、伊宿姐、汝宿哥、伊宿父、伊宿父母、伊宿公、伊宿老婆"等，都是称呼别人的亲属。既然可以用来称呼别人的亲属，就已经从谦称演变为一般称呼了。

当然，"宿"作为词头，自然是由住家的意义引申而来，古代汉语"家父、家母、家严"等谦称就是用"家"构成。"家、宿"在住处这一点上是一组同义词。请看屯昌话"宿"表示家、房子、住处的例子，如（据同上）：

许间宿伙大？（那幢房子有多大？）（40 页）

两山宿（[前后院相连的]两排房子）（50 页）

蜀眼宿（一小间房子）（50 页）

转宿煮煮糜妖嫂（回家烧饭的那位大嫂）（73 页）

我是讲伊转宿去然。（我还以为他已经回家了呢。）（86 页）

伊宿住屯昌是无？（他家在屯昌，是不是？）（181 页）

引用书目

A.O.YUE-HASHIMOTO：THE SUIXI DIALECT OF LEIZHOU，The Chinese University of Hong Kong，1985

白宛如　1998　广州方言词典　江苏教育出版社

冯爱珍　1993　福清方言研究，社会科学文献出版社

冯爱珍　1998　福州方言词典，江苏教育出版社

福建省地方志编委会　1998　福建省志·方言志　方志出版社

福清市志编委会　1994　福清市志　厦门大学出版社

建瓯县志编委会　1994　建瓯县志　中华书局

建阳县志编委会　建阳县志　1994　群众出版社

李如龙　2001　福建县市方言志 12　福建教育出版社

李永燧　2002　桑孔语研究　中央民族大学出版社

《明溪县志》编委会　1997　明溪县志　方志出版社

钱奠香　2002　海南屯昌闽语语法研究　云南大学出版社

《沙县志》编委会　1992　沙县志　中国科学技术出版社

武夷山市志编委会　1994　武夷山市志　中国统计出版社

邢公畹　1989　红河上游傣雅语　语文出版社

张惠英　2001　汉语方言动词研究　语文出版社

张惠英　2002　语言与姓名文化　中国社会科学出版社

张振兴　1992　漳平方言研究　中国社会科学出版社

张振兴、蔡叶青　1998　雷州方言词典　江苏教育出版社

文昌方言调查报告

（收入詹伯慧主编《汉语方言学大词典》，广东教育出版社 2017 年）

一　文昌市概述

文昌市位于海南岛东北部，北濒琼州海峡，东、南临南海，西北邻琼山市，西靠定安县，西南接琼海市。面积 2403 平方公里，1998 年人口 527559 人（据 2000 年《文昌县志》），2012 年人口 59 万人，祖籍文昌的华侨、华裔 120 万人。

文昌历史悠久，境地西汉时属珠崖郡，唐贞观元年（627 年）始名文昌县，属崖州。民国 37 年（1948 年）3 月，琼崖民主政府析置文南、文北县，1950 年 4 月重并为文昌县。1995 年 11 月 7 日，经国务院批准，改称文昌市。文昌地处北纬 19° 21′～20° 01′，东经 110° 28′～111° 03′。

文昌方言是海南省文昌市地区广泛使用的一种闽语方言，它和海口方言有很大相同之处，也有不少不同之处。文昌方言在海南岛方言中有一定的代表性，文昌县文化教育比较发达，文昌人旅居海内外各地的也较多，影响较大，被视为海南话的标准语，是海南广播电台、电视台和正式社交场合使用的主要方言。

二　文昌方言的内部差别

由于文昌方言分布较广，内部有一定差异。我们就以已经发表的几种文昌方言音系看，就可以看到一些差别。

声母方面：

1986 年梁猷刚遗稿《海南岛文昌方言音系》（《方言》第 2 期），声母没有送气音 p' 而只有擦音 ɸ；有 z 而没有 dz 和 dʑ；有 ts、s 而没有 tɕ、ɕ；有 x（推 xe44）、h（夏 he44）的对立。韵母和声调上喉塞音入声韵尾很多。作者没有交代所记音系的发音人，或许是他自己？代表哪个地点？

1987 年云惟利的《海南方言》（澳门东亚大学）是据他的母语抱罗镇附近的方言，没有送气声母 p'；声母有 tɕ、ɕ、dʑ；38 页载"推"he44，"夏"

ɦie44。梁猷刚的 h 和云惟利的ɦ相对应，但音值相差很大。

　　这次文城话的调查，不只有送气声母 p'，还有双唇擦音ɸ，"婆"就常可以互读。

　　1994 年《海南省志（方言志）》（南海出版公司）267 页载有ɦ声母"号"。作者陈波特别说明："ɦ是喉部浊擦音，有变体 h。在跟齐齿呼、合口呼韵母相拼时，往往分别读成半元音 j、w。有些人在读该声母的某些字时，完全失去声母，变得没有摩擦。"这句话就说明有的地方有些人已经没有ɦ的声母，h、ɦ的对立正在变化之中；而且 1986 年梁文"x、h"的标音就值得探讨。

　　实际上，在文昌方言中，ɦ至少在一些地方，是一个喉部浊流音。

　　我们在调查文昌市头苑村话时，就注意到这个浊流音已经完全失落读同零声母。不只头苑村，还有翁田村、大致坡村，都是如此。再看临近的琼海市嘉积镇话，也都如此。

　　声调方面：

　　云惟利《海南方言》舒声 6 个调，入声 2 个调，共 8 个调。21 页指出："全浊上和浊去大体上说也是合为一调的，但还更进一步而与浊入相混了。"

　　《海南省志（方言志）》也是 8 个调，270 页指出："合去来源复杂，多数来自中古浊去清去，少数来自浊上及清上，还有的由入声、平声变来。"同页还指出，"文昌话的文读声调通常有 5 个"：阴平、阳平、上声、去声、入声。头苑村的调查则只有 7 个声调。

　　文城话的声调也有 8 个，舒声 4 个调，入声 2 个调；另外有些古入声字辅音韵尾失落后独立成 2 个调，分别为长阴入、长阳入，和其他 4 个舒声调不混同。

三　文昌方言的声韵调

　　（本文发音人英若若，海南师大体育系副教授。1959 年生于文城，小学、初中都在文城就读。）

　　3.1　声母（21，包括零声母。字下标数码的表示有不同的读法）

ʔb 布步别盘飞冯	p' 拍鼻破派炮疙缚偏	m 门木妹母	ɸ 符费扶服读皮蜂
b 闻肥微武	ʔd 道同第斗寮	t 齐修散扇四	d 你
n 难怒女脑猫挐旦溜澜卵软		l 兰路吕而	
ts 精招焦增	s 仓~库曹初	tɕ 祭食尖子师	ɕ 仓昌枪粟车
dz 认若绕然热 1	dʑ 惹石上侄仁以玉（~龙：蚯蚓）宜（便~）泥尿侄右热 2		
k 贵举桥怀寒	h 开权丘去虫球按 1	g 月外牙蜈	ŋ 危硬岸午蘹

ø 烟忆污翁温叶河话围红鱼蚁年号黄现欣花火胸香翻粉风学戏血好合鹤肺肉

3.2 韵母（47）

	i 耳支舌圆铁边	u 怒故赌胡副
a 饱胆三鸭答胛早	ia 声兄壁锡席蚁额脊 1	ua 蛇官盘案割热擦
e 资爬架野哑帕奶伯爹病生事司		ue 花过靴妹
o 河哥保竿望床两槽学 1	io 烧桥叶拢（～药：抓中药）	
ai 知介母太千		uai 怪块悬县
oi 第齐鞋鸡街多隘		ui 桂酸门狲微卵乳
au 桃曹糟脑	iau 条潮挐销	
ou 雨布步路	iu 收秋丘修	
am 含晏	iam 减检廉尖阉	
	iom 林心今妗	
an 间兰难艰		uan 全旋怨
	ien 根紧连宪新姝烟恩	un 魂温船云恨
aŋ 党红东冯翁1 侬松 1 按	iaŋ 良胸兄	uaŋ 光慌广狂矿
eŋ 庚灵琼京		
oŋ 讲翁2农蹲松 2 宗	ioŋ 雄熊	
ap 蛤搭合	iap 接夹粒	
	iep 急入聂	
	iop 叔及吸入	
at 踢节虱		uat 挖刮
	iet 失别灭热	
	it 直杰诀忆乞	
ot 脱律出术核		
ak 落确北卜剥确颗	iak 鹿绿若约粟	uak 夺廓
ek 色特德革饰	iek 直值逼脊 2 激滴	
ok 木国服	iok 欲	
aʔ 沃轭		

3.3 声调（8）

阴平 24 诗梯飞伤粗天课破货试世替汉

阳平 22 时题才唐床船

上声 31 使体好手事市有

去声 53 抽帐共谢怒尿倒秤渡右静正要

阴长入 55 答塔缺胛脊跋鸭阿甲（手～：指甲）跋叶席擦剧欷耐

阳长入 33 杂麦白月食帕昨炸（水里煮）帕落₁石濯学着
阴入 5 督发失湿粟角脊客胛饰摘卜忆激缚勺抹药疾落₂
阳入 3 罚毒实十侄袜目日颚合热薄伯

四　文昌方言字音表

说明：本文是应詹伯慧主编《汉语方言学大词典》的所需项目加以调查。字音表设计要求调查 805 个字，词条设计调查 707 条。所以字音表第一行"１２３４５"表示字的序数码，第二行"果开一平歌透"表示与音韵地位：梁摄开口一等平声歌韵透母。第三行"拖"是调查的字，第四行"hua²⁴"是文昌方言读音。标音行空白的表示口语不说。

1	2	3	4	5	6	7	8	9	10
果开一平歌透	果开一平歌来	果开一上哿精	果开一平歌见	果开一平歌匣	假开二平麻帮	假开二平麻澄	假开二平麻生	假卅二平麻见	假开二平麻疑
拖	罗	左	歌	何	巴	茶	沙	家	牙
hua24	lo22	to31	ko24	o22	?ba24	?de22	tua24	ke24	ge22
11	12	13	14	15	16	17	18	19	20
假开二平麻晓	假开二平麻影	假开三平麻邪	假开三去祃邪	假开三平麻船	假开三去祃船	假开三上马禅	假开三上马日	通合三入烛以	果合一去过滂
虾	鸦	斜	谢	蛇	射	社	惹	野	破
e24	ia24	tia22	tia53	tua22	tia24	te31	dzia31	dze31	ɸua24
21	22	23	24	25	26	27	28	29	30
果合一平戈并	果合一上果透	果合一上果从	果合一去戈溪	果合一去过晓	假合二平麻见	假合二上马疑	假合二去祃晓	假合二平麻影	果合三平戈晓
婆	妥	坐	课	货	瓜	瓦	化	蛙	靴
ɸo22	ho31	tse31	hua24	ue42	kue24	ia31	ue24	ua24	hue24
31	32	33	34	35	36	37	38	39	40
遇合一去暮并	遇合一上姥并	遇合一上姥透	遇合一上姥定	遇合一上姥来	遇合一去暮心	遇合一平模见	遇合一上姥溪	遇合一上姥匣	遇合一平模影
步	簿	土	杜	鲁	素	孤	苦	户	乌
?bou24	?bo53	hou31	?du53	lu31	to24	ku24	hou31	u31	u24
41	42	43	44	45	46	47	48	49	50
遇合三上鱼知	遇合三上语来	遇合三平鱼邪	遇合三上语邪	遇合三平鱼知	遇合三上语初	遇合三平鱼初	遇合三去御崇	遇合三上语章	遇合三平鱼日
女	吕	徐	序	猪	楚	初	助	煮	如
ni31	li31/lu31(姓)	ɕi22	ɕi53	?du24	so31	so24	do53	tu31	hien53

续表

51	52	53	54	55	56	57	58	59	60
遇合三上语见	遇合三上语晓	遇合三平鱼以	遇合三平虞奉	遇合三上虞微	遇合三上虞清	遇合三上虞澄	遇合三去遇生	遇合三去遇禅	遇合三去遇见
举	许	余多余	扶	武	取	柱	数名	树	句
ki31	hou31	dʑi22	ɸou22	bu31	çi31	hiau31	tiau24	çiu24	Ku24

61	62	63	64	65	66	67	68	69	70
遇合三去遇云	蟹开一去代定	蟹开一去代泥	蟹开一平咍精	蟹开一去代精	蟹开一上海清	蟹开一上海从	蟹开一去代心	蟹开一上海见	蟹开一上海晓
芋	代	耐	灾	再	采	在	赛	改	海
i24	ʔdai53	nai31	tai24	tai31	sai31	ʔdu53	sai53	koi31	ai31

71	72	73	74	75	76	77	78	79	80
蟹开一上海匣	蟹开一平咍影	蟹开一去泰透	蟹开一去泰来	蟹开一去泰清	蟹开一去泰疑	蟹开一去泰匣	蟹开二去怪帮	蟹开二平皆庄	蟹开二去怪见
亥	哀	泰	赖	蔡	艾	害	拜	斋	界
ai31	ai24	hai53	lai53	Sua24	ai53	ai31	ʔbai24	tse24	kai24

81	82	83	84	85	86	87	88	89	90
蟹开二上骇溪	蟹开二平皆影	蟹开二去卦滂	蟹开二平佳并	蟹开二去卦庄	蟹开二平佳崇	蟹开二平佳见	蟹开二上蟹见	蟹开二平佳疑	蟹开二平佳匣
楷	挨	派	牌	债	柴	街	解	崖	鞋
ai31	ai24	Pʰai24	ʔbai22	tse24	sa22	koi24	koi31	dzai22	oi22

91	92	93	94	95	96	97	98	99	100
蟹开二上蟹影	蟹开二去夬并	蟹开二去夬崇	蟹开三去祭并	蟹开三去祭来	蟹开三去祭精	蟹开三去祭书	蟹开三去祭疑	蟹开四去霁帮	蟹开四上荠明
矮	败	寨	弊	例	祭	世	艺	闭	米
oi31	ʔbai53	sai53	ʔbi53	loi24	tçi53	ti24	ni53	ʔbi53	bi31

101	102	103	104	105	106	107	108	109	110
蟹开上四荠端	蟹开四平齐来	蟹开四平齐心	蟹开四上荠心	蟹开四去霁见	蟹开四去霁匣	蟹合一上贿并	蟹合一平灰明	蟹合一平灰端	蟹合一平灰透
底	犁	西	洗	计	系关系	倍	梅	堆	推
ʔdoi24	loi22	tai24	toi31	ki24	i31	ʔbue53	ʔbue22	ʔdun24	sui24/oi24

111	112	113	114	115	116	117	118	119	120
蟹合一去队透	蟹合一去队泥(娘)	蟹合一去队从	蟹合一平灰溪	蟹合一平灰晓	蟹开一去泰帮	蟹合一去泰定	蟹合一去泰精	蟹合一去泰疑	蟹合一去泰匣
退	内	罪	魁	灰	贝	兑	最	外	会
hui24	lai31	tue31	hui24	ue24	ʔbui53	ʔdui24	tui24	gua24	ui31

121	122	123	124	125	126	127	128	129	130
蟹合二平皆见	蟹合二去怪匣	蟹合二去卦见	蟹合二去卦匣	蟹合二去夬溪	蟹合二去夬匣	蟹合三去祭清	蟹合三去祭心	蟹合三去祭知	蟹合三去祭书
乖	坏	挂	画	快	话	脆	岁	缀	税
kuai24	uai24	kua24	ue24	hue24	ue24	sui53	ue24	tui53	tue24

131	132	133	134	135	136	137	138	139	140
蟹合三去祭云	蟹合三去废敷	蟹合四去霁见	蟹合四去霁匣	止开三上旨帮	止开三去至定	止开三去至来	止开三去至从	止开三平脂澄	止开三平脂生
卫	肺	桂	惠	比	地	利	自	迟	狮
ui22	ui24	kui53	ui53	ʔbi31	ʔdi53	Li31	se31	ʔdi22	se24

141	142	143	144	145	146	147	148	149	150
止开三平脂生	止开三上旨章	止开三去至禅	止开三去至日	止开三去至溪	止开三平脂以	止开三上止来	止开二平之邪	止开三去志从	止开三上止彻
师	指	视	贰	器	姨	李	辞	字	耻
se24	tɕi31	ti53	no33	hi24	i53	li31	se31	tu24	sun31（蠢）

151	152	153	154	155	156	157	158	159	160
止开三去之澄	止开三上止崇	止开三去志崇	止开三上止昌	止开三平之禅	止开三去志群	止开三平之疑	止开三上止晓	止开三去志影	止开三平支并
治	士	事	齿	时	忌	疑	喜	意	皮
dʑi31	se31	se31	ɕi31	ti22	ki31	ŋi22	i31	i24	p'ue22

161	162	163	164	165	166	167	168	169	170
止开三平支滂	止开三平支来	止开三平支心	止开三平支知	止开三平支书	止开三平支禅	止开三上纸日	止开三平支群	止开三去真疑	止开三去真晓
披	离离别	斯	知	施	匙	尔	奇	义	戏
ɸua24	li22	se24	tai24	ti24	ti22	lu31	hi22	ŋi31	i24

171	172	173	174	175	176	177	178	179	180
止开三平支以	止开三去未溪	止开三平微晓	止开三平微影	止开三去至并	止合三去至来	止合三去至清	止合三平脂心	止合三平脂知	止合三平脂生
移	气	希	衣	备	类	翠	虽	追	衰
tua22	hui24/hi53	i24	衫ta24	ʔbi31	lui31	sui53	tui24	tui24	sue24

181	182	183	184	185	186	187	188	189	190
止合三上旨书	止合三平脂禅	止合三去至群	止合三去至云	止开三平支帮	止开三上纸帮	蟹合一去队来	止合三平支邪	止合三平支禅	止合三上纸日
水	谁	柜	位	碑	彼	累	随	垂	蕊
tui31	ʔdiaŋ31	kui31	ui31	ʔbue24	p'i24	lui53	sui22	sui22	lui31

续表

191	192	193	194	195	196	197	198	199	200
止合三平支溪	止合三平纸群	止合三上纸晓	止合三上纸影	止合三去未敷	止合三平微奉	止合三去未微	止合三平微见	止合三平微晓	止合三平微云
亏	跪	毁	委	费	肥	味	归	徽	围
hui24	kui53	ui31	ui31	ɸui24	bui22	bi24	kui24	ui24	ui22

201	202	203	204	205	206	207	208	209	210
效开一平豪并	效开一去号帮	效开一平豪端	效开一上皓泥（娘）	效开一平豪来	效开一上皓清	效开一去号见	效开三平豪匣	效开一上皓影	效开二去效滂
袍	报	刀	脑	劳	草	告	毫	袄	炮（枪~）
ʔbau22	ʔbo24	ʔdo24	nau31	lau31	sau31	ko24	au22	au24	pʻau24

211	212	213	214	215	216	217	218	219	220
效开二去效明	效开二去效泥（娘）	效开二去效知	效开二上巧初	效开二平肴溪	效开二上巧疑	效开二去肴晓	效开三平宵滂	效开三平宵来	效开三平宵心
貌	闹	罩	炒	敲	咬	孝	飘	燎	消
mau31	nau24	tɕiau24	sa31	ha24	ka31	iau53	pʻiau24	liau22	tiau24

221	222	223	224	225	226	227	228	229	230
效开三上小澄	效开三上小禅	效开三平宵日	效开三去笑羣	效开三平宵影	效开三平宵以	效开四平萧定	效开四上筱端	效开四上筱来	效开四平萧心
赵	绍	饶	轿	妖	摇	条	鸟	了	萧
tɕau53	tɕiau24	dʑiau22	kio24	iau24	io22/dʑiau22	ʔdiau22	tɕiau31	liau31	tiau24

231	232	233	234	235	236	237	238	239	240
效开四上筱见	效开四平萧疑	效开四平萧晓	流开一上厚明	流开一上厚明	流开一去候定	流开一去候来	流开一去候清	流开一平侯见	流开一上厚溪
缴	尧	晓	某	母	豆	漏	凑	沟	口
kiau31	dʑiau22	dʑiau22	mou31	mai31	ʔdau24	lau24	sou53	kau24	hau31

241	242	243	244	245	246	247	248	249	250
流开一上厚疑	流开一上厚匣	流开一平侯影	流开三去宥敷	流开三上有奉	流开三平尤奉	流开三上有泥（娘）	流开三平尤清	流开三平尤邪	流开三去宥心
藕	厚	欧	副	妇	浮	纽	秋	囚	秀
ŋau31	Kau31	Au24	ɸu53	ɸu53	ɸu22	Niu31	ɕiu24	ɕiu22	Tiu24

251	252	253	254	255	256	257	258	259	260
流开三平尤澄	流开三平尤崇	流开三去宥生	流开三平尤章	流开三上有禅	流开三去宥禅	流开三平尤日	流开三上有羣	流开三去宥见	流开三平尤晓
绸	愁	瘦	周	仇（报~）	寿	揉	舅	救	休
tiu22	ɕiu22	ʔdan31	tɕiu24	ɕiu22	Tiu31	dʑiu31	ku31	kiu24	iu24

续表

261	262	263	264	265	266	267	268	269	270
流开三平尤影	流开三平尤以	流开三平幽帮	流开三去幼明	流开三上黝见	流开三去幼影	咸开一平覃透	咸开一平覃定	咸开一平覃泥	咸开一上感清
忧	由	彪	谬	纠	幼	贪	潭	南	惨
iu24	dʑiu22	ʔbiau24	miu53	kiu24	iu24	ham24	ham22	nam22	sam31

271	272	273	274	275	276	277	278	279	280
咸开一上感见	咸开一平覃匣	咸开一平覃影	咸开一入合端	咸开一入合泥（娘	咸开一入合从	咸开一入合见	咸开一入合匣	咸开一平谈定	咸开一平谈来
感	含	庵	答	纳	杂	鸽	合~作	谈	蓝
kam31	am22/kam22	am24	ʔda55	nap3	ta33	kap5	kap5	ham22	lam22

281	282	283	284	285	286	287	288	289	290
咸开一去阚从	咸开一上敢见	咸开一平谈匣	咸开一入盍透	咸开一入盍来	咸开一去陷知	咸开二上咸庄	咸开二上赚见	咸开二去陷匣	咸开二入洽知
暂	敢	酣	塔	腊	站站立	斩	减	陷	劄
tɕiam22	ka31	han24	ha55	la33	hia31	tam31	kiam31	iam53	

291	292	293	294	295	296	297	298	299	300
咸开二入洽初	咸开二入洽崇	咸开二入洽崇	咸开二入洽溪	咸开二入洽匣	咸开二平衔生	咸开二平衔见	咸开二平衔匣	咸开二入狎见	咸开二入狎匣
插	炸油~	闸	掐	狭	衫	监	衔	甲	匣
sa55	ta24	a55		iap3	ta24	kam24	am22	ka55	ap5

301	302	303	304	305	306	307	308	309	310
咸开二入狎影	咸开三上琰帮	咸开三平盐来	咸开三上琰从	咸开三去艳章	咸开三上琰书	咸开三上琰日	咸开三上琰见	咸开三去艳疑	咸开三上琰晓
压	贬	廉	渐	占~领	闪	染	检	验	险
ʔde55	ʔbian31	liam22	tɕiam22	tɕiam24	Iam53	dʑiam31	kiam31	ŋiam31	iam31

311	312	313	314	315	316	317	318	319	320
咸开三去艳影	咸开三平盐以	咸开三入叶泥	咸开三入叶精	咸开三入叶禅	咸开三入叶以	咸开三平严疑	咸开三去酽溪	咸开三平严影	咸开三入业溪
厌	盐	聂	接	涉	叶树~	严	欠	腌	怯
iam24	iam22	tiep5	tɕiap5	tiap3	iap3/io33	ŋiam22	hiam24	iam24	fat5

续表

321	322	323	324	325	326	327	328	329	330
咸开三 入业疑	咸开三 入业晓	咸开四 去添端	咸开四 平添定	咸开四 去添泥	咸开四 平添见	咸开四 平添匣	咸开四 入帖透	咸开四 入帖匣	咸开四 入帖见
业	胁	店	甜	念	兼	嫌	帖	协	挟
ŋiap3	iap3	ʔdiam24	ʔdiam22	ŋiam53	hiam24	iam22	hiap5	iap3	iap3

331	332	333	334	335	336	337	338	339	340
咸合三 平凡奉	咸合三 上范奉	咸合三 上范奉	咸合三 入乏非	山开一 平寒端	山开一 平寒泥	山开一 去翰精	山开一 平寒清	山开一 平寒见	山开一 平寒溪
凡	范姓	范模~	法	单	难~易	赞	餐	肝	刊
ham22	ham53	ham53	ɸap5	ʔdan24/ ʔdua24	nan22	tan24	san24	kua24	hat5

341	342	343	344	345	346	347	348	349	350
山开一 去翰晓	山开一 平寒影	山开一 入曷定	山开一 入曷来	山开一 入曷清	山开一 入曷见	山开一 入曷晓	山开二 去襉并	山开二 去襉澄	山开二 平山生
汉	安	达	辣	擦	割	喝~彩	办	绽	山
han24	an24	ʔdat5	luat3	sua55	kua55	hua55	ʔban53	tsan53	tua24

351	352	353	354	355	356	357	358	359	360
山开二 上产见	山开二 平山见	山开二 入辖晓	山开二 上潸帮	山开二 去谏明	山开二 平删生	山开二 平删见	山开二 去删影	山开二 入黠并	山开二 入黠初
简	艰	瞎	板	慢	删	奸	晏	拔	察
kan31	kan24		ʔbai31	man24	tan24	kan24	an24	ʔbat5	sat5

361	362	363	364	365	366	367	368	369	370
山开二 入黠生	山开二 入黠影	山开三 上狝并	山开三 平仙明	山开三 平仙来	山开三 上狝精	山开三 平仙从	山开三 上仙知	山开三 平仙禅	山开三 去线书
杀	轧	辨	棉	联	剪	钱	展	蝉	扇~子
tua55	tsa55	ʔbian31	mi22	luan22	ka24	tɕi22	tɕien31	san22	ti24

371	372	373	374	375	376	377	378	379	380
山开三 平仙日	山开三 上狝群	山开三 上狝以	山开三 入薛明	山开三 入薛来	山开三 入薛心	山开三 入仙澄	山开三 入薛书	山开三 入薛日	山开三 入薛羣
然	件	演	灭	列	薛	辙	设	热	杰
dʑin22	kin53	in53	miet3	liet3	tiet5		tiet5	dzua33	kit5

381	382	383	384	385	386	387	388	389	390
山开三 去愿羣	山开三 平元疑	山开三 去愿晓	山开三 入月见	山开三 入月晓	山开四 平先帮	山开四 去霰滂	山开四 上铣端	山开四 平先泥（娘）	山开四 平先清
健	言	宪	揭	歇	边	片	典	年	千
kien24	ŋien22	ien24	kat5	e3	ʔbi24	pʻien24	ʔdien31	i22	sai24

391	392	393	394	395	396	397	398	399	400
山开四平先从	山开四平先见	山开四上铣晓	山开四平先影	山开四入屑滂	山开四入屑透	山开四入屑精	山开四入屑见	山开四入屑影	山合一上缓并
前	坚	显	烟	撇	铁	节	结	嗳	伴
tai22	kien24	ien31	ien24	p'iet5	hi55	tat5	kit5	hat5	ɸua53

401	402	403	404	405	406	407	408	409	410
山合一平桓定	山合一去换来	山合一去换心	山合一平桓见	山合一平桓晓	山合一去换匣	山合一上缓影	山合一入末滂	山合一入末透	山合一入桓溪
团	乱	算	官	欢	换	碗	泼	脱	阔
huan22	lui24	tui24	kua24	uan24	ua24	ua31	ɸa55	hot5	hua24

411	412	413	414	415	416	417	418	419	420
山合一入木匣	山合二平山见	山合二入辖见	山合二去裥匣	山合二平删生	山合二去谏见	山合二平删溪	山合二平删溪	山合二平删影	山合二入黠匣
活	鳏	刮	幻	闩	惯	还	环	弯	滑
ua33	kua31	kuat5	uan31	sua24	kuan24	uan22	uan22	uan24	kut3

421	422	423	424	425	426	427	428	429	430
山合二入黠影	山合三去线来	山合三平仙从	山合三上狝心	山合三上狝知	山合三平仙船	山合三上狝日	山合三平仙群	山合三去线云	山合三入薛来
挖	恋	全	选	转	船	软	权	院	劣
uat5	lien53	suan22	tuan31	tuan31	tun22	nui31	hien22	dzuan31	luat3

431	432	433	434	435	436	437	438	439	440
山合三入薛从	山合三入薛章	山合三入薛以	山合三平元敷	山合三上阮微	山合三元平疑	山合三上阮云	山合三入月非	山合三入月微	山合三入月疑
绝	拙	阅	翻	晚	元	远	发头~	袜	月
tuat3	tuat5	huat5	uan24	am24	dzuan22	ui31	uat5	bat3	gue

441	442	443	444	445	446	447	448	449	450
山合三入月云	山合四上铣溪	山合四平先匣	山合四平先影	山合四入屑见	山合四入屑溪	山合四入先晓	山合四入屑匣	宕开一上荡帮	宕开一平唐端
越	犬	玄	渊	决	缺	血	穴	榜	当应~
dzuat3	hien24	ien22	ien24	kit5	hue55	ue55	iet3	ʔbaŋ31	ʔdaŋ24

451	452	453	454	455	456	457	458	459	460
宕开一去宕来	宕开一平唐心	宕开一去宕溪	宕开一平唐匣	宕开一入铎明	宕开一入铎透	宕开一入铎来	宕开一入铎精	宕开一入铎见	宕开一入铎匣
浪	桑	抗	行银~	莫	托委~	洛	作	各	鹤
laŋ53	sai22 （财）	haŋ24	aŋ22	bo33	ho55	lok5	to55	ko55	ak3

461	462	463	464	465	466	467	468	469	470
宕开一入铎影	江开二平江帮	江开二平江知	江开二去绛澄	江开二平江初	江开二平江生	江开二平江见	江开二上讲见	江开二去绛匣	江开二入觉帮
恶善~	邦	桩	撞	窗	双	江	讲	巷	剥
ok5	ʔbaŋ24	tuaŋ24	tuaŋ53	hiaŋ24	tiaŋ24	kiaŋ24	koŋ31	aŋ31	ʔbak5

471	472	473	474	475	476	477	478	479	480
江开二入觉知	江开二入觉彻	江开二入觉庄	江开二入觉溪	江开二入觉溪	江开二入觉疑	江开二入觉晓	江开二入觉影	宕开三平阳泥	宕开三去漾来
桌	戳	捉	确	壳	岳	学	握	娘	亮
so22（床）	so55	tua24	hak5	hak5	ŋak5	o55/iok5	ok5	nio22	liaŋ24

481	482	483	484	485	486	487	488	489	490
宕开三平阳邪	宕开三平阳知	宕开三平阳庄	宕开三平阳崇	宕开三去漾昌	宕开三平阳禅	宕开三去漾日	宕开三上养疑	宕开三平阳晓	宕开三平阳以
祥	张	庄	床	唱	常	让	仰	香	羊
tiaŋ22	tɕiaŋ24	tuaŋ24	so22	çio24	tiaŋ22	dziaŋ53	ŋiaŋ31	iaŋ24/io24	io22

491	492	493	494	495	496	497	498	499	500
宕开三入药心	宕开三入药知	宕开三入药章	宕开三入药日	宕开三入药疑	宕开三入药影	宕合一平唐见	宕合一平唐匣	宕合一平唐影	宕合一入铎见
削	着衣~	酌	弱	虐	约	光	黄	汪	郭
tia55/tiak5	ʔdio55	tɕiok5	niak3	niak3	iak5	kuaŋ24/kui24	ui22	uaŋ53	kue55

501	502	503	504	505	506	507	508	509	510
宕合一入铎晓	宕合三平阳敷	宕合三入药奉	宕合三平阳溪	宕合三平阳群	宕合一上荡晓	宕合三去漾晓	宕合三上养影	深开三上寝帮	深开三平侵来
霍	芳	缚	匡	狂	谎	况	枉	禀	林
ak3	ɸaŋ24	ʔbak5	huaŋ24	uaŋ22	uaŋ24	huaŋ24	uaŋ31	ʔbin31	liom22

511	512	513	514	515	516	517	518	519	520
深开三平侵心	深开三平侵澄	深开三平侵生	深开三上寝书	深开三平侵日	深开三平侵见	深开三平侵影	深开三入缉来	深开三入缉从	深开三入缉邪
心	沉	森	审	壬	金	音	立	集	习
tiom24	çiom22	tiom24	tiom31	dziom53	kiom24	iom24	liep3	dziep3	dziep3

521	522	523	524	525	526	527	528	529	530
深开三入缉生	深开三入缉禅	深开三入缉日	深开三入缉群	深开三入缉晓	臻开一平痕透	臻开一平痕见	臻开一去恨匣	臻开一平痕影	臻开一平真并
涩	十	入	及	吸	吞	跟	恨	恩	贫
tiap5	tap3	dziop3/hiop3	hiop3	kiop5	hun24	kien24	un31	ien24	kiaŋ22

531	532	533	534	535	536	537	538	539	540
臻开三 上轸明	臻开三 平真来	臻开三 平真心	臻开三 平真澄	臻开三 去震初	臻开三 平真书	臻开三 平真船	臻开三 上轸日	臻开三 平真见	臻开三 平真疑
敏	邻	新	陈	衬	身	神	忍	巾	银
mien31	lien22	tien24	çien22	sun24	tien24	tien22	dʑien31	kien24	ŋien22

541	542	543	544	545	546	547	548	549	550
臻开三 平真影	遇合三 平虞心	臻开三 入质滂	臻开三 入质来	臻开三 入质清	臻开三 入质澄	臻开三 入质章	臻开三 入质日	臻开三 入质见	臻开三 上隐群
因	必	匹	栗	七	侄	质	日	吉	近
ien24	ʔbit5	ɸit5		çit5	dʑit3	tçit5	dʑit3	kit5	kien31

551	552	553	554	555	556	557	558	559	560
臻开三 平殷晓	臻开三 入讫溪	臻合一 上混帮	臻合一 去慁端	臻合一 去慁来	臻合一 平魂从	臻合一 平魂心	臻合一 上混见	臻合一 平魂晓	臻合一 平魂影
欣	乞	本	顿	论	存	孙	滚	昏	温
ien24	hit5	ʔbun31	ʔdun24	lun31	sun22	tun24	kun31	un24	un24

561	562	563	564	565	566	567	568	569	570
臻合一 入没定	臻合一 入没精	臻合一 入没见	臻合一 入没晓	臻合三 平谆来	臻合三 上准心	臻合三 平谆邪	臻合三 平谆昌	臻合三 平谆船	臻合三 去稕船
突	卒	骨	忽	伦	笋	旬	春	唇	顺
lot5	tot	kot5	ɸot5	lun22	tun31	tun22	sun24	ʔdun22	ʔdun31

571	572	573	574	575	576	577	578	579	580
臻合三 去稕日	臻合三 平谆见	臻合三 上準以	臻合三 入术来	臻合三 入术心	臻合三 入术昌	臻合三 入术船	臻合三 平文非	臻合三 上吻非	臻合三 平文微
闰	均	允	律	戌	出	术算~	分	粉	文
dzun53/ nun31	kun24	dzun31	lot3		sot5	tot5	ʔbun24	un31	bun22

581	582	583	584	585	586	587	588	589	590
臻合三 平文见	臻合三 去问晓	臻合三 平文云	臻合三 入物奉	臻合三 入物微	臻合三 入物溪	臻合三 入物群	曾开一 平登帮	曾开一 平登端	曾开一 去嶝定
军	训	云	佛	物	屈	掘	崩	灯	邓
kun24	un24	un22	ʔbot3	ʔbot3	hot5	hot5	ʔbaŋ24	ʔdeŋ24	ʔdeŋ31

591	592	593	594	595	596	597	598	599	600
曾开一 平登泥（娘）	曾开一 平登精	曾开一 上等溪	曾开一 平登匣	曾开一 入德帮	曾开一 入德端	曾开一 入德来	曾开一 入德从	曾开一 入德溪	曾开一 入德晓
能	增	肯	恒	北	得	勒	贼	刻	黑
neŋ22	tseŋ24	heŋ31	oŋ22	ʔbak5	ʔdiek5/ʔ dek5	lek3	sak3	hek5/ hat5	ou24

601	602	603	604	605	606	607	608	609	610
曾开三平蒸帮	曾开三平蒸来	曾开三平蒸知	曾开三平蒸船	曾开三平蒸船	曾开三平蒸禅	曾开三平蒸日	曾开三平蒸疑	曾开三去证晓	曾开三去蒸影
冰	陵	征	乘	绳	承	仍	凝	兴高~	应~该
ʔbeŋ24	leŋ22	tseŋ24	seŋ24	seŋ22	teŋ22	dzeŋ22	ŋeŋ22	eŋ24	eŋ24

611	612	613	614	615	616	617	618	619	620
曾开三入职帮	曾开三入职来	曾开三入职心	曾开三入职澄	曾开三入职初	曾开三入职生	曾开三入职船	曾开三入职群	曾开三入职影	曾合一入德见
逼	力	息	直	测	色	食	极	忆	国
ʔbiek5	lak3	tek5	ʔdiek3	sek5	tek5	tɕia55	kiek5	iek5	kok5

621	622	623	624	625	626	627	628	629	630
曾合一平登匣	曾合一入德匣	曾合三入职云	梗开二平庚并	梗开二去映明	梗开二上梗来	梗开二平庚彻	梗开二平庚生	梗开二平庚溪	梗开二去映疑
弘	或	域	彭	孟	冷	撑	生	坑	硬
oŋ22	ok3	ok5	p'eŋ22	moŋ53	le31	seŋ24	te24	he24	ŋe31

631	632	633	634	635	636	637	638	639	640
梗开二平庚匣	梗开二入陌并	梗开二入陌彻	梗开二入陌溪	梗开二入陌晓	梗开二平耕并	梗开二平耕庄	梗开二平耕见	梗开二上耿匣	梗开二平耕影
行~为	白	拆	客	赫	棚	争	耕	幸	樱
kia22	ʔbe33	hia55	he55	e53	ɸoŋ22	tse24	ke24	eŋ31	eŋ24

641	642	643	644	645	646	647	648	649	650
梗开二入麦明	梗开二入麦知	梗开二入麦庄	梗开二入麦见	梗开二入麦匣	梗开三平清明	梗开三上静来	梗开三平清清	梗开三去劲澄	梗开三去劲章
麦	摘	责	革	核~对	名	岭	清	郑	政
be33	ʔdia55	tse35	kek5	ot5	mia22	lia22	seŋ24	tseŋ31	tseŋ24

651	652	653	654	655	656	657	658	659	660
梗开三平清禅	梗开三平清溪	梗开三平清以	梗开三入陌帮	梗开三入昔邪	梗开三入昔昌	梗开三入昔禅	梗开三入昔影	梗开三平庚帮	梗开三平庚并
城	轻	赢	碧	席	尺	石	益	兵	平
tia22	hiŋ24	ia22	ʔbiek5	tia33/ɕio33	ɕio55	dzio33	ek5	ʔbia24	ʔbe22/p'eŋ22

661	662	663	664	665	666	667	668	669	670
梗开三平庚见	梗开三去映溪	梗开三入陌疑	梗开三平庚影	梗开四平青并	梗开四上迥端	梗开四平青泥	梗开四平青心	梗开四平青见	梗开四平青匣
京	庆	逆	英	瓶	顶	宁安~	星	经	形
keŋ24	heŋ24	ŋiek3	eŋ24	ʔbaŋ22	ʔdeŋ31	neŋ22	se24	keŋ24	eŋ22

671	672	673	674	675	676	677	678	679	680
梗开四入锡帮	梗开四入锡定	梗开四入锡来	梗开四入锡清	梗开四入锡见	梗合二平庚匣	梗合二平耕晓	梗合二平耕匣	梗合二入麦匣	梗合三平清溪
壁	笛	历~史	戚	激	横~竖	轰	宏	获	倾
ʔbia55	tiau24	lik3	sek5	kiek5	ue22	loŋ24	oŋ22	ɸok5	heŋ22

681	682	683	684	685	686	687	688	689	690
梗合三平清羣	梗合三平清以	梗合三入昔以	梗合三平庚晓	梗合三平庚云	梗合三上庚云	梗合四平青匣	通合一平东并	通合一去送定	通合一平东来
琼	营	疫	兄	荣	永	萤	蓬	洞	笼
heŋ22	ia22	muak3	ia24	dʑioŋ22	dʑioŋ31	dʑioŋ22	ɸoŋ22	ʔdoŋ53	laŋ22

691	692	693	694	695	696	697	698	699	700
通合一去送心	通合一平东见	通合一平东溪	通合一平东匣	通合一平东影	通合一入屋明	通合一入屋并	通合一入屋透	通合一入屋来	通合一入屋从
送	公	空	红	翁	木	仆仆人	秃	鹿	族
taŋ24	koŋ24	haŋ24	aŋ22	oŋ24	mok3	ʔbok5	kui24	ʔdiak5	tok5

701	702	703	704	705	706	707	708	709	710
通合一入屋见	通合一入屋影	通合一平冬端	通合一平冬泥（娘）	通合一平冬心	通合一去宋心	通合一入沃定	通合一入沃溪	通合一入沃影	通合三平东非
谷	屋	冬	农	松	宋	毒	酷	沃	风
kok5（姓）/çiak5	su24	ʔdaŋ24	noŋ22	toŋ24	taŋ24	ʔdak5	hu55	ok5	uaŋ24

711	712	713	714	715	716	717	718	719	720
通合三去送明	通合三平东来	通合三平东心	通合三平东知	通合三平东崇	通合三平东昌	通合三平东日	通合三平东见	通合三平东羣	通合三去用羣
梦	隆	嵩	中中间	崇	充	绒	弓	穷	共
maŋ24	loŋ22	soŋ24	toŋ24	toŋ22	soŋ24	dʑioŋ22	kiaŋ24	kiaŋ22	koŋ53

721	722	723	724	725	726	727	728	729	730
通合三平东以	通合三入屋奉	通合三入屋微	通合三入屋来	通合三入屋心	通合三入屋知	通合三入屋生	通合三入屋禅	通合三入屋日	通合三入屋见
融	服	目	陆	肃	竹	缩	熟	肉	菊
dʑioŋ22	ɸok5	mak3	lok5	tok5	ʔdiok5	tiak5	tiak5	iok3	kiak5

731	732	733	734	735	736	737	738	739	740
通合三入屋彻	通合三入屋以	通合三平钟非	通合三平钟来	通合三去用邪	通合三上肿彻	通合三平钟章	通合三平钟日	通合三平钟见	通合三上肿溪
畜~牧	育	封	龙	诵	宠	钟~楼	茸	恭	恐
sok5	dʑiok5	ʔbaŋ24	liaŋ22	toŋ31	soŋ31	tçiaŋ24	dʑioŋ22	koŋ24	hoŋ31

续表

741	742	743	744	745	746	747	748	749	750
通合三平钟晓	通合三上钟以	通合三去用以	通合三入烛来	通合三入烛精	通合三入烛邪	通合三入烛章	通合三入烛船	通合三入烛日	通合三入烛溪
胸	勇	用	绿	足	俗	烛	赎	辱	曲弯~、歌~
iaŋ24	dzioŋ31	dzioŋ53	liak3	ha31	tok3	tɕiak5	tiak5	dziok3	hiak5

751	752	753	754	755	756	757	758	759	760
通合三入烛羣	通合三入烛疑	山开二上产生	遇合一上姥帮	遇合三上虞奉	深开三平侵书	山开四去霰帮	遇合三平虞见		梗开二入陌澄
局	狱	产	谱	腐	深	遍~布	拘	澈	宅
kok3	dziok3	tan31	ɸu31	u24/ɸu31	ɕiom24	pʰien24	ki24	sek5	tsai33

761	762	763	764	765	766	767	768	769	770
宕开三入药精	遇合三平虞禅	蟹开四平齐溪	深开三平侵清	深开三平侵溪	蟹开四平齐端	咸开一入合透	效开一上皓从	山合一去换并	山合一平桓匣
雀	殊	溪	侵	钦	堤	踏	造	叛	完
sak5	ɕi24	hoi24	tɕiom24	hiom24	hoi22	ta33	tau31	ʔbua31	dzuan22

771	772	773	774	775	776	777	778	779	780
止开三去寘心	宕开一入铎匣	山合三平仙以	通合一入屋并	通合三平东云	通合三平东云	臻开三平真精	梗开四平青端	宕合三平阳奉	
赐	鹤	铅	曝	雄	熊	津	丁姓	防	防（豆）209
hat5	ak5	ien22	ʔbau31	ioŋ22	ioŋ22	tɕien24	ʔdeŋ24	ɸaŋ22	

781	782	783	784	785	786	787	788	789	790
假开二上马匣	臻开三去震心	蟹开二平佳匣	效开二上巧见	止合三去寘禅	梗开四入锡溪	咸开二入狎见	止合三去至见	山开二平山见	山开二平山匣
下等~~	信	鞋	搅乱~	瑞	吃~饭	甲	季	间房~	闲不得~
e31	tien24	oi22	kiau31	dzui31	tɕia33	ka55	kui24	kan24	ai22

791	792	793	794	795	796	797	798	799	800
山合四去霰匣	蟹合一上贿匣	江开二入觉见	果开一去个定	遇合一上姥端	假开二上马见	止开三去至并	深开三平侵邪	效开四平萧定	梗开二上梗端
县	汇总~	角	大	肚大~子	假放~	鼻	寻	跳	打
kuai24	uai31	kak5	ʔdua24	ʔdou31	ke24	pʰi24	ɕiom22	hiau24	pʰa55

801	802	803	804	805	801	802	803	804	805
山开三平元晓		曾开三入职船	梗开三入昔章	通合三入烛疑	山开三平元晓		曾开三入职船	梗开三入昔章	通合三入烛疑
掀	值	蚀	只量词	玉	掀	值	蚀	只量词	玉
ien24	dziek3	tɕia33	tɕia55	dzi33	—	—	—	—	—

五　文昌方言的特点

声母方面：

1. 有内爆音ʔb、ʔd。

2. 有送气塞音 pʻ（拍鼻破派炮），有双唇摩擦音ɸ（符费扶服皮蜂）。有时这两个声母有混读不分的情形，如"婆"既有读 pʻo22 也有读ɸo22 的情形。

3. 古微母字读 b 声母，如"味、武"。

4. 有舌尖浊塞音 d，如"你"。

5. 古日母字今读 dz（拼洪音：热、认）或 dʑ（拼细音：仁、日、若）；少数古澄母禅母字如"侄、上、石"也读 dʑ声母；少数影母喻母字也读 dz（拼洪音，如"野、院、育、余"）或 dʑ（拼细音，如"一"）。

6. 少数古疑母字读浊塞音 g，例如：月、外、牙。

7. 古擦音声母多有脱落而读零声母。例如：番翻粉风腐（豆～）发副（一～眼镜）肺；河话活号黄现欣花火胸香向喉痪昏环横菏弘或学戏血许好合鹤兄现况。有些古送气塞音字则先读成擦音再失落摩擦变成零声母，例如：空狂。少数古疑母日母字也读零声母，例如：艾鱼蚁额眼（龙～）肉。

韵母方面：

1. 没有 y 韵和 y 介音韵。

2. 有-p、-t-、-k 韵尾，还有喉塞音韵尾-ʔ。

3. 没有自成音节的 m、n、ŋ。

声调方面：

1. 古清去一些字混同古清平，读高上升 24 调。

2. 古浊平保持独立稳定，读低平调 22。

3. 古上声多数字读低降调 31。

4. 古去声一些字读高降调 53。

5. 有些古入声字失落辅音韵尾读长阴入 55 调，如"拍、答、药、疾"。

6. 有些古入声字失落辅音韵尾读长阳入 33 调，如"杂、目、伯"。

词汇语法方面：

1. "母、翁"可用来表示动物、牲畜的性别雌和雄，如："猫母、猫翁，狗母、狗翁，牛母、牛翁，马母、马翁，猪母、猪翁"。

2. 丧事说"白事"，桑树说"财树"。

3. 丑说"蠢"，美说"像"，宠爱说"随"。

4. 指示代词近指用"若"dʑia33，远指用"许"o31，疑问代词问什么用"物（乜）"mi55，问哪个说"底个"ʔdi31 kai24。

5. 人称代词咱们说"俺侬"。

6. 表示被动的介词用"要",表示给谁做什么用"帮",表示从、沿（哪儿走）用"按",表示向、跟（谁做什么）用"共"。

六　文昌方言词汇

文昌话　音标后的为普通话诠释

日头 dʑiet3 hau22 太阳

月 gue33

星 se24

扫把星 tau31 ʔbe31 se24

转风 tuan53 uaŋ24 旋风

刮风 kuat5 uaŋ24

拍雷 pʻa55 lui22

闪电 iam31 ʔdien22

落雨啦 lo33 u31 la

雨仔 u31 kia31

甲雨 ka55 u31 连阴雨

落水 lo33 tui31 下雪

晴天 seŋ22 hi24

阴天 iom24 hi24

平原 pʻeŋ22 dzuan22

水塍 tui31 san22

荒地 uaŋ24 ʔdi53

山地 tua24 ʔdi53

山坳 tua24 au31

山头 tua24 hau22

水沟 tui31 kau24

水塘 tui31 ʔdo22

水坑 tui31 he24

浊水 to33 tui31

清水 ɕien24 tui31 凉水

烧水 tio33 tui31 热水

沸水 ʔbui24 tui31

石母 dʑio33 ʔbo31

石板 dʑio33 ʔbai31

文昌话

土坯 hou31 ʔbui24

烟尘 ien24 ɕien22

土 hou31

火水 ui31 tui31 煤油

红毛灰 aŋ22 mo22ui24 水泥

带 ʔde24 地方

村 sui24

山沟 tua24 kau24

老家 lau31 ke24

市 ɕi24

春天 sun24 hi24

夏天 e35 hi24

秋天 ɕiu24 hi24

冬天 ʔdaŋ24 hi24

历 le33 历书

农历 noŋ22 le33

公历 koŋ24 le33

今年 kin24 i22

去年 hu53 i22

明年 me22 i22

前年 tai22 i22

后年 au53 i22

整年 tseŋ53 i22

正月 tɕia53 gue33

上妚月 dʑio31 mo33 gue33

这妚月 tɕia33 mo33 gue33

下妚月 e31 mo33 gue33

今旦 kiom24 nua24

昨晡 ta33 bou24

天旦　i24　nua24　明天

后日　ou31　dʑiet3

前日　tai22　dʑiet3

上旴　dʑio31　kua24　上午

下旴　e53　kua24　下午

中午　toŋ24　ŋou31

日头　dʑiet3　hau22　白天

半冥　ʔbua24　me31　半夜

以前　dʑi31　tai22

后来　ou53　lai22

现旦　ien31　na24　现在

稻粟　ʔdiu31　çiak5　稻穗

庭　ʔdia22　场院

放肥　ʔbaŋ24　ʔbui22　施肥

沃屎　aʔ5　tai31

水井　tui31　tse31

牛轭　gu22　aʔ5

筛　hai24　筛子

畚箕　ʔbun53　ki24　盛粮食

畚箕　ʔbun53　ki24　盛垃圾

垃圾　lat3　tap5

五粟　ŋou31çiak5

麦　ʔbe31　玉米

高粱　kau24　liaŋ22

稻　ʔdiu31

粟　çiak5　稻子

向日葵　ia53　dʑiet3　hui22

番薯　uan24　tu24

马铃薯　ma31　leŋ22　tu24

豆荚　ʔdau31　kak5　豇豆

四季豆　ti53　ku24　ʔdau35

茄　kio22

黄瓜　ui22　kue24

丝瓜　ti24　kue24

苦瓜　hou31　kue24

南瓜　nam22　kue24

韭菜　kau31　sai24

红茄　aŋ22kio24　西红柿

番椒　uan24　tçiu24　辣椒

菠菜　ʔbo24　sai24

菜头　sai53　hau22　萝卜

树林　çiu53　liom22

种树　tçiaŋ31　çiu53

砍树　ham31　çiu53

松尖　toŋ24　tçiam24　松针

松球　toŋ24　hiu22

水果　tui31　kue31

李子　li31　tçi31

枣　tau31

枇杷　p‘i22　p‘a22

柿子　çi53　tçi31

石榴　dʑio33　lau22

柚　iu22

龙眼　liaŋ22　ai31

番豆　uan24　ʔdau24　花生

花蕾　ue24　lui22

花叶　ue24　io33　花瓣

青苔　se24　hi22

马翁　be31　aŋ24　公马

马母　be31　bo31

阉马　iam24　be31

牛翁　gu24　aŋ24　公牛

阉牛　iam24　gu22

牛母　gu22　bo31

炸嫲牛　ta33　ma22　gu22　黄牛

水牛　tui31　gu22

牛仔　gu22　kia31

狗　kau31

狗翁　kau31　aŋ24

狗翁　kau31　aŋ24

猫翁 niau22 aŋ24

猫母 niau22 bo31

猪 ʔdu24

猪翁 ʔdu24 aŋ24

猪哥 ʔdu24 ko24 种猪

猪母 ʔdu24 bo31

兔 hou24

鸡角 koi24 kak5 未成年的小公鸡

鸡母 koi24 bo31

鸡娘 koi24 nio22 未成年的小母鸡

鸡卵 koi24 nui31

鸡冠 koi24 kuan24

鸭 a55

鸭翁 a55 aŋ24

鸭母 a55 bo31

野兽 dze31 tiu31

老虎 lau31 u31

猴狲 kou22 tui35

狐狸 hu22 lai22

老鸦 lau31 dʑio22 乌鸦

喜鹊 i31 sak5

麻雀 ma22 sak5

燕子 ien53 tɕi31

蜘蛛 tɕi24 tu35

蚁 ia53 蚂蚁

玉龙 dʑi33 liaŋ22 蚯蚓

蜈蚣 ge22 kaŋ24

胡蝇 hou22 tin24

蠓仔 maŋ22 kia31 蚊 子

虱 tat5

屹蚤 kat3 tau31 跳蚤

屹蟑 kat3 tse24 蟑螂

蜂 ɸaŋ24 蜜蜂

乌鱼 ou24 u22 黑鱼

泥溜鱼 dʑi22 niu53 u22 泥鳅

鳝鱼 tien53 u22

蟹 hoi31

蛤 kap5 青蛙

石蜍 dʑio33 tu24 虾蟆

土蛭 hou31 li24 水蛭

老厝 lau31 su24 住宅

做厝 to53 su24 造房

厝 su24 房子

厝脊 su24 tɕiek5 房顶

台 ʔdai22 台阶儿

锁匙 to53 ti22 钥匙

窗 hiaŋ24

灶前 tau53 tai22 厨房

屎房 tai31 ʔbaŋ22

猪寮 ʔdu24 ʔdiau22

家具 ke24 ki53

床 so22 桌子

床布 so22 ʔbou53

斗 ʔdau31 抽屉

凭 p'eŋ22 条凳

床 so22 床铺

帐 ʔdio24

棉胎 mi22 hai24 被子

床单 so22 ʔdan24

床垫 so22 ʔdiam53 褥子

烧水壶 tio24 tui31 u22 热水壶

火钳 ue31 hiam22

火铲 ue31 sam31

鼎囵 ʔdia31 lun31 锅烟子

鼎 ʔdia31 锅

鼎颾 ʔdia31 kam31（锅盖）

鼎铲 ʔdia31 sam31

供碗 koŋ31 uan31 海碗

糜勺 mue22 ɕiak5 饭勺

陶羹 hau22 keŋ24 瓷勺

糜箸 mue22 ʔdu35 筷子

坛 ʔdien22

罐 kuan24

砧板 ʔdiam24 ʔbai31

蒸笼 tseŋ24 laŋ22

腔 hiaŋ24 算子(蒸食物用的)

抹布 mak5 ʔbou31

刨 pʻau35

斧 ʔbou31

钉 ʔdeŋ24

钳 hiam22

叶涩 iap3 tiap5 合叶

剪 tɕien31 剃刀

衫裤车 ta24 hu53 ɕia24 缝纫机

烫斗 ho53 ʔdau31 熨斗

物 mi33 东西

肥皂 ʔbui22 tau31

面帕 min24 pʻe33 毛巾

望远镜 baŋ53 ui31 kia31

锥子 tui53 kia31

鸡毛 koi24 mo22

扫 tua31 掸子

手纸 ɕiu31tua31

公爹 koŋ24 ʔde24 男人

咋妇 ta33 ʔbou31 女人

孪子 niau53 kia31 婴儿

阿公 a55 koŋ24 老头儿

阿婆 a55 pʻo22

后生 ou31 te24 小伙子

村侬 sui24 naŋ22 乡下人

家己侬 ka24 ki31 naŋ22 自己人

客人 he55 naŋ22

后生哥 ou31 te24 ko24 单身汉

寡妇 kua31 ɸu53

狗涩鬼 kau31 tiap5 kui31 吝啬人

乞丐 hit5 tat5

农民 noŋ22 min22

做生意 to53 te24 i24

医生 i24 te24

车机 ɕia24 ki24 司机

搭档 ʔdap5 ʔdaŋ31 伙计

厨师 tu22 tɕi24

长辈 tɕian31 ʔbue24

阿公 a55 koŋ24 祖父

阿婆 a55 pʻo22 祖母

外公 gua53 koŋ24

阿奶 a55 ne31 外祖母

爸 ʔba53 父亲

母 mai31

外家伯 gua53 ke24 ʔbe33 岳父

外家母 gua53 ke24 mai31 岳母

家翁 ke24 aŋ24 公公

家婆 ke24 pʻo22 婆婆

伯爹 ʔbe33 ʔde24 伯父

伯姎 ʔbe33 nien22 伯母

叔爹 tɕiop5ʔde24

姊姎 tiom31 nien22

舅 ku53

妗 kiom31 舅母

阿姆 a55 ʔbo53 姑妈

母 mai31 姨妈

伯爹 ʔbe33 ʔde24 姑夫

母爹 mai31 ʔde24 姨夫

同辈 ʔdaŋ22 ʔbue24

两公婆 no31 koŋ24 夫妻

兄弟 ia24 ʔdi53

姐妹 tse31 mue24

哥 ko53

嫂 to31

老弟 lau31 ʔdi31 弟弟

细婶 tui31 tiom31 弟媳

姐 tse31

大姐哥 ʔdua31 tse31 ko24 姐夫

哥娌 ko24 hiaŋ22 妹妹

哥娌丈 ko24 hiaŋ22 ʔdio24 妹夫

晏辈 am53 ʔbue24 晚辈

团 kia31 儿子

团新妇 kia31 tien24 ʔbu31 儿媳妇

咋妇团 ta33 ʔbu31kia31 女儿

郎家 lo22 ke24 女婿

孙 tun24

孙新妇 tun24 tien24 ʔbu31

咋妇孙 ta33 ʔbu31 tun24 孙女

孙郎家 tun24 lo22 ke24 孙女婿

外甥团 gua53 te24 kia31 外甥

外甥女 gua53 te24 ni31

侄子 dʑiet3 se24

侄女 dʑiet3 ni31

连襟 lien22 hiom24

亲戚 ɕien24 tɕia33

外家 gua53 ke24 娘家

婆家 ɸo22 ke24

身体 tien24 hi31

身材 tien24 sai22

头 hau22

脰 ʔdau24 颈

头毛 hau22 mo22

额 ia33

囟 tien53

目 mak3 眼睛

目眶 mak3 huaŋ53

目仁 mak3 dʑien22

目汁 mak3 tɕiap5

目屎 mak3 tai31

鼻 pʼi24

鼻槽 pʼi24to2 鼻涕

鼻屎 pʼi24 tai31

鼻孔 pʼi24 haŋ24

喙 sui24 嘴

喙唇 sui24 tun22

澜 nua31 唾沫

澜水 nua31 tui31 涎水

舌 tɕi33

牙 ge22

牙屎 ge22 tai31

耳 i31

下脖 em31 ɸok5

喉 au22

须 ɕiu24 胡子

胛 ka55 肩膀

手柄 ɕiu31ʔbia24 胳膊

戁手 ŋaŋ24 ɕiu31 左手

精手 tseŋ24 ɕiu31 右手

手团 ɕiu31 kia31 手指

手母 ɕiu31ʔbo31 大拇指

挐手团 niau31 ɕiu31 kia31 小拇指

手甲 ɕiu31 ka55

手掌 ɕiu31 tɕio31

骹 ha24 腿

骹跌 ha24 u22 膝盖

尻脽 ka31 sui24 屁股

屌鸟 te33 tɕiau31 男阴

牸 tɕi24 女阴

把牸 ʔbue55 tɕi24 交合

精 tseŋ24

骹 ha24 脚

胸格 iaŋ24 ke55 胸脯

奶 ne31 乳房

肚 ʔdou31

肚脐 ʔdou31 tɕi22

胛脊 ka33 tçiak5 脊背

头印 hau22 in24 头发旋儿

寒毛 kua22 mo22

寒毛孔 kua22 mo22 haŋ24

生病 te24 ʔbe24

望病 mo24 ʔbe24 医病

抾药 hio55 io55 抓药

煲药 ʔbau24 io55 煎药

药粉 io55 un31

泻屎 tia53 tai31

发热 ua55 dzua31

发寒 ua55 kua22

咳嗽 ka33 tau24tçiet5

发疟疾 ua55ŋiak3tçiet5

落乱 lak5 luan53

出疹 sot5 tçin31

落痨 lak5 lau22

流脓 lau22 noŋ22

结疤 Kit5 pʻi22

痔疮 tçi22 so24

疥疮 kai24 so24

雀斑 sak5 ʔban24

胛洛印 ka33 lo55 in24 狐臭

癫痫 ʔdien24 kan22

瘫痪 han24 uan53

瘸骹 hui31 ha24

弓胛脊 koŋ24 ka33 tçia55 罗锅儿

聋侬 laŋ22 naŋ22

哑子 e31 kia31

咋哈 ta33 ha53 结巴

雀目 sak5 mak3 瞎子

光头 kuaŋ24 hau22 秃子

麻子 ma22 kia31

伯喙伦 ʔbe33 sui31 lun22 豁唇

咋牙 ta33 ge22 豁牙

戆手块 ŋaŋ22 çiu31 huai31 左撇子

穿戴 çiaŋ24 ʔdai24

拍扮 pʻa55 ʔban31 打扮

衬衫 sun53 ta24

外衫 gua24 ta24

内衫 lai31 ta24

衫领 ta24 lia31

衫袖 ta24 çiu53

内裤仔 lai31 hou24 kia31

洋装裤仔 io22 to24 hou24 kia31

衫洞 ta24 ʔdoŋ53 衣兜

衫纽 ta24 niu31

鞋跋 oi22 ta55 拖鞋

袜 bat3

帽 mau24

头饰 hau22 tek5

戒指 kai53 tçi31

项链 haŋ53 lien22

手帕 çiu31 pʻe33

手套 çiu31 hau24

目镜 mak3 kia24

食糜 tçia33 mue22 吃饭

食早 tçia33 ta31

午个 ŋu31 ke24

时顿 ti22 ʔdui24 晚饭

物食 mi33 tçia33

零食 leŋ22 tçia33

馒头 man53 hau22

包子 ʔbau24tçi31

馄饨 un22 hun22

烧卖 tio24 boi53

肚杂 ʔdou24 ta33

鸡杂 koi24 ta33

荷包蛋 o22 ʔbao24 nui53

蒸卵 tseŋ24 nui53 蛋羹

皮卵　ɸue22 nui53

小菜　niau53 sai24

豆腐皮　ʔdau53 u31 ɸue22

豆腐脑　ʔdau53u31 nau31

豆腐乳　ʔdau53 u31 dzui31

有味　u31 bi24

气味　hui24 bui24

作料　to24 liau24

烟仔　in24 kia31　香烟

红烟　aŋ22 ien24

黄烟　ui22 ien24

烟屎　in24 tai31　烟油子

烟污　ien24 u24　烟灰

茶叶　ʔde22 io55

媒侬婆　bue22 naŋ22 pʻo22

讨老婆　hou31 lau31 pʻo22

嫁人　ke53 naŋ22

怀囝　kua22 kia31

蹲月　toŋ24 gue33

生日　te24 dʑiet3

白事　ʔbe33 se53　丧事

算命　tui53 mia24

巫婆　u53 pʻo22

引火　in31 ue31　生火

做糜　to24 mue22　做饭

摘菜　ʔdiak5 sai24

盛糜　ʔdiu22 mue22

食茶　tɕia33 ʔde22

食酒　tɕia33 tɕiu31

食烟　tɕia33 in24

起床　hi31 so22

濯喙　ʔdo33sui31　漱口

擦牙　sua55 ge22

梳头　tiu24 hau22

放屎　ʔbaŋ24 dʑio53

放屎　ʔbaŋ24 tai31

目滑　mak3 kot3　困了

落枕　lak5 tɕiom31

做梦　to24 maŋ24

出去　sot5 hu24

转厝　ʔtui24 su24　回家

行街　kia22 kui24

散步　tua24 ʔbou24

拍官司　pʻa55 kua24 se24

倒酒　ʔdo53 tɕiu31

字号　tu31 o24

招牌　tɕiau24 ʔbai22

开价　hui24 ke24

还价　uan22 ke24

便宜　ʔbaŋ22 dʑi22

贵　kui24

赚钱　han22 tɕi22

败本　ʔbai31 ʔbui31

开销　hui24 tiau24

欠钱　hiam24 tɕi22

要钱　io53 tɕi22

败钱? bai53 tɕi22

零钱　leŋ22 tɕi22

钱　tɕi22

镭　lui22　硬币

秤子　ɕin53 kia31　戥子

骹车　ha24 ɕia24　自行车

帆船　ɸan22 tun22

船子　tun22 kia31　三板

渡口　ʔdu53 hau31

学校　o33 iau53

热假　zua33 ke24　暑假

寒假　kua22 ke24

教厝　ka24 su24

乌板　ou24 ʔbai31

课本 hua24 ʔbui31

橡乳擦 ɕio31 ni31 sua55 橡皮擦

毛笔 mo22 ʔbit3

书包 tu24 ʔbau24

缚书侬 pʻak5 tu24 naŋ22 读书人；识字的

文盲 bun22 maŋ22

风筝 uaŋ24 seŋ24

走藏转 tau31 to22 ʔdui24 捉迷藏

猜谜 sai24 bi22

麻雀 ma22 sak5 麻将

烟火 in24 ue24

走棋 tau31 ki22

拔河 man22 o22

游水 iu22 tui31

味水 bi31 tui31 潜水

舞狮 mou31 se24

公仔戏 koŋ24 kia31 i24 木偶戏

京剧 keŋ24 ki55

话剧 ue24 ki55

企 hia31 站

蹲 toŋ24

跋 ʔbua33 跌倒

逢 ɸoŋ22 遇见

望 mo24 看

搛 ɕiaŋ53

欶 su55 吸溜鼻涕

拍胛猜 pʻa55 ka33 sai24 打喷嚏

鼻 pʻi24

掷 tia31

讲 koŋ31

走 tau31 跑

行 kia22 走

搀 sam22 掺水

拰物 hio55 mi33 收拾

选拣 tuan31 kai31

提 neŋ22

拰 hio55 捡起来

擦 sua55

弃 kak3 丢失

囥 ho31

沓 ha33 码起来

知 tai24

卜 ʔbak5 认得

无卜 bo22 ʔbak2 不认得

惊 kia24 害怕

慌 huaŋ24 着急

想 tio31 盼望

忆着 it5 ʔdio33 记着

厌 iam31 讨厌

羡慕 ɕiam53 mu53

偏心 pʻien24 tiom24

妒忌 tu31 ki53

怄气 au53 hui24

抱怨 ʔbau24 uan31

激气 kiek5 hui24 生气

娇惯 kiau24 kuan24

随 sui22 宠爱

讲话 koŋ31 ue24

较颚 kiau31 ŋak3 抬杠；顶嘴；吵架

拍架 pʻa55 ke24

上面 dʑio31 ʔbi24

下面 e24 ʔbi24

路上 lu24 dʑio31

街上 koi24 dʑio31

墙上 ɕio22 dʑio31

床上 so22 dʑio31

里面 lai53 ʔbi24

外面 gua53 ʔbi24

前面 tai22

后面 au24

以前 dʑi31 tai22

以后 dʑi31 au24

以上 dʑi31 dʑio31

以下 dʑi31 e24

旁边 pʻaŋ ʔbi24

附近 ɸu31 kien31

骹前 ha24 tai22

左边 to31ʔbi24

右边 dʑiu53

我 gua31

你 du31

伊 i24

我侬 gua31 naŋ22

俺侬 nan31 naŋ22

你侬 du31 naŋ22

伊侬 i24 naŋ22

我个 gua31 kai24

侬个 naŋ22 kai24 人家

大家 ʔdua24 kai24

底侬 ʔdiaŋ31 谁

若个 dʑia33 kai24 这个

许个 o24 kai24

底个 ʔdi31 kai24

若滴 dʑia33 ti55 这些

许滴 o24 ti55

底滴 ʔdi31 ti53

若里 dʑia33 lai31 这里

许里 o24 lai31

底里 ʔdi31lai31

物 mi55 什么

偌多 ua33 toi24 多少

好 o31

败 ʔbai24 不好

凑合 tau53 ap3

像 ɕiaŋ24 美

蠢 sun31 丑

紧 kien31 要紧

热闹 dʑiet3 nau31

硬 ŋe31 坚固；硬

软 nui31

洁 he55 干净

甲脏 kat5 to24 脏

咸 kiam22

餲 tɕia31 淡

芳 ɸaŋ24 香

臭 ɕiau24

舒服 ɕia24 ɸok5

恶耐 o55 nai53 难受

惊蠢 kia24 sun31 脑腆

精 tsen24 机灵

灵巧 leŋ22 ha31

涩鬼 tiap5 kui31 吝啬鬼

细气 tui24 hui24 小气

安静 an24 tse53 背静

陋 lou31 不稳固

正宗 tɕia53 toŋ24

多 toi24

少 tɕio31

大 ʔdua24

孥 niau53 小

长 ʔdo22

短 ʔde31

宽 hua24

隘 oi31

厚 kau31

薄 ʔbo33

深 ɕiom24

浅 ɕien31

悬 kuai22

低 ʔtui24　　　　　　　　　　　　　丛 taŋ22 棵

矮 oi31　　　　　　　　　　　　　　粒 liap3 米

正 tɕia24　　　　　　　　　　　　　块 huai24 砖

歪 sua22　　　　　　　　　　　　　口 hau31 猪

斜 tia22　　　　　　　　　　　　　间 kan24 房

但啱 na33 ŋam22 刚巧　　　　　　　座 so53 桥

啱 ŋam22 刚，正合适　　　　　　　副 u24 眼镜

物时 mi55 ti22 早晚　　　　　　　　下 e24 趟

白走 ʔbe55 tau31 白跑　　　　　　阵 tun24 雨

要 io53 被动　　　　　　　　　　　带 ʔde24 一处地方

把 ʔbue31 处置　　　　　　　　　　滴 ti55 一点面粉

按 haŋ53 从，沿着　　　　　　　　千零侬 sai24 leŋ22 naŋ22 千把人

帮 ʔbaŋ24 替，给介词；一帮人　　一铺 dʑiet3 ɸou24 里把路

共 kaŋ24 问（他借书）　　　　　　几个 kui31 kai24

把 ʔbue31 量词　　　　　　　　　　好多个 o31 toi24 kai24

封 ʔbaŋ24　　　　　　　　　　　　但顾多 na33 ku24 toi24 好些个，

条 ʔdiau22 衣服、桌子量词　　好一些

架 ke24 车的量词　　　　　　　　大一些 ʔdua24 dʑiet3 ti55

虹 hiaŋ22 一床被子　　　　　　　一点物 dʑiet3 ʔdi31 mi33 一点儿

支 ki24 头发量词

参考文献

陈波　1994　海南省志（方言志）　南海出版公司

陈鸿迈　1998　海口方言词典　江苏教育出版社

梁猷刚　1986　海南岛文昌方言音系　《方言》第 2 期

云惟利　1987　海南方言　澳门东亚大学

关于《儋州村话》语言现象的思考

（收入《语言现象的观察与思考》，民族出版社 2005 年）

丁邦新所著《儋州村话》录有很多语料，有些语言现象很启发人思考。

一 量词 no^{55} 可作指示词、领属助词，可表示人，来自"那"

no^{55} 有多种用法，可以归纳为量词、指示词、领属助词、表示人等四种。先介绍如下：

1. 作量词，单数复数都可以：

ɔt^{22} no^{55} lo^{55} mɔi^{11} （192 页）

一 个 儿 子

kə^{22} no^{55} sɔn^{35} pʻu^{11} （193 页）

这 个 媳妇

kə^{22} no^{55} kon^{55} （221 页）

这 些 人

ɔ^{35} no^{55} kon^{55} （254 页）

那 些 人

2. 表指示：

cuʔ^{22} no^{55} ŋou^{55} lɔŋ^{55} （208 页）

嘱 那个 牛 郎

no^{55} me^{35} ŋɔn^{55} （227 页）

那 妇 人

no^{55} me^{35} mɔ^{11} si^{11} ke^{35} （223 页）

那个 太太 就就 大叫

3. 表领属：

kɔi^{55} no^{55} da^{35} （223 页）

她 那个 丈夫

（引者按，注文"她那个丈夫"实际上是她的丈夫，是领属关系。或者说，这个 no^{55} 理解为指示或领属都可以。参下例）

cuʔ²² kɔi⁵⁵ no⁵⁵　　me³⁵　　（224 页）

嘱　他　那个　太太

（引者按，"他那个太太"实际是"他的太太"，no⁵⁵ 可以兼表指示或领属。又如下例。）

kɔi⁵⁵ no⁵⁵　　da³⁵　　cɔ²²　　han¹¹　（227 页）

她　那　丈夫　做　渔业

4. 表示人：

kə⁵⁵　ŋɔi¹¹　no⁵⁵　（206 页）

他　两个　人

za³⁵ zɔu¹¹　no⁵⁵　heŋ²²　suɔʔ⁵⁵　（224 页）

也　有　一个人　听　着

kɔ²²　　no⁵⁵ p'ɔŋ²² bau³⁵ ci²²　（245—246 页）

这个　人　放　包　子

kə²²　　no⁵⁵ ne⁵⁵（246 页）

这　人　呢

ɔ³⁵ no⁵⁵ bau³⁵ ci²² mə¹¹ p'ɔŋ²² le¹¹ q'oi²²　lo²²。　（246 页）

那　人　包　子　已　放　了　去　啦

儋州村话的no⁵⁵（阳平调）可以用作指示这点，和海南闽语文昌话的指称词头no³³（那）相似。云惟利《海南方言》126 页载有和"挪、娜"同音的no³³（阳平调），156 页注解中指出，它的一个用法就是"名词词头"，"多用为孩子排行的称呼，相当于普通话的'老'。如：no³³ 大，即老大"。我们以为，这个指称词头就是"那"。这和海南用作人名地名词头的"那"可相参证（参张惠英 2002，273—283 页）。儋州首府那大的"那"就读这阳平调no⁵⁵，整个海南，"那"都读阳平调。

儋州村话的no⁵⁵ 可以用作指示和表示人这点，和分布于海南东方、昌江两县的海南村话也相似。东方县三家乡红花村的村话，"那"就读nɔ²¹，还有一个指示词na²¹，既表指示，也用来指人，并用作第三人称代词。请看（据符昌忠 1996）：

nɔ²¹：kɯn³⁵ nɔ²¹ dən³⁵ bɔn¹³ tsen²¹。　（247 页）

房子　那　间　新　很　（那间房子很新。）

fɔn³⁵ huŋ¹³ tθau²¹ nam³⁵ fɔn³⁵ nɔ²¹ dəŋ²¹ di³³ zou¹³ lai¹³。　（311 页）

村　红　草　和　村　那　等　的　由　来

（314 页译文：红花村和那等村的由来。）按，"那等"是地名。

na²¹：tθɔ：（i）³⁵ na²¹ ŋaːu³⁵ na²¹ mɐi³⁵ lɐu²¹。　（244 页）

多　那　人　他　高　全　（那么多人他最高了。）

tθak^{33} na^{21}（这么深）（246页）

深

si^{35} na^{21}（现在）；ba^{21} na^{21}（今年）；hon^{13} na^{21}（今天）　（164页）

na^{21}（他）；ki^{35} na^{21}（他们）　（244页）

我们以为，东方县海南村话中的"no^{21}、na^{21}"就是"那"的两种读法。"那"既作指示词又作第三人称代词的情况，在汉语方言中也能见到，如山西的汾阳、离石、临县等地（见张惠英2001，198页）。

儋州村话的no^{55}可以用作指示词、量词和表示人这点，和相邻的临高话有相似之处。请看临高话的no^4、na^4、nə^{4}几个指示词的用法（据张元生等1985）：

no^{4}表指示：no^4（这）、no^4 tsiʔ^8（这些）、no^4 xat^8（这里）、no^4 jiaŋ^4（那样）（147页）

na^{4}表指示：na^4（那）（147页）

na^{3}作量词：na^3（位、个），只用于人。（142页）

表疑问：ləu^2 na^3（谁）（148页）

按，刘剑三《临高汉词典》7页有：na^2 nə^3（na^3）（哪个、谁）

nə^{4}表指示：nə^4（那）、nə^4 n̦iʔ^8（那些）、nə^4 xat^8（那里）、nə^4 jiaŋ^4（那样）（147页）

nə^{3}表疑问：nə^3 xat^8（哪里）、nə^3 ləu^2 jiaŋ^4（怎么样）、nə^3 tsiʔ^8（哪些）（148页）

我们以为，上述no^4、na^4、na^3、na^2、nə^4、nə^{3}都是因为用法不同而出现的读音变体，其来源同一，都是"那"的音变。

在刘剑三《临高汉词典》57页，nə^{4}是指示词"这"或"那"，nə^{3}表示女人，nə^{2}用作称人的词头：

nə^2 mak^8（聋子）	nə^2 den^1（疯子）
nə^2 lai^3（富人）	nə^2 lao^4（老人）
nə^2 nə^3（老大；成人、大人）	nə^2 ŋa^4（穷人）
nə^2 ŋəi^4（老二，喻指行动拖拉的滑稽人物）	nə^2 ŋən^2（傻子、笨蛋）
nə^2 ŋoŋ^3（傻子、笨蛋）　　nə^2 ŋop^7（哑巴）	nə^2 un^3（年轻人）

作为词头的nə^2，也是"那"的一种读法，"那"用作词头犹如"个"用作词头，和指示、量词、领属等用法密切相关。

儋州村话no^{55}用作量词、领属助词、指示词、表示人这些用法，很令人注意。笔者过去注意了量词、领属助词、指示词三者之间的内部联系，而no^{55}又揭示了量词、领属助词、指示词和表人名词之间的一种关联。

我们发现，湖南嘉禾土话的指示词和指人的名词来源相同。请看（据卢小群2002，110页）：

指示词

那□la^{51} sən^{51}（那个）110页

哪□la^{51} sən^{51}（谁；哪个）110页

哪些la^{51} çia^{24}

人

女娜iu^{33} la^{51}（女孩）155页

牛倈拉tçiəu^{11} lo^{11} la^{51}（看牛仔）160页

细人粒çi^{55}in^{11}la^{55}（小孩）87页

男□崽lom^{24}la^{33}tsai^{35}（男孩儿）87页

女□崽iu^{33}la^{33}tsai^{35}（女孩儿）87页

需要说明的是，嘉禾土话n、l不分，只有l声母，没有n声母，所以"那、哪"都读l声母，而且，远指词"那"和疑问词"哪"完全同音。这个指示和疑问的代词la^{51}和表示人、小孩儿的音也同音，尽管作者写汉字时不尽一致（如"娜、拉、粒"），或者就不写而用框框"□"替代，这都反映作者对这个词还认识不清。至于87页表示小孩的音调值有所不同（la^{55}和la^{33}），不知是否连读变调或小称变调所致，还是别的什么缘故。

乾隆五十八年（1793年）抄本《永顺县志》就记载了湖南永顺土家话称人为"那"的史实："人曰那（上声）""民曰马那""夫曰那（上声）把，妻曰那（上声）假"（引自湖南省少数民族古籍办公室1991，213页）。

no/na可以指人，在少数民族语言中常能见到。例如瑶语和海南回辉话就有大量的记录。

先看瑶语。蒙朝吉《瑶族布努语方言研究》14页讲到，"布努方言共分为东努、努努和布诺三个土语"，自称no^{2}或toŋ^{1}no^{2}或po^3 no^2，no^{2}的本义是人。这个no^{2}自然有一些方言异读，如包瑙方言就说nou^2（蒙朝吉2001，14页），努茂方言就说nu^2（同上15页）。

下面就以努茂方言为例，看看nu^{2}用来指人的例子（据蒙朝吉2001）：

nu^2 tçan^6 男人；nu^2 va^3 女人；nu^2 ntoŋ^7 青年；nu^2 kɤ^5 老人；nu^2 zəu^6 朋友；

nu^2 siu^3 pjei^3 主人；nu^2 khai^5 客人；nu^2 fuei^5 富人；nu^2 çəu^5 穷人；

nu^2 sɤ^6 mian^1 长工；nu^2 sɤ^6 kou^1 农民（以上205页）

nu^2 mei^6 pjan^6 医生；nu^2 sau^3 lo^4 巫师；nu^2 muei^6 媒人；nu^2 to^1 ŋo^4 瓦匠；

nu^2 la^3 聋子；nu^2 ntøi^5 群众；nu^2 ɲi^6 强盗（以上205页）

布努瑶语no也可以作量词，虽然在词类说明和词汇附录中都未提到，但在后附长篇故事材料中就常常见到。例如：

（1）i$^{1\cdot}$　no^2 ha^1 θu^6 mi^8 ʑo^6 ……（235页）

　　一　个　叫 做 密 育　（321页：一个叫做密育……）

（2）au^1 no^2 to^7 au^1 hu^5 ka^3 pja^5……（236页）

　　二 个 点 二 把　火把　（321页：两个点着两把……的大火炬）

（3）no^2 no^2 na^6 la$^{2\cdot}$ li^8 fa^3 tɯ^2 ma^2 hoŋ^5　。（240页）

　　个 个 也 摇　头　说 不　空　（322页：个个也都摇头说没空。）

我们感到，在这些例句中，no² 作为名词指人还是作为人的量词，好像都说得通。

瑶族巴哼方言自称"巴哼"[pa³¹ ŋ8ŋ³⁵]，"巴哼"就相对于"布努、布诺"。毛宗武、李云兵《巴哼语研究》271 页列了贵州黎平县董滚方言和广西三江侗族自治县文界方言对瑶族的自称都是[pa³¹/²² ŋ8ŋ³⁵]，只是 pa 的声调董滚是 31 调，文界是 22 调。所以我们就有根据推测，这个 ŋ8ŋ³⁵ 就相当于瑶语其他方言的 no/nou/nu（汉字写作"诺、瑙、努"等），都是来源于指人的本义（"巴哼、布努、布诺"的"巴、布"是词头，来源于对男人的尊称"爸、父"）。而在巴哼瑶语方言中，ŋ8ŋ³⁵ 的变体则不只用作词头，而且还是个指示词。请看广西三江侗族自治县的文界土语（据毛宗武、李云兵 1997）：

ŋ7³¹ pɤ⁵³ qo⁵⁵ 老人（270 页）

ŋ7³¹ sɔ̃⁴⁴ ntɕa³⁵ 医生；ŋ7³¹ sɔ̃⁴⁴ hɯ³⁵ 道士（271 页）

ŋ7³¹ mpjɤ⁵³ 菩萨（275 页）

ŋ7³¹ tɕɔ̃⁵⁵ 今年（252 页）　　ŋ7³¹ n8e³⁵ 今天（253 页）

ŋ7³¹ 这；ŋ7³¹ n8tɕe⁵³ 这边；ŋ7³¹ tɕe³⁵，ŋ7³¹ nfio³¹ 这些；ŋ7³¹ n8tɕe⁵³ 这样；

ŋ7³¹ na³⁵，ŋ7³¹ tɛ⁵⁵ 这里（以上 312 页）

ŋ7⁵⁵ 那；ŋ7⁵⁵ ntɕe⁵³ 那边；ŋ7⁵⁵ ŋɕe³⁵ ŋ7⁵⁵ nfio³¹ 那些；

ŋ7⁵⁵ na³⁵，ŋ7⁵⁵ t⁵⁵ 那里（以上 312 页）

ŋ7³¹ jfĩõ³³ 虹（248 页）

ŋ7³¹ ljɔ̃⁵³ 狗（255 页）

ŋ7³¹ jfĩõ³³ 龙；ŋ7³¹ ɕo³⁵ 象；ŋ7³¹ tɕi⁵⁵ lfĩi³³ 狮子；ŋ7³¹ qa³⁵ pɤ⁵³ 老虎；ŋ7³¹ to³⁵ 野猪；

ŋ7³¹ qa³¹ pɔ⁵⁵ 豹子；ŋ7³¹ sɛ³⁵ khe³¹ 狼；ŋ7³¹ tɕɔ̃³¹ 野猫；ŋ7³¹ n8a³⁵ 水獭；

ŋ7³¹ tɔ̃³⁵ nfĩẽ³¹ 老鼠；ŋ7³¹ tɔ̃³⁵ nɛ³¹ 松鼠（以上 256 页）

ŋ7³¹ jfie⁴⁴ 穿山甲；ŋ7³¹ qe³⁵ 鸡；ŋ7³¹ a⁵³ qe³⁵ 公鸡；ŋ7³¹ qa³¹ tɕɤ⁵⁵ 雉（野鸡）；

ŋ7³¹ kwɤ³¹ 老鹰（以上 257 页）

ŋ7³¹ jfiɤ³¹ 鹞鹰；ŋ7³¹ mpfijo³¹ 鱼；ŋ7³¹ pi⁵⁵ 甲鱼；ŋ7³¹ nẽ³⁵ 蛇；

ŋ7³¹ ntɕi³⁵ 螃蟹；ŋ7³¹ pe³¹ pjẽ³¹ 蚌（以上 258 页）

ŋ7³¹ mpfiɛ³¹ 蜗牛；ŋ7³¹ khɔ̃⁵⁵ ŋɔ̃⁵⁵ 螳螂；ŋ7³¹ qɤ³⁵ jfĩi³³ 蜈蚣；

ŋ7³¹ pi⁵⁵ 臭虫；ŋ7³¹ jɔ̃⁵³ 跳蚤（以上 259 页）

ŋ7³¹ nɔ̃³¹ 虱子；ŋ7³¹ qɛ³⁵ 鸡虱；ŋ7³¹ n8tɕi³¹ 头虱；ŋ7³¹ qɤ³⁵ pi³⁵ 毛虫（260 页）

再看海南回辉话。郑贻青《回辉话研究》书中，na²⁴、na¹¹ 都可以用来指人，并可以用作词头；na¹¹ 来源于指母亲、女性（据郑贻青 1997）：

na²⁴ kai³³ 男人；na²⁴ mai³³ 女人；na²⁴ thaːn²¹ 青年男子（未婚）；

na²⁴ mai³³ sia¹¹ 青年女子（未婚）；na²⁴ saːn³² 婴儿、儿童（以上 154 页）

na^{24} sa:n^{32} 儿童；na^{24} mo^{11} tui^{33} 孤儿（155 页）

na^{24} ；na^{24} nai^{33} 儿子；na^{24} mai^{33} 女儿（156 页）

na^{24} muan^{33} 侄儿、外甥；na^{24} muan^{33} mai^{33} 侄女、外甥女（157 页）

na^{11} 母亲；ʔa^{11} na^{11} 祖母；ma^{11} na^{11} 父母；na^{11} ko^{24} 曾祖母（156 页）

ʔa^{11} na^{11} 婆婆（夫之母），外祖母（157 页）

以上都是指人的例子，可见na^{11}和na^{24}是同源异读。下面再看na^{11}用作词头的例子：

na^{11} kia^{33} 猴子；na^{11} sa^{33} 鹿；na^{11} pa:i^{33} 兔子；na^{11} khiat^{43} 龙；na^{11} pio^{24} 松鼠；

na^{11} ku^{55} 老鼠；na^{11} nok^{24} 母鸡；na^{11} tsun^{33} 鸟（以上 142 页）

na^{11}tsun^{33} ʔdo^{55} phun^{33} zau^{33} 啄木鸟；na^{11}tsun^{33} pa^{33} ko^{33} 八哥；

na^{11} a:n^{33} pioŋ^{33} ko^{24} 蝌蚪；na^{11} tha:ŋ^{11} 虾；na^{11} tha:ŋ^{11} pioŋ^{32} 龙虾；

na^{11} tha:ŋ^{11} va:ŋ^{11} 对虾（以上 143 页）

na^{11} se^{33} ia^{33} 海马；na^{11} ku^{35} 海龟（144 页）

na^{11}ŋa:n^{32} 蠓（墨蚊）（146 页）

na^{11} tsuŋ^{11} 酒窝；na^{11} ŋa^{33} 耳朵（151 页）

na^{11} koŋ^{33} 喉咙；na^{11} ʔdiaŋ^{32} 手指；na^{11} ʔdiaŋ^{32} lau^{33} la^{33} 食指；

na^{11} ʔdiaŋ^{32} kia^{55} 中指（以上 152 页）

na^{11} ʔdiaŋ^{32} ka:i^{32} 脚趾（153 页）

na^{11} li^{33} 戒指；na^{11} kho^{43} 铝锅；na^{11} kho^{43} lan^{33} 沙锅（160 页）

na^{11} a:n^{11} 碟子；na^{11} kho^{43} lan^{33} 坛子；na^{11} ʔi^{33} 簸箕（簸米用）（161 页）

na^{11} ki^{24} 凳子；na^{11} huət^{24} 盒子，抽屉；na^{11} kuaŋ^{32} 提篮（竹篮）（162 页）

na^{11} si^{11} 钥匙；na^{55} nui^{33} 弓（163 页）

按，na^{55}是词头，因为nui^{33}单说也指弓（163 页），所以na^{55}大概是又一个异读变体。

na^{11} va:ŋ^{32} 镰刀；na^{11} nuai^{33} 鱼篓（164 页）

na^{11} lui^{55} 铜圆（铜板）（166 页）

na^{11} ziu^{24} 疮；na^{11} min^{33} 痱子（169 页）

na^{11} ku^{55} 闩（闩上门）（177 页）

na^{11}来自指人、指母亲这点，和上文讲到临高话nə^{3}指女人有相通之处。

最后，儋州村话的no^{55}（阳平调）可以用作指示这点，和福建闽语用作疑问词的"乇"有关联，请看（据福建省地方志编委会 1998，548 页）：

	什么		什么
福州	什乇sieʔ^2 nɔʔ^7	古田	乇nok^8
长乐	什乇siek^8 lɔʔ^7	屏南	乇nɔʔ^7
福清	什乇siek^8 nɔ^5，乜乇mie^5 nɔ^5	罗源	□乇nɔ^5 nɔʔ^7

平潭　什乇sieʔ⁸ nɔ⁵　　　　霞浦　□乇no⁵ nok⁸

闽清　什乇sieʔ⁸ nɔʔ⁷　　　宁德　哪乇nɔ³ noʔ⁷

福安　乜乇mik⁷ nɔk⁷　　　永泰　哪乇no³ noʔ⁷

寿宁　伲乇niʔ⁷ nɔ⁵　　　　福鼎　哪乇nɔ⁵ nɔ⁵

显然，这个方言俗写字"乇"不管它读舒声还是入声，来源是一致的，从福鼎的读法看，原来"哪、乇"可读同音。我们就可以推测，这个"乇"很可能是"哪"的异读。从汉语史的角度看，"那、哪"本是同一个字，古籍中常写"那"这一个字，后来字形多个"口"旁，又读成不同的声调，这些都是人们用来区别不同的用法而已。湖南嘉禾土话远指词"那"和疑问词"哪"就完全同音（参上文）。

而且，这个疑问词"乇"也可以单独用来指东西、什物，请看（同上529—530页）：

东西　　　　　　　　　东西

福州　乇nɔʔ⁷　　　　　长乐　乇lɔʔ⁷

连江　乇nɔʔ⁷　　　　　福清　乇nɔ⁵

永泰　乇nɔʔ⁷　　　　　平潭　乇nɔ⁵

闽清　乇nɔʔ⁷　　　　　古田　乇noʔ⁷

罗源　乇nɔʔ⁷　　　　　屏南　乇noʔ⁷

宁德　乇nɔʔ⁷　　　　　寿宁　乇noʔ⁷

福鼎　乇nɔʔ⁷　　　　　霞浦　乇nɔuk⁷

"那、哪"来源同一，有的方言指人，有的方言指物，道理相同，犹如有的方言"那、哪"同音，有的方言"那、哪"不同音。"那"可指人这点，和"诺何切"的"傩"有关联。"傩"既指驱逐疫病鬼怪的礼仪，也指戴着面具作驱除傩鬼的人，而在"驱傩"词中，这个"傩"又指鬼怪。"鬼"也是人形，是阴间的人。宋梅尧臣《送正仲都官知睦州》诗："我惭贱丈夫，岂异戴面傩。"所以，傩即戴着面具的人。

二　量词 qʻut⁵⁵ 可作处所名词和指示词，来自"窟"

儋州村话qʻut⁵⁵可以用作量词、处所名词（处所、地方）、指示词（这里、那里）。请看：

2.1　量词

tə⁵⁵ ŋɔn⁵⁵ mə¹¹　te²²　ɔ³⁵ qʻut⁵⁵ sɔi²² zɔu²² cɔu²²。（201页）

谁　人　能　知道　那　块　处　有　酒

（204—205页译文：谁能知道那处有酒。）

按，48页"处"读sɔi²²，所以qʻut⁵⁵在此是量词。

bɔi^{55} si^{11} bɔi^{55} suɔʔ^{55} ɔ^{35} qʻut^{55} sɔi^{22} ta^{35} han^{35} ha^{22}，……（212 页）

挖 就 挖 着 那 块 地方 沙 滩 呀

（214 页译文：挖就挖到那块地方的沙滩啊，……）

ɔ^{35} qʻut^{55} sɔi^{22} zi^{11} kiən^{35} zɔu^{11} ham^{11} tui^{33} lɔ^{22}。（212 页）

那 块 地方 已 经 有 淡 水 了

（214 页译文：那个地方有淡水了。）

2.2 处所名词（处所、地方）

si^{11}kiən^{35} kuɔ^{22}ŋɔu^{55}lɔŋ^{55} ɔ^{35} pʻɔn^{55} ɔ^{35} qʻut^{55}ni^{55}，……（207 页）

就 经 过 牛郎 那 坟 那 处 呢

（210 页译文：就经过牛郎那个坟那里呢，……）

kə^{22}qʻuɔ^{22} ko^{22} ne^{55} ŋun^{35} lɔn^{55}dɔu^{22} kə^{22} qʻut^{55} le^{11}lɔ^{22}。（213 页）

这 个 故事 呢 我们 说 到 这 里 了 了

（214 页译文：这个故事呢，我们说到这里了了。）

ɔ^{35}kɔ^{22} tai^{22} pʻɔn^{22}mɔ^{11}huŋ^{55}qʻat^{55}ɔ^{35} qʻut^{55} mɔ^{11}biet^{22}sɔt^{22}lai^{55}qʻoi^{22}，…（197 页）

那些 细 粉 就 从 鼻 那 个 地方 就 跳 出 来 去

（198 页译文：那些细粉就从鼻子那里跳出来，……）

2.3 指示词（这里、那里）

ɔ^{35} hau^{55} kai^{35} mɔ^{11} ban^{55} se^{35} qʻut^{55}。（197 页）

那 头 鸡 嘛 绊 在 那里

（198 页译文：那只鸡还绑在那里。）

mun^{35} kaŋ^{22} dɔu^{22} qʻut^{55} si^{11} tuɔn^{22} le^{11} lɔ^{22}。（198 页）

我们 讲 到 这里 就 算 了 了

（199 页译文：我们讲到这里就算了啰。）

kɔi^{55} mɔ^{11} kin^{22} kɔi^{22} kɔn^{35} sɔu^{22} se^{35} qʻut^{55}。（211 页）

他 就 看见 几 根 草 在 那里

（213 页译文：他就看见几根草在那里。）

这个表示处所、指示、量词的 qʻut^{55} 从何而来？笔者以为，这个 qʻut^{55} 就是"窟"。《儋州村话》77 页白话音的 ut 韵未记 qʻut^{55} 这个音，但在 123 页文言音中就记载有 qʻut^{55} 这个音，而"窟，屈，掘，倔"四个字就读这个音。所以，说 qʻut^{55} 来自"窟"在声音上完全切合。这样，"窟"用作量词、表示处所就属合情合理了。指示词和量词之间的紧密关联已经为人所知，不必多谈了。而指示词和处所词之间的关联，从粤语的"边、处"用作疑问词、湖北大冶方言"底、里"用作处所指示词就可以得到启示（参张惠英 2001，91—93；193—197）。

"窟"从古以来就作为处所名词（如"窟宅、窟室、洞窟、石窟"等），表示人或动物居住之处，并进一步引申为人或物会聚之处，如晋郭璞《游侠诗》之一："京华游侠窟，山林隐豚栖。"由此出发，我们就能理解"窟"在广东、香港，乃至东南亚，常用作地名或寺院名，当然，这里也有方音不同、用字不同的问题。先看地名：

香港：扫管笏路（英文音译：So Kwun Wat；在明《粤大记》中写作"扫杆郁"，清《广东图说·新安县图》11 页下作"扫管郁"），麻笏围，麻笏村。

郁子围，蚰蛇郁，山鸡郁（引自萧国健等《香港岛仿古遊》28—30 页）按，《广东图说·新安县图》10 页上、下，则写作"蚰蛇窟，山鸡窟"。可见，"窟、郁"同音互写。因为香港话"窟"有两读，一读fet^{55}，一读wet^{55}，所以"窟、郁、笏"可以互写。

"窟"在广州话读fet^{55}，"窟、笏、忽"同音fet^{55}，"屈、鹘、郁"同音wet^{55}，参考香港等地粤语方言的这些字的多读混读现象，我们就不难理解地名用字的多种写法。

再看广东的"窟、郁、屈、掘、崛、郁、笏、鹘"地名（据清桂文灿《广东图说》）：

高要县：罗郁冈（3 页上）

　　　　坑窟；屈村；黄泥窟（11 页下）

　　　　窝窟（13 页下）

四会县：龙屈（6 页上）

　　　　井窟坊；泥窟坊（7 页上）

　　　　下掘（9 页上）；狗子窟（9 页下）

阳江县：蛇掘；那屈；龙屈尾（12 页上）

德庆县：龙窟（5 页下）

南海县：月屈（15 页上）；坑屈（16 页上）

龙门县：涩窟（16 页下）；土篱窟（18 页下）

增城县：大郁（7 页下）；郁洞（8 页下）；到郁（12 页上）

香山县：龙窟（18 页下）

佛冈县：铁屈（8 页下）

海丰县：笏子（7 页上）；狗窟（7 页下）；

　　　　必笏；葫芦笏；板笏（9 页上至下）

　　　　风吹笏；东笏；南笏；笏底（10 页下）

　　　　下笏肚（11 页上）

　　　　笏口；石笏；浅笏（12 页上）

　　　　宫笏；柴头崛（13 页上）

东莞县：蛇郁烫（10 页下）；九屈（13 页下）

　　　三水县：大鹊头（9 页上）

按，1995 年广东人民出版社出版的《三水县志》118 页有"大郁头"，"鹊、郁（'鬱'的简写)"同音，于是今作"大郁头"。

　　　值得一提的是，东莞方言把颈后凹处、后脑勺之下的部位叫作"老虎凼"，也叫作"老虎忽"（詹伯慧、陈小晓锦 1996，133 页）。这个"忽"就是"窟"的一种读法，相当于香港地名用字"笏"。

　　　柬埔寨古迹"吴哥窟（也作吾哥，柬埔寨暹粒市湄南海鲜餐厅所写地址为：'暹粒市通往吾哥古迹大路右侧门牌 0064 号')"，英语译音就是ANGKOR WAT，这个"窟"和敦煌石窟、莫高窟的"窟"完全同义，音则是用的粤语方音。看柬埔寨当地出版发行的地图 CAMBODGE TOURISM，我们还看到"吴哥窟"译音为 ANGKOR VAT，还有其他几处地名也用 VAT，请看：

　　　ANGKOR VAT

　　　VAT CHEDEI

　　　VAT ATHVEA

　　　VAT BANGRO

　　　VAT EK

　　　VAT NOKOR

泰国七十一府县名中，也有以 WAT 为名的地名，例如（据胡子丹，1980）：

WAT PLENG（越烹分县）（263 页）

WAT SING（越信县）（266 页）

WATANANAKORN（越他那分县）（267 页）

WAT BOT（越不分县）

　　　今泰语 WAT 可以指庙宇，寺庙名都冠以 WAT，如曼谷市中心的 WAT RENCHAMABOPHIT，这和我们云岗石窟、敦煌石窟等都以珍藏佛教经卷、佛教艺术为特点正相一致，也和柬埔寨吴哥窟的宗教艺术建筑特征相一致。柬埔寨宝冠旅游有限公司印制的《柬埔寨王国地形及省政区图》，就把吴哥窟写作"吾哥古刹"。"刹"者寺也。

引用书目

丁邦新　1986　儋州村话　"中央研究院"历史语言研究所

符昌忠　1996　海南村话　华南理工大学出版社

福建省地方志编委会　1998　福建省志·方言志　方志出版社

桂文灿　广东图说　江苏估计刻印社影印同治刊本

胡子丹　1980　国际汉译地名词典　国际文化事业有限公司，台北

湖南省少数民族古籍办公室　1991　永顺县志（乾隆五十八年抄本）　岳
　　麓书社

刘剑三　2000　临高汉词典　四川民族出版社

卢小群　2002　嘉禾土话研究　中南大学出版社

毛宗武、李云兵　1997　巴哼语研究　上海远东出版社

蒙朝吉　2001　瑶族布努语方言研究　民族出版社

云惟利　1987　海南方言　澳门东亚大学

萧国健、沈思　1992　香港岛仿古遊　香港中华书局

詹伯慧、陈晓锦　1996　东莞方言词典　江苏教育出版社

张惠英　2001　汉语方言代词研究　语文出版社

　　　　2002　语言与姓名文化　中国社会科学出版社

张元生、马加林、文明英、韦星明　1985　海南临高话　广西民族出版社

郑贻青　1997　回辉话研究　上海远东出版社

从儋州话 se³⁵（阴平）和 sɔu¹¹（去声）说起

○ 引言

丁邦新先生 1986 年出版的《儋州村话》，第一个既详细记录分析了海南岛儋州市北岸唐帝村的本地话，进行了"平面分析和历史比较"，书后又提供了十三篇长篇语料故事。让读者对儋州村话有了全面的了解。

笔者拜读语料故事时，发现作为介词和动态助词的"se³⁵（阴平）、sɔu¹¹（去声）"常有相混的情形，引起了我的兴趣。

丁邦新先生所著《儋州村话》，对此还没有清楚的说明，191 页语料中特别说到："记音之下所注字义只是取其大概，未必都是字源。有的语位只有文法上的功用，有的语位有多种意义，字源不易肯定。能够肯定的尽可能注出。"儋州话的"se³⁵（阴平）、sɔu¹¹（去声）"的读音、用法上的分和混，还有它们的来历，很有意思，还没有搞明白，很值得我们去注意，去探讨。

所以，本文讨论 se³⁵（故事中写作"在"或"着"）、sɔu¹¹（故事中写作"在"或"着"或"就"），一是观察"se³⁵（阴平调）、sɔu¹¹（去声）"用法的分和混；二是推测它们的来历；三是看看临近的临高话也有的类似现象。

一　se³⁵（阴平调）和 sɔu¹¹（去声）用法的分混

1.1　se³⁵（写作"在"或"着"）的用法

1. 处所介词（动词前或后）

1）这个媳妇呢，有时候在 se³⁵ 屋没有什么东西啊，就着 suɔʔ⁵⁵ 杀鸡。192 页
　　（194 页译文：这个妻子呢，有时候在家没有什么东西，就只有杀鸡。）

2）现在依剩在 se³⁵ 那就 sɔu¹¹，你怎么样你就 mɔ¹¹ 去吃好喽。193 页
　　（195 译文：现在还剩在那儿，你怎么样，你就去吃好啰。）

3）日日夜夜就总在 se³⁵ 那田床田坎以便找那蚂蟥来吃。194 页
　　（195 页译文：日日夜夜就总在田边边上找那些蚂蟥来吃。）

4）一日他就叫在 se³⁵ 那里：姑啊恶恶！194 页

（195 页译文：常常他就在那里叫："姑啊恶恶！"）

5）同时我就要条索缚在 se³⁵ 你脚那边呢。196 页

（198 页译文：同时我就要绑条绳子在你脚那边。）

6）就同他坐（在 se³⁵ 他）对面在 se³⁵ 里。196 页

（198 页译文：就跟他坐在对面。）

7）病死，就埋在河坎。206—207 页

（210 页译文：病死，就埋在河边）

8）就见几个坟碑依旧死板板的在 se³⁵ 那里。246 页

（249 页译文：就看见几个坟碑依旧死板板的在那里。）

9）好像是有人吊颈在 se³⁵ 那里。247 页

（249 页译文：好像是有人吊颈在那里。）

又如陈有济所记儋州市白马井镇长塘村话的《儋州话研究》（word 版装订本）323 页：

10）其生□[se⁵⁵]海口，三岁时搬来三亚。

（他在海口出生，三岁时搬来三亚。）

11）考试时，每<u>奴</u>考生着□[se⁵⁵]自己底卷子写名。

（考试时，每个考生都要在自己的试卷上写名字。）

2. 时间介词

1）有一个教学先生在 se³⁵ 他正正教学那个时候，有一个学生娶新妇，就请酒。237 页

（242 页译文：有一个教学先生，在他正在教学那个时候，有一个学生就娶新妇，就请酒。）

又如陈有济所记儋州市白马井镇长塘村话的《儋州话研究》（word 版装订本）324 页：

2）其生□[se⁵⁵]一九八八年三月。（他出生于一九八八年三月。）

3）□[se⁵⁵]其死死<u>阿</u>个月，天落好多日水。（在他死的那一个月，下了好多天的雨。）

3. 动作或状态的持续（动词或动词结构后）

1）不吃得呢就只好剩就囤着 se³⁵ 就等儿子返来啰。193 页

（195 页译文：吃不动呢就只好剩着、放着，就等儿子回来啰。）

2）你们慢慢吃一点在 se³⁵，等我讲一口古给你们听。236—237 页

（242 译文：你们慢一点吃，等我讲一个故事给你们听。）

按，"你们慢慢吃一点在"，既可以表示劝令的"你们慢一点吃"，也可以表示动作持续的"你们慢慢地吃"。

1.2 sɔu¹¹（写作"在"或"就"）的用法

sɔu¹¹ 可用作：1. 处所介词，2. 时间介词，3. 结果补语，4. 表示动作或状态的持续。

1. 处所介词

1）所以他住好几年在 sɔu¹¹ 这里。233 页

（236 页译文：所以他在这里住好几年。）

又如陈有济 2013，323—324 页：

2）□[kouʔ⁵]□[se⁵⁵]上海，□[ŋouʔ²]□[sɔu²¹]海口。

（他家在上海，我家在海口。）

3）阿本书□[mu⁵⁵]□[sɔu²¹]我书包，我见过□[se⁵⁵]李华阿个书包。

（那本书不在我的书包，我看见过它在李华的书包里。）

2. 时间介词

据陈有济《儋州话研究》324 页：

1）今年学校底篮球比赛打□[sɔu²¹]个个月，总共有十七场球赛。（今年学校的篮球赛就在这个月举行，一共有十七场球赛。）

2）老五结婚□[sɔu²¹]今年年底<u>咯</u>，大家着归吃酒。（老五就在今年年底结婚了，大家一定要回来喝喜酒。

3. 未完成状态的结果补语（写作"在、就"）

1）未吃得几块肉在 sɔu¹¹，那个菜就给父兄们塞去一大半去啦。237 页

（242 译文：还未吃得几块肉，那个菜就给父兄们塞去一大半了。）

按，例中这个"sɔu¹¹"写作"在"，是表示没有吃上几块肉，是结果补语。

2）那父兄吃了，我做先生的怎得来吃在 sɔu¹¹ 呢？241 页

（243 页译文：那父兄吃完了，我做先生的怎么还有得吃呢？）

3）他未到在 sɔu⁵⁵ 就见那根棱槺，挂下一担大腿，但也不知是人还是鬼。246 页

（249 译文：他还未到就见到那棵棱槺树，挂下一双大腿，但也不知是人还是鬼。）

按，例中"在 sɔu⁵⁵"是表示没有到这个结果。

4）他刚刚钻到未走得过就 sɔu¹¹，那担脚一跷起来，做一脚板在他面上头。247 页

（249 译文：他刚刚钻到还未跑得过，那双脚一跷起来，一脚板打在他脸上头。）

按，例中的"就 sɔu¹¹"，实际是表没走得过这个结果。

5）几时还吃得东西就 sɔu¹¹，医大半个月才行得路起来。248 页

（249 译文：几时还能吃得东西。医了大半个月才起来行得路。）

按，例句意思是好久没能吃东西。这个"sɔu¹¹"（写作"就"），表示不能吃东西这种结果。

4. 表示动作或状态的持续（写作"在、就"，处于句末）

1）那个淡水呀这个淡水井依照是那些水涌出来仍在 sɔu^{11}。213 页

（214 页译文：那个淡水啊，这个淡水井依旧是那些水在涌出来。）

按，例中"sɔu^{11}"（写作"在"）表示涌这个动作的持续。当然"依照（依旧）"也是形容动作持续的副词。

2）为什么依不打炮仗就 sɔu^{11} 呢？218—219 页

（222 页译文：为什么还不放炮仗呢？）

按，这个"sɔu^{11}"（写作"就"）表示不放炮仗这个状态的持续。

3）好兆头还未到就 sɔu^{11} 呀！219 页

（222 页译文：好兆头还未到啊！）

按，这个"sɔu^{11}"（写作"就"）表示好兆头还未到这个状态的持续。

4）他这首诗未吟了在 sɔu^{11}，那个妇人就转头过来瞪他一眼。234 页

（236 页译文：他这首诗未吟了，那个妇人就转头过来瞪他一眼。）

按，这个"sɔu^{11}"（写作"在"），表示诗还未吟了这个状态的持续。

又如陈有济《儋州话研究》298 页：

5）九点钟我去你屋时，你□[ʔbɐi^{22}]眼□[sɔu^{21}]。（九点钟我到你家时，你还在睡觉。）

6）哥□[niɐŋ^{53}]老叔打□[hoi^{21}]，母归到屋时，老叔依哭□[sɔu^{21}]。（哥哥与弟弟打架，妈妈回到家时弟弟还在哭。）

7）我吃底□[sɔu^{21}]，吃了□[mɐŋ^{21}]去睐山歌戏。

（我还在吃饭，吃完了再去看山歌戏。）

8）你去学□[sɔu^{21}]，着努力学习。

（你还在读书，要努力学习。）

二 se^{35}（阴平调）和 sɔu^{11}（去声）的来历

"se^{35}（阴平调）"和"sɔu^{11}（去声）"源自何物，来自何处？我们可以有多种考虑。一是"se^{35}（阴平调）"和"sɔu^{11}（去声）"分别来自"在"和"着"；二是"se^{35}（阴平调）"和 "sɔu^{11}（去声）"都来自"着"。

首先从声音上看，很可能分别来自"在"和"着"。丁邦新先生在给语料故事标写汉字时，他多作"在、着"，表示他心里实际上有所考虑，只是还没顾上加以论证。笔者受启示，想作进一步的探讨。本节先讨论声音的演变来历。

se^{35}（阴平调），《儋州村话》37 页白话音 e 韵同音字表未载。从来源明确的"吊尿鸟袅瞭了料调条钓吐"看，来自古萧韵模韵。89 页文言音 e 韵同音字表载"嗟遮姐者车奢赊邪斜蛇畬些且写舍社泻谢卸射麝赦耶爷椰惹

也野夜"，都是麻韵字。

可见，se^{35}（阴平调）是一个例外字。它的来历问题不易看清。

笔者不揣冒昧，提出这个阴平调的"se^{11}"是北方话"在"的模仿音，声调读阴平调是和客赣语古浊声母阳上调今读阴平调的演变类型。当然，如果看作海口话"在"tsai^{33}的模仿音，也未尝不可；但考虑海口话处所介词时间介词不用"在"，所以倾向于模仿北方话的读音和用法。北方话古蟹摄今读 ai 复合韵母，而在南边的吴语如苏沪一带就读单元音韵母。海南闽语海口话古蟹摄一等字"代、袋、奶"就有 ai 韵和 e 韵两读（据杜依倩《海口方言同音字表》)：

ʔde　[24]袋

ʔdai　[35]代贷　[33]待

ne　[24]奶 1①乳房②奶水

nai　[24]奶 3～～，文读　[55]奶 4二～：新词，指已婚男性在外包养的情人

虽然《儋州村话》45 页 ai 韵记载有"在"读去声 sai^{11} 的白话音读法，97 页载有"在"读去声 cai^{35} 的文言音读法，但在长篇故事语料中并未见到"在"的这两种读法。

sou^{11}（去声）同样是一个例外字。

sou^{11}（去声），50 页白话音 ou 韵同音字表记载有"□"，注 6 说明是"在"。同韵的字有"保抱无务刀踱导手受老柳遭酒由求涛后优"等，作者标明，ou 韵来源于"豪‖侯；尤‖虞"。和"sou^{11}"同音的字有三个"造、袖、就"。103 页文言音 sou^{55}（上声）有"嫂叟丑醜手首守"七个字，未载"sou^{11}"。

笔者以为，这个"sou^{11}（去声）"可能是"着"的异读。

北京话"着"就有 zhāo、zháo、zhuó 和轻声 zhe 四种读法。儋州话的"sou^{11}（去声）"，有豪韵的一个来源，和北京话的"zháo"的读法正相对应。

再看海口话。"着"也有多种读法（tsɔkʔ^3、do^{213}、ʔdo^{33}、ʔdio^{33}）。除了入声读法外，还有舒声读法，其中一读"ʔdo^{213}"就和豪韵的"刀倒"属同韵，而且和入声字"擢濯"的演变相同步、同类型。请看杜依倩《海口方言同音字表》)：

ʔdo

[24]刀长 2 剩余当 2～面　[21]长 1～短躲肠塘堂　[213]着 1①动态助词②做动词补语，如耐得～：耐得住③动词，得到④碰上、赶上⑤形容词，正确　[35]倒 1 反转或倾斜容器使里面的东西出来～□～[kɔ21]：傻、糊涂　[33]着 2 火～：火烧着擢把食物不吃的部分去掉濯冲洗　[55]倒 2 掉转

又如《儋州村话》50 页古入声字"踱"和"导"同读去声，也是同类

型的演变。

所以，儋州话"sɔu¹¹（去声）"可能是"着"的异读，和北京话、海口话都属类似的情形。

当然，我们对"se³⁵（阴平调）"和"sɔu¹¹（去声）"的来历，也可以提出另外一种考虑，就是它们都是"着"的异读。因为北京话"着"就有轻声 zhe 一读。

儋州话"se³⁵（阴平调）"，和北京话的轻声 zhe 可以说很相近，可以看作是一种模仿。

而儋州话"se³⁵（阴平调）"可以来源于古萧韵（见上文"吊钓条跳"也读 e 韵），这和海口话"着"有ʔdio³³ 一读，可以来源于古萧韵字，两地"着"的读音演变很一致。请看杜依倩《海口方言语音研究》28 页：

ʔdio

[24]张 ₁量词，一~椅子：一把椅子　[21]场 ₁农~跳 ₁白读　[35]钓帐 ₁蚊~□白~：一种皮肤病　[33]着 ₃①对、正确②适合③患上、遭受

对此，到底"se³⁵（阴平调）"和"sɔu¹¹（去声）"的来历，是分属"在、着"，还是就是"着"的多读，笔者感到难以抉择。

三　《儋州村话》"sɔu¹¹（去声）"处于句末表持续这一现象，和临高话、南昌话的比较

我们觉得，《儋州村话》"sɔu¹¹（着）"处于句末表动作或状态持续这一现象，对于我们的研究来说，无疑是值得注意值得珍贵的。我们在汉语史上见到过，我们在赣语南昌话中见到过，在天涯海角的儋州话中我们又见到了。我们很好奇地看了看近邻临高话，发现临高话中的"jɔu³（有）"也可在句末表示动作或状态的持续、还有表完成、表结果等用法。例如：

1. "还＋形容词/动词＋jɔu³"表状态持续（据刘剑三《临高语话语材料集》，下同）：

fa³ mɔʔ⁸ e² lun³ tsiŋ³ vəi² jɔu³	40 页
天 个　还 热 像 火 在　（天还热得像火烧）	42 页
nan⁴ naŋ¹ kə³ en³ hɔ² hɔ¹ tsiŋ³ lək⁸ hou⁴ teŋ¹ jɔu³	44 页
皮肤　的 还 嫩嫩 像 仔 后 生 在	
（皮肤还像后生仔那样鲜鲜嫩嫩的）	46 页
hau² en² un³ nen² jɔu³　49 页	
我 还 年轻 在　（我还很年轻）	51 页
fa³ mɔʔ⁸ en³ fok⁷ ŋiau⁴ jɔu³	58 页
天 个　还 灰 雾 在（天还灰蒙蒙一片）	67 页

di² dɔŋ¹ lan² tsiaŋ³ fam² vɔi³ kə² haŋ⁴ tiaŋ³ jou³。　　　　　59 页

　快 到 家 张 范 了 他 还 想　 在

（快到张范家了，他还在想着［这事］。）　　　　　　　68 页

dek⁸ sai² məu¹ dan³ bak⁷　e² luaʔ⁷ jou³　　　　　　　73 页

　看 蔡 牡 丹 嘴巴还硬　 在 （看到她嘴还硬）　　　82 页

kuŋ¹ han² en³ ti⁴ liau² liau¹ ən¹ nən³ jou³　　　　　108 页

　公 汉 还是 笑 笑 这样　 在（汉公还是笑盈盈地［说］）　　109 页

hem¹ kɔn² sɔp⁸ lou⁴ kɔn² vɔi³ en³ m̥² kəu³ jou³　　　130 页

　大家　 凑集 进互相 了 还 不 够　 在

（大家把钱凑在一起，还差几十块）　　　　　　　　136 页

en³ sa¹ ki³ təp⁸ ŋɔn² jou³　　　　　　　　　　　130 页

　还 差 几 十 银　在　 （还差几十元）　　　　　136 页

en³ təŋ⁴ kiau⁴　sin² jou³　　　　　　　　　　　130 页

　还 剩 多 少 钱 在　 （还剩多少钱）　　　　　136 页

da³ dou¹ en² lai¹ uaʔ⁸ hem² so³ jou³　　　　　　　150 页

　里 锅 还 有 骨头 和 汤 在　 （锅里还有骨头和汤）　　155 页

2. "可/想/要＋动词＋jou³" 表示可能、愿望的结果

hau² ja³ xɔ³ ji³ suŋ² lai³ jou³　　　　　　　　　49 页

　我 也 可以 重 生 在　 （我还可以重生）　　　　51 页

mə² ja³ di² tiaŋ³ tuat⁷ hau² jou³ ha?　　　　　　　60

　你 也 要 想 骗 我　 在 吗 （你还要想骗我！）　　68 页

kə² ja³ di² bɔi¹ kiŋ¹ tiŋ² xau³ jou³。　　　　　　　62 页

　他 也 要 去 京 城 考　 在　 （他又去京城考。）　　69 页

按，原文是"要……在"，是一种愿望。译文译得比较简单。

ja³ di² mia² hɔ² kə² jou³　　　　　　　　　　　73 页

　也 要 来 抓 他 在　 （还要来抓他）　　　　　82 页

3. "（还没）动词+jou³" 表示动作的完成或未完成

fɔ² ha²，kai¹ tan¹ jou³ mə²？　　　　　　　　　180 页

　婆 呀，鸡 叫 在 不 （奶奶，鸡叫了没有？）　　　183 页

mən² tan¹ jou³。　　　　　　　　　　　　　　180 页

　没　 啼 在（鸡还没有叫）　　　　　　　　　183 页

du² mən² fɔu³ len³ lɔi² jou³ le³　　　　　　　　　40 页

　都 没　 等 转 身 在 呢　 （还没等转过身子）　　42 页

du² mən² tam³ kou⁴ ki³ tua⁴ jou³　　　　　　　　43 页

　都 没 迈 东西几 步 在　 （还没迈出几步）　　　46 页

按原注文"没"讹作"沿"，形近而讹。

xi² fan² hə³ en³ mən² deu² in¹ jou³	44 页
棋 盘 一 还 没 走 完 在　（一盘棋还没有下完）	46 页
mə² en³ lai³ ki³ kai³ m̩² biaŋ³ tim¹ jou³ ？	45 页
你 还 有 什么 不 放 心 在 （你还有什么不放心的？）	46 页
hau² uk⁷ bɔi¹ huk⁷ koŋ¹ du² mən² dɔŋ¹ vən² hə³ jou³	45 页
我 出 去 做 工 都 不 到 天 一 在	45 页
（我出去做工还不到一天）	47 页
mai⁴ lək⁸ kə² hu⁴　kə² tsin² tsin² mən² dai¹ jou³	45 页
妻子 他 看到 他 真 真 没 死 在	
（妻子看到他真的还没死）	47 页
nə⁴ ti² hɔu⁴ vən² en² m̩² baŋ¹ jou³	58 页
这 时 候 天 还 没 亮 在　（这时天还没亮）	67 页
ko³ kə² kə³ en³ mən² kaŋ³ in¹ jou³	76 页
话 她 的 还 没 讲 完 在　（她的话还没说完）	83 页
dek⁸ kə² dai¹ ha³ ti⁴ m̩² dai¹ jou³	104 页
看 他 死 还 是 不 死 在（看他死了没有）	105 页
kə² en³ mən² ləŋ¹ jou³	128 页
他 还 没 回 在（他还没有回）	135 页

临高话这个动态助词 jou³，来自"有"。我们试从音、义两个方面加以说明。

从读音上看，据《临高汉词典》135—145 页 uc 韵可以来自古效摄（包报暴保毛）、古流摄（斗头豆逗扭愁钩后）、古遇摄（柱）。所以"jouc³"来自古流摄"有"并无阻碍。

从意义上看，这个动态助词"jou³"作为动词用可表示存在，表示活着，例如《临高汉词典》141 页：

【jou³】在❶存在：leŋ¹ hun² dai¹ sai¹ liao² en² ～人死材料还在❷活着，dai¹（死）之对：bon³ dai¹ bon³ ～

又如《临高语话语材料集》97 页：

dou² haŋ⁴ jou³ ki³ kai³ jou³？

咱 还 活 什么 在（咱还活着干什么——100 页译文）

古汉语文献中，"有"就可以表示存在、活着的用法。例如（引自《汉语大词典》第六册 1141 页）：

表示存在：元无名氏《杀狗劝夫》楔子："（柳见旦科云）嫂嫂，哥哥有么？俺兄弟两个将一瓶儿酒来，与哥哥上寿哩。"清蒋士铨《香祖楼·蚓悔》："（末上）李师父有么？"

表示活着：元杨文奎《儿女团圆》第二折："（王默医云）他去了多少时节？（正末唱）经今早过了十三载。（王默医云）这人敢还有么？"元无名氏《千里独行》第二折："则你那忠直勇烈依了你口，谁想这刘备张飞见在有。"

临高话"jou³（有）"表示存在、活着的意义及其用法，在龙州壮语、靖西壮语、傣雅语等语言中也能见到（详参张惠英 2002，283—300 页），此从略。

我们还注意到，赣语南昌话"在"也有一个句末表持续的"在"（据熊正辉《南昌方言词典》87 页）：

"在"义项 6：

用在带"着"的动词后，表示现在还持续或正怎么样：别个亲戚都冒什哩来往，只有细姨娘_{小姨妈}屋里_家还走到～_{还在来往}|我想找你借张行军床，你要用到～就算了

"在"从唐诗开始就有用作表示行为动作的持续或情况的存在：唐杜甫《江畔独步寻花》诗之二："诗酒尚堪驱使在，未须料理白头人。"《古今小说·宋四公大闹禁魂张》："公公害病未起在，等老子入去传话。"（引自《汉语大词典》第二册 1009 页）

吕叔湘《释〈景德传灯录〉中在、着二助词》，还引了唐朝的口语用例：
上（宣宗）闭目摇首曰："总未，总未，依前怕他在。"（《幽闲鼓吹》1）
李花结子可怜在，不似扬花没了期。（《钓矶立谈》5）
还有宋人诗词说部用例：
端明要作好人在，直如何不作好人？（《贵耳集》，上 21）
公公害些病，未起在。（《古今小说》36.5）
（引自《吕叔湘文集》第 2 册 59—60 页）

曹广顺《近代汉语助词》又补充了唐人和唐五代《祖堂集》用例（171—172 页）：
未死会应相见在，又如何地复何年。（白居易：十年三月三十日，全唐诗，4914 页）
舌头不曾染着在。（祖堂集，1.6）
师云："犹有纹彩在。"（同上 1.180）
师云："看你平生未脱笼在。"（同上 4.17）

显然，临高话动态助词"jou³（有）"表持续表完成未完成的用法，和古文献中"在"的这些用例非常相似。

引用书目

曹广顺　1995　近代汉语助词　语文出版社

陈有济　2013　儋州话研究（word 版）

丁邦新　1986　儋州村话（台湾）"中央研究院"历史语言研究所专刊之 84

杜依倩　2007　海口方言（老派）同音字汇　《方言》第 2 期

杜依倩　2009　海口方言语音研究　　海南出版社

刘剑三　2000　临高汉词典　四川民族出版社

刘剑三　2009　临高语话语材料集　中央民族大学出版社

罗竹风主编　1990　汉语大词典　汉语大词典出版社

熊正辉　1995　南昌方言词典　江苏教育出版社

表完成的助词"去、罢"在海南岛语言中的分布

提　要　本文指出海南闽语如海口话、屯昌话、文昌话，还有儋州话，用"去"表示动作的完成，而黎语、临高话、回辉话则用"罢"表示动作的完成。黎语同时也用"去"作动词，以及用"去"表示动作的完成。作为动词，"去、罢"在走去、离去这个意义上是一组同义词，闽语方言如泉州话、福州话取用"去"表完成，而吴语金华话、温州话则取"罢"表完成。海南岛语言则分别选择"去"或"罢"，提供了我们认识海南语言源流的一种视角。

一　儋州"去"$q'oi^{22}/q'o^{22}/q'ə^{22}/q'ə^{30}$（轻声）/$kə^{30}$（轻声）、去喽/啰/了 $lo^{22}/le^{11}/lo^{0}$

在丁邦新所著《儋州村话》的长篇语料中，儋州话"去"可用作主要动词、用作趋向补语，例如（据丁邦新1986）：

$kə^{55} lə^{55} q'oi^{22} cuo?^{22} hou^{11} dɔ^{35} kə^{22} kə^{22} ŋai^{11} vaŋ^{55} p'an^{35} lai^{55}$……

她　就　去　捉　好　多　这些　蚂　蟥　返　来……（193）

（194页译文：[这个媳妇呢]就去捉好多蚂蟥回来……）

按，例中"去"是主要动词。

$ti^{11} lə^{55} q'ie?^{22} ha^{11} q'oi^{22} ne^{55} mɔ^{55} zat^{22} zat^{22} mo^{55} q'ie?^{22} da?^{22}$（193页）

想　要　吃　下　去　呢　就　韧　韧　不　吃　得

（195页译文：想要吃下去呢就[觉得]韧，韧就吃不动，……）

按，例中"下去"是动词的趋向补语。

儋州话"去"用在动词或形容词后，用在动词性结构后，表示动作或变化已经完成。需要注意的是，"去"作为动态助词，有"$q'oi^{22}/q'o^{22}/q'ə^{22}/q'ə^{30}$（轻声）/$kə^{30}$（轻声）"等多个变体，还常和"喽/啰/了 $lo^{22}/lə^{11}/le^{11}/lo^{0}$"组合成双音节的"去喽、去啰、去了"等动态助词。例如（据丁邦新1986）：

(1) $zou^{11} ɔt^{22} ŋɔt^{55} a^{22}$，$kə^{22}$　　$me^{35} p'ɔ^{55} ne^{55} lə^{55} tuɔŋ^{22} q'ie?^{22} kai^{35} suɔŋ^{55} ti^{11}$　mo^{55}

有　一　日　啊，这个　家　婆　呢　要　想　吃　鸡　肠　但是　没有

$q'oi^{22}$。（192—193页）

去　（194页译文：有一天啊，这个婆婆要想吃鸡肠，但是没有了。）

（2）kɔm^{35} ŋɔt^{55} mo^{55} teʔ^{22} taŋ^{55} kuɔŋ^{22}, kai^{35} ho^{11} mɔ^{11} hai^{22} yat^{22} hoʔ^{55} q‘oi^{22}, ŋɔ^{22} lə^{55}

　　　今　日　不　知道　怎么样，　鸡　肚　也　太　韧　毒　去，　我　也

mo^{55}　q‘ieʔ^{22} daʔ^{22}……（193 页）

　　不　　吃　得

（195 页译文：今天不知道怎么样，鸡肚也韧得太厉害了，我也吃不动，……）

（3）da^{22}　no^{55}　me^{35} mɔ^{11} da^{22} tɔi^{22} q‘oi^{22}。（194 页）

　　　打　这个　妻子　就　打　死　去

（195 页译文：打妻子呢就打死了。）

（4）sa^{35} mo^{55} do^{35} lə^{22} dɔu^{22} zie^{11} dɔi^{22} ti^{55} hau^{11} q‘oi^{22}　lo^{22}, sa^{35} mo^{55} do^{35} lə^{22} q‘in^{11}

　　　差　不　多　要　到　夜　的　时候　去　差　不　　多　　近

zie^{22} q‘ə^{30}　lə^{11}。（196 页）

　　　夜　去　了　　（198 页译文：差不多要到夜的时候了，差不多靠近夜了。）

按，例中第二个"去"q‘ə^{30} 是轻声的读法。

（5）haŋ^{35}　kɔp^{22} ti^{55} ŋɔ^{22} q‘ieʔ^{22} mo^{55} le^{11} q‘oi^{22} lo^{22}！（197 页）

　　　那么　急　时　我　吃　不　了　去　喽

（198 页译文：那么急我吃不下去了！）

（6）hau^{22} lai^{55} kə^{22} no^{55} kon^{55} mə^{11} teʔ^{22}　ti^{11} q‘ieʔ^{22} suɔʔ^{55} hoʔ^{55} zuɔʔ^{55} q‘oi^{22} lo^{22}。（203 页）

　　后　来　这　些　人　就　知道　是　吃　着　毒　药　去　喽

（205 页译文：后来这些人就知道是吃到毒药了。）

（7）kə^{55} kəʔ^{22} q‘oi^{11} tɔn^{35} lai^{55} q‘oi^{22}……（203—204 页）

　　　牠　激　气　起　来　去

（204 页译文：牠生起气来了，……）

（8）mə^{11} lai^{55} mo^{55} q‘ɔp^{55} q‘ieʔ^{22} q‘oi^{22} lo^{22}。（238 页）

　　　就　来　不　及　吃　了　啰　　（242 页译文：就来不及吃了啰。）

按，例中注文直接用"了"。

（9）ci^{55} lu^{35} q‘oi^{22} dɔu^{22} haʔ^{22} kə^{30} le^{11}……（239 页）

　　　子　路　去　到　黑　去　了　　（242 页译文：子路去到黑了……）

按，例中第二个"去"（表变化完成意）读不送气声母 kə^{30}，轻声。

（10）i^{11} kiəŋ^{35} mə^{11} co^{22} ŋɔ^{22} kon^{55} keʔ^{22} q‘oi^{22} q‘ə^{22} lo^{22}……（240 页）

　　　已　经　　做　我　们　激　气　去　了

（243 页译文：已经就使我们生气了，……）

按，例中的"去"q‘ə^{22} 是又一种轻声读法。

（11）ɔ^{22} kau^{35} mə^{11} det^{22} ha^{11} lai^{55} q‘oi^{22} le^{11}……（247 页）

　　　一　跤　就　跌　下　来　了　　（248 页译文：一跤就跌下来了……）

按，例中"q‘oi^{22}"直接注为"了"了。

二　海口话"去喽" xu³⁵ lo³³

海口话"去" xu³⁵ 作动词很有特点，我们就介绍表示完成的"去喽""去甲"的用法。陈洪迈《海口方言词典》26 页：

"去喽" xu³⁵ lo³³：用在动词或形容词后，表示动作或情况已经发生或完成，相当于北京话"了"：

伊来去喽（他已来了）

我食饱去喽（我吃饱了——引者译）

老王病好去喽（老王病已经好了——引者译）

"去甲" xu³⁵ ka⁵⁵：汝无听话，做妖母气死去甲（[你不听话]把母亲气坏了!）

同样需要注意的是，海口话"去"，常读 hu³⁵（同上 25 页）。这和云惟利记录的文昌话也有相似之处。

三　屯昌话"去" ko⁵⁵

屯昌话"去"作为动词的单字音 xu³⁵，作为动态助词读 ko⁵⁵。钱奠香《海南屯昌闽语语法研究》154 页特别说明，"去"字读音的这种变化，类似于"客" xɛ⁵⁵，在"客厅"中则读 ka⁵⁵ ɦia²¹³。比较海口、文昌也是用"去"表完成，所以作者的判断可信。

屯昌话"去" ko⁵⁵ 用在动词或动词性结构后表动作的完成；用在形容词或形补结构后表示变化的完成。例如（据钱奠香 2002）：

妖门伊但[na²¹²]是敲下就敲敲败去。（他只敲了敲就把门敲坏了）	70 页
架车伊但挨下就挨上去。（他只推了推就把车子推上去了）	70 页
伊住[ʔdu³³]带[ʔde³⁵]行行啦，要蜀枚牛趁后触[ʔdak⁵]翻去。	
（他在那儿走着走着，<不提防>被一头牛从后面撞翻了）	71 页
蜀刀 zɛ³³[蜀下 ziak³ ɛ³³]砍断去。（猛一刀把它砍断了）	143 页
许秭雨蜀阵蜀阵 zɛ³³ 沃伊淡去。（雨一阵一阵地把他淋湿了）	143 页
煮熟去。（已经煮熟了）	145 页
妖天落雨去。（天下雨了）	145 页
喝[ɦua⁵⁵]得我妖耳都 lo³⁵ 去。（我的耳朵都被斥喝得发聋了）	151 页
混[ɦuan³²⁵⁻³²]得全村侬都知去。（嚷得整个村子的人都知道了）	151 页
讲得伊妖心都清去。（把他说得心都凉了）	151 页
喝[ɦua⁵⁵]得妖声都喝哑去。（喉咙都喊哑了）	152 页
气都气蒙去。（气得头都大了）	152 页
欢喜死去。（高兴得不得了）	153 页
衰落涂去。（倒霉透了）	153 页

　　　伊噍去。（他已经吃了）　　　　　　　　　　　　　154 页

　　　伊去市去。（他上街去了）　　　　　　　　　　　154 页

　　　无有去。（没有了）　　　　　　　　　　　　　　154 页

　　　无见去。（找不到了）　　　　　　　　　　　　　154 页

四　文昌话"乎（去）" ɦu⁴⁴

　　这里所说"文昌话"是云惟利《海南方言》所记文昌话。文昌话用作动词补语或表示完成的动态助词记作"乎" ɦu⁴⁴。《海南方言》41 页记载，"去"音阴平调 hu⁴⁴，"乎"音ɦu⁴⁴；130 页记载"去"的文读音为去声 hu¹¹。我们从屯昌话"去" xu³⁵ 用作动态助词时变读为 ko⁵⁵ 的情况看，文昌话的"乎"是"去"的又一种变读。

　　文昌话"去" ɦu⁴⁴ 用作补语或表示完成的用例如下（据云惟利 1987，原文无译文）：

　　（1）ʔi⁴⁴ naŋ³³ mo⁴⁴ ki¹¹ guaʔ²¹ ɗou⁴⁴ kia⁴⁴ kau¹¹⁻⁵⁵　　beʔ⁵¹ tiʔ²¹ ɦu⁴⁴。（272 页）
　　　　伊　人　望　见　我　都　惊　够（得）要　死　乎
　　　　（引者译：人们看到我都怕得要死去。）

　　（2）ɕui⁴⁴ hiʔ²¹ lai³³ tɕiu⁴²⁻⁴¹ kua³³ kau¹¹⁻⁵⁵ beʔ⁵¹ tiʔ²¹ ɦu⁴⁴, fak⁴² hiʔ²¹ lai³³ ɦiu⁴⁴ dʑuaʔ⁴²
　　　　吹　起　来，就　寒　够（要）死　乎，　曝　起　来　又　热
　　　　kau¹¹⁻⁵⁵ beʔ⁵¹ tiʔ²¹ ɦu⁴⁴ 。　（280 页）
　　　　够　（要）死　乎
　　　　（引者译：[风]吹起来就冷得要死去，[太阳]晒起来又热得要死去。）

按，以上两例"乎（去）"用作动词的补语。

　　（3）dʑia¹¹⁻⁵⁵ kan⁴⁴　　　　duʔ²¹　tu⁴⁴ ɦu⁴⁴ ɦiu⁴⁴ bo³³ dʑian⁴⁴。（275—276 页）
　　　　偌　　间（会儿）你　输　乎　又　无　认
　　　　（引者译：到那时候你输了又不承认。）

　　（4）dʑi³³ hau³³ koŋʔ²¹：ɦoʔ²¹ la¹¹，duʔ²¹ ɦia⁴⁴ ɦoʔ²¹ɦu⁴⁴ la¹¹ ɦaʔ⁴²？（276 页）
　　　　日　头　讲：　好　啦，你　也　好　乎　啦　啊
　　　　（引者译：太阳讲：我准备好了，你也准备好了吗？）

　　（5）ɓaʔ⁵¹ ɦuaŋ⁴⁴ koŋʔ²¹：guaʔ²¹ taʔ²¹ bi⁴⁴ ɦoʔ²¹ ɦu⁴⁴ la¹¹。（276—277 页）
　　　　北　风　讲：　我　早（就）好　乎　啦
　　　　（引者译：北风讲：我早就准备好了。）

　　（6）ɓaʔ⁵¹ ɦuaŋ⁴⁴ ɦiu⁴⁴ dʑia³³ ɕui⁴⁴, ɓueʔ⁴² ʔi⁴⁴ kai³³ ta³³ liuʔ²¹ ɕui⁴⁴ hui⁴⁴ ɦu⁴⁴。（277 页）
　　　　北　风　又　一　吹，把　伊　个　衫　纽　吹　开　乎
　　　　（引者译：北风又吹一下，把他的衣扣吹开了。）

　　（7）hi⁴⁴ tɕio⁴⁴ kai³³ ɦiun³³ ɗou⁴⁴ ɕui⁴⁴ tua¹¹ ɦu⁴⁴，…（279 页）

天　上　个　云　都　吹　散　乎

（引者译：天上的云都吹散了，……）

（8）bo^{33} ʔua$^{42\text{-}11}$ toi^{44} dʑiat^{42}，tiaŋ^{44} hue^{44} bi^{44}　fua^{11} fiu^{44}。284 页

无　（几多）　日，　双　靴　（便）　破　乎。

（引者译：没多少日子，那双鞋便穿破了。）

五　黎语"罢"ba:i^3/baěi^{11}，"去"hei^{53}

欧阳觉亚、郑贻青《黎语调查研究》542 页指出，关于黎语的时态，"动词要表示动作的进行、完成，一般要在动词前面加副词 fa:t^8'正在'、ba:i^3'已经'，或者在动词后面加 ba:i^3'完'、dua^3'过'等补充成分"。对于这个表示完成的 ba:i^3，接着举了两个例子（543 页）：

ɬɯ:k^7 na^1 ba:i^3　khu:ŋ^1 lai^2　ta^2　be^2。

孩子 他 已经　会　犁　田　了（他的孩子已经会犁田了。）

zo:ŋ^1 hou^1 zu:i^3 tshia^3 nei^2 ba:i^3 nau^3 peɯ^1 a^3。

等　我　看　书　这　完　再　回　啊（等我把这本书看完再回去啊。）

文明英、文京 2009 年出版的《黎语长篇话语材料集》49—50 页，指出了黎语原有的"动宾补"语序后来受汉语影响而出现了"动补宾"语序：吃饭完 baěi^{11}/吃完 baěi^{11} 饭。也以 baěi^{11} 为例作补语。（按，文明英等的 baěi^{11} 就是欧阳觉亚等用的 ba:i^3。）

关于这个 ba:i^3 的来历。《黎语调查研究》62 页保定声韵调配合表 a:i 韵记载：

ba:i^{53} 离开，败

ba:i^{11} 完，已经（按，和"派败歪排态袋待赖猜阶艾害海"同韵）

又 158 页通什声韵调配合表记载：

ba:i^1 离别

ba:i^3 已经，完全（按，和"拍败坏待耐猜阶害怪"同韵）

所以，我们可以明确，这个表离开的 ba:i^{53} 和表已经、完全的 ba:i^{11} 实际上都是"罢"的异读，都来自"罢"。罢，《说文解字》七下网部"罢，遣有罪也"；《广韵》上声蟹韵薄蟹切"止也，休也"；《集韵》上声纸韵部𡤩切"一曰散也"。都和离走、休止有某种联系。再看古文献中"罢"表示完了、离散等义的用法，就可以看得更清楚。例如：

《韩非子·外储说左上》"及反，市罢，遂不得履。"市罢：集市已经结束。

《墨子·非攻中》："及若此，则吴有离罢之心。"离罢：离去，离走。

曹植《游观赋》："罢若云归，会如雾聚。"罢，散去。"罢"和"会（会合）"相对。

所以，黎语的"ba:i^3/baěi^{11}"和汉语"罢"音义相合（今北京话"罢"读 bà，

是《集韵》上声马韵"部下切"的音）。

"罢"baěi^{11}表示完成的例子又如（据文明英、文京 2009）：

（1）hwou^{11} fan^{53} thau^{55} tsɯ^{55} hom^{55} baěi^{11}，…

　　　　山　便　塌　一　个　完（山就塌了一座，…）128 页

（2）daěn^{11} nei^{55} baěi^{11} ta^{53} laěi^{11} tin^{11} te^{11}。

　　　　到　这里　完　不　见　先生（回来后，发现先生不见了。）132 页

按，"到这里完"显然是到了这里的意思。

（3）la^{35} baěi^{11} khuěm^{53}，plut^{55} lom^{11} raț^{55}　uěk^{55} ɬuěk^{55}

　　　　吃　完　饱　　　突然　又　结实　脑（吃饱了饼子，脑子又聪明起来。）132 页

按，"吃完饱"，就是吃饱了。

（4）ka^{11} rɯ^{11} tsau^{35}，liěm^{53} rɯ^{11} tsau^{35}，me^{11} he^{11} rɯ^{11} tsau^{55} baěi^{11}。

　　　　刀　都　有　镰刀　都　有　　什么　都　有　完

　　　（砍刀和镰刀等，什么都有了。）141 页

（5）tsɯ^{55} thoěn^{53} rɯ^{11} tshaěu^{53} ha^{53}　baěi^{11}。

　　　　一　半　都　断　大腿　了（其他马都已经折断了大腿）258 页

（6）tshia^{11} ga^{53}　khuěn^{53} baěi^{11} he^{53}

　　　　书　咱们　懂　　完　了（书，咱们已经认识完了。）303 页

（7）ʔja^{53} veěŋ^{11} baěi^{11} fan^{53} hei^{53} tsiěm^{11} fok^{55} hwan^{53} ke^{53}。

　　　　得　上衣　完　便　去　占　位　皇帝

　　　（做完了衣服便去占领皇帝的位置。）303 页

黎语同时也用"去"作动词，以及用"去"表示动作的完成。

5.1　"去"hei^{53}作动词

1. 我现在将要买一个一只马，你们坐去 hei^{53}，马跑进家谁你们就嫁谁。（52 页）

（我现在要给你们每人买一匹马骑出去，马跑进谁的家你们就嫁给谁。）

按，译文把"坐去"译作"骑出去"。如果译作"去骑"，或者"骑了"，好像都可以。

2. 你将要去 hei^{53} 向哪里？（53 页）

（你要到哪里去？）

3. 你要这银去 hei^{53}。（57 页）

（你把这钱拿去。）

4. 一会儿咱们两个去 hei^{53} 看试试。（58 页）

（一会儿咱们两个去 hei^{53} 看看。）

5. 如果你做成那么我就去 hei^{53} 出。（60 页）

（如果你能盖成，那么我就出去。）

5.2 "去" hei⁵³ 表完成

1. 你们大家已经得到女婿去 hei⁵³ 不？（55 页）

（你们都找到女婿了没有？）

baěi¹¹ ʔja⁵³ łeɯ⁵³ hei⁵³ ta⁵³？

已经 得到女婿 去 不（找到女婿了没有？）

按，这个"去"显然是表示动作的完成。译文也作"了"去译。

2. 这时，可以在里边铁锅已化骨头了。（85 页）

（这时，骨头在铁锅里快化了 hei⁵³。）

按，编者在"hei⁵³"下的注文就作"了"。又见下例。）

3. 孩子现在大概碎在铁锅了 hei⁵³。（86 页）

（孩子现在大概已经烂在铁锅里了。）

4. 孩子这时大概在上田石头已僵硬去 hei⁵³ 了。（89 页）

（孩子这时大概在田石上已经僵硬了。）

5. baěi¹¹ gwa⁵³ baěi¹¹ tsɯ⁵⁵ ei⁵³ hei⁵³ ta⁵³？

已 种 完 南瓜 去 不（南瓜种了没有？） 94 页

六 临高话 vɔi³/vɔ³（罢）

临高话的 vɔi³，刘剑三《临高汉词典》91 页指出："vɔi³（又音 vɔ³），语气助词，用于句末，表示动作或变化已经完成，相当于'了'。"例如（据刘剑三 2009）：

（1）kə² ka³ uk⁷ bɔi¹ vɔi³。

他 已经 出 去 了（他已经出去了。）25 页

（2）sia¹ hu² hə³ ut⁹ tsiu⁴ tsu⁴ kua³ bɔi¹ vɔ³。

车 部 一 鸣 下子 就 过 去 了（车子"鸣"的一声过去了。）26 页

（3）kə² uak⁹ uak⁹ ki³ tsiu³ tsu⁴ uak⁹ nam⁴ hui⁴ in¹ vɔi³。

他 呼 噜 几 下子 就 喝 水 碗 完 了

（他"呼噜呼噜"几下子就把一碗水喝完了。）26—27 页

临高话"vɔi³/vɔ³"的来源，只从临高话看不容易看清，但比较黎语的 ba:i³ 读法来源于"罢"，就可以明白。

七 回辉话 phi⁵⁵（罢）

回辉话是三亚市羊栏镇回辉村和回新村的回族使用的语言。回辉话用来表示完成的助词是 phi⁵⁵。例如（据郑贻青 1997）：

（1）na²⁴ sa:n³² sa³³ siaŋ³² na:u³² hiok²⁴ phi⁵⁵ lə³³。（68 页）

孩子 们 去 学 了 了 （孩子们上学去了。）

（2）ha^{33} za:u^{33} phi^{55} ʔa:u^{11} phi^{55} lə^{33}。（72 页）

　　　你　洗　完　衣服　了　啦　（你洗完衣服了。）

（3）na^{24} sa:n^{32} thaŋ^{11} ŋu^{24} za:i^{32} phi^{55}。（74 页）

　　　小孩　　站　起来　了　（小孩站起来了。）

回辉话的 phi^{55}，只从回辉话看同样看不清，但从黎语、临高话的比较中，我们也可看出端倪。原来"罢"在《广韵》中还有平时支韵符羁切一读，和 phi^{55} 的读法相谐。

最后，需要指出的是，海南岛的汉语方言和黎语、临高话、回辉话，表示完成的"去"和"罢"，都和汉语方言如福建泉州话、福州话"去"、浙江金华话温州话的"罢"用作动态助词的情况相对应（参张双庆主编《动词的体》中李如龙、陈泽平、曹志耘、潘悟云等的文章）。

引用书目

丁邦新　1986　儋州村话　"中央研究院"历史语言研究所印行

曹志耘　1996　金华汤溪方言的体　载张双庆 1996

陈洪迈　1996　海口方言词典　江苏教育出版社

符昌忠　1996　海南村话　华南理工大学出版社

李如龙　1996　泉州方言的体　载张双庆 1996

刘剑三　2000　临高汉词典　四川民族出版社

刘剑三　2009　临高语话语材料集　中央民族大学出版社

潘悟云　1996　温州方言的体和貌　载张双庆 1996

钱奠香　2002　海南屯昌闽语语法研究　云南大学出版社

欧阳觉亚　1998　村语研究　上海远东出版社

欧阳觉亚、郑贻青　1980　黎语调查研究　中国社会科学出版社

王均等　1984　壮侗语族语言简志　民族出版社

文明英、文京　2009　黎语长篇话语材料集　中央民族大学出版社

云惟利　1987　海南方言　澳门东亚大学

张双庆　1996　动词的体　香港中文大学中国文化研究所等

郑贻青　1997　回辉话研究　上海远东出版社

客家话的"笃（督、豚、屌、启）"和临高话的比较

（收入 2014 年《客家话会议论文集》）

提　要　客家话"笃（督、豚、屌、启）"用作名词表示器物底部、人体私处；用作动词表示戳、刺、指；敲击；扔；失落等。这两种用法不只在客家话中常见，在其他南方北方方言中都能见到。而且，在海南的临高话、黎语及广西壮语方言中都能见到。

一　"笃（督、豚、屌、启）"在客家话和临高话中的名词用法

谢留文《于都方言词典》252 页：

屌 tu$ʔ^5$ 器物等的底部：罂子～｜碗～｜桶～｜镬～｜沟～‖广韵屋韵丁木切："尾下窍也"

刘纶鑫《客赣方言比较研究》关于"底下"（487—488 页）一词，有很值得注意的说法，就是"屌下"。我们列表如下（据刘纶鑫 1999，487—488 页）：

	底下	碗底下	锅底下	床底下
湖口		碗屌下	镬屌下	
		uan³ tu⁴ ha⁶	uo¹ tu⁴ ha⁶	
星子		碗屌下	镬屌下	
		uon³ tu⁷ ha⁶	uo⁶ tu⁷ ha⁶	
永修	屌下	碗屌下	镬屌下	床屌下
	tuʔ⁸gha⁷	vɔn⁴ tuʔ⁸gha⁷	vo¹ tuʔ⁸gha⁷	dzʰɔŋ³ tuʔ⁸gʰa⁷
修水		碗屌底	镬屌底	
		uon⁴ tuʔ⁸ ti⁴	uo¹ tuʔ⁸ ti⁴	
波阳	屌下	碗屌下	镬屌底	床屌底
	tu⁵ hɔ¹	uõn³ tu⁵ hɔ¹	uo⁴ tu⁵ ti³	sãn² tu⁶ ti³
乐平		碗屌下	镬屌底	床屌下
		uɛn³tuʔ⁶ ha⁵	uo⁶ tuʔ⁶ ha⁵	sɔŋ²tuʔ⁶ha⁵
横峰		碗屌下	镬屌底	床屌底

		uan³ tuʔ⁶ ha⁵	kuo¹ tuʔ⁶ ha⁵	tshuɔŋ²thuʔ⁶ti³
高安		碗屳下	锅屳下	
		uɛn³ tuʔ⁶ŋa⁵	uoʔ⁷ tuʔ⁶ ha⁵	
奉新			镬屳下	
			uoʔ⁷ tuʔ⁶ ka⁵	
上高		碗屳下	镬屳下	
		vɛn³tuʔ⁵ ha⁴	voʔ⁵ tuʔ⁵ ha⁴	
万载		碗屳下	镬屳下	
		uon³ tuʔ⁵ ha⁴		
新余	屳下	碗屳下	镬屳下	
	tuʔ⁶ ha⁵	uon³ tuʔ⁶ha⁵	uoʔ³ tuʔ⁶ ha⁵	
东乡	屳下	碗屳下	锅屳下	床屳下
	tuʔ⁶ha⁵	uon³ tuʔ⁶ha⁵	kuo¹ tuʔ⁶ ha⁵	sɔŋ² tuʔ⁶ ha⁵
临川	碗屳下	镬屳下		
	uon³ tuk⁶ha⁵	uo¹ tuk⁶ha⁵		
南丰	碗屳下	镬屳下		
	von⁴ tuk⁷ha⁵	vo¹ tuk⁷ha⁵		
宜黄	屳下	碗屳下	锅屳下	床屳下
	tuʔ⁶ha¹	uon³ tuʔ⁶ha¹	kuo¹tuʔ⁶ha¹	sɔŋ²tuʔ⁶ha¹
黎川	屳下	碗屳下	镬屳下	床屳下
	tuʔ⁶ha¹	uon³tuʔ⁶ha¹	uo¹tuʔ⁶ha¹	sɔŋ²tuʔ⁶ha¹
萍乡		碗屳下		
		uɔ̃³ tu¹ ha⁴		
莲花		碗　屳（原文中间少一字）		
		uã³ke⁵ to¹		
吉安		碗屳下	镬屳下	
		uon³ tu¹ka²	uo¹ tu¹ka⁴	
永丰		碗屳下	镬屳下	
		vã³ tɤʔ⁵ ha⁴	voʔ⁵ tɤʔ⁵ ha⁴	
泰和		碗屳下	镬屳下	
		uẽ³ tɤ¹ ha⁴	vɤ¹ tɤ¹ ha⁴	
上犹		碗屳下	镬屳下	
		uɔ̃³ tu⁴ ha¹	vo⁴ tu⁴ha¹	
南康		碗屳下	镬屳下	
		uoẽ³ tu⁶ha¹	vo⁶ tu⁶ ha¹	

		碗屎下	镂屎
安远		碗屎下	镂屎
		vã^3 tu^5 ha^5	vo^{5}tu^5 n^3
龙南		碗屎下	镂屎下
		vã^3 tɤʔ^6 ha^1	voʔ^5 tɤʔ^6 ha^1
全南		碗屎下	镂屎下
		vɔn^3 tɤʔ^5 ha^1	voʔ^7 tɤʔ^5 ha^1
定南		碗屎下	镂屎下
		von^3 tɯk^6 ha^1	vok^7 tɯk^7 ha^1
铜鼓	屎下	碗屎下	镂屎下
	tuk^{5}ha^4	vɔn^3 tuk^{5}ha^1	vok^6 tuk^{5}ha^1
澡溪	屎下	碗屎下	镂屎下
	tuk^{5}ha^1	vɔn^3 tuk^{5}ha^1	vok^3 tuk^{5}ha^1
井冈山		碗屎下	镂屎下
		vɔn^3 tuk^{5}ha^1	vɔk^6 tuk^{5}ha^1
宁都		碗屎下	镂屎下
		voɛn^3 tuk^{6}ha^1	vok^6 tuk^{6}ha^1
石城			镂屎下
			vɔk^6 tuk^{5}ha^1

这个表底部的"屎",也就是"笃（督、豚、屎、屌）"。《广韵》入声屋韵丁木切"豚,尾下窍也"。同一小韵还有"屌",是"豚"的俗体。《集韵》入声屋韵都木切"豚、屎,博雅臋也"。所以"豚、屎、屌"三字是异体字。"笃、督"是《广韵》入声沃韵东毒切,同一小韵"屌,尻屌,俗"。从"屌"屋韵沃韵两读的情形,"笃、督"读同屋韵的"豚、屎、屌"也就可以理解了。谢留文《于都方言词典》作"屌"。

"笃（督、豚、屎、屌）"在汉语方言中指男阴或女阴,是很常见的。例如:

李荣《论"入"字的音》文中指出:"在现代方言里,'豚'有'尾部,臋部,私处浙江东阳、缙阳谓男性者,上海远郊松江、奉贤谓女性者,器物底部,末了'等意思。"（引自李荣《语文论衡》111页）

许宝华、陶寰《上海方言词典》383页载"屌、屌嘴",都指女阴,"屌底货"是最差的东西（引者按,也就是最底下的东西）。

崇明话有"笃屎笃嘴"一语,形容说话结巴。其中"屎"和"嘴"相对。"烂笃底"骂女孩。

上海松江、南汇周浦也用来指女阴（许宝华等1999,4221页）。

北方"屎子"指臋部的如:山西太原大同、忻州、文水、朔县、长治、长子、平遥；内蒙古呼和浩特、二连浩特；陕西绥德等（许宝华等1999，5844页）。还有说"屎的（山西灵石）、屎嘞（山西沁县）、屎蛋（山西阳曲）、屎蛋子（山西山阴、忻州）、屎蛋股（山西柳林）"（同上3844页）。

西南官话如湖北武汉"屎脏"指肛门、直肠：掉～（脱肛）（同上5844页）。

我们现在写作"笃（督）"，是为了好写好读。其实，自古以来就有把人体尾部、私处写作"笃、督"的，如：《素问·骨空论》："督脉者，起于少腹以下骨中央。"《难经·二十八难》："督脉者，起于下极之俞，并于脊里，上至风府，入属于脑。"北京电视台中医大夫讲拿五经保健时，就指捏脑部的笃经、肝经、膀胱经。虽说在脑部，实际上"笃经"的"笃"就是指人私处，肝经、膀胱经在两旁，直通脑部。《中国谚语资料》中："问人问到笃，拆了田螺屋。"

长流土话称男阴为 $t'ok^5$，又音 $t'o^{55}$。

临高话称男阴有多种说法，一种是 tu^4（刘剑三《临高汉词典》50页）。这个 tu^4 的变体 tu^2 $tu?^7$ 也指尾巴、末尾：

tu^2 $tu?^7$ [尾尾]最后：～$kə^2$ na^4 $dəŋ^1$ 最后他才来到（刘剑三《临高汉词典》49页）

可见 tu^4、tu^2、$tu?^7$ 三个读音是变体。在桥本万太郎的《临高方言》中，我们可以得到更多启发。

桥本万太郎的《临高方言》，女阴叫作 $du?^{55}$（158页169例）或 bak^{33} $du?^{55}$（159页171例）。表示下、尾巴、底、末了的意思是 $tu?^{33}$ 或 tu^{55}。例如：

$tu?^{33}$ ho^{55} 下流 lower course of river（11页111例。引者按，即下游）

$tu?^{33}$ 尾巴 tail（15页4例）

vun^{55} $tu?^{33}$ 鸡翎 kai^{23} hair tail chicken（21页31例）

$tu?^{33}$ $ŋu^{55}$ 牛尾 tail cattle（56页23例）

$tu?^{33}$ $taŋ^{55}$ 床尾 tail bed（96页32例）

$tu?^{33}$ lua^{55} 船尾 tail ship（124页29例）

$tu?^{33}$ $vəi^{55}$ 年底 tail year（248页18例）

$tu?^{33}$ keu^{55} 月底 tail month（250页53例）

tu^{55} $tu?^{33}$ $mo?^{55}$ $ə^{33}$ 最后一个 tail tail classifier suffix（262页41例）

所以，长流土话称男阴的 $t'ok^5$、$t'o^{55}$（$t'ok^5$ 失落入声尾），和刘剑三记录的男阴、底部、末尾的 tu^4、tu^2、$tu?^7$，和桥本记录的女阴、尾部、末了的 $du?^{55}$、tu^{55}、$tu?^{33}$，都是同一个来源即"笃、督"的变体。长流土话把古不送气塞音塞擦音常读作送气音，是长流土话的一个特点。

二　"笃（督、豚、尿、后）"在黎语等壮侗语族中的动词用法

"笃（督、豚、尿、后）"的动词用法，就是戳、刺、指；敲击；扔；失落等。

2.1　戳、刺、指

谢留文《于都方言词典》252 页：

后 tu?⁵ 戳：脚打起票₍₎来，你拿针～爆佢来，放了那介水就好嘿｜佢拿竹子～偓一下

吴语上海、奉贤、宿州、宁波等地，粤语广州、阳江、江门白沙、台山台城、新会会城、斗门斗门镇，还有香港，"笃"用作动词戳、刺、指（据许宝华 1999，4221 页）：

应钟《甬言稽古·释动作》："今以篙刺船，以杖竿直刺，皆呼如笃…又今谓以指直人物亦呼为笃。"

汤珍珠、陈忠敏、吴新贤《宁波方言词典》336 页："督"：用手指直指人或物：渠指末头₍手指₎督 勒我鼻头管凿我，多少恶啦！

《杨树丫枝》："在小郎君头上轻轻约约笃三记。"

陆文夫《特别法庭》："他把小汪他们的铁锅笃了一个洞。"

林迪《半生牛马》："重牙擦擦？信不信笃你双眼呢（又还多嘴？信不信我戳盲你双眼呢？）"

再年《森伯的遗嘱》："（他）用扁大的食指仔细地笃着文字₍指着文字₎，缓慢而毫不含糊的朗读起来。"

2.2　敲击（汤珍珠等写作"殺、啄"，336 页）：

（1）敲；用棍棒等轻击：～更｜～鼓｜头里～渠两记

（2）投击：一块石头～过去，搭人家～痛嘴

（3）戳击：眼睛拨小刀子～瞎｜船～～开。‖集韵入声沃韵都毒切："《说文》：椎击物也"

同页又有"殺更"（打更）、"殺糖"（将饴糖凿成小块儿）、"殺洞"（捣洞）等。

3. 跛脚，口吃：崇明话"笃脚（跛脚），笃嘴（口吃）"。都是动作有所停顿、断续的意思。

4. 扔：吴语苏沪一带：物事～脱伊（东西扔了）！

5. 掉，落；遗失、丢失：

"笃落（遗失；丢失）。吴语。浙江宁波、余姚。"（许宝华等 1999，4223 页）

"笃落"（也说"跌落"）：（1）掉下：眼镜～地样里₍地上敲腐打研₎嘴

（2）遗失：该支钢笔勿晓得啥辰光～的嚅

（3）小产。（以上引自汤珍珠等 1997，355 页，337 页）

三　壮侗语族“掉（掉在地上）”读法表

（“去”据王均等《壮侗语族语言简志》852—853 页，“离开”据欧阳觉亚等《黎语调查研究》62 页）

	武鸣	龙州	布依	傣西	傣德	侗	仫佬	水	毛南	黎语通什	黎语保定
掉	tok^{7}	tuk^{7}	toʔ^{7}	tok^{7}	tok^{7}	tok^{9}	tok^{7}	tok^{7}	tɔk^{7}	thok^{7}	thok^{7}

再看《壮语方言研究》701 页：

	掉掉下		掉掉下
武鸣	tok^{7}	上林	tok^{7}
横县	tok^{7}	来宾	tok^{7}
邕北	tok^{7}	贵港	tok^{7}
平果	tok^{7}	连山	tok^{7}
田东	tok^{7}	钦州	tuk^{7}
田林	tɔ:k^{7}；ɕe^{1}	邕南	tok^{7}
凌乐	tɔ:k^{7}	隆安	tɔk^{7}
广南沙	tɔk^{7}	扶绥	tok^{7}；tot^{7}
丘北	tɔk^{7}	上思	tok^{7}；lɔ:t^{9}
柳江	tok^{7}	崇左	tuk^{7}；lɔ:t^{7}
宜山	tok^{7}	宁明	tuk^{7}
环江	tok^{7}	龙州	tuk^{7}
融安	tɔ:k^{7}	大新	tɔ:k^{7}
龙胜	tok^{7}	德保	tɔ:k^{7}
河池	tok^{7}	靖西	tɔ:k^{7}
南丹	to^{7}	广南依	tɔk^{7}
东兰	tok^{7}	砚山哝	tɔk^{7}
都安	tok^{7}	文马土	ta^{4}

欧阳觉亚等《黎语调查研究》444 页：落 thok^{7}（保定、黑土、通什）/thuk^{7}（中沙）/thɔk^{7}（西方、元门、保城）/thɔk^{8}（白沙）/dɔ:k^{9}（加茂）、thoʔ^{7}（堑对）。

文明英、文京《黎语长篇话语材料集》的“落”thok^{55}：

1. 大旋风吹纸上天又落 thok^{55} 下，恰巧落 thok^{55} 在脸房子皇帝。67 页

　大旋风把画像吹到天上又落了下来，恰巧落在皇帝家面前。

2. 突然见一张树叶落 thok^{55} 下。168 页

（169 页译文：突然看见榕树落下一张叶子。）

3. 便见榕树落 thok^{55} 下一枝小。169 页

（看见榕树落下一小枝。）

4. 他便吼叫大地吼叫天，叫落 thok^{55} 马鞍落 thok^{55} 红被，落 thok^{55} 嚼子马，就什么东西都得完。299 页

（他便叫天叫地，叫落下马鞍。叫落下红被子，叫落下马嚼子，他什么东西都有了。）

引用书目

刘纶鑫　1999　客赣方言比较研究　中国社会科学出版社

欧阳觉亚、郑贻青　1983　黎语调查研究　中国社会科学出版社

汤珍珠、陈忠敏、吴新贤　1997　宁波方言词典

王均等　1984　壮侗语族语言简志　民族出版社

文明英、文京　2009　黎语长篇话语材料集　中央民族大学出版社

谢留文　1998　于都方言词典　江苏教育出版社

许宝华、宫田一郎　1999　汉语方言大词典　中华书局

许宝华、陶寰　1997　上海方言词典　江苏教育出版社

长流土话词语解读

（《海南长流土话》第肆章）

一 词头

1.1 mɑk³/mæk³/mok³（木）

长流土话的 mɑk³/mæk³/mok³，有时有实义，表果、木、枝条状物体、谷物，有时作词头表圆粒状物体。从比较刘剑三《临高汉词典》和桥本万太郎《临高方言》可以看出，这三种相近的读音，大概是"木"的异读。刘剑三《临高汉词典》书中音标右上角的数字是表调类，桥本万太郎《临高方言》和长流土话标的是调值，所以比较时请注意。

mɑk⁵：～ʔba²⁴ 大腿

mɑk³：～lian²⁴ 莲子

～ʔda⁵³ 眼珠

～hɔt⁵ 星

～hɔt⁵ t'ou²⁴（彗星：t'ou²⁴ 即"帚"）

～taŋ²⁴ 沙土地

～ʔdim²⁴ 石头（"石、担"作量词时同音ʔdim²⁴。因而指石头时也读ʔdim²⁴）

～ʔdim²⁴ ne⁵⁵ 大石头

～mek³ 高粱（mek³ 即"麦"）

～ʔboŋ²⁴ 芝麻

～kua³¹ laŋ²⁴ 黄瓜～ku⁵⁵ 冬瓜

～ʔbɑu²⁴ 葫芦（ʔbɑu²⁴ 即"匏"）

～soŋ²⁴ 葱

～tuan⁵⁵ 蒜

～ʔda⁵³ 眼珠

～sap⁵、～ sap⁵ hɑu⁵⁵ ne⁵⁵ 萝卜

～hɑu²⁴ 桃

～tɕiau⁵⁵ ts'ɔ⁵⁵ 枣子

$\sim$li^{24} 梨

$\sim$p'oŋ^{31} p'a^{24} 枇杷

$\sim$tik^3 石榴（石）

$\sim$nuɑk^3 柚子

$\sim$kiat^5 橘子

$\sim$ɕiŋ^{31} 橙子

$\sim$huan^{55} p'ian^{55} 龙眼

$\sim$huan^{55} 荔枝

$\sim$hiou^{55} 花生（豆）

mæk^3：$\sim$mek^3 高粱

$\sim$ʔboŋ^{24} 芝麻

$\sim$lian^{24} 莲子

$\sim$lɪ^{24} 犁铧

$\sim$ʔdəi^{55} 碓杵（ʔdəi^{55} 即"碓"）

mok^3：谷

$\sim$ŋe^{24} ŋiət^3 早稻（ŋe^{24} ŋiət^3 即"五月"。五月收，是早稻）

$\sim$ʔdop^3 ŋiət^3 晚稻（ʔdop^3 ŋiət^3 即"十月"。十月收，是晚稻）

　　长流土话的 mɑk^3/mæk^3/mok^3，从"莲子"有两读 mɑk^{3}lian^{24}/mæk^3 lian^{24} 可知，原来有些是异读造成的多音现象，也就是说，mɑk^3、mæk^3 作词头时可以两读。

　　刘剑三《临高汉词典》383 页"木"音 mok^8、393 页"木"音 muk^8，365 页表示果实、块茎、番薯、词头的作 mak^8，389 页表示稻谷义的又作 mɔk^8。也有三种读音。

　　桥本万太郎《临高方言》"木"音 mok^{55}（1 页第 10 句、101 页 25 句），又音 muk^{55}（50 页第 1 句"木材"作 muk^{55} sai^{31}）。稻谷叫作 mok^{55}（41 页第 4 句）。稻谷和"木"同音。

　　值得注意的是，《临高方言》1 页第 10 句"日食"是 mok^{55} kon^{23} da^{23} vən^{55}（wood eat eye sun 木头吃太阳眼睛——引者译）。《临高汉词典》388 页"月食"是 mɔk^8 kɔn^1 sai^1。参照《临高方言》，意思是木头吃星星，而不是稻谷吃星星。刘剑三记录的 mɔk^8 是稻谷，也就是说，刘剑三记录的 mɔk^8 实际上就是桥本万太郎的木头 mok^{55}。可见临高话稻谷、木头来源相同。大概稻谷是稻子的果实，所以果、木同源，完全可以理解。

　　这个"木"，在临高话中，除了上述 mɔk/mak/mæk/mok/muk 变体外，还有 ma^2。刘剑三《临高汉词典》2 页：ma^2 名词前缀，主要用于果类植物的名词。例如：

ma² miat⁸ 波罗蜜　　ma² fu² 葫芦瓜　　ma² fɔn⁴ 龙眼

ma² vian¹ 杨桃　　ma² vɔŋ² 芝麻　　ma² jia² 椰子

ma² ŋok⁸ 柚子　　ma² hia² 橘子　　ma² huan¹ 荔枝

ma² van³ 大叶榕　　ma² liak⁸ 小叶榕　　ma² len⁴ 苦楝

我们一比较就明白，刘剑三所记柚子、橘子、荔枝、椰子等的 ma² 词头，长流土话都是 mak³；而大叶榕、小叶榕、苦楝等都是树木名。所以这个 ma² 词头，是失落-k 尾所致。可以推论，这个"木"在临高话、长流土话中有不少变体，如 mɔk/mak/mæk/mok/muk，还有 ma²。

1.2 miŋ²⁴（螟）

长流土话很多昆虫的名称都用 miŋ²⁴ 作词头，这个 miŋ²⁴ 就是"螟"。《说文解字》十三上虫部："虫食谷叶者。……从虫从冥，冥亦声。"《广韵》平声青韵莫经切"螟蛉，桑虫。"长流土话的 miŋ²⁴ 和"螟"音义皆合。长流土话 miŋ²⁴ 词头的例子如：

蚕　miŋ²⁴⁻³¹ ȵian²⁴（螟 娘）/miŋ²⁴⁻³¹ tian³¹ ȵian²⁴（螟 养 娘）/miŋ²⁴⁻³¹ ʔbi³¹ ʔbən²⁴（螟 桑树）

蜈蚣　miŋ²⁴⁻³¹ kʻaŋ³¹ ʔdok⁵/miŋ²⁴⁻³¹ kʻaŋ³¹ kai³¹

蝎子　miŋ²⁴⁻³¹ kai³¹ tɕʻiak⁵（螟 鸡 雀）

毛虫　miŋ²⁴⁻³¹ mou²⁵（螟 毛）

米虫　miŋ²⁴⁻³¹ zap³

蚜虫　miŋ²⁴⁻³¹ naŋ²⁴（螟 囊）

苍蝇　miŋ²⁴⁻³¹ maŋ³¹（螟 虻）

孑孓　miŋ²⁴⁻³¹ pʻan²⁴（螟 雨）

牛虻　miŋ²⁴⁻³¹ maŋ³¹ ŋou²⁴（螟 虻 牛）

蟋蟀　miŋ²⁴⁻³¹ kʻa³¹ lot³

蝗虫　miŋ²⁴⁻³¹ hit⁵

螳螂　miŋ²⁴⁻³¹ o⁵⁵ lek³

蝉　miŋ²⁴⁻³¹ ɕian⁵⁵（螟 唱）

蜜蜂　miŋ²⁴⁻³¹ san⁵⁵

马蜂　miŋ²⁴⁻³¹ te⁵⁵（螟 蜇）

萤火虫　miŋ²⁴⁻³¹ zap⁵⁻³ lie³¹

灯蛾　miŋ²⁴⁻³¹ ʔbak⁵ ʔdie⁵⁵（螟 伯 灯）

蝴蝶　miŋ²⁴⁻³¹ hua⁵⁵⁻³¹ hep⁵（螟 花 蝶）

蜻蜓　miŋ²⁴⁻³¹ kʻa³¹ liŋ³¹

1.3 称谓词头 aŋ⁵⁵/iaŋ³¹（翁）

长流土话对人的称谓很多用 aŋ⁵⁵，这个称谓词头 aŋ⁵⁵/iaŋ³¹ 就是"翁"

aŋ⁵⁵。长流土话"红、翁"同音，刘剑三《临高汉词典》250页"红桃"音 aŋ⁴ ho⁴。海南闽语"翁红洪"都读 aŋ（杜依倩《海口方言语音研究》），厦门话也是，所以临高话、长流土话翁、红读 aŋ 都是受海口话的影响，新加坡地名"宏茂桥"的英文拼写是 Ang Mo Kio，也是闽语读音。长流土话的称谓词头 aŋ⁵⁵/iaŋ³¹ 用例如下：

瞎子　aŋ⁵⁵ ʔda³¹ lɔk³

傻子　aŋ⁵⁵ ŋuaŋ⁵⁵

秃子　aŋ⁵⁵ hau³¹ luən³¹

麻子（指人）aŋ⁵⁵ na²⁴ hua²⁴

摆摊的　aŋ⁵⁵ ʔbai³¹ han⁵³（翁 摆摊）

瓦匠　aŋ⁵⁵ kʻie³¹ zan²⁴（翁 起栏）

石匠　aŋ⁵⁵ kik⁵ ʔdien²⁴（翁 击担=石）

按，石头 ʔdien²⁴（担：石可用作量词，一石粮食=一担粮食）

铁匠　aŋ⁵⁵ kik⁵ hiat⁵（翁 击铁）

补锅的　aŋ⁵⁵ pʻəŋ³¹ ʔdou⁵³（翁缝豆）

裁缝　aŋ⁵⁵ çia³¹ kʻɔ⁵³ zua⁵⁵（翁 车裤缠）按，"船"亦音 zua²⁴。

理发的　aŋ⁵⁵ tçʻien²⁴ hou⁵⁵（翁剪头）/aŋ⁵⁵ hɔi⁵³ hou⁵⁵（翁 剃头）

屠户　aŋ⁵⁵ ka³¹ mo²⁴（翁 解猪）

轿夫　aŋ⁵⁵ haŋ²⁴ kʻio⁵³（翁行轿）

艄工 aŋ⁵⁵ kʻan⁵³ zua²⁴（翁看船）

骗子　aŋ⁵⁵ kuaŋ⁵⁵ kuən⁵³（翁 光棍）

强盗　aŋ⁵⁵ sok³（翁 贼）

扒手　aŋ⁵⁵ tçʻian²⁴ n̪iou²⁴（翁 剪手）

　　　aŋ⁵⁵ sak⁵ çiou²⁴（翁 插手。借用海口话。）

按，n̪iou³¹ 是"手"受到前字韵尾 n 的影响而变读。

工人　aŋ⁵⁵ huk⁵ koŋ³¹（翁 学 工）

农民　aŋ⁵⁵ ʔbiet³ tiŋ⁵⁵（翁 百姓）

　　　aŋ⁵⁵ huk⁵ noŋ²⁴（翁 学农）

做买卖的　aŋ⁵⁵ səŋ⁵⁵ i⁵³（翁 生意）

　　　　aŋ⁵⁵ iŋ³¹ ʔbiaŋ⁵⁵

乡下人　aŋ⁵⁵ ʔbie²⁴（翁伯）

城里人　aŋ⁵⁵ hou²⁴⁻⁵⁵（翁 墟）

　　　　iaŋ³¹ ʔban²⁴ tia³¹ çi⁵⁵（按，tia³¹ çi⁵⁵ 是城市，模仿海口话）

一家人　iaŋ³¹ ʔban²⁴ zan²⁴ (z)ie²⁴

外地人　iaŋ³¹ ʔban²⁴ pʻiaŋ²⁴ uk⁵

本地人　iaŋ^{31} ʔban^{24} ʔbun^{31} ʔdi^{55}

外国人　iaŋ^{31} ʔban^{24} ŋuai^{55} kuk^5

自己人　iaŋ^{31} ʔban^{24} sa^{55} ou^{31}

媒人　iaŋ^{31} ʔban^{24} huk^5 mei^{24}

姘头　iaŋ^{31} ʔban^{24} pʻam^{24} səi^{53}（犯罪）

吝啬鬼　iaŋ^{31} ʔban^{24}kiəm^{31} tiap^5（咸啬）

走江湖的　iaŋ^{31} ʔban^{24} iou^{31} kiaŋ^{55} hɔ^{24}（游江湖）

临高人常被海外学者称为"翁贝"（ong be），临高话被称为 BE（贝）语，这个 BE 就是"伯"，ong be 就是临高人称人用的"翁伯"。

不只临高、长流用"翁"来称人，老挝的一些人名也用"翁"作首字。例如杜敦信、赵和曼《越南老挝柬埔寨手册》513 页：

翁奔（Ong Bun）、翁坎（Ong Karn）、昂克欧（Ong keo）

还有京语（越南语）也用"翁"作称谓词，例如欧阳觉亚等《京语简志》133—135 页：

祖父 oŋ^1，oŋ^1 noi^3

曾祖父 oŋ^1 ku^6

叔父 oŋ^1 tsu^5

伯父、舅父 oŋ^1 ba:rk^7

姑父（父姐之夫）oŋ^1 ba:rk^7

姑父（父妹之夫）、姨父（母妹之夫）oŋ^1 jiən^6

外祖父 oŋ^1 ŋwa:i^6 ᐟoŋ^1 ku^6 ŋwa:i^6

老师 oŋ^1 thəi^2

老人 oŋ^1 ja^2

越南语还用 oŋ^1 作尊称男性，表示先生、您的意思。例如马克承《越南语口语教程》12—13 页：

ông dai sú（大使先生）

Chào ông（您好或先生再见）

海南临高话称父亲为 ɓeʔ^{55}，称祖先为 kuŋ^{23} ɓeʔ^{55}，称伯父为 ɓeʔ^{33}，这个 ɓeʔ^{55} 还可以用来称一般人。例如（据桥本万太郎 1980）：

ɓeʔ^{55}	父亲	（278 页·3）
ɓeʔ^{55} mai^{31}	父母	（190 页·16）
ɓeʔ^{55} tok^{33}	叔父	（191 页·31）
ɓeʔ^{33}	伯父	（191 页·28、·29）
kuŋ^{23} ɓeʔ^{55}	前世[前辈]	（139 页·30）
kuŋ^{23} ɓeʔ^{55}	祖先	（140 页·51）

ɓeʔ⁵⁵ ʃia²³　　　车夫　　　　　　　　　（205 页・67）

ɓeʔ⁵⁵ çi³³　tsə³³　戏子　　　　　　　　（205 页・70）

ɓeʔ⁵⁵ phui⁵⁵　　胖子　　　　　　　　　（281 页・61）

ɓeʔ⁵⁵ kua³⁵ hai³³　外省人（199 页・37）　按，音即"伯过海"。

ɓeʔ⁵⁵ pfan²³　西洋人（200 页・39）　　按，音即"伯番"。

ɓeʔ⁵⁵ ɓek³³ tiŋ³³　农夫（203 页・29）　按，音即"伯百姓"。

ɓeʔ⁵⁵ ka³³ ŋu⁵⁵　屠夫（203 页・34）　　按，音即"伯解牛"。

ɓeʔ⁵⁵ pfəŋ²³ hai⁵⁵　鞋匠（204・38）　　按，音即"伯缝鞋"。

ɓeʔ⁵⁵ san³³ hau³³　理发师（204 页・40）　按，音即"伯铲头"。

ɓeʔ⁵⁵ kit³³ het³³　打铁的（204 页・45）　按，音即"伯击铁"。

ɓeʔ⁵⁵ ɗon²³ kai²³ [骟鸡的]（205 页・61）　按，音即"伯骟鸡"。原文只有英文译文，方括号[ ]为引者所加。

ɓeʔ⁵⁵ pfəŋ²³ ɗou²³ [补锅的]（204 页・61）　按，音即"伯缝豆"。原文只有英文译文，方括号[ ]为引者所加。

ɓeʔ⁵⁵ ʃia²³　车夫（205 页・67）　　按，音即"伯车"。

ɓeʔ⁵⁵ çi³³ tsə³³　戏子（205 页・70）　　按，音即"伯戏子"。

ɓeʔ⁵⁵ kuai³¹ ʔdai⁵⁵　拐子（208 页・125）　按，音即"伯拐带"。

ɓeʔ⁵⁵ pfui⁵⁵　胖子（281 页・61）　　按，音即"伯肥"。

　　我们认为，临高话称父亲的 ɓeʔ⁵⁵ 是入声字，称伯父的 ɓeʔ³³ 也是入声字，两者声母韵母相同，只是声调有所不同，所以，ɓeʔ⁵⁵ 和 ɓeʔ³³ 实际上来源相同，只是以声调的不同来区别。这个 ɓeʔ⁵⁵ 或 ɓeʔ³³ 大概就是汉语的"伯"。

　　临高话称谓词"伯"和长流土话称谓词"翁"正相呼应。

1.4　lek⁵（息）

长流土话 lek⁵ 表子女。例如：

lek⁵ ne²⁴ 子女

lek⁵ 儿子

lek⁵ so²⁴ 大儿子

lek⁵ ȵi⁵³ 小儿子

lek⁵ tiaŋ³¹ 养子

le²⁴ lek⁵ 女儿

lek⁵ le⁵⁵ 女婿

　　这个 lek⁵，和海南村语 tθiək³³、黎语 ɬɯk⁷、壮语 lɯk⁸ 对应，就是汉语子息的"息"。

　　海南村语是海南省东方县、昌江县部分汉族居民使用的语言，符昌忠《海南村话》第 1 页认为这种村话是"非汉非黎的独特的语言"。

海南村语称子女、子孙为 tθiək³³，例如（据符昌忠 1996，175—177 页）：

tθiək³³	儿子
tθiək³³ lɔi³⁵	儿媳
tθiək³³ bai¹³	女儿
tθiək³³ tθiou³⁵	女婿
tθiək³³ tshai⁴²	儿女
tθiək³³ tshai⁴²	子孙
tθiək³³ tθuan²¹	孙子
tθiək³³ tθɔk²¹	曾孙
tθiək³³ sok³³ bɛk³³	侄儿、侄女
tθiək³³ tθɛi³³	外甥
tθiək³³ zɛi³³	外甥女
tθiək³³ tθuan²¹	外孙
tθiək³³ bai¹³	外孙女
tθiək³³ phɔ⁴²	青年男子（未婚）
tθiək³³ bai¹³	青年女子（未婚）
tθiək³³ vɔi⁴²	儿童
tθiək³³ zen⁴²	养子
tθiək³³ hau⁴² liəŋ⁴²	孤儿
tθiək³³ ʔiu³⁵ de:u³⁵	牧童

海南村话 tθiək³³ 也可表示小、幼的意思，例如（据符昌忠 1996）：

tθiək³³ zak¹³	小指	173 页
tθiək³³ la:(i)¹³	小肠	174 页
tθiək³³ koŋ²¹	短工	177 页
tθiək³³ bɔi³⁵	小偷	177 页（按，bɔi³⁵ 指土匪、贼。）
tθiək³³ kuaŋ³³ tsɔi²¹	罐子	181 页（按，kuaŋ³³ tsɔi²¹ 指坛子。）
tθiək³³ khuə⁴²	裤衩	180 页（按，khuə⁴² 指裤子。）
tθiək³³ ʔɛi⁴²	小凳子	275 页
tθiək³³ kuın³⁵	小房子	275 页
tθiək³³ phɔ⁴² khai³⁵	小公鸡	167 页

我们认为，海南村话的 tθiək³³，大概就是汉语子息义的"息"。

从语音看，村话 tθiək³³ 和"息"可以对应。"息"是《广韵》入声职韵字，属曾摄三等，海南村话读 iək 韵的又如"惜（梗摄三等昔韵）、锡（梗摄四等锡韵）"，可见古梗摄曾摄三四等字今读合并为一，这种曾、梗三四等入声合并的现象在汉语方言中非常普遍，"息、惜、锡"三字同音从北方话到吴语都能见到。广州话"息、惜"高入，"锡"中入，这和村话"息、惜、锡"声调略有区别有相似之处。请看：

	海南村话	广州话
息（曾开三入职）	$t\theta i\vartheta k^{33}$	sek^{55}
惜（梗开三入昔）	$t\theta i\vartheta k^{42}$	sek^{55}
锡（梗开四入锡）	$t\theta i\vartheta k^{33}$	sek^{33}

而且，海南村话的 tθ 声母，可和古心母及其他古精组声母对应，下面请看村话 tθ 声母和汉语古心母相对应的例子（据符昌忠 1996）：

锡	$t\theta i\vartheta k^{42}$	163 页
岁	$t\theta u{:}(i)^{42}$	164 页
三	$t\theta am^{35}$	164 页
四	$t\theta\varepsilon i^{42}$	164 页
辛	$t\theta in^{33}$	165 页
戌	$t\theta it^{55}$	165 页
小	$t\theta iau^{21}$	166 页
雪	$t\theta\varepsilon t^{55}$	166 页
松（香）	$t\theta o\eta^{33}$ ($hia\eta^{33}$)	169 页
桑（树）	($n\varepsilon k^{33}$) $t\theta a\eta^{33}$ (si^{35})	170 页
丝（瓜）	$t\theta\mu^{33}$ (kua^{33})	172 页
心	$t\theta em^{21}$	174 页
（祖）先	($t\theta u^{21}$) $t\theta ian^{33}$	174 页
箱（子）	$t\theta ia\eta^{33}$	182 页
锁	$t\theta\mu^{33}$ (dai^{35})	182 页
伞	$t\theta on^{42}$	182 页
（铁）线	($thiat^{55}$) $t\theta ian^{35}$	184 页
小心	$t\theta iau^{21}$ $t\theta im^{33}$	214 页

从语义上看，村话 $t\theta i\vartheta k^{33}$ 子女，和汉语"息"表示子息、子女、子孙也相对应。从海南村话出发，再看长流、临高、黎语、壮语、侗语的相应说法，原来都是"息"的演变：

村话	黎语	壮语	临高话	长流	傣语	侗语
$t\theta i\vartheta k^{7}$	$\textit{ł}\mu{:}k^{8}$	luuk^{8}	$l\vartheta k^{8}$	lek^{5}	luk^{8}	$la{:}k^{10}$

在古代汉语中，"息"就是指子女、儿子或女儿，例如：

《战国策·赵策四》："老臣贱息舒祺，最少，不肖。"

南朝梁徐防《长安有狭邪行》："大息登金马，中息谒承明，小息偏爱幸，走马曳长缨。"

唐张鷟《游仙窟》："兄即清河崔公之第五息，嫂即太原公之第三女。"

《剪灯余话·洞天花烛记》："今弱息及筓议姻震泽，将纳其次子为婿。"

古代汉语又有"息子、息女、息男"的说法，也指子或女。例如：

北魏杨衒之《洛阳伽蓝记·菩提寺》："（张秀携）问畅曰：'卿有儿死否？'畅曰：'有息子涵，年十五而死。'"

《史记·高祖本纪》："臣有息女，愿为季箕帚妾。"

三国魏曹植《封二子为公谢恩章》："诏书封臣息男苗为高阳乡公，志为穆乡公。"

今汉语普通话"媳妇"，本为"息妇"，就是子妇，儿子之妇。例如：

宋张师正《括地志·陈翰林》："乃召子妇诘之，云：'老妪言，来日郎君欲就息妇房中宴饮。'"

今汉语方言中，"息"多表示曾孙、重孙，客家话、粤北土话见得较普遍。例如（梅县、翁源、河源、揭西、长汀、三都，据李如龙、张双庆 1992，343 页；粤北及湘南，转引自罗忻如 2000）：

	重孙	
梅县	息儿	
翁源	息子	
河源	阿息	
揭西	息	
长汀	息嫲哩	
三都	息孙	
江永	色子	$sɯ^5 tsɯə^{35}$
新田	息孙崽	$s e^{53} sən^{35} tsai^{55}$
嘉禾	息孙崽	$ɕə^{33} sən^{13} tsai^{33}$
蓝山	息崽	$sɛ^{33} tsai^{33}$
桂阳	息孙	$sai^{21} soŋ^{12}$
乐昌长来	息	$si↘$
乐昌北乡	息咯	$ʃei^{31} ·kə$
乐昌黄圃	息	sa^{33}
乐昌坂塘	息崽	$ʃia^{21} tʃe^{33}$
韶关	息	sei^5
乳源	息	$saiʔ^4$

我们认为，广州话称重孙为"[塞 sɐk^{55}]"，称重孙女为"塞女"，这个"塞"很可能是"息[sek^{55}]"的音变，犹如湖南临武话称重孙为"戌孙[ɕye^{53} suəŋ^{33}]"，李永明也提出，ɕye^{53} 疑为"息[ɕie^{53}]"的变音。同样，湖南江永话的"色子"似也是"息子"的音变。

1.5 公母雌雄：生、角、头，母、黄

长流土话关于公母雌雄的说法有：公为 tiŋ²⁴（生）、hok³（角）、hau²⁴（头），母为 mai²⁴（母）。例如：

马 ma³¹

公马 ma³¹ tiŋ²⁴（马生）

公牛 ŋou²⁴ tiŋ²⁴

公驴 hok³ lə²⁴   母驴 mai²⁴ lə²⁴

公狗 hok³ ma²⁴   母狗 mai²⁴ ma²⁴（也用来骂女人）

公猫 hok³ miou²⁵   母猫 mai²⁴ miou²⁵

公猪 hok³ mou²⁴   母猪 mai²⁴ mou²⁴

公鸡 hok² kai²⁴   母鸡 mai²⁴ kai²⁴

小公鸡 lek³ kai²⁴ tiŋ²⁴

公鸭 hok³ ʔbat⁵   母鸭 mai²⁴ ʔbat⁵

公老虎 hok³ zua²⁵   母老虎 mai²⁴ zua²⁵

公鹅 hau²⁴ ʔbən³¹（hok³ ʔbən³¹ 很少讲）   母鹅 mai²⁴ ʔbən³¹

表示雌性的 mai²⁴，就是"母"的一种读法，"母"在汉语方言中有多种读法，mai²⁴ 就是其中的一种（参张惠英 2005，《语言现象的观察与思考》216—217 页）。此从略。我们下面只讨论动物雄性的几种说法。

我们认为，这个 tiŋ²⁴ 就是"生"（"姓"是 tiŋ⁵⁵），长流土话牲口、野兽叫做 suk⁵ tiŋ²⁴，就是"畜生"两字。刘剑三《临高汉词典》畜生音为 suk⁷ teŋ¹，桥本万太郎《临高方言》16 页禽兽为 ʃuk³³ teŋ²³，都是"畜生"两字，都能对应。

以"生"作为牲畜的雄性（也用作雌性），在汉语方言中可以看到。例如（据许宝华、宫田一郎《汉语方言大词典》第一卷 简称《大词典》、李行健《河北方言词汇编》简称《汇编》）：

生马 公马：河北唐山（《大词典》1353 页）

生马蛋子 公马：河北唐山遵化、滦县、乐亭（《汇编》99 页）

生猪 公猪：河北唐山、承德（《汇编》106 页）

生牛 母牛：山西石楼，陕西北部（《大词典》1354 页）

生牯 未阉割的公牛：广东增城（《大词典》1358 页）

生鸡 公鸡：湖南临武，广东东莞清溪、广州、阳江、番禺、增城、从化、台山（《大词典》1357 页）

长流土话"公鹅 hau²⁴ ʔbən³¹（hok³ ʔbən³¹ 很少讲）"的 hau²⁴，是"头 hau⁵⁵"的又读，和"桃逃淘陶萄涛豪"等同音。刘剑三《临高汉词典》118 页雄性禽类也称 hau⁴，和"头牌"的"头"同音：

hau⁴ bit⁷　　　雄鸭

hau⁴ fun⁴　　　雄鹅

hau⁴ da³ xiaŋ⁴　性格像男人的女人（含贬义）

"头"用来称雄性禽鸟，汉语方言如：

鸡头_{大公鸡}：广东恩平、阳江（许宝华、宫田一郎《汉语方言大词典》第二卷 3021 页）

"头"用来称牲口，汉语方言很常见。例如（许宝华、宫田一郎《汉语方言大词典》第一卷）：

头虎_{牲口}：山西广陵，河北井陉（1474 页）

头狗_{牲口}：河北石家庄、沧州、邯郸，青海西宁（1475 页）

头牯、头骨_{牲口}：山东济南、博山、桓台、菏泽、安丘，山西临汾、曲沃、吉县、襄汾、隰县、汾西、临猗、永济，河南安阳，陕西西安、户县（1475 页）

头牲_{牲口}：福建南平、建宁、泰宁、明溪、武平武东、福州、三明、漳平、仙游、建阳、福鼎澳腰、沙县、厦门、建瓯，广西柳州，江西宜春、上犹社溪，广东惠州、深圳沙头角、梅县、广州、信宜（1475 页）

头雇_{牲口}：河北广宗（1479 页）

长流土话"公鸭 hok³ ʔbat⁵"的 hok³ 大概是"角"。

桥本万太郎《临高方言》表示雄性时，既说 hok⁵⁵（20 页第 8 例：hok⁵⁵ mou²³ 公猪），也说 kok³³（20 页第 16 例：hok⁵⁵ maʔ⁵⁵/kok³³ maʔ⁵⁵ 公马，kok³³ maʔ⁵⁵ 指公马又见于 15 页第 8 例）。桥本所记 kok³³ 和"角、脚"同音（参 393—394 页），长流土话的 hok³ 音和桥本所记《临高方言》来源一致。

"角"用来表示雄性（或雌性，少数），汉语方言常见。如（据许宝华、宫田一郎《汉语方言大词典》第二卷）：

鸡角_{公鸡}：福建厦门、福州、古田、永春、沙县、建瓯、宁德、寿宁、福鼎、顺昌、洋口、将乐、浦城南浦，广东海康（3027 页）

鸟角_{雄鸟}：广东潮州（2816 页）

角猪_{公猪，种猪}：山东平度、临朐、菏泽，甘肃天水，青海西宁，陕西西安，山西榆社，安徽合肥，四川成都（2818 页）

角子汉_{年纪大的单身汉}：山西平遥（2819 页）

又如文献所记：

角鹿。《西游记》四十六回："那刽子手蹬倒大桩，拖尸来看，呀！原来是一只白毛角鹿！"《汉语大词典》第十册 1351 页把角鹿注释为："生角的鹿。多指雄鹿。"其实，角鹿就是雄鹿，母鹿没有角。这是笔者在台湾养鹿场亲身所见，亲耳听闻场主所教。

角雉。分布于福建中部和西北部，广东北部、湖南东西隅及临近山区的一种鸟，雄的两眼上方有肉质的角状突起。故名。

角先生。"角先生"是旧时女性泄欲的一种器具：清李渔《风筝误·惊丑》："（净）：小姐，公子去了，是那床头别有一先生。（丑）：倽个先生？（净）：角先生哉！（丑）死耶！"

很可能因为"角、脚"同音，河北石家庄晋县、深泽、保定、阜平把公猪叫作"脚猪"（《河北方言词汇编》105 页）。

我们讨论了长流土话、临高话的动物雄性有"生、头、角"的说法后，再看壮语方言中的雄性说法，也就容易清楚了。《壮语方言研究》壮语雄性说法如：

公牛　　wa:i² ɬe:ŋ¹（广西大新，611 页。原文ɬe:ŋ¹⁰，声调误，据 612 页改）

种猪　　mau¹ ɬe:ŋ¹（广西上思，612 页）

　　　　məu¹ ɬe:ŋ¹（广西宁明，612 页）

　　　　mu¹ ɬe:ŋ¹（广西龙州，612 页

　　　　mu¹ ɬe:ŋ¹（广西大新，612 页）

　　　　mou tən¹（广西德保，612 页）

公鸡　　kai⁵ ɬe:ŋ¹（广西邕南、隆安、扶绥、上思、崇左、宁明、龙州、大新、靖西）

我们以为，这些表雄性的ɬe:ŋ¹、tən¹就是"生"。809 页 13、14 注大新、德保雄性也说 la:ŋ²，就是"郎"。古代汉语"生、郎"也是指男性。

钱奠香《海南屯昌闽语语法研究》12 页，记载了屯昌话表示动物雄性除了用"雄、公、牯、哥"以外，也用"头白读[ɦiau³¹]、头文读[ɦiɔu³¹]、角[kak⁵]"。

《壮语方言研究》614 页称未生蛋的母鸡为 kai⁵ ha:ŋ⁵（武鸣、横县等十多处）、kai⁵ khɯ:ŋ⁵（宁明、龙州、大新）或 kai⁵ khy:ŋ⁵（德保、靖西），大概来自"鸡黄"。

汉语方言把孵出不久的小鸡叫作"鸡黄"。如黑龙江齐齐哈尔、浙江温岭（《汉语方言大词典》第二卷 3023 页）。

汉语方言如广东信宜称小母鸡为"鸡杬"；江西黎川，福建建宁，广东广州、番禺、佛山、新会、恩平，香港，澳门称未下蛋的小母鸡为"鸡项"（同上 3022 页）。

而且，"黄花女儿、黄花闺女"都是用来称处女，从中也可窥见"黄"作性别用词的一斑。

笔者以为，"鸡黄、鸡杬、鸡项"来源相同，都是"鸡黄"。从"喤"有胡彭、胡光二切（《玉篇》口部第五十六），胡彭切是庚韵二等开口读法，山东方言表示和跟同及的连词介词用法就有"杬、黄"两种读法，我们因

此推论,"黄"也很可能有开合两读,只是《广韵》《集韵》未予记载。

二 居处、生活用具

2.1 栏

长流土话称房子为 zan²⁴。例如:

住宅 zan²⁴ kʻia⁵⁵	正屋 zan²⁴ so²⁴
厢房 zan²⁴ huɑŋ²⁴	楼房 zan²⁴ lou²⁴
草房 zan²⁴ tia²⁴	房顶 ʔdeŋ⁵⁵ zan²⁴
房脊 tɕʻik⁵ zan²⁴	房檐儿 ʔdɑu³¹ n̥in³¹ zan²⁴
起房子 kʻei⁵⁵ zan²⁴	一间房间 zan²⁴ kan⁵⁵ na³¹

刘剑三《临高汉词典》156 页作 lan²。例如:

lan² 房屋;家	lan² miu⁴ 庙宇
lan² tia² 茅屋	lan² tsau³ [灶屋]厨房)
lan² tsiŋ 正屋	lan² ki³ [己房]私房
lan² ŋua⁴ 瓦房	lan² hɔk⁸ 学堂;学校

显然,长流土话的 zan²⁴ 和临高话的 lan² 就是"栏"。

"栏"在汉语可以指饲养家畜的圈,用"栏"指家,是古代人畜合住的反映。这和汉语的"家"可谓异曲同工,因为"家"从字形看,也是室内养猪(豕)之意。所以,"家、栏"是一组同义词,只是汉语用"家"临高话用"栏",取舍不同而已。犹如"盲"由"亡目"组成,"瞎"由"害目"组成,"盲、瞎"是一组同义词,只是用在不同的词语中或不同的地区而已。其实,无论少数民族居住的"干阑",还是《水浒》等白话小说中的"干阑",究其源,都是这个人畜共住的"栏"。

2.2 落

长流土话称虫窝、鸟窝、牲畜棚圈为 zok³。例如:

鸟窝 zok³ nuɑk⁵	猪圈 zok³ mou²⁴
蜂窝 miŋ²⁴⁻³¹ zok³	牛棚 zok³ ŋou²⁴
鸡窝 zok³ kai²⁴	羊圈 zok³ me⁵⁵

刘剑三《临高汉词典》395 页作 luk⁸,可指窝、巢;关牛马的地方、厩;可作量词一窝意,用于一胎所生或一次孵出的动物。例如(396 页):

luk⁸ mo¹ 猪栏;猪圈	luk⁸ maʔ⁸ 马厩
luk⁸ muʔ⁸ 蚁窝	luk⁸ fən³ 粪坑(干的)
luk⁸ 蜂窝	luk⁸ təi³ 牛栏(水牛)
luk⁸ tuan¹ 旧式牛栏,四面用木栓围住	
luk⁸ ləŋ¹ 指周围一带	luk⁸ kai¹ 鸡窝

luk⁸ ŋu² 牛栏（黄牛）

长流土话的 rok³ 和临高话的 luk⁸ 对应，长流土话的声母 r 和临高话的声母 l 对应。犹如长流土话的 zan²⁴（房子）和临高话的 lan（房子）相对应（见上文）。

《海南村话》178 页的 lok¹³ khai³⁵ 鸡窝、lok¹³ siat³³ 鸟窝、lok¹³ kɔ³⁵ 蜂房中的 lok¹³，也是"落"。

落，可指人的居处，如"部落、村落、院落"。《广雅·释诂上》："落，居也。"《后汉书·循吏传·仇览》："庐落整顿，耕耘以时。"李贤注："案，今人谓院为落也。""落"也可指"篱笆、篱落、巢"：汉王褒《僮约》："浚渠缚落，鉏园斫陌。"《文选·张衡·西京赋》："揩枳藩，突棘落。"李善注"落，也篱也。"南朝梁沈约《齐故安陆昭王碑》："由是倾巢举落，望德如归。""落"与"巢"相对，"巢、落"义通。

2.3 䤖（被）

长流土话称被子、刘海为 kom⁵⁵，后脑勺、笼罩为 kʻom⁵⁵。例如：

被子 kom⁵⁵	被面 min⁵⁵ kom⁵⁵
被里 li²⁴ kom⁵⁵	棉被的胎 kom⁵⁵ min²⁴
刘海儿 ʔdoŋ³¹ kom⁵⁵	后脑勺 kʻom⁵⁵
鸡笼罩子 loŋ³¹ kʻom⁵⁵	

笔者以为，凡是盖子状的东西，长流土话就称为 kom⁵⁵ 或 kʻom⁵⁵，由于古不送气塞音长流土话可读为送气音，这 kom⁵⁵ 或 kʻom⁵⁵ 大概来自同一个"䤖"。"䤖"，《广韵》上声感韵古禫切"覆头也"。由于长流土话 55 调从古清平字或其他声调字演变而来，所以声调和"䤖"不谐之处可不计。长流土话读 om 韵的有"泛犯范探斟枕妗心阴"等字，而且 om⁵⁵ 也表示掩盖义。

《临高汉词典》238 页被子称为 kum³，232 页称某些物体的盖子或外套为 xom²；《临高方言》69 页 105 例称罩为 kxum³¹ ə³³；98 页称被子为 kum³³；和长流土话相对应，都是"䤖"。吴语崇明话称盖子为"䤖头"，"䤖"音同"感"。

2.4 豆、瓶（均指锅）、脚（指瓶）、钟、樽

长流土话锅有两种说法，一是 ʔdou²⁴，一是 pʻeŋ²⁴。例如：

大锅 ʔdou²⁴ ne⁵⁵	小锅 ʔdou²⁴ ɲi⁵⁵
锅盖 kei⁵⁵⁻³¹ ʔdou²⁴	笸箕 lek³ ʔdou³¹ kei²⁴
铝锅 pʻeŋ²⁴⁻³¹ sa⁵⁵ li⁵³	沙锅 pʻeŋ²⁴⁻³¹ mak³（瓶 土）
酒壶 pʻeŋ²⁴⁻³¹ zan⁵⁵（瓶 酒）	

长流土话这个表示锅的 ʔdou²⁴，和"斗抖陡兜斗豆逗"声韵母一致。刘

剑三《临高汉词典》137 页 dɔu¹ 指锅，和"斗道刀导"声韵母一致。桥本万太郎《临高方言》66 页称锅为 ɗou²³，和"道斗刀岛"声韵母一致。笔者以为，长流土话表示锅的 ʔdou²⁴，实际就是古代的食器"豆"。这在壮语方言中也可看到，例如（据《壮语方言研究》668 页"鼎锅"条）：

柳江 kwa¹ du¹ 　　　　　　宜山 kwa¹ du¹

环江 kwa¹ dou¹ 　　　　　　河池 kwa¹ dou¹

南丹 kwa¹ du¹ 　　　　　　龙胜 kwa¹ lu¹

连山 kwa¹ lu¹

我们以为，壮语方言的 kwa¹ du¹/kwa¹ dou¹ 就是"锅豆"，龙胜、连山的 lu¹ 是 du¹ 的变读，d、l 或 t、l 在方言中常有混读现象。《说文·豆部》："豆，古食肉器也。"长流土话、临高话用"豆"称锅，犹如上林、来宾、贵港等壮语方言用"鼎"称锅（同上），都是古代食器、礼器名称的留存。

长流土话表示锅的另一种说法是 p'eŋ²⁴，这就是"瓶"。瓶，长流土话有 p'eŋ²⁴、p'iŋ²⁴ 两读。瓶，也是古炊器。《礼记·礼器》："夫奥者，老妇之祭也。盛于盆，尊于瓶。"郑玄注："盆、瓶，炊器也。"刘剑三《临高汉词典》265 页"瓶"读 feŋ²，桥本万太郎《临高方言》70 页 127 例称茶壶为 pfeŋ⁵⁵，131 例称酒瓮为 pfeŋ⁵⁵ ʒan³³，这 feŋ² 和 pfeŋ⁵⁵ 都是"瓶"，但不用作炊器。

长流土话称瓶子为 kok⁵，瓶盖 kok⁵ kei⁵⁵。这个 kok⁵ 和"脚"同音。刘剑三《临高汉词典》386 页、桥本万太郎《临高方言》160 页，脚、腿都是 kok 这个音。大概瓶子和腿脚相像，于是称瓶为"脚"。这和长流土话称肚子为"桶"可谓异曲同工。

桥本万太郎《临高方言》70 页称瓶为 tʃun²³，刘剑三《临高汉词典》198 页瓶的量词用法为 tsun²，都和"尊、遵、准"声韵母相同。就是"樽、罇"，来自古代酒器名，桥本万太郎《临高方言》416 页就写作"樽"。

长流土话称酒杯、酒窝为 ts'oŋ²⁴⁻³¹ ʒan⁵⁵，ts'oŋ²⁴，茶杯是 ts'oŋ²⁴⁻³¹ sa²⁴。这个 ts'oŋ²⁴ 是"钟"的又读音，"钟"一读 ts'oŋ⁵⁵，和"盅中忠怂纵宗综终鬃踵综"同音，都读送气声母。桥本万太郎《临高方言》70 页 130 例称茶杯为 tʃuŋ²³ sa⁵⁵，音即"钟茶"。刘剑三《临高汉词典》299 页没有把儿的杯子也是 tsuŋ¹，酒窝是 tsuŋ¹ jan³，这个 tsuŋ¹ 和"钟"同音。

三 人体

3.1 腹、桶（肚子）、肚脐

长流土话肚子、肚脐的说法很有意思，虽然都是肚子部分，用词却给人很多启发。

　　长流土话称肚脐 pʻu³¹ ʔdei²⁴，显然，这大概就是"腹带"两个字。刘剑三《临高汉词典》415 页称肚子、胃为 boʔ⁸；桥本万太郎《临高方言》157 页也作 ɓoʔ⁵⁵。长流土话的 pʻu³¹ 和临高话的 boʔ⁸、ɓoʔ⁵⁵ 可对应，都是"腹"。

　　《海南村话》173 页肚子是 bɔk¹³，也是"腹"。《黎语调查研究》398 页肚子的说法是：pok⁷［保定、中沙、pok⁸（通什）、pɔk⁷（西方）、pɔk⁸（白沙、元门、保城］、phoʔ⁸（堑对）等，这些说法都是"腹"。

　　长流土话 pʻu³¹ ʔdei²⁴ 的ʔdei²⁴，大概是"带"的又读音：ʔdai⁵³/ʔdɑi⁵³/ʔdei²⁴。

　　长流土话称肚子为 hoŋ³¹，和"桶"同音（桶，又读 hoŋ⁵⁵：水桶 hoŋ⁵⁵ nam³¹；饭桶 hoŋ⁵⁵ tia³¹）。长流土话、临高话、海南闽语及其他一些方言，古透母读同舌根擦音，所以"桶"音同"哄"。笔者以为，长流土话等方言，以"桶"称肚子，取其形似也。

　　刘剑三《临高汉词典》289 页"桶"也读 hoŋ³（刘写作"筩"），如 hoŋ³ nam⁴（水桶）、hoŋ³ lou⁴（便桶；尿桶）。有趣的是 hoŋ³ 也表示怀抱、胸前，hoŋ³ jua³ 表示怀抱、衣襟。比较长流土话 hoŋ³ 表肚子，再看临高话的 hoŋ³ 表示怀抱、胸前、衣襟，就可明白原来临高话表示的怀抱、胸前、衣襟，实际上是肚子的引申。

　　再看壮语方言。张均如等《壮语方言研究》643 页"肚子"条，原来也都来自"桶"，虽然声音略有变异，但离不开这根本，可以说，长流土话是朴素自然的原生态，刘剑三记录的临高话已经有所引申，桥本万太郎记录的临高话则未见相关记载，张均如等的《壮语方言研究》所记则是进化态了。请看张均如等《壮语方言研究》643 页"肚子"和 670 页"桶"的记录：

	肚子	桶
武鸣	tuŋ⁴	toŋ³
横县	tuŋ⁴	toŋ³
邕北	tuŋ⁴	toŋ³
平果	tuŋ⁴	toŋ³
田东	tuŋ⁴	toŋ³
田林	tuŋ⁴	tɔ:ŋ³
凌乐	tuŋ⁴	tɔ:ŋ³
广南沙	tuŋ⁴	tɔ:ŋ³
丘北	toŋ⁴	tɔŋ³
柳江	tuŋ⁴	toŋ³
宜山	tuŋ⁴	toŋ³
环江	tuŋ⁴	toŋ³
融安	tuŋ⁴	tɔ:ŋ³

龙胜	tuŋ⁴	toŋ³
河池	tuŋ⁴	toŋ³
南丹	tuŋ⁴	to:ŋ³
东兰	tuŋ⁴	toŋ³
都安	tuŋ⁴	toŋ³
上林	tuŋ⁴	toŋ³
来宾	tuŋ⁴	toŋ³
贵港	tuŋ⁴	toŋ³
连山	tuŋ⁴	thoŋ³
钦州	tuŋ⁴	thuŋ³
邕南	tuŋ⁴	thoŋ⁵
隆安	tuŋ⁴	thɔŋ³
扶绥	tuŋ⁴	thuŋ³
上思	toŋ⁴	thoŋ³
崇左	tuŋ⁴	thuŋ³
宁明	tuŋ⁴	thuŋ³
龙州	to:ŋ⁴	thuŋ³
大新	tho:ŋ⁴	thuŋ³
德保	to:ŋ⁴	tɔ:ŋ³
靖西	to:ŋ⁴	tɔ:ŋ³
广南侬	tɔ:ŋ⁴	toŋ³
砚山侬	tɔ:ŋ⁴	tɔ:ŋ³
文马土	duŋ⁴	thəŋ³

我们知道，"桶"《广韵》有上声董韵"他孔切"和"徒摁切"两读，今北京话读的是"他孔切"，吴语崇明话读的是"徒摁切"，所以壮语方言有的读送气声母，有的读不送气声母，也是两种反切的反映。我们看到，砚山"肚子"和"桶"完全同音 tɔ:ŋ⁴，扶绥、上思、崇左、宁明四处实际也读同音，只是声母有送气与否的区别。从海南长流土话、临高话到广西广东云南贵州的壮语方言，"肚子"因为和"桶"形似而叫名相通的情况，可以看得很清楚。

3.2 笃（督、豚、屎、㞗）

长流土话称男阴为 tʻok⁵，又音 tʻo⁵⁵。这大概就是来自底部、下部的"笃（督、豚、屎、㞗）"。《广韵》入声屋韵丁木切"豚，尾下窍也"。同一小韵还有"㞗"，是"豚"的俗体。《集韵》入声屋韵都木切"豚、屎，博雅臀也"。所以"豚、屎、㞗"三字是异体字。"笃、督"是《广韵》入声沃韵东毒切，同一小韵"屄，屄屄，俗。"从"屄"屋韵沃韵两读的情形，"笃、督"读同屋韵的"豚、尿、屄"也就可以理解了。

临高话称男阴有多种说法，一种是 tu^4（刘剑三《临高汉词典》50 页）。这个 tu^4 也指尾巴、末尾：

tu^2 tuʔ^7 [尾尾]最后：～kə^2 na^4 dɔŋ^1 最后他才来到（刘剑三《临高汉词典》49 页）

可见 tu^4、tu^2、tuʔ^7 三个读音是变体。在桥本万太郎的《临高方言》中，我们可以得到更多启发。

桥本万太郎的《临高方言》，女阴叫作 ɗuʔ^{55}（158 页 169 例）或 ɓak^{33} ɗuʔ^{55}（159 页 171 例）。表示下、尾巴、底、末了的意思是 tuʔ^{33} 或 tu^{55}。例如：

tuʔ^{33} ho^{55}　下流 lower course of river（11 页 111 例。引者按，即下游）

tuʔ^{33}　尾巴 tail（15 页 4 例）

vun^{55} tuʔ^{33}　鸡翎 kai^{23} hair tail chicken（21 页 31 例）

tuʔ^{33} ŋu^{55}　牛尾 tail cattle（56 页 23 例）

tuʔ^{33} taŋ^{55}　床尾 tail bed（96 页 32 例）

tuʔ^{33} lua^{55}　船尾 tail ship（124 页 29 例）

tuʔ^{33} vəi^{55}　年底 tail year（248 页 18 例）

tuʔ^{33} keu^{55}　月底 tail month（250 页 53 例）

tu^{55} tuʔ^{33} moʔ^{55} ə^{33} 最后一个 tail tail classifier suffix（262 页 41 例）

所以，长流土话称男阴的 tʼok^5、tʼo^{55}（tʼok^5 失落入声尾），和刘剑三记录的男阴、底部、末尾的 tu^4、tu^2、tuʔ^7，和桥本记录的女阴、尾部、末了的 ɗuʔ^{55}、tu^{55}、tuʔ^{33}，都是同一个来源即"笃、督"的变体。长流土话把古不送气塞音塞擦音常读作送气音，是长流土话的一个特点（参第一章语音特点部分）。

"笃（督、豚、尿、屄）"在汉语方言中指男阴或女阴，还表示底部、末了的意思，是很常见的。例如：

许宝华、陶寰《上海方言词典》383 页载"屄、屄嘴"，都指女阴，"屄底货"是最差的东西（引者按，也就是最底下的东西）。

崇明话有"笃屄笃嘴"一语，形容说话结巴。其中"屄"和"嘴"相对。

李荣《论"入"字的音》文中指出："在现代方言里，'豚'有'尾部，臀部，私处 浙江东阳、缙阳谓男性者，上海远郊松江、奉贤谓女性者，器物底部，末了'等意思。"（引自李荣《语文论衡》，111 页）

我们现在写作"笃（督）"，是为了好写好读。其实，自古以来就有把人体尾部、私处写作"笃、督"的，如：《素问·骨空论》："督脉者，起于少腹以下骨中央。"《难经·二十八难》："督脉者，起于下极之俞，并于脊里，上至风府，入属于脑。"北京电视台中医大夫讲拿五经保健时，就指捏脑部的笃经、肝经、膀胱经。虽说在脑部，实际上"笃经"的"笃"就是指人私处，肝经、膀胱经在两旁，直通脑部。《中国谚语资料》中："问人问到笃，拆了田螺屋。"

3.3 tɕʻin²⁴（卺），e³¹（屙）

长流土话称女阴为 tɕʻin²⁴，大概就是"卺"。卺，《广韵》上声隐韵居隐切"以瓢为酒器，婚礼用之也"。长流土话把古不送气塞音塞擦音常读作送气音，所以"卺"读送气音声母 tɕʻin²⁴，可以理解。声调 24 多来自古浊音平声，和古上声有不协处，但长流土话声调变异较大，可不必太拘泥。

长流土话男女交合为 e³¹ tɕʻin²⁴。这个 e³¹ 没有同音字，但比较临高话和汉语方言，就可明白这个 e³¹ 就是表示排泄的"屙"。

刘剑三《临高汉词典》413 页：eʔ⁸ 性交。又 17 页：

e¹ 屙，从体内排泄出来

e¹ dut⁷ 放屁

e¹ lɔu¹ 屙尿；小便

e¹ si²（小孩）大小便的总称

e¹ ɳum¹ 下蛋

e¹ kai⁴ 屙屎；大便

桥本万太郎《临高方言》的相关记载：

e⁵⁵ ɗuʔ⁵⁵ 性交（159 页 176 例）

e²³ ʒum²³ 下蛋（21 页 35 例）

e²³ 吐丝 to emit silk（23 页 6 例）

e²³ kai³¹ 拉屎（158 页 160 例）

e²³ lou²³ 撒尿（158 页 162 例）

e²³ ɗut³³ 放屁（158 页 164 例）

e²³ muʔ⁵⁵ 害痢疾（181 页 54 例）

从桥本万太郎和刘剑三所记临高话，排泄和性交虽在声调上有所变异，从来源看，显然是同一个"屙"的不同变体。所以长流土话的 e³¹ 和临高话完全一致。《玉篇·尸部》："屙，上厕也。"乌何切。汉语方言"屙"常用于人体排泄，例如熊正辉《南昌方言词典》67 页"屙"有"屙屎、屙痢、屙肚、屙尿"等；谢留文《于都方言词典》118 页有"屙屎、屙尿、屙洞工₍脱肛₎、屙脓射血、屙嘴₍亲嘴₎"等。特别是江西于都话"屙脓射血、屙嘴₍亲嘴₎"的说法，"屙"和"射"相对，"屙嘴₍亲嘴₎"和临高话的"e⁵⁵ ɗuʔ⁵⁵ 性交（即屙笃——引者）"、长流土话的"e³¹ tɕʻin²⁴ 性交（即屙卺——引者）遥相呼应。

《黎语调查研究》85 页记录保定话性交为ʔe²，大概也是"屙"。

3.4　囊（皮）

长流土话"皮"的书面音为 p'ie²⁴，和"疲脾坡"同音。而在口语词中则有 naŋ²⁴ 的读法。例如：

皮 naŋ²⁴

头皮 naŋ²⁴ hau⁵⁵

眼皮、眼囊 ʔbau³¹ ʔda²⁴/naŋ²⁴ ʔda²⁴

花生皮（衣）naŋ²⁴ mak³ hiou⁵⁵

豆腐皮 naŋ²⁴ ʔdau⁵⁵ fu⁵³

笔者以为，naŋ²⁴ mak³ hiou⁵⁵ 中的 mak³ 是表果实的词头，hiou⁵⁵ 是"豆"hiou²⁴/hiou³¹ 的又一种变读。naŋ²⁴ 就是"囊"（囊，有 naŋ²⁴、naŋ²⁴ 两读）。naŋ²⁴ ʔdau⁵⁵ fu⁵³（豆腐皮）的 naŋ²⁴ 也是"囊"，ʔdau⁵⁵ fu⁵³ 就是"豆腐"。

刘剑三《临高汉词典》245 页称皮肤、物体的外层都是 naŋ¹，如：

naŋ¹ vəʔ⁷ 篾青（引者按，即竹篾之皮也）

naŋ¹ dun³ 树皮

naŋ¹ sek⁷ 书皮（引者按，sek⁷ 即"册"）

naŋ¹ ho³ 虎皮

桥本万太郎《临高方言》150 页称皮也是 naŋ²³，35 页称果皮为 naŋ²³ mak⁵⁵。

桥本和刘书中的这个 naŋ²³/naŋ¹ 也是"囊"。

符昌忠《海南村话》169 页的"牛皮"为：naŋ³⁵ de:u³⁵（黄牛皮）、naŋ³⁵ tɵɔi⁴²（水牛皮）。其中的 naŋ³⁵ 也是"囊"。

《黎语调查研究》458 页皮肤的几处读音是 no:ŋ¹、naŋ¹、nuaŋ¹、nuaŋ⁴、nɔ:ŋ¹，都是"囊"。黎语保定话男生殖器为 naŋ²（同上 78 页），大概是"卵囊"的"囊"。

古代汉语"皮囊"连用，可以指人、畜的躯体。如：元无名氏《蓝采和》第二折："你敢划些淡虀汤，且把你那皮囊撑。"可见"皮、囊"同义并列。而且，古代汉语"囊"有衣的用法，如《汉书·王吉传》："及迁徙去处，所载不过囊衣。"这里是描写王吉清廉，搬迁时只有衣裳而已。"囊衣"并列，囊即衣也。

长流土话"眼皮、眼囊"不分，足以证明"囊"即"皮"也。这和古代汉语"皮、囊"并列、"囊、衣"并列，同样是饶有启示意义的语言现象。

四　其他

4.1　学（做；当作）

长流土话表示做、表示当作的动词是 huk⁵，大概就是"学"。例如：

工作 koŋ³¹ huk⁵（工 学）

工人 aŋ⁵⁵ huk⁵ koŋ³¹（翁 学 工）

农民 aŋ⁵⁵ ʔbiet³ tiŋ⁵⁵（翁 百姓）

        aŋ⁵⁵ huk⁵ noŋ²⁴（翁 学农）

做生意 huk⁵ səŋ⁵⁵ i⁵³

作客 huk⁵ me²⁴

做生日 huk⁵ tiŋ³¹ zot³

做媒 huk⁵ mei²⁴

我把你当老师 ia³¹ ou³¹ mo³¹ huk⁵ koŋ³¹ teŋ²⁴。
         我 拿你 当作 教师

桥本万太郎《临高方言》这个泛用动词 huk³³，例如：

种地 huk³³ ɓek³³ tiŋ³³（学 百 姓）₅₀页 11 例

（蜘蛛）张网（tʃi⁵⁵ tʃi⁵）huk³³ sai³³ ₂₄页 31 例

刮大风 huk³³ van³³ ₂页 32 例

做点心 huk³³ ɗiam³¹ tim³³ ₆₇页 57 例

做卤 huk³³ lu⁵⁵ ₆₈页 89 例

温陈菜 huk³³ lun³³ ₆₈页 92 例

还有刘剑三《临高汉词典》398 页表示做的 huk⁷，来源都一致，大概是"学"。

长流土话"学"有多读：hiak⁵（ts'oŋ³¹～：中学）、huak³（ɦoŋ³¹～：同学）、uak³（～tiŋ²⁴：学生）、ok⁵（～hu²⁴ 学徒 ₇₇海南话），至少四种读法。学，《广韵》入声觉韵胡觉切。泛用动词 huk⁵ 和"斛获镬或"同音，入声韵合并得很多，崇明话"学 觉韵、镬 铎韵、斛 屋韵"三字也同音。所以长流土话"学"读同"镬、斛"也是可能的。

符昌忠《海南村话》202 页表示做是 vok¹³，193 页表示当作也是 vok¹³。这个 vok¹³ 和 80 页"木、服、脚"韵母相同。

长流土话的 h 声母和符昌忠《海南村话》的 v 声母、《黎语调查研究》的 v 声母有对应关系，例如：

	长流土话	海南村话 ₂₈页
头	hau²⁴	vau⁴²
做	huk⁵	vok¹³

再比较黎语。原来黎语一些方言表示做的这个动词，和长流土话相对应。请看《黎语调查研究》528 页"做"：

	保定	中沙	黑土	西方	通什	堑对	保城
做	vu:k⁷	vu:ʔ⁷	vu:ʔ⁹	vuk⁷	vok⁸	voʔ⁸	vɔk⁷

《黎语调查研究》提供了保定和通什两地的同音词表，显然，黎语几处

方言的入声 vuk/vok（和汉字借音"伏、服"的韵母相同 [238页通什音]），和海南村话一致，和长流土话、临高话的 huk 来源一致，都是"学"。"学"古匣母字，"学"在黎语、海南村话读 v 声母，犹如闽语口音的"福建"读同"霍建"，都是汉语方言常见的"h、f 不分"现象。

4.2　角（锄）

长流土话锄头、锄地的锄为 kuɑk[5]，和眼角 kuɑk[3] ʔda[53] 的"角"声母韵母相同，可能就是"角"，因为锄头是角状物。刘剑三《临高汉词典》375 页作 kuak[7]，和"郭"同音。长流土话"角"有两个读法，一是 kɑk[5]，一是 kuɑk[5]。《黎语调查研究》384 页"锄头"的读音，也反映了"角"的开口合口两读。请看：

	保定	中沙	黑土	加茂
锄头	kwa:k[7]	ka:ʔ[7]	ka:ʔ[7]	kuak[7]

符昌忠《海南村话》183 页锄头是 khok[33] dai[35]，khok[33] 在 80 页是脚、腿意，实际上就是"角"，这反映了"脚、角"同音的一种现象，和上文说的表示雄性动物的"角猪"在有些方言中说成"脚猪"一致。

李方桂《龙州土语》245 页：角 ko:k[55]、锄 ku:k[55] 声音相近。

王均等《壮侗语族语言简志》828—829 页"锄头"条的读音是：

	武鸣	龙州	傣[西]	傣[德]	仫佬	水	毛南
锄头	kwa:k[7]	ku:k[7]	xɔ[1]	xo[1]	cok[7] ku[1]	kwa:k[7]	la:k[8] kau[1]

由于仫佬语"角"音 ku[1]，和锄头音一致，所以我们现在可以确定，长流土话、临高话、仫佬语锄头这个词来自"角"。桥本万太郎《临高方言》表示挖、掘时说 kuʔ[55]（22 页 41 例，102 页 50、51 例，186 页 12 例），和仫佬语的说法接近。当然，我们还可以联系《壮语方言研究》678 页"锄头"、755 页"锄[地]"、739 页"做"条相似的可以说是同源的说法。例如：

	锄头 678页	锄[地] 755页	做 739页
武鸣	kwa:k[7]	kwa:k[7]	ku[6]
横县	kwa:k[7]	kwa:k[7]	ku[6]
邕北	kwa:k[9]	kwa:k[9]	ku[6]
平果	kuək[9]	ba:k[9]	kuək[10]
田东	kuak[9]; ja:k[9]	ba:k[9]	kuak[10]
田林	ja:k[9]	ba:k[9]	kuak[8]
凌乐	kuak[9]	ba:k[9]	kuək[8]
广南[沙]	ja:k[7]	ja:k[7]	kuə[6]
柳江	kwa:k[9]	kwa:k[9]	kuak[8]
宜山	kwa:k[9]	kwa:k[9]	ku[4]

环江	kwa:k^9	kwa:k^9	kwo^4
融安	kwa:k^7	kwa:k^7	ku:k^8
龙胜	kwa:k^9	kwa:k^9	ku^4
河池	kwa:k^9	kwa:k^9	kuə^4
南丹	kuə^2; kwa^7	kwa^7	ku^6
东兰	ku:k^9	ku:i^1	ku:k^8
都安	ku:k^9; kwa:t^9	no^1	ku^6
上林	ku:k^9; kwə:t^9	ku:k^9; kwak^7	ku^6
来宾	kwa:k^7	kwa:k^9	ku^6
贵港	kwak^7	kwak^7	ku^6
连山	kwa:k^9	kwa:k^9	ku^6
钦州	khu:k^9	kwa:k^9	kuk^{10}
邕南	kwa:k^9	kwa:k^9	ku:k^{10}
隆安	ku:k^9	ku:k^9	kuk^8
扶绥	kwa:k^9	kwa:k^9	kuk^{10}
上思	khwa:k^9	khwa:k^9	hit^8
崇左	kwa:k^7	kwa:k^7	he:t^8
宁明	kwa:k^9	kwa:k^9	huɯt^8
龙州	ku:k^7	ku:k^7	hit^8
大新	ku:k^{10}	ku:k^{10}; kwak^7	he:t^8
靖西	kwa:k^9	ba:k^{10}	hat^7

我们把"做"的条目列上，是想点出，表示锄头、锄地的"角"，在有些地方，可能也表示泛用动词做的意思。李方桂《武鸣僮语》41 页，特别指出，kuak^{13}（作，是）在语流中读作 ku^{13}，304 页索引中也特别指出 ku^{13} 是 kuak^{13} 快读而致。

4.3 喊（和连词、介词）

长流土话表示"和与同及"的连词介词是 him^{24}，例如：

ʔban$^{24-31}$ nɛ$^{31-55}$ hin^{24} kʼi^{53} him^{24} ʔban^{24} ʔba^{24} iət^5 io^{55}（今天天气和昨天一样）。

天　今　天　气　和　天　昨　一样

ia^{31} zou^{24} him^{24} pʼoŋ^{31} zou^{53} kaŋ^{53} kua^{53}（我在和朋友说话）。

我　在　和　朋　友　讲话

这个 him^{24}，和刘剑三《临高汉词典》224 页所记 hem^1/hem^2 的连词介词用法相对应。临高话 hem^2 不只用作连词介词，还可以用作主要动词，表示跟随的意思。长流土话的 him^{24} 和"担、咸"的韵母相同，刘剑三的 hem^1/hem^2 和"念、垫、沾"的韵母相同，澄迈话表示连词介词的词作 hɛm^4

（张元生等《海南临高话》339 页，但澄迈话韵母表上未见，临高、澄迈、琼山三处韵母比较时也未见，可能是相当口语化而被忽略了），由此我们可以推断就是"喊"。（桥本万太郎《临高方言》277 页 20 例记作 hoŋ⁵⁵，音就是"同"）。

"喊"用作连词介词就是北京土话和台湾国语的 hàn，就是赵元任《现代吴语的研究》104 页载吴语江阴话连词"喊去音"。吴语"喊"读阴去调，读的是《集韵》去声阚韵（二等）苦滥切的音。

粤语有些地方表示向、问、跟的介词用"喊"ham³³（阴平调）。例如斗门斗门镇、台山台城、开平赤坎、恩平牛江（均见《珠江三角洲方言词汇对照》445 页）。喊，广州话读音也是 ham³³，是阴去调。斗门等处"喊"读阴平调 ham³³ 在珠江三角洲很普遍（见《珠江三角洲方言字音对照》177 页），是《集韵》平声虚咸切的音。（详参拙作《北京土话连词"和"读"汉"音来源试探》）

福建将乐话"喊人话"是遭受责备意（《汉语方言大词典》第四卷 6064 页）。其中的"喊"是介词叫、让、被的意思。

4.4　贡生（教师、老师）

长流土话把教师称作 koŋ³¹ teŋ²⁴，例如：

我把你当老师　ia³¹ ou³¹ mo³¹　huk⁵　koŋ³¹ teŋ²⁴。
　　　　　　　我　拿你　当作　　教师

我是中学老师　ia³¹ tə³¹ tsʻoŋ³¹ hiɑk⁵　lɑ³¹ sə⁵⁵。
　　　　　　　我 是 中　学　老 师

　　　　　　　ia³¹ tə³¹ koŋ³¹ teŋ²⁴　tsʻoŋ³¹ hiɑk⁵。
　　　　　　　我 是　老师　中　学

长流土话这个 koŋ³¹ teŋ²⁴ 就是"贡生"。贡，单字音 koŋ⁵³，连读时读 31 调；生，有 tiŋ²⁴（畜～）、səŋ⁵⁵、teŋ²⁴（贡～）三读。贡生，是明清两代科举制度中，由府、州、县学推举到京师国子监学习的人。沿用至今而成教师、老师的意思。

4.5　笨（鹅）

长流土话称鹅为 ʔbən³¹，相关的词如：

公鹅 hɑu²⁴ ʔbən³¹（hok³ ʔbən³¹ 很少讲）

母鹅 mai²⁴ ʔbən³¹

小鹅 lek³ ʔbən³¹

鹅翅膀 ʔbik⁵ ʔbən³¹

长流土话的 ʔbən³¹ 和"本笨"同音，实际上就是"笨"，因为很多方言用鹅来形容笨，例如广泛流传的梁山伯和祝英台的民间故事中，祝英台称梁山伯是"呆头鹅"。崇明话形容人愚蠢，既说"笨头笨脑"，也说"鹅里鹅痴"，所以"鹅"即笨也。李方桂《龙州土语》269 页"鹅"和"笨"也同音：pən¹¹。辛世彪《海口临高语长流方言》28 页也提供了临高、澄迈、海口等地关于鹅的多钟说法：

	临高_{临城}	临高_{新盈}	临高_{马袅}	临高_{皇桐}	澄迈_{桥头}	澄迈_{马村}	琼山_{龙塘}	海口_{荣山}
鹅	fun⁴	phun⁴	fun⁴	fun⁴	fun⁴	fun⁴	fun⁴/ ʔbun⁴	ʔbən⁴

《黎语调查研究》399 页堑对方言鹅的叫法是 bun⁵，这也是"笨"。

《壮侗语族语言简志》804 页、《壮语方言研究》615 页记录的鹅的读音如 ha:n⁵、ɣa:n⁵、ŋa:n⁶ 等，来自"雁"，黎语_{保定}ŋe¹ 来自"鹅"。壮语方言还有钦州、扶绥、上思、崇左、宁明、龙州、大新则也是来自"笨"。请看：

	钦州	扶绥	上思	崇左	宁明	龙州	大新
鹅	pun⁶	puɯn⁶	pon⁶	pun⁶	puɯn⁶	pən⁶	phuɯn⁶

4.6　个（东西）、为个（为什么）

长流土话称东西为 kiou³¹/kiɔ²⁴。我们以为，kiou³¹/kiɔ²⁴ 是"个"的异读。长流土话书面音"个、过"读 kɔ⁵³，kɔ⁵³ 读为 kiɔ²⁴，犹如称谓词头"翁"aŋ⁵⁵ 读为 iaŋ³¹。kiɔ²⁴ 的读音，又和"头"的又读 hiɔ²⁴（ʔda³¹ kok⁵ ～：膝盖），（k'an³¹～：拳头）韵母相同。在临高话中，也有这样的语音现象。请看：

张元生等《海南临高话》306 页记录的"东西"条，临高话、琼山话、澄迈话都是 kɔu⁴。

刘剑三《临高汉词典》142 页指出，这个 kɔu⁴ 可表东西、属于、名词词头三种用法。例如：

kɔu³³ bu³³ 补品（引者按，bu³³、bu²¹ 都是"补"，见 46 页）

kɔu²¹ mau²¹ 该死的（用于骂人，有时含伴嗔意）

kɔu²¹ diu³³ 菜肴（下饭之物）

kɔu²¹ tu¹³ 该死的（用于骂人），义同 kɔu²¹ mau²¹

kɔu²¹ tuk³³ 猪潲

kɔu²¹ tuk³³ bak³³ [漱口的]指牙膏

kɔu²¹ lɔi¹³ 长虫，蛇的婉称

kɔu²¹ tseʔ³³ 1）脏物 2）脏话

kɔu²¹ tseʔ³³ kɔu²¹ tsoi¹³ 藏东西

kɔu²¹ ȵam¹³ 玩具；玩物

kɔu²¹ juŋ²¹ 用品；用具

kɔu²¹ jɔp³³ [黑物]迷信的人认为一切灾祸都由鬼神这些藏在暗处看不见的东西引起，因称鬼神为～

kɔu²¹ kɔn¹³ 食物

kɔu²¹ kat⁵⁵ noʔ³³ [束胸的]乳罩

kɔu²¹ en²¹ 该死的，义同 kɔu²¹ mau²¹

　　从声音上看，临高话读ɔu 韵的有"包报毛道脑造号、斗扭凑钩藕透豆、舞姑许柱乌、芽"等字（据刘剑三《临高汉词典》135—145 页），临高话"个" kɔu²¹ 读同遇摄字、侯摄字的情形，在吴语也能见到。赵元任《现代吴语的研究》97—98 页"个"的读音，松江、嘉兴就读同"够"。吴语崇明话"个"在"稻个子稻捆、原个子整个、个人~问题、个数数字、数目、个个每个"等词中，就读同模韵的"故"。

　　从用法上看，临高话、长流土话等，"个"可指东西、物品，和粤语"乜嘢（即物个）"的"嘢（即个）"指东西、物品一致。

　　长流土话疑问词为什么是 ʔbei⁵⁵⁻²⁴ kou⁵³，ʔbei⁵⁵ 是"为"[ʔbəi²⁴]的又读，kou⁵³ 和"喉猴墟（口语指集市）头 ₄"[hou²⁴]的韵母相同。从几处比较看，ʔbei⁵⁵⁻²⁴ kou⁵³ 这大概就是"为个"。

　　刘剑三《临高汉词典》105 页记录为什么是 vəi⁴ ki³ kai³，29 页又记：ki³ kai³(ka³) 什么。ki³ 与"几"同音，kai³(ka³) 是"个"的又读音，所以"ki³ kai³(ka³)"者"几个"也。81 页又指出，kai³ 单说也表示什么、干什么的意思。这样，长流土话的"ʔbei⁵⁵⁻²⁴ kou⁵³"就相当于临高话的"vəi⁴ kai³"。笔者《释"什么"》说明了"什么"来自"什物"（《汉语方言代词研究》46—52 页），"什物"即"十物"。今安徽黟县宏村方言问什么就是"什物"ʂ̩³ mɐu³¹，还有"什物样式什么样、为什物为什么、做什物干什么"等（谢留文、沈明《黟县宏村方言》191 页）。"什物（十物）"和"几个"正相对。

　　桥本万太郎《临高方言》：

什么 ki³³ kai³³（按，就是"几个"）

为什么 vəi³¹ ki³³ kai³³（例句中指出，kai³³ 也可单用指什么）

哪个 nə⁵⁵ kai³³（以上 265 页）

这个 nə³¹ kai³³

那个 nə³¹ kai³³（以上 264 页）

　　我们现在可以明确，长流土话"个"的几个读音 kiou³¹、kiɔ²⁴、kou⁵³，原来都和"个"的方言读音对应，实际上都是"个"的又读。闽语海口话表示什么是：乜 mi⁵⁵ 乜个 mi⁵⁵ kai²¹(ke²¹)、个乜 kai²¹ mi⁵⁵（陈鸿迈《海口方言词典》4 页）。海口话的"乜个"mi⁵⁵ kai²¹(ke²¹)，就是客家话的"物个"，就是粤语的"乜野"。

　　临高话"个"kai³³ 读同"该、概"，闽语、粤语、客家话、吴语、北方话都有种种情形。

4.7 个（是，确实）

长流土话肯定句的判断词用"是"tə³¹，但表示否定和疑问时，则用 kiɔ²⁴。例如：

不是　zaŋ⁵⁵ kiɔ²⁴

是不是　kiɔ²⁴ zaŋ⁵⁵ kiɔ²⁴

澄迈话的判断词也是两个，一是"是"ti⁴，一是 kɔ²（张元生等《海南临高话》420 页）。

我们从上文已经明白，长流土话这个 kiou³¹、kiɔ²⁴、kou⁵³，原来都来自"个"，所以澄迈话的 kɔ² 也是"个"的一种读法。那么，"个"用作判断词，又是怎么回事呢？我们从方言比较可以知道，"个"用作判断词还不是孤例，广东揭阳话（闽语）、湖北大冶话（赣语），"个"都可以用作判断词。还有其他方言和民族语言，"个"有和判断词相关联的用法。我们下面——介绍。

广东揭阳话"个"可用作判断。陈恩泉《揭阳话"个"的调值变化及其他》（220 页）记载："个"[kai⁵⁵]（阳平调）用作量词、代词（乜个什么）；"个"[kai²²]（阳去调）用作结构助词和语气助词，相当于"的"；"个"[kai³⁵]（阳上调）。

这个阳上调的"个"就可以用作判断词"是"，或表示强调语气的"是"。例如：

个乜个（是什么）？

只本书个我个（这本书是我的）。

个是做年（究竟是为什么）？

个有影阿无（究竟有这回事儿没有）？

我个勿个哩（我是不要的啦）。

湖北大冶话"个"可用作判断。汪国胜《大冶方言语法研究》129 页：

他个大队长，我个老百姓，我什抹能跟他比敓 他是大队长，我是老百姓我怎么能跟他比呢

我个老货了，还穿果好做谜敓 我是老人了，还穿这么好干什么呢

小方个苕，人家把钱他不要 小方是个傻瓜，人家给钱他不要

陈师傅个忠厚人，叫他做谜就做谜 陈师傅是个忠厚人，叫他干什么就干什么

崇明话"个个"koʔ⁵ ku³³ 表示强调语气，相当于普通话的"真是，确实是"：夷勒两家头勾肩搭背，～好得来话也话勿出 他们两个互相搂着肩，真是好得没话说。

靖西壮语的 ka³、黎语的 kɯ³、《海南村话》的 ki²¹，也有类似的用法。例如：

靖西壮语的 ka³，可以作词头，如 ka³ θai⁶（什么），单说 θai⁶ 也是什么，所以 ka³ 是可有可无的词头。这个 θai⁶ 就是"事"，《靖西壮语研究》95 页同音字表和"柿"同音，所以 ka³ 就是"个"ka:i⁵（词头、量词 222、223 页、结

构助词 $_{242\,页}$、指代 $_{225\,页}$)、kei^5(指示词 $_{217\,页}$)的又读。

靖西壮语的 ka^3,也可用于表示肯定的强调语气。例如(据《靖西壮语研究》):

θiŋ^3 au^1 ka^3 la:i^4 mi^3 ?

想　要　真　吗　真的想要吗?(244 页)

按,la:i^4 是很、最、极等意思(217 页),ka^3 la:i^4 也可表示一定的意思(218页)。句中的 ka^3 la:i^4 就是表示强调,表示确实是、一定是的意思。译作"真、真的",当然也可以。又如:

ka:i^5 thiŋ^1 kei^5 wa:n^1 ka^3 la:i^4

些　糖　这　甜　确实　这些糖确实甜。(223 页)

ta^3 lei^4 ku^3 nai^3 nai^1 ka^3 la:i^4 … 296

照料　也　得　好　确实　(298 页译文:家中事务全照料)

pun^2 ma^2 tsan^1 si^5 lja:ŋ^2 ka^3 la:i^4 …296

想　来　真　凄凉　确实。　(298 页译文:[孤儿寡母]实可怜)

同样,"个"的又读 ka:i^5 可直接用作判断。例如:

ka:i^5　　　tən^4　ka:i^5　　θai^6 ?

(那东西)那　(那东西)　什么　那是什么东西?(225 页)

我们以为,ka:i^5 可直接用作判断这个例句,和上文揭阳话"个乜个(是什么)?"的用法如出一辙。

黎语的 kɯ^3,变体是 ʔɯ^3(失落 k 声母),既可作词头,也可表示"一(个)kɯ^2 $_{声调变化表示用法不同}$",也可表领属,音和义都和汉语"个"同源(汉语"个"可表示"一",如"个位数、个体户、个人"等)。黎语也有"个"也有 kai^2 的读法。

黎语的 kɯ^3、ʔɯ^3、kai^2 作词头的例子如下(据《黎语调查研究》):

	一(个) $_{510\,页}$	茄子 $_{462\,页}$	指甲 $_{522\,页}$	椰子 $_{509\,页}$	柚子 $_{513\,页}$
中沙	kɯ^2	kɯ^2 tho:ʔ^7	kɯ^3 li:p^7	kɯ^3 ʔun^2	kɯ^3 bem^1
黑土	kɯ^2	kɯ^2 tho:ʔ^9	li:p^7	kɯ^2 ʔun^2	kɯ^2 bem^1
保城	kɯ^2	kɯ^2 tho:ʔ^9	kɯ^2 li:p^7	kɯ^3 jɯn^5	kɯ^2 bum^1
加茂	kɯ^2	kɯ^2 la:ŋ^5	kɯ^2 lep^7		
通什	ʔɯ^3	ʔɯ^3 tho:ʔ^9	ʔɯ^2 li:p^7		
堑对	tsɯ^3	tɯ^5 tho:ʔ^9	li:p^7		
保定	tsɯ^2	tsɯ^2 tho:k^7	tsɯ^3 li:p^7	tsɯ^3 jun^2	tsɯ^3
西方	tsɯ^3	tsɯ^3 tho:k^8	kɯ^3 li:p^7	tsɯ^3 ze:ŋ^2	
	tsɯ^3 tsɯ^3				
西方					kai^2 bom^1

白沙 kai² bom¹

元门 kai² phom¹

黎语的 kɯ³（个），也可表示肯定、强调的语气。在《黎语调查研究》书后的长篇语料中，我们注意到：

（小妹）hou¹ khwei³ pɯ:n⁴ kɯ³ ʔu:ŋ² ɬɯ:k⁷ gu:ŋ¹　ga¹　vu:k⁷ la² vi¹。

　　　我　将要　来　要　和　弟　弟　咱们　做　吃　呀（589页）。

　　　（我要来跟咱们的弟弟一起过日子呀。）

按，例中 kɯ³ 注为"要"，译文未译，如果理解为译为"是"，意思一样。

pai³ za¹ fan¹ khau³ bi:ŋ²　kɯ³ tɯ:ŋ² ɬeɯ¹　ʔɯ³　khaɯ³，…

母亲　便　舀　酒　要　给　女婿（的）　姐……（590页）。

（597页译文：母亲舀酒给姐姐们的女婿喝，……）

按，例中 kɯ³ 注为"要"，译文未译，如果理解为译为"是"，意思一样。

（母亲）khwei³ pɯ:n⁴ tson³ nei²　kɯ³　ve³

　　　将要　来　坐　这　要　做什么？（589页）

　　　（597页译文：来这里干什么？）

meɯ¹ ʔom² khwei³ hei¹ peɯ¹ pha³ baŋ¹ ɬaɯ² haɯ²　kɯ³　ve³？

你　却　将要　去　嫁　烧炭工　那　要　做什么？（590页）

（597页译文：你怎么去嫁给一个烧炭的？）

meɯ¹ khwei³ phaŋ¹ ploŋ³ hou¹ kɯ³　ve³，meɯ¹ kɯ³ vu:k⁷ tsho:ŋ¹ ho³？

你　将要　量　房子　我　要　做什么　你　要　做　仿　吗？（592页）

（597页译文：你量我的房子干什么？想仿造吗？）

按，这三句例中的 kɯ³ 作者注为"要"，ve³ 在 84 页保定话同音字表、184 页通什话同音字表中都未记录，这里注为"做什么"，显然这是一个很虚的语气词，如果有实义，同音字表不会疏漏掉。而且 kɯ³ ve³ 总是在疑问句的句末，显然是要确认的意思。所以译为"做什么"固然可通，如果理解为确认语气的"是否、是吗"，也无隔碍，可以说更妥帖。

《海南村话》的 ki²¹ 可作词头、可表领属，用作词头时和 kai²¹ 相当，所以我们可以确定这个 ki²¹ 和 kai²¹ 一样，都是"个"。请看：

ki²¹ tsou¹³ 上面 159页 　　　kai²¹ khɔn³⁵ 以上 163页

ki²¹ fau³⁵ 下面 159页 　　　kai²¹ hai⁴² 以下 163页

k i²¹ tsɛn³⁵ 里面 159页

ki²¹ nɔk²¹ 猴子 159页

ki²¹ ba:t¹³ 跳蚤 159页 　　　kai³⁵ haŋ⁴² 蜥蜴 167页

ki²¹ hɔ³⁵ 鬼 159页 　　　kai³⁵ tshai³⁵ 芥菜 171页

ki²¹ zui³⁵ 苍蝇

ki^{21} ke^{21} 我的

ki^{21} mɔ^{21} 你的

ki^{21} ma^{35} 你们的

ki^{21} ha^{21} 我们的 以上 159 页

ki^{21} huŋ^{21} 野鸭 167 页

ki^{21} lɔp^{13} 蟑螂　ki^{21} lip^{13} 蜈蚣 168 页

ki^{21} ʔai^{35} 艾草　ki^{21} hɔ^{21} 蓖麻 171 页

ki^{21} dut^{13} 喉结　ki^{21} lɔŋ^{13} 脖子 173 页

ki^{33} nɔ^{33} 亲家 176 页

ki^{35} lu^{33} tshiə^{21} 轮子 179 页

ki^{35} niu^{35} 疙瘩、ki^{35} hau^{21} 早饭、ki^{35} hon^{13} 午饭、ki^{33} fon^{35} 晚饭 187 页

ki^{35} na^{21} 他们 218 页

由于"个"用作判断、用作强调语气，是表示一种比较虚的意思，所以人们解读时也可以用相近或相似的意思来理解。例如同音字表 52 页 ki^{33} 注为想要，75 页 tsou^{35} 注为要，而 193 页则载：

ki^{33} tsou^{35} 要（你要吗）

ki^{33} 要（你要去哪）

ki^{33} 将要

一些例句作者注释为要，我们理解为表示认定语气的"（究竟）是"、强调语气的"（确实）是"等意思，也完全通顺。例如：

mɔ^{21} vou^{13} kə^{21} zai^{42} kan^{35} tsa^{21} ki^{35} lu^{42} mɔ^{21} liən^{35} tsa^{21}。

你　　跟　我　去　　还　　要　你　　回来（263页）

你跟我去还要你（自己）回来。

按，81 页同音字表 lu^{42} 注为"需要、要"，所以 ki^{35} lu^{42} 注为"要"似不妥。ki^3 当是表示认定语气的究竟是的意思。如果译为"你跟我去还是你（自己）回"或许更好。

na^{21} ki^{35} vai^{21} lɔŋ^{35} lət^{21} bu^{21} lɛu^{21}，kan^{35} tsa^{21} hui^{13} tsa^{21}。

他　不但　　大　个　就　完　　而且还　肥（263页）

他不仅个子大，而且还胖。

按，27 页同音字表 vai^{21} 注为"不是"，所以 ki^{35} vai^{21} 注为"不但"似不妥。如果译为"他是不只个子大，而且胖"或许更好。

mɔ^{21} ni^{35} ki^{33} hiat^{33}，bu^{21} tsiən^{21} kon^{13} ʔa^{35}。

你　要是想买　就　给　钱　人家

你要是想买，就给钱人家。（264—265 页）

按，52 页同音字表 ni^{35} 未注。

$kə^{21}$ ki^{33} $ka{:}ŋ^{33}$ $ʔaŋ^{33}$ $mɛŋ^{35}$。

　我　想　说　又　怕　　我想说又怕（说）。（290 页）

$mɔ^{21}$ ki^3 la^{21} $tshɔ^{21}$，za^{33} si^{21} la^{21} nam^{42}。

　你　想吃饭　还是　吃水　你想吃饭，还是要喝水？（293 页）

按，这些例子的 ki^3，还有 292、293、296、297 页的例子，如果译为强调语气的是，都可通。

仡佬语有个发语词 $ɑɯ^{31}$，可以用作人称代词词头，例如张济民《仡佬语研究》515 页六枝仡佬语：$ɑɯ^{31}$ ei^{55}（我）、$ɑɯ^{31}$ $mɯ^{31}$（你）、$ɑɯ^{31}$ mi^{35}（他）。而且，这个 $ɑɯ^{31}$ 还可表示肯定的判断，相当于"是"。例如（515 页）：

1）$ɑɯ^{31}$ mi^{35} $ɑɯ^{31}$ $qə^{33}$ $tshu^{35}$ a^{35} ti^{35} na^{55}?

　　　　他　是　　人　处　何（他是什么地方的人？）

2）$ɑɯ^{31}$ $mɯ^{31}$ do^{31} $qə^{33}$ man^{31} a^{35} $n̠i^{35}$ $ɑɯ^{31}$ sa^{35}　　du^{35} ku^{35} vu^{33} $tɕe^{55}$!

　　　　你　来　看　　这 是 小的　东西　什么

　　（你来看，这是什么东西[小形]）

3）a^{35} $n̠i^{35}$ $ɑɯ^{31}$ $tɕhi^{35}$ $n̠i^{35}$ $qə^{33}$ na^{55}?

　　　　这　是　鞋　　何　（这是谁的鞋？）

4）a^{35}　　$n̠i^{35}$ $ɑɯ^{31}$ ti^{55} ei^{55}，a^{35}　　$bɯ^{31}$ $ɑɯ^{31}$ ti^{55} $mɯ^{31}$。

　（些）　这 是 的 我　（些）那　　是 的 你（这些是我的，那些是你的。）

5）$ɑɯ^{31}$　　ti^{31} mi^{35} $ɑɯ^{31}$ $sɯ^{31}$ $qɯ^{55}$ pie^{55} a^{35} $ŋɯ^{35}$。

　发语词　他 俩 是 二 弟兄　亲（他们二人是亲兄弟。）

6）$ɑɯ^{31}$ ei^{55} $ɑɯ^{55}$（变调成新义）$pɑɯ^{55}$ sa^{35} o^{55}，$ɑɯ^{31}$ ei^{55} $ɑɯ^{31}$ $pɑɯ^{31}$ to^{31} $ʔlo^{55}$。

　我　不是　　　　　　公　汉 不　　我 是　公　仡佬

　（我不是汉族，我是仡佬族。）

六枝仡佬语这个词头 $ɑɯ^{31}$，和平坝县大狗场仡佬语的词头 $ɑɯ^{31}$ 完全一致，但这个韵母，在《仡佬语研究》22—23 页的韵母表（据平坝县大狗场仡佬语）上就未见，看来是语流中出现的变音。$ɑɯ^{31}$ 作为人称代词词头，大概就是 $a^{33/35}$ 的变音，而 $a^{33/35}$ 又是 qa^{33} 的变体（$a^{33/35}$、qa^{33} 有时可互用不别，见张济民 1993，115 页）。qa^{33} 就是"仡佬"的词头"仡"，"仡佬"古也作"哀牢"，"仡、哀"之别犹如"qa^{33}、$a^{33/35}$"之别。"仡佬"者，"个老"也。所以 $ɑɯ^{31}$ 也可以看作 qa^{33}（个）的变体。

引用书目

陈恩泉　1992　揭阳话"个"的调值变化及其他　（收入《第二届闽方言学术研讨会论文集》　暨南大学出版社）

陈鸿迈　1996　海口方言词典　江苏教育出版社

杜敦信、赵和曼　1988　越南老挝柬埔寨手册　时事出版社

杜依倩　2007　海口方言同音字汇　《方言》第 2 期

符昌忠　1996　海南村话　华南理工大学出版社

海南省地方史志办公室　1994　海南省志·人口志　方言志　宗教志　南海出版公司

李方桂　1930　龙州土语　商务印书馆

李方桂　1953　武鸣僮语　中国科学院

李荣　1984　语文论衡　商务印书馆

李如龙、张双庆　1992　《客赣方言调查报告》　厦门大学出版社

李行健　1995　河北方言词汇编　商务印书馆

梁敏　1981　"临高话"简介　《语言研究》第 1 期

林立芳、庄初生　1995　《南雄珠玑方言志》　暨南大学出版社

刘剑三　2000　临高汉词典　四川民族出版社

罗忻如　2000　从亲属称谓等词语看湖南土话和粤北土话的关系（未刊稿）

马克承　1995　越南语口语教程　俶馨出版社（台北）

欧阳觉亚、程方、喻翠容　1984 京语简志　民族出版社

欧阳觉亚、郑贻青　1983　《黎语调查研究》　中国社会科学出版社

钱奠香　2002　海南屯昌闽语语法研究　云南大学出版社

桥本万太郎(Mantaro J. Hashimoto)　1980　临高方言（*THE BE LANGUAGE*）　东京：亚非语言文化研究所

琼山市地方志编辑委员会　1999　琼山县志　中华书局

宋本玉篇　1983　北京市中国书店（影印张　氏泽存堂本）

汪国胜　1994　大冶方言语法研究　湖北教育出版社

王均等　1984　壮侗语族语言简志　民族出版社

谢留文　1998　于都方言词典　江苏教育出版社

谢留文、沈明　2008　黟县宏村方言　中国社会科学出版社

辛世彪　2008　海口临高语长流方言　《民族语文》第 2 期

熊正辉　1995　南昌方言词典　江苏教育出版社

许宝华、宫田一郎　1999　汉语方言大词典　中华书局

许宝华、陶寰　1997 上海方言词典　江苏教育出版社

苑中树　1994　《黎语语法纲要》　中央民族大学出版社

云惟利　1987　《海南方言》　澳门东亚大学

詹伯慧、张日升　1987　珠江三角洲方言字音对照　广东人民出版社

詹伯慧、张日升　1988　珠江三角洲方言词汇对照　广东人民出版社

张惠英　2001　汉语方言代词研究　语文出版社

张惠英　2005　语言现象的观察与思考　民族出版社

张惠英　2010　北京土话连词"和"读"汉"音探源　《中国语文》第 1 期

张济民　1993　仡佬语研究　贵州民族出版社

张均如等　1999　《壮语方言研究》　四川民族出版社

张元生、马加林、文明英、韦星朗　1985　海南临高话　广西民族出版社

赵元任　1956　现代吴语的研究　科学出版社

郑贻青　1996　靖西壮语研究　中国社会科学院民族研究所

中国社会科学院语言研究所　1981　方言调查字表　商务印书馆

中国社会科学院语言研究所方言研究室资料室　2003　汉语方言词语调查
　条目表　《方言》第 1 期）

第二辑　临高话

临高人被称"贝、翁贝"探源

（《汉语学报》2016 年第 2 期）

一 先说"贝"就是"伯"（附"不"）

临高人被称"贝"或"翁贝"，原因为何？实际所指为何？本文试解释如下。

临高人被一些海外学者称为"Ong-be"或"Be"，被译写作"翁贝""贝"。有的就理解为"Ong"指人，"be"指村，所以"Ong-be"就是村人的意思。桥本万太郎 1980 年的《临高方言》是中文书名，英文名为 THE BE LANGUAGE。中国社会科学院民族所等（1994）主编的《中国少数民族语言使用情况》723 页就说到临高人被海外学者称为"贝"或"翁贝"。笔者以为，"Ong-be"就是"翁伯"，"Be"就是"伯"。"翁伯、伯"都是对长者、对男子的尊称。"翁伯"叠用，犹如"伯爹"叠用。这和崇明话中有人称父亲为"爷伯"也相类。桥本万太郎《汉语被动式的历史·区域发展》（《中国语文》1987 年第 1 期）一文附注 32，就把他的 THE BE LANGUAGE 一书译为《伯语临高话分类词汇》。

海南作家欧大雄的长篇小说《伯爹尧》（中国文联出版社 1993），是纪念他的父亲欧英尧。作者自序说："按乡人对父亲的称呼，定名《伯爹尧》。""伯爹"是海口、文昌一带对伯父、对男性长者的称呼。同样，在临高话中，"伯"既是对伯父对男性长者的称呼，而且在一些人口中，"伯"也面称父亲（按，很多方言称父为"伯"）。

临高话ʔbeʔ^{55} 指父亲，也可指伯父叔父（指伯父时读 33 调），也可称人。例如（据桥本万太郎 1980。笔者可辨明来源的字音，用"按语"注明汉字，仅供参考）：

ʔbeʔ^{55} 父亲（278 页·3）

ʔbeʔ^{55} mai^{31} 父母（196 页·16）

ʔbeʔ^{55} tok^{33} 叔父（191 页·31）　按，音即"伯叔"。

ʔbeʔ^{33} 伯父（191 页·28，·29）

ʔbeʔ⁵⁵ kxu³¹ 舅父（192 页・44）　　按，音即"伯舅"。

kuŋ²³ ʔbeʔ⁵⁵ 前世（139 页・30）　　按，音即"公伯"。

kuŋ²³ ʔbeʔ⁵⁵ 祖先（140 页・51）　　按，音即"公伯"。

ʔbeʔ⁵⁵ kua³⁵ hai³³ 外省人（199 页・37）　　按，音即"伯过海"。

ʔbeʔ⁵⁵ pfan²³ 西洋人（200 页・39）　　按，音即"伯番"。

ʔbeʔ⁵⁵ ʔbek³³ tiŋ³³ 农夫（203 页・29）　　按，音即"伯百姓"。

ʔbeʔ⁵⁵ ka³³ ŋu⁵⁵ 屠夫（203 页・34）　　按，音即"伯解牛"。

ʔbeʔ⁵⁵ pfəŋ²³ hai⁵⁵ 鞋匠（204 页・38）　　按，音即"伯缝鞋"。

ʔbeʔ⁵⁵ san³³ hau³³ 理发师（204 页・40）　　按，音即"伯铲头"。

ʔbeʔ⁵⁵ kit³³ het³³ 打铁的（204 页・45）　　按，音即"伯击铁"。

ʔbeʔ⁵⁵ ʔdon²³ kai²³ [熝鸡的]（204 页・61）　　按，音即"伯熝鸡"。原文只有英文译文，方括号[ ]为引者所加。

ʔbeʔ⁵⁵ pfəŋ²³ ʔdou²³ [补锅的]（204 页・61）　　按，音即"伯缝豆"。原文只有英文译文，方括号[ ]为引者所加。

ʔbeʔ⁵⁵ ʃia²³ 车夫（205 页・67）　　按，音即"伯车"。

ʔbeʔ⁵⁵ çi³³ tsə³³ 戏子（205 页・70）　　按，音即"伯戏子"。

ʔbeʔ⁵⁵ kuai³¹ ʔdai⁵⁵ 拐子（208 页・125）　　按，音即"伯拐带"。

ʔbeʔ⁵⁵ pfui⁵⁵ 胖子（281 页・61）　　按，音即"伯肥"。

桥本先生治学严谨，对此ʔbeʔ⁵⁵音未注汉字。笔者以为，当是"伯"字无疑。在桥本先生《临高方言》的音序索引中，临高话"百、柏"音ʔbek³³，"伯"和"百、柏"古音韵地位相同，而今读成ʔbeʔ⁵⁵，笔者以为，这是"伯"用作常用称谓词时，变读为55调喉塞音韵尾，这是很可能的；而且，相邻的海口话"百、伯"就都读ʔbɛ⁵⁵（陈鸿迈《海口方言词典》74页），文昌话"伯"的口语音为阴入调ʔbe⁵¹（云惟利《海南方言》121页），作为入声的辅音韵尾都已经失落，所以临高话"伯"有类似的发展趋向是完全可以理解的，而且可以认为是称谓词"伯"在口语中带普遍性的至少是区域性的现象。

至于"伯"除了表示伯叔意义之外，又可以称呼父亲，这种现象在汉语方言中也属常见。即以20世纪20年代的江浙吴语看，称父亲为"伯伯"或"阿伯"的，就有常熟、昆山、上海、吴江、绍兴、余姚、宁波、温州等地（赵元任《现代吴语的研究》109页）。笔者故乡崇明岛，还用"爷伯"称父亲的。在北方官话方言中，同样有用"伯"称父的情形。如河北沧州称父为"伯"，河南郑州、陕西宝鸡称父为"伯"，湖北襄樊、红安，以及安徽合肥、安庆，则称父为"伯伯"，贵州毕节称父为"老伯"。和称父为"伯"相类，广西柳州称父为"叔"（均见陈章太、李行健《普通话基础方言基本词汇集》2331 页）。在闽语，如福清话，"阿伯、阿叔、阿哥"都可以用来称父（冯爱珍《福清方言研究》186 页）。

附带说一下人名词头"不"也是来自"伯"。刘剑三《临高汉词典》55 页"不劳而获、不三不四、不锈钢"中的"不"读 55 调的 bə², 和"伯"ʔbeʔ⁵⁵ 音近。

海南省临高县、儋州市，至今仍有不少人，无论男和女，小名以"不"为首。

先看临高县人的小名和称呼。笔者调查了三个临高县人，一位是临高县志办公室的编辑王军先生，另外两位是海南师范学院的刘剑三教授和他的夫人，他们的小名都是以"不"字开头。"不（伯）"作为词头。已经失去性别的差异，适用于所有人。

在 1990 年出版的《临高县志》中，有两种资料很值得我们注意：一是 511—526 页的"革命烈士表"；一是 452—460 页的"临高县 90 岁以上寿星表"。请看：

临高县"革命烈士表"中的"不"字人名（共 64 人，女性注女，男性不注，下同）

姓名	牺牲时间	姓名	牺牲时间
符不肃 女	1931 年 11 月	符不楼 女	1930 年 6 月
王不争 女	1943 年 5 月	吴不望	1945 年 3 月
符不女 女	1945 年 5 月	符不值	1946 年 9 月
严不掉	1946 年 9 月	符不宗	1948 年 3 月
颜不吊	1948 年 9 月	黎不子	1950 年
许不伦	1944 年 6 月	谢不戴	1942 年 3 月
符不清	1944 年 6 月	谢不发	1943 年 8 月
王不显	1944 年 2 月	王不俊	1944 年 9 月
符不团 女	1944 年 11 月	林不星	1948 年 3 月
王不四	1949 年 2 月	符不四	1949 年
陈不伍	1950 年	许不安	1951 年 6 月
欧不子	1928 年 3 月	张不利	1923 年 6 月
陶不昌	1928 年 7 月	洪不平	1940 年 3 月
罗不七	1928 年 3 月	符不麻	1942 年 10 月
陈不展	1943 年 1 月	黄不宜	1943 年 2 月
李不积	1943 年 6 月	王不四 女	1944 年 6 月
陈不家	1944 年 10 月	陈不善 女	1945 年 2 月
洪不击	1943 年 1 月	符不成	1946 年 8 月

唐不益	1947 年 2 月	王不豪	1948 年
符不文	1948 年	符不狗	1948 年
黄不益	1950 年 6 月	符不中_女	1944 年 8 月
罗不茂	1942 年 3 月	陈不益	1948 年 9 月
邓不元	1946 年 7 月	苏不妹	1946 年 7 月
曾不云	1942 年 9 月	王不东	1949 年 3 月
李不明	1948 年 6 月	汪不麻	1948 年 8 月
黄不老	1948 年秋	林不各	1949 年夏
陈不丕	1942 年 9 月	黎不六	1931 年 6 月
王不习	1930 年 2 月	符不酒	1945 年 3 月
王不粉	1949 年 9 月	黄不动	1949 年 2 月
王不政	1947 年 9 月	王不四	1949 年 8 月
黄不廉	1949 年 9 月	程不成	1940 年 10 月
羊不旺	1943 年	王不介	1949 年 6 月

临高县"90 岁以上寿星表"中的"不"字人名（共 36 人，全为女性）

姓名	生卒年月	姓名	生卒年月
陈不展_女	1876—1983	黄不花_女	1881—
王不雷_女	1886—1984	陈不小_女	1885—1984
黄不花_女	1887—	黄不女_女	1887—
柯不英_女	1889—	陈不生_女	1877—1972
林不姻_女	1890—	林不希_女	1887—
王不章_女	1889—	符不转_女	1885—1980
林不转_女	1890—（以上 452 页）	郑不花_女	1891—
陈不合_女	1863—1955	林不尾_女	1889—1979
林不转_女	1882—1974（以上 453 页）	杨不香_女	1890—
陈不花_女	1891—	曾不干_女	1879—1972
王不小_女	1892—（以上 454 页）	王不姬_女	1886—1977（455 页）
汪不苦_女	1882—	陈不粉_女	1890—1985
钟不角_女	1891—	符不转_女	1886—1981
郑不爱_女	1890—1981	秦不笑_女	1881—
林不三_女	1886—	曾不三_女	1890—
符不三_女	1895—	林不调_女	1889—（以上 456 页）
林不杰_女	1887—（457 页）	陈不姑氏_女	1886—（459 页）
李不元_女	1875—1969	罗不母_女	1884—1976
王不三_女	1886—1977（以上 460 页）		

临高话中"不"不仅可用作人名首字,还可用作亲属称呼的首字,请看《临高县志》474页所载:

本县称呼,其特点是:以人们的排行和"不"字来称谓。无论对祖父母、父、母、伯、叔、婶、嫂、兄弟姐妹之间都同样适用。例如,称呼祖父母叫"不公"、"不婆",称呼伯父、叔父,叫"不伯"、"不叔"……其余类推。对父亲的称呼,除对其排行称呼外,还叫"不官"("官"念 hak 音),"不爸","不大"("大"念 da 音),"不哥"("哥"念 go 音),"不兄"("兄"念 hia 音)。对母亲称呼的有"不妈"、"不嫂"("嫂"念 dou 音,或念 do 音)。

引者按,"官"念 hak 音,疑标音有误;如果标音无误,hak 音当是"客",一些少数民族语言称呼汉族人为"客"。"兄"念 hia 音以及"嫂"念 dou/do 音,都和海南闽语音一致。

下面我们再看海南省儋州市地方志编委会编、1996 年出版的《儋县志》"革命烈士名表"中的用"不"字为首的人名:

王不吉　王不四　王不所　734 页

王不二　王不环　占不生　许不文　735 页

许不发　736 页

李不恩　773 页

李不武　738 页

陈不正　陈不吉　陈不海　陈不由　陈不兴　陈不若　739 页

林不成　周不善　740 页

符不汗　符不伦　符不仲　符不环　符不保　符不凉　符不堂　符不模　符不雷

符不强　符不遵　742 页

符不安　743 页

谭不尾　744 页

王不火　王不生　王不登　王不成　王不信　王不盛　王不河　王不积　745 页

王不养　王不遵　王不振　746 页

古不善　许不雷　748 页

羊不逢　749 页

李不三　李不化　751 页

张不衍　张不俭　753 页

陈不环　陈不暗　陈不尾　陈不游　754 页

吴不进　吴不念　吴不该　756 页

郑不仁　758 页

林不旺　林不西　759 页

罗不开　罗不符　761 页

郭不艺　黄不风　黄不气　763 页

符不化　符不比　符不后　符不合　符不姊　符不伯　符不直　符不养　符不黑

符不胡　符不科　符不诗　符不攀　符不耕　符不衡　765 页

符不维　766 页

我们注意到，用"不"作为人名首字，在《史记》中也常见到，例如：

不降（夏本纪，86 页）

不窋（周本纪，112 页）

不衍（鲁周公世家，1546 页作"显"，索隐：系本作"不衍"）

不寿（越王勾践世家，1747 页）

韩不佞（赵世家，1747 页）

申不害（韩世家，1869 页）

公山不狃（孔子世家，1914 页。《论语》作弗扰）

吕不韦（秦本纪，219 页）

不逝（卫康叔世家，1604 页作逤，索隐：系本作"不逝"。）

不其侯（惠景间侯者年表，983 页。即吕种）

不辰（齐太公世家，1481 页。索隐：系本作"不臣"）

刘不识（孝景本纪，446 页）

刘不疑（常山哀王。吕太后本纪，401 页）

刘不疑（涓侯。建元以来王子侯者年表，1114 页）

刘不害（河间共王。汉兴以来诸侯王年表，858 页）

刘不害（陪安康侯。建元以来王子侯者年表，1086 页）

刘不害（俞间侯。建元以来王子侯者年表，1115 页）

刘不害（淮南王列传，3088 页）

刘不审（建元以来王子侯者年表，1073 页）

陈不得（高祖功臣侯者年表，939 页）

卫不疑（建元以来王子侯者年表，1037 页）

卫不害（高祖功臣侯者年表，938 页）

张不疑（高祖功臣侯者年表，891 页）

赵不虞（建元以来王子侯者年表，1035 页）

赵不害（高祖功臣侯者年表，959 页）

庄不识（高祖功臣侯者年表，908 页）

许不疑（高祖功臣侯者年表，940 页）

王不害（高祖功臣侯者年表，883 页）

我们要说，"不"作为人名词头的用例，从古至今都能看到。

在今汉语方言中，"不"用作词头的情形也常见到。例如：

山西洪洞话的"不"可以用作名词、动词、量词的词头（据乔全生《洪洞方言研究》）：

名词如：不糊儿：煮熟的玉米面糊，"糊儿"不能单说。

　　　　不鞋：破旧的鞋，"鞋"可单说，是通称，与"不鞋"词义不同。

　　　　不脐窝：肚脐，"脐窝"不能单说。

　　　　不残_{原文残下加皿}子（放鸡狗食的器皿），三音节词，不能分开。

　　　　二不愣：愣头愣脑、办事粗野的人，可以说：二愣子。（以上 103 页）

动词如：不撩：用手迅猛向外拨物。

　　　　不弹：人、动物躺在地上挣扎，或指人气得身体发抖。

　　　　不拉：手在物体上从一边捋摩到另一边。（以上 104 页）

量词如：不了儿：指炒菜时的短时间。这菜一不了儿就中嘛（熟了）。

　　　　不雷儿：地上一片一片的小草。

　　　　不蠡儿：地上一大片一大片的草。

　　　　不摊：1）大量饭菜。看你做下一不摊的饭没人吃。2）地下乱糟糟的一片。

　　　　不溜：一不溜房子_{一排一排的房子}。（以上 104 页）

从临高话、儋州话、山西洪洞话的用法中我们可以到很多启示。

王念孙《读书杂誌》卷三之二"弗生"指出，"弗、不、毋"在词首有只发声并无实义的情形：

《十二诸侯年表》："穆侯弗生元年"。念孙案：生上本无弗字，此后人依《晋世家》加之也。索隐本出"晋穆公生"四字，而释之曰："案世家名费生，或作沸生，世本名弗生。则生是穆公名，费沸弗不同耳。"据此则穆侯本名生，或作弗生者，发声耳。或作费、沸，字异而义同也。生之为弗生，犹降之为不降（夏本纪帝不降，世本作帝降），阆之为毋凉（周本纪惠王阆，世本作毋凉，凉阆古字通，毋发声），皇之为弗皇（鲁世家惠公弗皇，汉书律历志作惠公皇），上一字皆发声，故索隐以生为穆侯名，无须加弗字也。

周法高在《中国古代语法·构词篇》（205 页）在王氏基础上进一步提出，"不、弗"在古汉语中可作"前附语"，即本文所说词头。周氏所据例子有：

不蜩，王蚥；不过，蟷蠰（王国维《尔雅草木虫鱼鸟兽释例·释虫》）

夷上洒下，不漘。（《尔雅·释丘》，郭注："不，发声也。"）

龟：左倪，不类；右倪，不若。（《尔雅·释鱼》，邢疏："不，发声也。"）

本文拟一方面补充"不、弗"作词头的资料，另一方面说明汉语的词头"不"，和少数民族语言的词头"布"来源相同，就是来自表示男性的"父（夫、甫）"（词头"毋、无"来自"母"，参拙作《从姑苏、无锡说起》，张惠英 1998）。

二 再说"翁"，就是对人的尊称

长流土话对人的称谓很多用"翁"aŋ⁵⁵。海南闽语"翁红洪"都读 aŋ，厦门话也是，所以长流土话"翁"读aŋ和海口话对应。新加坡地名"宏茂桥"的英文拼写是 Ang Mo Kio，也是闽语读音。

长流土话的称谓词头aŋ⁵⁵（翁）用例如下（据笔者《海南长流土话》，106—108 页）：

瓦匠aŋ⁵⁵ kʻie³¹ zan²⁴（翁 起栏）

石匠aŋ⁵⁵ kik⁵ ʔdien²⁴（翁 击石。"石"作量词用时，音同"担"）

铁匠aŋ⁵⁵ kik⁵ hiat⁵（翁 击铁）

补锅的aŋ⁵⁵ pʻəŋ³¹ ʔdou⁵³（翁缝豆。豆，古食器）

理发的aŋ⁵⁵ tɕʻien²⁴ hou⁵⁵（翁剪头）/aŋ⁵⁵ hɔi⁵³ hou⁵⁵（翁剃头）

屠户aŋ⁵⁵ ka³¹ mo²⁴（翁解猪）

轿夫aŋ⁵⁵ haŋ²⁴ kʻio⁵³（翁行轿）

艄工aŋ⁵⁵ kʻan⁵³ zua²⁴（翁看船）

骗子aŋ⁵⁵ kuaŋ⁵⁵ kuən⁵³（翁光棍）

强盗aŋ⁵⁵ sok³（翁贼）

工人aŋ⁵⁵ huk⁵ koŋ³¹（翁学工）

农民aŋ⁵⁵ ʔbiet³ tiŋ⁵⁵（翁百姓）

　　aŋ⁵⁵ huk⁵ noŋ²⁴（翁学农）

做买卖的aŋ⁵⁵ səŋ⁵⁵ i⁵³（翁生意）

乡下人aŋ⁵⁵ ʔbie²⁴（翁伯）

城里人aŋ⁵⁵ hou²⁴⁻⁵⁵（翁墟）

海南闽语、临高话、长流土话中频频使用、出口就来的"母、伯、祖、翁"等尊称，犹如各地方言口语"老、大"之称长者、尊者。所谓"礼仪之邦"，由此可见一斑。只是写作"亿佬、泰国、傣族"就模糊了"老、大"的来源，写作"达达、鞑靼"就看不到"大大（可称父、伯、姑、姐等）"的尊称本意。

这些数千年流传下来的中华古老文明、人情世态，就活在海南这块土地上，就活在海南人的嘴角耳边，能不为之心动情牵梦魂萦绕？

引用书目

陈鸿迈　1996　海口方言词典　江苏教育出版社

陈章太、李行健　1996　普通话基础方言基本词汇集　语文出版社

冯爱珍　1993　福清方言研究　社会科学文献出版社

海南省儋州市地方志编委会　1996　《儋县志》新华出版社）

临高县志编委会　1990　临高县志　广东人民出版社

刘剑三　2000　临高汉词典　四川民族出版社

欧大雄　1980　伯爹尧　中国文联出版社

桥本万太郎　1980　临高方言　东京：亚非文化语言研究所
　　　　　　　1987　动式的历史·区域发展　《中国语文》第1期

乔全生　1999　洪洞方言研究　中央文献出版社

司马迁　1974　史记　中华书局标点本

王念孙　1933　读书杂志　上海商务印书馆

叶祥苓　1993　苏州方言词典　江苏教育出版社

云惟利　1987　海南方言　澳门东亚大学

张惠英　1998　从"姑苏"、"无锡"说起　《方言》第4期

　　　　2011　海南长流土话　南海出版公司

赵元任　1956　现代吴语的研究　科学出版社

中国社会科学院民族所等主编　1994　中国少数民族语言使用情况　中国
　藏学出版社

王均等　1984　壮侗语族语言简志　民族出版社

周法高　1962　中国古代语法·构词编　（台北）"中央研究院"历史语言
　研究所专刊之三十九

临高话"伯"

一　be² 指父亲；尊称男性长者（be² mai⁴ 可指父母，也可指夫妻）；作称人词头

（本文用例据刘剑三《临高语话语材料集》）

1. tsək⁷ ti⁴ lək⁸ be² vɔn³ na³ am³　kɔn² mən² tɔk⁷　kɔn²。

　　可 是 子 父 两 个遇见 互相　不 认识 互相。（45页）

（46页译文：可是父子俩相见不相识。）

按，例中"be²"指父亲，是实词。

2. meŋ³ meŋ³ ləŋ¹ lan² səŋ¹ jɔu³ be² mai⁴。

　　快　快　回　家告诉给　父 母。（86页）

（94页译文：赶快回家告诉给父母亲。）

按，例中"be²"指父亲。

3. kə² doi³ tin² teŋ¹ tsiŋ³ be² mai⁴ ən¹ na³。

　　他 对 先 生 像 父 母 这 样。（90页）

（95页译文：他对待先生如同对待父亲一样。）

4. lai³ be² lau⁴ hu² hə³ tiaŋ⁴ ma¹ hu² hə³,　vɔn³ na³ lək⁸ be² hai⁴ məŋ⁴ nə⁴ hu² hə³ diat⁸ saŋ³

　　有 老 汉 个 一 养 狗 只 一，两 个 子 父 依靠 狗 这 只 一 驱 山林

kua³ səŋ³ huat⁸。

　　过 生 活。（97页）

（99页译文：有个老汉养了一条，父子俩就靠这只狗打猎为生。）

按，"be² lau⁴（老汉）"中的"be²"是词头。"lək⁸ be²（子父）"中的"be²"指父亲。"be² lau⁴"也可用来指父亲，见下150页例。

5. mə² m² ŋa⁴ xut⁸ juk⁸ van⁴ vɔn³ na³ lək⁸ be² ho³,　van⁴　vɔn³ na³ lək⁸ be² tsək⁸ di³ ləu²,

　　你 不 用 屈 辱 人家 两 个 子 父（助），人家 两 个 子 父 若 怎么

vɔi³,　mə² xəm³ fu² tsək⁸ ho³。

　　了，你 欠 负 责 的。（99页）

（100页译文：你不能屈辱人家父子俩，人家父子要有个三长两短，你必须负责！）

按，例中两处"lək⁸ be²（子父）"是指父子，"be²"表示父亲。

6. lək⁸ be² mə² lo⁴ bɔi¹ hai³，du² ti⁴ daŋ³　tiŋ² tom²。

　子 父 你 们 去 海，都 是 栽倒 （响声）。（107）页

（109 页译文：你们父子出海，都是要扑通落海。）

7. lək⁸ hou⁴ teŋ¹ ki³ hu² tɔŋ⁴ kə² bɔi¹ niŋ² hau³ be² eŋ¹ vɔi³，tsiaŋ¹ siŋ¹ xuaŋ² kə² səŋ¹　jəu³

　仔 后 生 几 个 搡 他 去 旁边 头 父 兄 了， 将　情　况 （助）告诉 给

hau³ be² eŋ¹。hau³ be² eŋ¹ ja³ xi² vɔi³。

　头 父 兄。 头 父 兄 也 气 了。（107 页）

（109 页译文：几个后生仔都推搡着他到村里头儿旁边，把情况告诉给头儿。头儿听了也很生气。）

按，"be² eŋ¹（父兄）"的"be²"是父老乡亲，指男性尊者长者。

8. lək⁸ be² mə² lo⁴ bɔi¹ hai³，tsuŋ³ ti⁴ hɔ² bou³ hɔ² kim。

　子 父 你 们 去 海， 总 是 爬 宝 抓 金。（108 页）

（109 页译文：你们父子出海，总是捞金捞宝。）

9. na⁴ ku² mai²！ mə² lo⁴ tsu⁴ bo¹ be² van⁴　hu² hə³ huk⁷ kou⁴ səu² kə³？

　非常 好！ 你们 就 说 父 人家 个 一 做 东西 差 的？ （108 页）

（109 页译文：非常好！你们这么说人家阿伯唱不吉利的呢？）

按，例中"be² van⁴（父人家）"的"be²"是尊称男性长者。

10. be²　van⁴　hu² hə³ ja³ tsun³ kə²。

　男子 人家 个 一 也 相信 他。（113 页）

（115 页译文：人家一个大男人也相信了他。）

按，例中"be²"指男子，译作"大男人"，也是尊称的意思。

11. be²　nə⁴ hu² hə³ maŋ² num¹ kə³ di²　hot⁸　lɔŋ² mia²。

　男人 这 个 一 怕 蛋　的 要 滑落 下 来。（113 页）

（115 页译文：蛋商怕鸭蛋要滑落下来。）

按，"be² nə⁴ hu² hə³"是这个男人的意思。译文是意译。"be²"本是尊称，例中用来称呼那个贪财的蛋商，已经不表示尊敬的意思了。下面四个例子都是这样，失去尊称的意思了。

12. tə³ be²　van⁴　hu² hə³ kut⁷ on² oŋ³ nən³，mən³ kɔm³ no¹ tsiʔ⁸ tsiʔ⁸。

　使 男子 人家 个 一 抱 稳 稳 这样， 不 敢 动 点点。（113 页）

（115 页译文：害得人家在那里稳稳地抱着蛋，一动也不敢动。）

按，"be²　van⁴　hu² hə³"也是那个男人的意思。

13. ɔm³ ɔm³ ti⁴　be² hu² hə³ kut⁷ num¹，tə³ lək⁸ vo³ nə³ lou¹ hə³ liau¹ kəm² vɔi³。

　原来 是 男人 个 一 抱　蛋，使 子 村 这 群 一 笑　饱 了。（114 页）

（115 页译文：原来是一个男子在抱蛋，让这一大群人都笑饱了。）

按，例中"be²"指男人，没带尊或不尊的色彩。

14. be² van⁴ hu² hə³ na³ hoŋ² hoŋ² ən¹ nən³.

　　男人 人家 个 一 脸 红 红 这 样。(114 页)

(115 页译文: 蛋商脸上涨得红红的。)

15. be² dai¹ vɔ³ mə² lɔ⁴ nə⁴ hu² hə³ bo¹ di² vian¹ n̬um¹ hə³.

　　男人 死 村 你们 这 个 一 说 要 买 蛋 的。(114 页)

(115 页译文: 你们村这个死老头, 说是要买蛋。)

按, 例中 "be² dai¹" 是死男人、死老头的骂人话了。

16. vɔn³ na³ be² mai⁴ ŋai³ da³ vən² da³ kɔm⁴.

　　两 个 父 母 哭 白 天 黑 夜。(129 页)

(136 页译文: 父母俩……白天晚上都哭。)

17. mai⁴ lək⁸ kə² tsu⁴ bɔi¹ sən¹ jɔu³ be² eŋ¹ kə³.

　　女 人 他 就 去 告诉 给 父 兄(助)。(131 页)

(136 页译文: 他女人就去告诉村里的头儿。)

按, 例中 "be² mai⁴" (父兄)指尊者长者, 村里的尊长。译文作 "头儿"。
下面多例同

18. di² lɔu⁴ lan² hɔk⁸ nə⁴ vən² hə³, be² eŋ¹ kə³ siŋ³ leŋ¹ hun² mia² həi¹ ti¹ həi² dəi³.

　　要 进 学 校 那 天 一, 父 兄 的 请 人 来 题 诗 题 对。(131 页)

(136—137 页译文: 开学典礼的那一天, 村里的头儿请人来题诗作对。)

19. be² eŋ¹ kə³ bo¹, nɔ¹ lai³, jam³ kə² mia².

　　父 兄 的 说, 行, 叫 他 来。(132 页)

(137 页译文: 村里的头儿说行, 把他请来。)

20. be² hu² hə³ tsu⁴ dɔ⁴ mai⁴ lək⁸ nə⁴ hu² hə³ ni² mia² hɔ⁴ jan³ kə² vɔn³ na³.

　　父亲 个 一 就 叫 女 人 那 个 一 呢 来 贺 酒 他 两 个。(134 页)

(137 页译文: 人家家翁就叫媳妇来给他俩贺酒。)

按, 例中的 "be²" 指家翁, 即公公。

21. be² van⁴ nɔ³ tsu⁴ bo¹: ……

　　父亲 人家 个 就 说: ……(134 页)

(137 页译文: 人家家翁就说: ……)

22. be² eŋ¹ ki³ hu² tsuŋ³ maŋ² tsuŋ³ deu² lo³.

　　父 兄 几 个 总 怕 总 逃 啰。(135 页)

(138 页译文: 村里的头儿都吓跑了。)

23. jam³ be² eŋ¹ nə⁴ ki³ hu² lən³ mia².

　　叫 父 兄 那 几 个 回 来。(135 页)

(138 页译文: 把那几个村里的头儿叫回来。)

24. lai³ vən² hə³, be² lau⁴ dəŋ si² huŋ¹ diu² ŋu² bɔi¹ da³ lou⁴ vɔi³ tiaŋ⁴.

　　有 天　一，　父 亲　邓 世 雄　牵　牛 到 中 荒野 了　养。(150页)

(155页译文：有一天，邓世雄的父亲牵着一头黄牛到野外去放养。)

按，例中"be² lau⁴"注文译文都是"父亲"。下文151页"be² lai³"也用来指父亲。

25. [sə³ mu⁴] tim¹ mɔʔ⁸ ja³ mɔ⁴ vɔi³, in³ be² lau⁴ hu² hə³ ui: be² lau⁴ nə⁴ hu² hə³ ja³ ti³ hai²

　　[师母] 心　个　也　软　了，怨 丈夫　个 一 起 来：父 老　这 个 一 也 是 太

dai¹ ban¹ vɔi³.

　死　板　了。(91页)

(95页译文：[师母]心也软了，还怨起丈夫来：……)

按，这是讲学生陆大霖求师母偷偷给他看先生对他作文的批改。师母被刘说动，反而埋怨丈夫。但"父老这个一也是太死板了"这句话没有翻译。笔者以为，第一个"be² lau⁴"注文作"丈夫"，很是。第二个"be² lau⁴"注文是"父老"，就是老汉、老头的意思。

26. da³ vɔ³ lai³ vɔn³ na³be² mai⁴, ka³ di² dəŋ³ tə³ təp⁸ tui³ vɔi³ en³ m² lai³ lək⁸ hu² jou³.

　　里 村 有 两　个　夫妻，已 快 到 四　十 岁　了 还 没 有儿子 个　在。

(168页)

(174页译文：村里有一对夫妻已将近四十岁了，还没有生儿育女。)

按，"be² mai⁴"在22、23、24例中都指夫妻。

27. vɔn³ na³be² mai⁴ liau¹ mi³ mi³ ən¹ nə³ bɔi¹ miu⁴ kuan² im¹ fɔi² hem¹.

　　两 个 夫 妻 笑 咪 咪 这样 去 庙　观 音 次　添。(168页)

(174页译文：夫妻俩又笑咪咪地去了观音庙。)

28. be² mai⁴ vɔn³ na³ kam² kɔŋ¹ da³ mɔ² ne⁴.

　　夫妻　两　个　干 工　在 手 呢。(168页)

(174页译文：夫妻俩正在忙着干活呢。)

29. vɔn³ na³ lək⁸ be² tsuŋ³ ti⁴ vɔn² leŋ¹ hun² nə⁴ hu² hə³.

　　两 个 子 父 总 是 梦　人　　这 个 一。(171页)

(175页译文：父女俩梦的都是同一个人。)

按，"³ lək⁸ be²"既可以指父子，也可以指父女。

30. tsu⁴ biaŋ³　be²　məi² nə⁴ hu² hə³ huk⁷ ti¹ kə³ səu³ ən¹ nən³ lou⁴ dou⁴ ha²?

　　就　放（词头）醉　这 个 一 作 诗 的 差 这样 进来 咱 吗？（107页）

(109页译文：就让这个醉鬼题这么不吉利的诗给咱们吗？)

按，例中"be² məi²"（醉伯）的"be²"是称人词头。

31. lai³　be²　teŋ¹ li¹ hu² hə³ mui¹ vən² du² hap⁷ ȵum¹bit⁷ tsin³ hə³ kua³ na³ vɔ³ bɔi¹ hin⁴

　　有（词头）生 意 个 一 每 天　都 挑 蛋 鸭 担 一　过 前 村 去 县

vɔi³ iŋ¹。

了 卖。（112 页）

（115 页译文：有个商人每天都挑着一担鸭蛋从村子前面经过，到县城里卖。）

32. tsək⁷ ti⁴ be² teŋ¹ li³ nə⁴ hu² hə³ na⁴ ku² ham³。

可 是（词头） 生 意那 个 一 很 贪。（112 页）

（115 页译文：可是，那个商人很贪。）

按，上两例中的"be² teŋ¹ li³"（伯生意）称商人。

二 beʔ⁷ 即伯，尊称男性长者

1. beʔ⁷ ha² beʔ⁷，vɔi⁴ ki³ kai³ mə² ŋai³ lam² lə³ tən² nɔ⁴？

伯 啊 伯， 为 什 么 你 哭 悲 惨 这样 呢？（98 页）

（100 页译文：大伯，你为什么哭得如此凄惨？）

按，例中的"beʔ⁷（伯）"，是尊称男性长者"be²"的异体。

2. kɔk⁷ vi⁴ beʔ⁷ tok⁷ ba³ mu³。

各 位 伯 叔 伯 母 婶婶。（154 页）

（157 页译文：各位乡亲父老。）

3. beʔ⁷ tok⁷ bai³ mu³ niŋ² lan² kə³ ja³ mən² hu⁴ di³ ləu² ban³。

伯 叔 伯母婶母临近家 的 也 不 知道 怎 么 办。（172—173 页）

（176 页译文：邻居乡亲父老不知所措。）

按，例中"beʔ⁷ tok⁷"指乡里父老。

4. beʔ⁷ xuat⁷ nam⁴ vɔi³ mə² di¹ tia³ lai³ muʔ⁷ kɔu⁴ mɔʔ⁸ hə³ beʔ⁷ kɔn¹ mə²²？

伯 渴 水 了 你 会 舍 得 摘 东西个 一 伯 吃 不？（177 页）

（182 页译文：阿伯口渴了，你舍得把这东西摘下来给阿伯吃吗？）

按，例中"beʔ⁷"是用小孩称呼男性长者的说法自称。

5. mə² lo⁴ tsək⁸ m² him² bə³ beʔ⁷，tsu⁴ biaŋ⁴ bə³ beʔ⁷ iaʔ⁷ mə² lo⁴ kua³ bɔi¹，

你 们如果 不 嫌 阿 伯， 就 放 阿伯 背 你们 过 去，

bə³ beʔ⁷ lou⁴ tsiŋ⁴ mə² lo⁴ m² tsak⁸ m² tseʔ⁷。

阿 伯 保 证 你们 不 湿 不 脏。（122 页）

（124 页译文：你们如果不嫌弃老伯，老伯就把你们背过去，老伯保证你们不脏也不湿。）

按，例中故事是年轻男子和朋友玩笑打赌，为了摸女孩屁股，就提出背她们过河。其中"bə³"是词头，用于亲属称谓词前。"beʔ⁷"是"伯"，尊称男性长者。

6. beʔ⁷ nə⁴ hu² hə³ na⁴ ku² mai² lo³，mə² lo⁴ biaŋ⁴ kə² iaʔ⁷ kua³ mia²。

伯 这个 一 特别 好 啰， 你们 放他背 过 来。（122 页）

（124 页译文：这老伯特好，你们让他把你们背过来。）

按，例中"beʔ⁷"（伯）尊称男子。

7. beʔ⁷ nə⁴ hu² hə¹ ləi¹ nuŋ¹ kə³ dəi² tot⁹ ən¹ nən³.

　男人 这 个 一 流 脓 的 烂 分分 这样。（132页）

（137页译文：那个人流脓流得烂分分的。）

按，例中"beʔ⁷"指男人，无尊称色彩。

8. vɔ³ doŋ¹ lai³ beʔ⁷ kok⁷ som⁴ hu² hə¹.

　村 东 有男子 脚 跛 个 一。（158页）

（164页译文：东村有个跛脚公子。）

9. be² kok⁷som⁴ nə⁴ hu² hə³ en³ hem¹ mɔ¹ kə² bəŋ³ nen⁴.

　男子 脚 跛 那 个 一还 跟 客人 的 闲聊 呢。（163页）

（166页译文：跛脚公子还在应酬宾客。）

10. tsek⁷ ti⁴ be² kok⁷ som⁴ suan² lan² dek⁸ hək⁸ kə² hu² hɔi² mɔʔ⁸ mai² en¹ nen³.

　　可 是男子 脚 跛 全 家 看 到 她 身 材 个 好 这 样。（163页）

（166页译文：但公子一家人看到她身段这么好。）

11. be² kok⁷ som⁴ tam³ lou⁴ duŋ⁴ fɔŋ¹.

　男子 脚 跛 迈 进 洞 房。（163页）

（166页译文：跛脚公子才走进洞房。）

按，例8中"beʔ⁷ kok⁷ som⁴"，在9、10、11例中作"be² kok⁷ som⁴"，或者是失校，或者是异读。值得注意。

三 bə³用在人名前作人名词头，作亲属称谓词头（不分男女）

1. be² lau⁴ bə³ ŋɔn⁴

　父亲 阿 五（14页）

（阿五的父亲）

按，bə³ ŋɔn⁴的"bə³"是人名词头。

2. nia² bə³ siau³ kə³ 或 bə³ siau³ kə³ nia²

　田 阿 超 的 阿 超 的 田（27页）

（阿超的田）

3. kiau³ kiŋ⁴ fat⁸ bə³ ba² ki³ təp⁸ ŋɔn²（35页）

　交 警 罚 阿爸 几 十 银

（交警罚阿爸几十元。）

按，这个词头"bə³"是亲属称呼词头。大概是"be²"的异体。详下例。

4. bə³ beʔ⁷ mən² ti⁴ siaŋ³ ən¹ nən³, mə² lo⁴ hiŋ¹ sɔk⁷ vɔi³.

　阿伯 不 是 唱 这 样, 你们 听 错 了。（108页）

（109页译文：阿伯不是这么唱的，你们听错了。）

5. bə³ beʔ⁷ siaŋ³ fɔi² hem¹ mə²lo⁴ dek⁸。

   阿 伯 唱 次 添 你们 看。（108 页）

（109 页译文：阿伯再唱一次给你们听。）

6. bə³ beʔ⁷ ti⁴ siaŋ³ kɔu⁴ mai² kə² te²。

   阿伯 是 唱 东西 好 的（助）。（108 页）

（109 页译文：阿伯是唱吉利的。）

7. bə³ beʔ⁷ en² nau⁴ ti⁴ siaŋ³ ən¹ nən³。

   阿伯 刚 才是 唱 这 样。（108 页）

（109 页译文：阿伯刚才是这样唱的。）

按，18—21 这四个例子中的"bə³ beʔ⁷"（阿伯），"bə³"是词头，"beʔ⁷"是"伯"的又读。

8. bə³ ma³ bak⁷ tsək⁸ fin⁴ sun¹ bɔi¹ lan² nia⁴。

   阿 妈 明 天 便 路 去 家 外婆。（141 页）

（146 页译文：妈妈明天顺路到外婆家。）

按，例中"bə³"是称女性亲属"阿妈"的词头。以下两例称"外婆"的词头也是。

9. bə³   nia⁴ dau³ lɔi² mɔ² viŋ¹ teŋ¹ ki² mɔʔ⁸ hə³ n̥ɔ² n̥ɔ³ vin³ vin³ nen⁴。

（词头） 外婆 后 面 左 手 生 痣 个 一 大 大 圆 圆（助）（141 页）

（146 页译文：外婆左手背上长着一个又大又圆的黑痣。）

10. bə³   nia⁴ kɔm⁴ tsək⁸ na⁴ dɔŋ¹ lai³ lan² dɔu²。

（词头） 外婆 明天晚上 才 到 得 家 咱们。（141 页）

（146 页译文：外婆明天晚上才能来到咱们家。）

11. həm³ tɔi³ siŋ¹ sɔ¹ ti⁴ bə³   nia⁴ vɔi³ na⁴ uk⁷ bɔi¹ həi²。

   欠 问 清 楚是（词头）外婆 了 才 出 去 开。（141 页）

（146 页译文：要问清楚是外婆才去开。）

12. bə³ tok⁷，ŋu² hau² lo⁴ hu² hə³ vau³ vɔi³，mə²lo⁴ ləu² na³ hu⁴ kua³ mə²？

   阿弟，牛 我 们 个 一 丢 失 了，你 们 哪 个 见 过 不？（150 页）

（155 页译文：老弟，我的一头黄牛丢失不见了，你们有谁看到不？）

按，例中"bə³ tok⁷"（阿弟）的"bə³"是亲属称谓词"弟"前的词头，不一定表示真正的亲属关系，译文作"老弟"。"tok⁷"是"叔"，临高话用来称弟。这种"bə³"用作亲属称谓词的词头，不一定表示真正的亲属关系，又如下例：

13. [mə²lo⁴ tsək⁸ m² him² bə³ beʔ⁷，tsu⁴ biaŋ⁴ bə³ beʔ⁷ iaʔ⁷ mə²lo⁴ kua³ bɔi¹，bə³ beʔ⁷ ləu⁴

   你 们 如果 不 嫌 阿 伯，就 放 阿伯 背 你们 过 去，阿伯 保

tsiŋ⁴ mə²lo⁴ m² tsak⁸ m² tseʔ⁷。

   证 你们 不 湿 不 脏。（122 页）

（124 页译文：你们如果不嫌弃老伯，老伯就把你们背过去，老伯保证你们不脏也不湿。）

按，例中故事是年轻男子和朋友玩笑打赌，为了摸女孩屁股，就提出背她们过河。其中"bə³"是词头，用于亲属称谓词前。"beʔ⁷"是"伯"，尊称男性长者。

14. bə³ kuŋ² na⁴ kɔn¹ ba¹ kɔn¹ nan⁴ no⁴。

  阿 公 才 吃 鱼 吃 肉 呢。（169 页）

（174 页译文：阿公才吃鱼吃肉呢。）

15. mə² dek⁸ da³ boʔ⁸ bə³ kuŋ² mɔʔ⁸ hə³ en³ lai³ ki³ kai³ jou³？

  你 看 里 肚 阿 公 个 一 还 有 什 么 在？（169 页）

（175 页译文：你看看阿公肚子还有什么东西？）

四 小结 beʔ²/bə³/beʔ⁷ 是异体同源，都是"伯（beʔ⁷）"的异读

刘剑三《临高语话语材料集》11 页说到："bə³ 主要附于亲属名称和人名[取其中一个字]之前，相当于话语的阿。……be² 主要附于动词形容词之前，表示'男子'的意思。"

笔者以为，beʔ²/bə³/beʔ⁷ 是异体同源，都是"伯（beʔ⁷）"的异读。"伯"表父亲、男子、尊称父老、夫君自古而然，临高话则更进一步发展为称人、称亲属的词头（beʔ²/bə³）。桥本万太郎所记父亲为"ʔbeʔ⁵⁵"、词头也为"ʔbeʔ⁵⁵"，都是入声。这就是方音比较给予我们的最好的说明。现附桥本万太郎的《临高方言》的记录于下：

临高话ʔbeʔ⁵⁵指父亲，也可指伯父叔父（指伯父时读 33 调），也可称人。例如（据桥本万太郎 1980。引者可辨明来源的字音，用"按语"注明汉字，仅供参考）：

ʔbeʔ⁵⁵ 父亲（278 页·3）

ʔbeʔ⁵⁵ mai³¹ 父母（196 页·16）

ʔbeʔ⁵⁵ tok³³ 叔父（191 页·31） 按，音即"伯叔"。

ʔbeʔ³³ 伯父（191 页·28，·29）

ʔbeʔ⁵⁵ kxu³¹ 舅父（192 页·44） 按，音即"伯舅"。

kuŋ²³ ʔbeʔ⁵⁵ 前世（139 页·30） 按，音即"公伯"。

kuŋ²³ ʔbeʔ⁵⁵ 祖先（140 页·51） 按，音即"公伯"。

ʔbeʔ⁵⁵ kua³⁵ hai³³ 外省人（199 页·37） 按，音即"伯过海"。

ʔbeʔ⁵⁵ pfan²³ 西洋人（200 页·39） 按，音即"伯番"。

ʔbeʔ⁵⁵ ʔbek³³ tiŋ³³ 农夫（203 页·29） 按，音即"伯百姓"。

ʔbeʔ⁵⁵ ka³³ ŋu⁵⁵ 屠夫（203 页·34） 按，音即"伯解牛"。

ʔbeʔ⁵⁵ pfəŋ²³ hai⁵⁵　鞋匠（204 页・38）　　按，音即"伯缝鞋"。

ʔbeʔ⁵⁵ san³³ hau³³　理发师（204 页・40）　　按，音即"伯铲头"。

ʔbeʔ⁵⁵ kit³³ het³³　打铁的（204 页・45）　　按，音即"伯击铁"。

ʔbeʔ⁵⁵ ʔdon²³ kai²³[驐鸡的]（204 页・61）　　按，音即"伯驐鸡"。原文只有英文译文，方括号[ ]为引者所加。

ʔbeʔ⁵⁵ pfəŋ²³ ʔdou²³[补锅的]（204 页・61）　　按，音即"伯缝豆"。原文只有英文译文，方括号[ ]为引者所加。

ʔbeʔ⁵⁵ ʃia²³　车夫（205 页・67）　　按，音即"伯车"。

ʔbeʔ⁵⁵ ɕi³³ tsə³³　戏子（205 页・70）　　按，音即"伯戏子"。

ʔbeʔ⁵⁵ kuai³¹ ʔdai⁵⁵　拐子（208 页・125）　　按，音即"伯拐带"。

ʔbeʔ⁵⁵ pfui⁵⁵　胖子（281 页・61）　　按，音即"伯肥"。

　　桥本先生治学严谨，对此ʔbeʔ⁵⁵音未注汉字。笔者以为，当是"伯"字无疑。在桥本先生《临高方言》的音序索引中，临高话"百、柏"音ʔbek³³，"伯"和"百、柏"古音韵地位相同，而今读成ʔbeʔ⁵⁵，笔者以为，这是"伯"用作常用称谓词时，变读为 55 调喉塞音韵尾，这是很可能的；而且，相邻的海口话"百、伯"就都读ʔbɛ⁵⁵（陈鸿迈《海口方言词典》74 页），文昌话"伯"的口语音为阴入调ʔbe⁵¹（云惟利《海南方言》121 页），作为入声的辅音韵尾都已经失落，所以临高话"伯"有类似的发展趋向是完全可以理解的，而且可以认为是称谓词"伯"在口语中带普遍性的至少是区域性的现象。

引用书目

陈鸿迈　1996　海口方言词典　江苏教育出版社

刘剑三　2009　临高语话语材料集　中央民族大学出版社

桥本万太郎　1980　临高方言　东京：亚非文化语言研究所

云惟利　1987　海南方言　澳门东亚大学

临高话和汉语方言比较研究举例

（收入《语言现象的观察与思考》，民族出版社 2005 年）

在第四届国际闽方言讨论会上，笔者在所撰《海南方言量词[mo₌]考》一文中，对临高话量词[mo³³]的几种用法，及其语源为"物"，作了说明，本文则想进一步对ʔbeʔ⁵⁵（父）[本文用ʔb代替桥本万太郎所用的6]、mai¹³（母）、lan⁵⁵（家）、leŋ²³ hun⁵⁵（人）作些比较研究，并探讨其语源。本文所用临高话仍根据桥本万太郎的《临高方言》（1980），桥本万太郎书后所附音序索引，对他已经清楚的语源都注明了汉字，也使我们便于比较研究，而他未判明来源的字音，正是我们需要进一步探讨的。很巧，"父、母、家、人"这一组词，正体现了人类从原始状态进入文明状态的基本概念。

一　表示父亲的ʔbeʔ⁵⁵（即"伯"）

临高话ʔbeʔ⁵⁵ 指父亲，也可指伯父叔父（指伯父时读 33 调），也可称人。例如（据桥本万太郎 1980。笔者可辨明来源的字音，用"按语"注明汉字，仅供参考）：

ʔbeʔ⁵⁵ 父亲（278 页・3）

ʔbeʔ⁵⁵ mai³¹ 父母（196 页・16）

ʔbeʔ⁵⁵ tok³³ 叔父（191 页・31）　　按，音即"伯叔"。

ʔbeʔ³³ 伯父（191 页・28，29）

ʔbeʔ⁵⁵ kxu³¹ 舅父（192 页・44）　　按，音即"伯舅"。

kuŋ²³ ʔbeʔ⁵⁵ 前世（139 页・30）　　按，音即"公伯"。

kuŋ²³ ʔbeʔ⁵⁵ 祖先（140 页・51）　　按，音即"公伯"。

ʔbeʔ⁵⁵ kua³⁵ hai³³ 外省人（199 页・37）　　按，音即"伯过海"。

ʔbeʔ⁵⁵ pfan²³ 西洋人（200 页・39）　　按，音即"伯番"。

ʔbeʔ⁵⁵ ʔbek³³ tiŋ³³ 农夫（203 页・29）　　按，音即"伯百姓"。

ʔbeʔ⁵⁵ ka³³ ŋu⁵⁵ 屠夫（203 页・34）　　按，音即"伯解牛"。

ʔbeʔ⁵⁵ pfən²³ hai⁵⁵ 鞋匠（204 页・38）　　按，音即"伯缝鞋"。

ʔbeʔ⁵⁵ san³³ hau³³ 理发师（204 页・40）　　按，音即"伯铲头"。

ʔbeʔ⁵⁵ kit³³ het³³　打铁的（204 页·45）　　按，音即"伯击铁"。

ʔbeʔ⁵⁵ ʔdon²³ kai²³ [譈鸡的]（205 页·61）　　按，音即"伯譈鸡"。原文只有英文译
　　　　　　　　　　　　　　　　　　　　　　　　　　文，方括号[ ]为引者所加。

ʔbeʔ⁵⁵ pfəŋ²³ ʔdou²³ [补锅的]（205 页·61）　　按，音即"伯缝豆"。原文只有英文
　　　　　　　　　　　　　　　　　　　　　　　　　译文，方括号[ ]为引者所加。

ʔbeʔ⁵⁵ ʃia²³　车夫（205 页·67）　　按，音即"伯车"。

ʔbeʔ⁵⁵ çi³³ tsə³³　戏子（205 页·70）　　按，音即"伯戏子"。

ʔbeʔ⁵⁵ kuai³¹ ʔdai⁵⁵　拐子（208 页·125）　　按，音即"伯拐带"。

ʔbeʔ⁵⁵ pfui⁵⁵　胖子（281 页·61）　　按，音即"伯肥"。

　　桥本先生治学严谨，对此ʔbeʔ⁵⁵音未注汉字。笔者以为，当是"伯"字
无疑。在桥本先生《临高方言》的音序索引中，临高话"百、柏"音ʔbek³³，
"伯"和"百、柏"古音韵地位相同，而今读成ʔbeʔ⁵⁵，笔者以为，这是"伯"
用作常用称谓词时，变读为55 调喉塞音韵尾，这是很可能的；而且，相邻
的海口话"百、伯"就都读ʔbɛ⁵⁵（陈鸿迈《海口方言词典》74 页），文昌话
"伯"的口语音为阴入调ʔbe⁵¹（云惟利《海南方言》121 页），作为入声的辅
音韵尾都已经失落，所以临高话"伯"有类似的发展趋向是完全可以理
解的，而且可以认为是称谓词"伯"在口语中带普遍性的至少是区域性的
现象。

　　至于"伯"除了表示伯叔意义之外，又可以称呼父亲，这种现象在汉
语方言中也属常见。即以 20 世纪 20 年代的江浙吴语看，称父亲为"伯伯"
或"阿伯"的，就有常熟、昆山、上海、吴江、绍兴、余姚、宁波、温州
等地（赵元任《现代吴语的研究》109 页）。笔者故乡崇明岛，还用"爷伯"
称父亲的。在北方官话方言中，同样有用"伯"称父的情形。如河北沧州
称父为"伯"，河南郑州、陕西宝鸡称父为"伯"，湖北襄樊、红安，以及
安徽合肥、安庆，则称父为"伯伯"，贵州毕节称父为"老伯"。和称父为
"伯"相类，广西柳州称父为"叔"（均见陈章太、李行健《普通话基础方
言基本词汇集》2331 页）。在闽语，如福清话，"阿伯、阿叔、阿哥"都可
以用来称父（冯爱珍《福清方言研究》186 页）

　　最后，顺便提一下，临高话被海外学者称为"贝"话、临高人被称"贝"
或"翁贝"的原因。桥本先生《临高方言》是汉字题名，英文书名则是 *THE
BE LANGUEGE*。中国社会科学院民族所等主编的《中国少数民族语言使用
情况》723 页也说到临高人被海外学者称为"贝"或"翁贝"。笔者以为，
这个"BE、贝"就是对人的尊称"伯"，临高人出口称人就是"伯"；"翁贝"
就是"翁伯"，"翁、伯"并用，都来是对男性长者的尊称。桥本万太郎《汉
语动式的历史·区域发展》一文附注 32，就把他 *THE BE LANGUAGE* 一书

译为《伯语临高话分类词汇》。

二　表母亲的 mai³¹（即"母"）

临高话的mai³¹指母亲，也可指妻子和女人，又可指雌性。例如（据桥本万太郎 1980）：

ʔbeʔ⁵⁵ mai³¹ 父母（196 页・16）

mai³¹ 母亲（259 页・2）

mai³¹ hai³¹ ŋəi³¹ 后母（191 页・22）　按，音即"母第二"。

mai³¹ pfa⁵⁵ 婆婆（夫之母）（191 页・26）　按，音即"母婆"。

mai³¹ ko²³ 姑母（191 页・34）　按，音即"母姑"。

mai³¹ 姨母（192 页・47）

ou²³ mai³¹ 取妻（144 页・6）　按，音即"要母"。

mai³¹ lək⁵⁵ 妻子（192 页・51）；女人（198 页・12）

mai³¹ hua²³ 妓女（207 页・111）　按，音即"母花"。

mai³¹ ʃuai¹³ 姘头（199 页・29）　按，音即"母私"。

mai³¹ mai³³ 寡妇（198 页・16）

mai³¹ ŋu⁵⁵ 母牛（20 页・3）　按，音即"母牛"。

mai³¹ mou²³ 母猪（20 页・9）

mai³¹ maʔ⁵⁵ 母马（20 页・17）　按，音即"母马"。临高话"码"也读maʔ⁵⁵（参
刘剑三《临高汉词典》406 页）。

mai³¹ ma²³ 母狗（20 页・26）

桥本先生对这[mai³¹]音未注汉字，其他临高话著作也未注汉字。笔者以为，这个[mai³¹]音当是"母"之又读。临高话"母"一读mu³³，如 191 页"母亲、妈妈"条，都作mu³³，桥本先生在音序索引中mu³³就注明是汉字"母"。显然，临高话mu³³（母）音和汉语mǔ（母）相当，而"母"的又读音mai³¹和汉语方言中"母"的又读音相对应。

先看海南方言。海口话、文昌话"母"一读阴上调mo（陈鸿迈《海口方言词典》引论 7 页，云惟利《海南方言》126 页），又读阴上调mai（分别见上引书 126 页、115 页）。这个又读音反映了比较古老的读法。用作地名时，为了雅化、美化，就写作音近的"迈"或"美"，今海南琼山、临高一带密集的"迈"字"美"字地名，实际上都是"母"的雅化，当地的口语音都读同mai²¹³（海口）mai³¹（临高）。

再看吴语方言。吴语"母"一读阴上调mu；在"姆妈（母亲）"词中，"姆（母）"读阴平调m̩（自成音节）；而在今江苏启东、海门、高淳，今仍称母亲为[m̩⁵⁵ mɛ⁵⁵]，这个mɛ⁵⁵，就是"母"的又一种读法。吴语的 mɛ 和

海南的 mai 完全对应。赵元任《现代吴语的研究》109 页，20 世纪 20 年代的苏州称"母"为"姆mε"，赵注明是"妹轻音"，也就是说和"妹"同音；浙江诸暨则称"母"为"阿mε"，赵也写作"阿妹"，注明是同音字。清末韩邦庆所著吴语小说《海上花列传》第一回就出现用"无姆"称母亲（"无姆"相当于今写"姆姆"）。而且，也用"姆"称大妈、大娘。例如：

1）（赵朴斋对洪善卿道）无姆勿曾来，说搭娘舅请安。（按，可译为：母亲没有来，说给舅父请安。）（一回 10 页）

2）三人上楼，那娘姨杨家姆见了，道："噢，洪大少爷，房里请坐。"（一回 5 页）按，"娘姨"即女仆；"杨家姆"相当于杨大娘或杨大婶。

我们要指出，赵元任所记和韩邦庆小说所叙，完全吻合。赵氏写同音字"妹"，韩氏写以"每"为声的"姆"，和海南地名俗用字"迈、美"正相应。由于"母"读mai是一种古老的读法，今叶祥苓所编《苏州方言词典》已不载此词，而在鲍明炜主编《江苏省志·方言志》404 页，我们还可以看到苏州、吴江称伯母为"姆□"[m$^{31-22}$ mε^{44}/m$^{213-22}$ mε^{44}]，海门话称伯母为"□□"[mε^{24} mε$^{24-55}$]。笔者母语崇明话，我母亲一辈称伯母、叔母分别为[mε^{424} mε^{55}]、[sen^{424} mε^{55}]。而到笔者口中，已不会说老一辈的称呼了，代之以"大妈妈（称伯母）、小妈妈（称婶母）"了。笔者在《崇明方言词典》（第 2 版）82 页、174 页把这个[mε$^{424/55}$]写作"妈"，以为是"妈"的又读，显然是当时见少识寡，未及多所比较，特此订正。

三　表家的lan^{55}（即"栏"）

临高话lan^{55}表示家，也表房子、住宅。例如（据桥本万太郎 1980，中文注释由引者据原文英文注释译出）：

mu^{33} hau^{55}　lo^{31}　　ʒeu^{33} lan^{55}（278 页·16）

母　我　复数尾　是　家　（妈妈在家里）

lan^{55}　nə^{31} moʔ^{55}　ə^{33}　hai^{31} ʒo^{33}（278 页·7）

房子　这　个　词尾　太　大　（这间房子太大了）

lan^{55} pfu^{33} 商店（110 页·19）

由于lan^{55}表示家、房的意思，所以临高和琼山一带地名很多用lan^{55}，字就写作"兰"，如临高的"兰王、兰林、兰秦、兰烘、兰李、兰谢、兰古、兰堂、兰刘"等。这类地名实际上相当于王家、林家、李家、秦屋、洪屋等。

临高话表示家、房子的lan^{55}，桥本先生未注汉字。笔者以为，大概就是"栏"字。临高话和lan声母韵母相同的有："兰、栏、拦、懒（桥本万太郎 1980，396 页）；阑、栏、拦、蓝、篮、懒、缆、滥、烂（刘剑三 2000，

529 页）"等。所以，lan^{55}来自"栏"，声音相通。而且，"栏"在汉语可以指饲养家畜的圈，用"栏"指家，是古代人畜合住的反映。这和汉语的"家"可谓异曲同工，因为"家"从字形看，也是室内养猪（豕）之意。所以，"家、栏"是一组同义词，只是汉语用"家"临高话用"栏"，取舍不同而已。犹如"盲"由"亡目"组成，"瞎"由"害目"组成，"盲、瞎"是一组同义词，只是用在不同的词语中或不同的地区而已。其实，无论少数民族居住的"干栏"，还是《水浒》等白话小说中的"干栏"，究其源，都是这个人畜共住的"栏"。

四　表人的 leŋ^{23} hun^{55}（即"灵魂"）

临高话leŋ^{23} hun^{55}指人。例如（据桥本万太郎 1980）：

leŋ^{23} hun^{55}　人（200 页·41）

ʃiŋ^{33} leŋ^{23} hun^{55}　雇工（202 页·8）　　按，ʃiŋ^{33}就是"请"。参刘剑三 2000，280 页。

ʔbən^{31} ʔdi^{55} leŋ^{23} hun^{55}　本地人（199 页·36）　　按，ʔbən^{31} ʔdi^{55}就是"本地"。

ʔdək^{55} tʃui^{55} leŋ^{23} hun^{55}　得罪人（211 页·45）　　按，ʔdək^{55} tʃui^{55}就是"得罪"。

pfai^{33} leŋ^{23} hun^{55}　派人（211 页·45）　　按，pfai^{33}就是"派"。

hok^{33} leŋ^{23} hun^{55}　托人（213 页·89）　　按，hok^{33}就是"托"。

leŋ^{23} hun^{55} lim^{55} kou^{23}　临高人（269 页·38）

nə^{33} hu^{55} leŋ^{23} hun^{55}　那个人（270 页·58）　　按，nə^{33} hu^{55}就是"那个"。山西文水话"个"也有 hu 的读法。

桥本先生对leŋ^{23} hun^{55}未注汉字，笔者以为，leŋ^{23} hun^{55}就是"灵魂"。从《临高方言》的音序索引中，我们看到，"零、灵、伶"都读leŋ^{23}；"训"读 hun^{55}，所以"魂"读hun^{55}于音理可通。灵魂是人的主宰，用"灵魂"指人，和用"鬼"称人如"酒鬼、机灵鬼、小鬼（昵称小孩儿）"等是同样的道理。

引用书目

鲍明炜　1998　江苏省志·方言志　南京大学出版社

陈鸿迈　1996　海口方言词典　江苏教育出版社

陈章太、李行健　1996　普通话基础方言基本词汇集　语文出版社

冯爱珍　1993　福清方言研究　社会科学文献出版社

刘剑三　2000　临高汉词典　四川民族出版社

桥本万太郎　1980　临高方言　东京：亚非文化语言研究所

　　　　　　　1987　动式的历史·区域发展　《中国语文》第 1 期

叶祥苓　1993　苏州方言词典　江苏教育出版社

云惟利　1987　海南方言　澳门东亚大学
张惠英　1996　海南方言量词[mo₂]考　收入《汉语方言代词研究》　语文
　　出版社
　　　　　　　1998　崇明方言词典　江苏教育出版社
赵元任　1956　现代吴语的研究　科学出版社
中国社会科学院民族所等主编　1994　中国少数民族语言使用情况　中国
　　藏学出版社

临高话和汉语方言的一种比较

——从"家、宿、栏"可作词头说起

（收入《语言现象的观察与思考》，民族出版社 2005 年）

一 "家"可作词头

广州话"家"可用作称谓词头，例如（据白宛如，1998，13—14 页）：

家父、家母（13 页）

家婆（夫之母，背称）

家公（夫之父，背称）

家姐（姐姐，背称：我有三个家姐） （以上 14 页）

按，郑定欧《香港粤语词典》19 页"家姐"条指出："引称、对称都可以用：佢有两个家姐"。

家嫂（儿媳妇，旧时面称：大家嫂、二家嫂）（14 页）

按，李新魁等《广州方言研究》298 页"家嫂"也可以称呼嫂嫂。

家持（尼姑庵的庵主；做法事时尼姑中的主持人）（14 页）

其实，"家"用作词头的现象，在全国很多方言中都能见到。例如（据许宝华、宫田一郎 1998）：

家己（自己）：福建永春、厦门、仙游，广东潮阳，台湾。（5152 页）

家自（自己）：福建三明。

家孙（孙子；孙儿）：北京官话，西南官话。（5154 页）

家叔（叔父）：福建福州。（5155 页）

家爸（泛称非族、戚的长辈男子）：甘肃兰州。（5155 页）

家婶（泛称非族、戚的长辈妇女）：甘肃兰州。（5157 页）

家首（妻子）：云南昆明、澄江。（5155 页）

家台（妻子）：安徽太平。（5153 页）

家达达（有孩子的妇女对丈夫的称呼）：青海西宁。（5159 页）

家达子（游手好闲的公子哥儿）：北京。（5159 页）

家达子（自家人或有亲戚关系的人）：天津。（5159 页）

家松儿（极心爱的东西）：贵州铜梓。（5160 页）

家枣儿（枣儿）：山东牟平。（5160 页）

家狗母（母狗）、家狗牯（公狗）：浙江云和。（5160 页）

家狗嬷（母狗）、家狗骡（骡子）：浙江丽水。（5160 页）

家鬼子（麻雀）：河北张家口。（5160 页）

家麻雀（麻雀）：江苏连云港，福建泰宁，贵州黎平。（5161 页）

家雀子（麻雀）：山东济南、郯城、枣庄、费县、平邑。（5161 页）

家翅儿（麻雀）：山东利津。（5160 页）

家拔子（麻雀）：内蒙西部。（5160 页）

家巴子（麻雀）：山西山阴、大同、忻州。（5158 页）

家拉巴（麻雀）：河北廊坊。（5160 页）

家拉拉（麻雀）：青海西宁。（5160 页）

家黑子（麻雀）：河北张家口。（5161 页）

家鹎子（麻雀）：山东淄博、桓台、临朐。（5161 页）

家扁豆（扁豆）：山东诸城。（5160 页）

家提手（扫帚把）：福建漳平。（5161 页）

家提仔（扫帚）：福建漳平。（5161 页）

四川成都方言"家家"称外婆，"家孙儿"可以统称儿女的子女，或特指儿子的子女，或特指儿女的儿子。（梁德曼、黄尚军 1998，106、314 页）

二　"宿"可作词头

海南屯昌闽语"宿"可作词头，表示家的意思。例如（据钱奠香 2002，14 页）：

宿父（家父）　宿母（家母）　宿姐（家姐）　宿老弟（家弟）

宿姑婆（家妹）　　　　　　　宿舅爹（家舅）

宿妗姨（家妗）（以上 14 页）

宿老弟（小弟）（93 页）

宿公（爷爷）（93—94 页）

宿老公（丈夫）（110 页）

宿老婆（老婆）（122 页）

宿父母（父母）（126 页）

《海南屯昌闽语语法研究》把"宿父、宿母、宿姐、宿老弟"等注释为"家父、家母、家姐、家弟"，好像只有称自己亲属才用的谦辞。而我们从实际用例看，这些称谓不只是用于和人交际时谦称自己的亲属，也可以用来称呼别人的亲属。例如（据钱奠香 2002）：

1）开妷门映下，ka^{55} 是汝宿母，住外叫我。（打开门一看，原来是你妈在外面喊我。）（110—111 页）

2）许枚是伊宿母，无是伊宿姐。（那个是他母亲，不是他姐姐。）（131 页）

3）伊是汝宿哥无？（他是不是你哥哥？）（180 页）

4）喝叫ɦiak^5 ɦiak^5 去然许枚是伊宿父，啼叫ŋɛ$^{213-33}$ ŋɛ^{213} 去然许枚是伊宿老弟。（ɦiak^5 ɦiak^5 地斥责的那个是她父亲，嘤嘤地啼哭的那个是她小弟。）（93 页）

5）行猛猛许枚是伊宿父，行宽宽许枚是伊宿公。（走得很快的那个是他父亲，走得很慢的那个是他爷爷。）（93—94 页）

6）iɔm^{31} 过ni^{55} 今旦转外家，ka^{55} 是伊昨暮凑伊宿公搅闹相争。（怪不得她今天回娘家，原来是昨天她跟丈夫斗嘴过不去。）（110 页）

7）伊宿老婆揿伊斥蜀顿。（他老婆把他臭骂一顿。）（122 页）

8）连遘伊宿父母都无认伊去。（连他的父母都不认他了。）（126 页）

上述例中"汝宿母、伊宿母、伊宿姐、汝宿哥、伊宿父、伊宿父母、伊宿公、伊宿老婆"等，都是称呼别人的亲属。既然可以用来称呼别人的亲属，就已经从谦称演变为一般称呼了。

当然，"宿"作为词头，自然是由住家的意义引申而来，古代汉语"家父、家母、家严"等谦称就是用"家"构成。"家、宿"在住处这一点上是一组同义词，而且和临高话的"栏"也相类似。

屯昌话"宿"表示家、房子、住处的例子，如（据同上）：

许间宿夥大？（那幢房子有多大？）（40 页）

两山宿（[前后院相连的]两排房子）（50 页）

蜀眼宿（一小间房子）（50 页）

转宿煮煮糜妷嫂（回家烧饭的那位大嫂）（73 页）

我是讲伊转宿去然。（我还以为他已经回家了呢。）（86 页）

伊宿住屯昌是无？（他家在屯昌，是不是？）（181 页）

三　海南临高话lan^{55}（栏）可以用作词头

海南临高话lan^{55}（栏）可以表示家、住宅、房子，也可以用作词头。这和"家、宿"既表居处也用作词头正相类似。

lan^{55}（栏）可以表示家、住宅、房子的例子，如（据桥本万太郎 1980）：

mu^{33}　hau^{55} lo^{31}　ʒəu^{33}　lan^{55}（278 页·16）

mother　I　plural　be　at home（妈妈在家里）

（母亲　我　复数尾　是　家——引者）

lan⁵⁵　nə²¹　moʔ⁵⁵ ə³³　hai²¹ ʒo³³（278 页·7）

house　this　cl　suffix　too　big（这间房子太大了）

（房子　这　个　词尾　太　大——引者）

lan⁵⁵　phu³³（110 页·19）

house　shop（商店）

（房子　铺——引者）　按，phu³³ 即"铺"也，汉语词。

在刘剑三《临高汉词典》156 页，lan⁵⁵ 表示家、房子的用例就更多了。例如（原文声调标的是调类，为统一起见，引用时改标调值）：

lan⁵⁵ miu²¹（庙宇）　按，miu²¹ 者，庙也。汉语词。

lan⁵⁵ foŋ⁵⁵（旧式房屋[三开间]左边的那间，即厢房）　按，foŋ⁵⁵ 者，房也。见 290 页。

lan⁵⁵ doŋ¹³（房东）

lan⁵⁵ tia⁵⁵（茅屋）

lan⁵⁵ nia²¹（外婆家；娘家）

lan⁵⁵ nau²¹（新居）

lan⁵⁵ lau²¹（[老屋]祖屋）　按，作者标出"[老屋]"，明白交代来自"老屋"。

lan⁵⁵ tsu³³（房主；房东）　按，tsu³³ 者，主也。见 51 页。

lan⁵⁵ tsau³³（[灶屋]厨房）　按，tsau³³ 者，灶也。

lan⁵⁵ tsiŋ³³（正屋）　按，tsiŋ³³ 者，正也。

lan⁵⁵ huaŋ¹³（横屋）　按，huaŋ¹³ 者，横也。

lan⁵⁵ tsoŋ³³（[众房]公房）　按，tsoŋ³³ 即众。

lan⁵⁵ ki³³（[己房]私房）　按，ki³³ 即己。

lan⁵⁵ ŋua²¹（瓦房）　按，ŋua²¹ 者，瓦也。

lan⁵⁵ haŋ⁵⁵（糖寮）　按，haŋ⁵⁵ 者糖也。普通话读 t 声母的，海南地区多数读 h 声母。

lan⁵⁵ hok⁵⁵（学堂；学校）　按，hok⁵⁵ 者，学也。

我们要说，临高话这个 lan⁵⁵，就是"栏"也，临高话"栏、阑、拦、烂、懒"都读 lan，只是声调有别而已（刘剑三 2000，156 页）。这个 lan⁵⁵（栏），也就是汉语"羊栏、牛栏、干栏、勾栏"等人畜居留之处，犹如"家"的字形包括有人畜共居的意思，所以，"家、宿、栏"是一组同义词。

"栏"（字也作阑、蘭）之用作人的居处，大江南北，汉族少数民族，都有记载。例如：

《魏书·獠传》："依树积木，以居其上，名曰'干栏'，干栏大小，随其家口之数。"（按，《北史·獠传》作"干栏"。）

《旧唐书·西南蛮传·南平獠》："人并楼居，登梯而上，号为'干栏'。"

《新唐书·南蛮传下·南平獠》："山有毒草、沙虱、蝮蛇，人楼居，梯而上，名为干栏。"

宋孟元老《东京梦华录·东角楼街巷》："街南桑家瓦子，近北则中瓦，次里瓦，其中大小勾栏五十余座。"（按，"勾栏"指戏院等娱乐场所，也是人们聚居之所。）

元无名氏《蓝采和》第一折："俺先去勾栏里收拾去，开了这勾栏棚门，看有甚么人来。"

所以，"家、宿"可作词头或词尾，"栏"也可以作词头，在姓氏前作称呼词头，或地名词头。当然，在书写时，多写作同音的"兰"。

临高地名很多以"兰（栏）"为词头，大概就是从"栏"的家、宅义虚化而来。例如（据海南省民政厅 1996）：

波莲镇：兰社、兰闹（177 页）

和舍镇：兰栋、兰文、兰林、兰胡（178 页）、兰文、兰堂、兰古（179 页）

博厚镇：兰威、兰梧（181 页）

东江乡：兰堂（182 页）

美台乡：兰芳、兰乐、兰吾（182 页）

美良镇：兰田（183 页）

新仍镇：兰林（184 页）

东英镇：兰吾（185 页）、兰堂、兰刘、兰麦、兰李、兰庄、兰谢（186 页）

临城镇：兰琴、兰栋（186 页）、兰河、兰堂、兰秦、兰颜（187 页）

多文镇：兰洪、兰林、兰庞、兰王、兰林、兰合（187 页）

临高话的 lan^{55}（栏）可以用作姓氏词头，例如"lan^{55}张"桥本万太郎中文就译作"张三"，英文译作 old Chiang（老张）。刘剑三《临高汉词典》156 页把 lan^{55} 看作姓氏，例如"lan^{55}刘"就译作"刘氏或老刘"。请看桥本万太郎（1980）提供的例子：

1）张三太胖了　　lan^{55} t$\int$iaη^{23}　hai^{21} pfui^{55}（278 页 12）

　　　　　　　　old　Chiang　too　fat

2）张三先走了　　lan^{55} t$\int$iaη^{23}　$\mathfrak{6}$oi^{23} kua^{33} na^{33}（279 页·18）

　　　　　　　　old　Chiang　go　first　引者按：原文 Chiang 误作 Lim.

3）张三要大的鸡　lan^{55} t$\int$iaη^{23}　i^{55}　ou^{23}　kai^{23}　$\mathfrak{z}$o^{33} hu^{55} $\mathfrak{\partial}^{33}$（280 页·51）

　　　　　　　　old　Chiang　want to-take chicken big　cl　suffix

4）李四要小的（鸡）lan^{55} li^{33} ou^{23}　n$\mathfrak{\partial}^{21}$　nok^{33} hu^{55} $\mathfrak{\partial}^{33}$（280 页·52）

　　　　　　　　old　Li want　this　small　cl suffix

5）张三比李四高两寸　lan^{55} t$\int$iaη^{23} $\mathfrak{6}$i^{33}　lan^{55} li^{33} haη^{23} von^{33}　son^{33}（281 页·58）

　　　　　　　　old Chiang than　old　Li　tall double　inch

6）张三看了一看李四　lan^{55} t$\int$iaη^{23} vok^{33}　lan^{55} li^{33} phoi^{33}　$\mathfrak{\partial}^{33}$（281 页·68）

　　　　　　　　old Chiang look-at　old Li　once　suffix

我们以为，临高话用"lan^{55}（栏）"作姓氏词头来称呼人，不只和广州话用"家"作称谓词头、海南屯昌话用"宿"作称谓词头相对应，而且和陕西户县话姓氏后加"家"尾表示人，和湖南益阳话、上海话姓氏后用"家里"（或写作"格里"）、"下家"表示某人相类似。例如：

陕西户县"家"在姓氏后指某人：王家、李家、张家、刘家（孙立新 2001，42 页）按，"王家"就是王某，"李家"就是李某。这和临高话 "lan^{55} tʃian^{23}"（栏张）表示老张、"lan^{55} li^{33}（栏李）"表示老李的语言现象完全相类，只是词序不同而已。

湖南益阳话的"家里"，接于单音姓氏后，用以指称某人，多用于背称（据崔振华 1998）：

刘家里　　　　张家里　　　　李家里（223 页）

旧时上海话也是（音变为"甲里"kæʔ^{55} li^{31}，书面常写作"格里"）：

张甲里　　　　王甲里　　　　黄甲里　　　杨甲里　　　陆甲里……

上海松江话就用"家里"在姓氏后称某人，多指男的，例如："白家里，侬啥辰光到广州去？老白，你什么时候到广州去？——引者译"（许宝华、宫田一郎 1998，5154 页）

拙作《崇明方言词典》41 页（修订本）写作"家弟"，注释为："用在姓氏后，来称呼成年男子，表示熟悉、随意、亲昵之意：陆家弟，多时未看见啛，到哪墩去啛 老陆，多时没见了，到哪儿去了？"现在比较了湖南益阳话、上海松江话的词尾"家里"，笔者以为，词尾"家里、家弟"来源相同，因为崇明话"家弟"连读时和"家里"同音，di音节作为后字读同 li，所以写作"家弟"或"家里"并无不同。

湖南益阳话的"下家"本指牌桌上居下手的人，引申为买主或对象。虚化后作名词后缀，多接于双音节形容词性语素后，指具有某种性格的人（崔振华 1998，223—224 页）：

厉害下家（对人厉害、不好对付的人）

跳皮下家（调皮不驯顺的人）

可怜下家（可怜的人）

正经下家（正经的人，用于否定句）（以上 224 页）

陕西户县用"家子"作词尾，表示擅长于某些事务的人，例如（据孙立新 2001，42 页）：

干家子（实干家）

谝家子（善于吹大话的人，善于自吹者）

闹家子（闹派人物）

踢家子（败家子）

咬家子（善于窝里斗者）

写家子（擅长写作者）

最后，简单说一下，临高话用"lan^{55}（栏）"表示家、房屋，在南方少数民族语言中很常见。先看张均如等《壮语方言研究》660 页：

房屋		房屋		房屋		房屋		房屋	
武鸣	ɣaːn²	横县	ðaːn²	邕北	laːn²	平果	raːn²	田东	laːn²
田林	laːn²	凌乐	laːn²	广南沙	ðaːn²	丘北	ðaːn²	柳江	hjaːn²
宜山	hjaːn²	环江	raːn²	融安	θaːn²	河池	raːn²	南丹	raːn²
东兰	laːn²	都安	raːn²	上林	hjaːn²	来宾	ɣaːn²	贵港	raːn²
钦州	laːn²	连山	jaːn²	邕南	hlaːn²	隆安	hlaːn²	扶绥	luːn²
上思	luːn²	崇左	luːn²	宁明	luːn²	龙津	ɬəːn²	大新	ɬuːn²
德保	ruːn²	靖西	ruːn²	广南侬	loːn²	砚山侬	ruun²	文马土	zun²

再看王均等《壮侗语族语言简志》824—825 页"房屋"条的读音：

房屋		房屋		房屋	
壮语（武鸣）	ɣaːn²	布依	zaːn²	侗	jaːn²
壮语（龙州）	ɬəːn²	仫佬	ɣaːn²	傣（德）	hən²
毛南	jaːn²	水	ɣaːn²	傣（西）	hən²

以上这些方音变体，其来源都是一个"栏"。

引用书目

白宛如　1998　广州方言词典　江苏教育出版社

崔振华　1998　益阳方言研究　湖南教育出版社

海南省民政厅　1996　海南省行政区划简册　（打印本）

李新魁、黄家教、施其生、麦耘、陈定方　1995　广州方言研究　广东人
　民出版社

梁德曼、黄尚军　1998　成都方言词典　江苏教育出版社

刘剑三　2000　临高汉词典　四川民族出版社

钱奠香　2002　海南屯昌闽语语法研究　云南大学出版社

桥本万太郎　1980　临高方言　亚非语言文化研究所

孙立新　2001　户县方言研究　东方出版社

王　均等　1984　壮侗语族语言简志　民族出版社

许宝华、宫田一郎　1998　汉语方言大词典　中华书局

张均如等　1999　壮语方言研究　四川民族出版社

郑定欧　1997　香港粤语词典　江苏教育出版社

从临高话的名量结构说起

（《方言》2013 年第 3 期）

摘　要　本文对临高话口中的名量结构组成名词的现象进行分析，这种名量结构显然和汉语的纸张、船只、牲口、车辆、布匹等构词方式一致，但临高话口语中这种名量结构的高频使用，成了罕见而可观的特色。并进一步对量词"个"在临高话中的多读多能多用作了介绍。

关键词　名量结构　通用量词　专用量词　"个"的多读多用

附录：

临高话声韵调（据刘剑三《临高汉词典》：

声母：b　m　f　v　d　t　n　l　ts　s　ȵ　j　k　ŋ　x　ʔ　h

韵母：a　ia　ua　ai　uai　au　iau　an　ian　uan　am　iam　aŋ
　　　iaŋ　uaŋ　ap　iap　at　iat　uat　ak　iak　uak　e　i　o　oi
　　　eu　iu　en　in　on　em　im　om　eŋ　iŋ　oŋ　ep　ip　op
　　　et　it　ot　ek　ik　ok　ɔ　u　ə　ic　ui　ie　uc　ue　ɔn　un
　　　ən　ɔm　em　um　em　ɔŋ　eŋ　ɔp　up　əp　ɔt　ut　ət　ɔk
　　　uk　ək　aʔ　iaʔ　uaʔ　eʔ　iʔ　oʔ　ɔʔ　uʔ　əʔ

声调：舒声调 1　2　3　4　　　　　促声调 7　8　9

　　　调值　13　55　33　21　　　　　　　　33　55　21

刘剑三《临高语话语材料集》26 页有两个值得注意的用例：

mo¹ hu² van² ŋut⁹ ŋut⁹, bit⁷ hu² van² hat⁹ hat⁹。

猪　个　叫呜　呜　　鸭个思哑　哑——引者按，"思"失校，当作"叫"。

（猪"呜呜"地叫，鸭子"哑哑"地叫。）

sia¹ hu² hə³ ut⁹ tsiu⁴　tsu⁴ kua³ bɔi¹ vɔ³。

车　部　一　呜下子　就　过　去　了。

（车子"呜"的一声过去了）

例中"猪个（猪）、鸭个（鸭）、车部（车子）"，都是名量结构作名词。通读下去，发现更多这类用例。如：山个 mɔʔ 38 页；天个 mɔʔ⁸ 40、58 页，庙个 mɔʔ⁸41 页，腰 mɔʔ⁸44 页，脸个 mɔʔ⁸ 45 页，等等。这种名量结构显然和汉语的纸张、船只、牲口、车辆、布匹等构词方式一致，但临高话口语中这种名量结构的高频使用，成了罕见而可观的特色。

一　语流中的名量结构

1980 年桥本万太郎《临高方言》260 页数量一节，就没有单独记量词，在数量词"一个半、十多个、头一个、最后一个"中涉及量词"个"时，就记作 mɔʔ⁵⁵。当然在附录的语法例句中我们会看到一些。

据张元生等《海南临高话》143 页，相当于"个"的量词有"na³、hu²、mɔʔ⁸"等。而在《临高语话语材料集》中，我们看到更多的量词，但作者注释时并不是都看作量词，很多注为"助/的"，意即助词。所以，对于临高话量词的认识也值得注意。

先看名量结构例子，分三类，一是以通用量词 mɔʔ⁸、na³、hu² 构成，二是以专用量词"筷子对"的"对"dəi³，"船艘"的"艘"hau¹，"弓匹"的"匹"fit⁸，"衣条"的"条"hiu² 等构成，三是以助词兼量词的 kə³ 构成。简单举例如下：

1.1　以通用量词 mɔʔ⁸、hu²、na³ 构成（据刘剑三《临高语话语材料集》，下同）

1. 天个：xu² kuŋ¹ nə⁴ vən² hə³, fa³ mɔʔ⁸ e² lun³ tsiŋ³ vəi² jou³。

　　　　求　公　那天　一，天个　还热　像　火　在（40 页）

　　　（求神那天，天还热得像火烧。）（42 页）

2. 庙个：bək⁷ tiŋ³ na⁴ lip⁸ miu⁴ mɔʔ⁸ lou⁴。（41 页）

　　　　百　姓　才立庙　个　进去

　　　（老百姓才给他立了个庙。）（42 页）

3. 腰个：daʔ⁸ lou³ mɔʔ⁸ ui²。

　　　　直　腰　个　起来（44 页）

　　　（直起腰来）（46 页）

4. 良心个：tsiaŋ³ fam² liaŋ² tim¹ mɔʔ⁸ mai²。

　　　　张　范　良　心个　好（55 页）

　　　（张范心地好。）（66 页）

5. 心个：huŋ¹ diŋ² xaŋ³ tim¹ mɔʔ⁸ tiaŋ³:

　　　　洪　定　康　心　个　想（55 页）

　　　（洪定康心里想）（66 页）

6. 狗只：lək⁸　dou² ti⁴ ma¹ hu² vɔi³, …

　　　　孩子　咱　是　狗只　了（59 页）

　　　（咱孩子是狗了，…）（68 页）

7. 老汉个：be² lau⁴ hu² bo¹：

  老 汉 个 说：… 98页

  （老汉道：……）（100页）

8. 风筝只：jiu⁴ hu² kə² ka³ hun⁴ mɔi¹。

  风筝只它已断线。245页

  （风筝线已断。）（255页）

9. 人个：tɔi³ kan¹ mɔʔ⁸ hə³ di² lai³ leŋ¹ hun² na³ ən¹ mai² ha²

  世间个 一哪有 人 个 这么好 吗（49页）

  （世界上哪有这么好的人）。（51页）

按，48页作"人家 kə³"。

10. 人家个：vɔŋ¹ fut⁸ van⁴ na³ dai¹ meŋ³

  王 勃人家个 死 早（252页）

  （王勃短薄命）（259页）

按，同页又作"曾参人家 kə³"。

1.2 以专用量词"对" dəi³、"艄" hau¹、"匹" fit⁸、"条" hiu² 等构成

1. 筷子对：səu⁴ dəi³ kə² ka³dak⁷ fiaŋ²

  筷子 对 它 已 折 边（245页）

  （筷子已断一只）（255页）

2. 船艄：lua² hau¹ kə² ka³ dak⁷ ha⁴

  船 艄 它 已 折 舵（245页）

  （船儿舵已折）（255页）

3. 弓匹：ŋɔ² fit⁸ kə² ka³ dak⁷ lɔm⁴

  弓 匹 它 已 折 箭（245页）

  （弓箭已折断）（255页）

4. 裤条：xo³ hiu² du² ka¹ hun⁴ daŋ⁴

  裤 条 都 已 断 筒（246页）

  （裤子都已断筒）（255页）

5. 蔓条：jiu¹ hiu² du² ka¹ dak⁷ san⁴

  蔓 条 都 已 断 芽（246页）

  （瓜蔓已断芽）（256页）

6. 树枝：dun³ kam⁴ du² ka¹ siak⁷ naŋ¹

  树 枝 都 已 削 皮（246页）

  （树已削掉皮）（256页）

按，《临高汉词典》216页：kam⁴，枝子，量词，用于树枝。

7. 草棵：bɔt⁷ tso⁴ teŋ¹ jou³ da³ nia²

草　棵　生　在　里　水田（247 页）

（草长在田间）（256 页）

8. 石堆：din² boʔ⁸ hep⁸ jou³ niŋ² vən³

石　堆　叠　在　边　园（247 页）

（石堆在园边）（256 页）

按，《临高汉词典》415 页，堆：量词。

9. 被子张：kum³ fan¹ hau¹ tɔ² tɔ³ tsia¹

被子　张　我　自己　遮（252 页）

（被子我自己盖）（259 页）

10. 床张：taŋ² tsiaŋ¹ hau¹ tɔ² tɔ³ lap⁷

床　　张　我　自己　睡（252 页）

（空床我独个儿睡）（259 页）

1.3　以助词兼量词 kə³ 构成

1. 兵（助）：biŋ¹ kə³　siaŋ² siaŋ² lɔŋ² vɔ³ kiau³ jiau³ bek⁷ tiŋ

兵　（助）常常　下　村　搅　扰　百　姓（48 页）

（官兵们常常到乡下去搅扰百姓）（50 页）

2. 人（助）：tə³ leŋ¹ hun²　kə³　maŋ² tim¹ han³ vɔi³

使　人　　（助）怕　心　撼动　了（48 页）

（让人心悸胆跳）（50 页）

3. 小兵（助）：lək⁸ biŋ¹ kə³　hu⁴　kə² liaŋ² tim¹ mai²

小　兵（助）看到　她　良　心　好（49 页）

（士兵们看到她这么有良心）（51 页）

4. 财主（助）：sai² tsu³ kə³　m̩² ti⁴　vən³ nia² kə³ liau⁴ la²

财　主（助）不是　园　田　的　多　吗（56 页）

（财主不是地多着吗）（67 页）

按，例中两处 kə³ 注文一为"助"，一为"的"。

5. 二手（助）：ŋi² mɔ² kə³　ləŋ² mia² hoi⁴ bou³ hou⁴ lɔi²

二　手（助）回　来　汇　报　后　来（71 页）

（手下人员回来汇报后）（82 页）

6. 事情的：mə² lai³ ki³ kai³ tə⁴ hɔi³ kə³ tiaŋ¹ tim¹ ən¹ nə³

你　有　什么　事　情　的　伤　心　这样（76）

（你有啥事这么伤心）（83 页）

7. 船的：tsu⁴ tsiaŋ¹ lua¹ kə³ tso¹ in² in¹ lɔŋ² mia²

就　将　船　的　租　完　完　下　来（80 页）

（就把船全部租下来）（85 页）

8. 艄公（助）：be² fu² lua² kə³　m̥² miŋ² fek⁸

　　　　　　艄公　（助）不　明　白（80页）

　　　　（艄公不明白）（85页）

9. 钱的：mə² fai⁴ sin² kə³ liau⁴ ən¹ nən³ huk⁷ ki³ kai³

　　　　你　败钱的多　这么　做　什么（80页）

　　　　（你费这么多钱干吗）（85页）

按，例7、8、9都在同一页，可见名量结构在语流中的出现频率之高。

10. 情况的：liu¹ da² lim¹ tsiaŋ¹ siŋ¹ xuaŋ² kə³ səŋ¹　jou² kə² hou⁴ ləi²

　　　　　刘　大　霖　将　情　况　的告诉　给　他　后　来（87页）

　　　　（刘大霖将情况的告诉给他后）（94页）

11. 学生的：kə² doi³ hɔk⁸ teŋ¹ kə³ na⁴ ku² ŋiam² lo³

　　　　　他　对学　生　的　非常　严　啰（87页）

　　　　（他对学生非常之严）（94页）

12. 问题的：fən³ sik⁸ mai⁴ həi⁴ kə³ na⁴ ku² dɔŋ¹ kɔŋ¹

　　　　　分　析　问　题　的　特别　到　功（90页）

　　　　（分析问题特别到家）（95页）

我们把这些频频见到的名量结构看作是语流中出现的现象，因为在临高话的词典或论著中，都未有记录或有关叙述。

二 "个"在临高话中的多读多能多用

笔者注意到，kə³ 在临高话名量结构中的出现频率很高，有必要对 kə³ 进行较细的观察。

"个"在临高话中有 kə³、kai⁴、kou⁴、kɔ³³、ka³ 、kɔ² 等多种读法。下面分别说明 kə³、kai⁴、kou⁴ 、kɔ² 四种读法和用法。

2.1　kə³

临高话的 kə³，从上述名量结构中和通用量词 mɔʔ⁸、hu²、na³ 及专用量词"对"dəi³、"艄"hau¹、"匹"fit⁸、"条"hiu² 等相类的用法看，一定是量词无疑。果然，kə³ 就是用来做表示复数的集体量词。例如（据张元生等《海南临高话》）：

nə⁴ kə³ hui⁴

那 些 碗 （那些碗）166页

mak⁸ nɔ⁴ kə³

果子 这 些（这些果子）167页

leŋ⁴ hun² nɔ⁴ kə³ təp⁸ na³

人　　这 些 十 个（这十个人）168页

nə⁴ kə³ vɔn² hu² ba¹

那　些　两　只 鱼（那两只鱼）168 页

nɔ⁴ kə³ sok⁷ hoŋ³ nam⁴

这　些　六　桶　水（这六桶水）168 页

由于这个 kə³ 常用作领属助词、结构助词、的字结构、句末语气助词等（详参《临高汉词典》60 页，上述例句中也能看到一二），所以对 kə³ 用作复数的集体量词这点有所忽略。其实，"个"可表示不定的数量，相当于"一些儿、一点儿"的意思，在北方话中都能见到。例如：

北京话口语"些个"叠用（据《现代汉语词典》）：这些个。|那些个。|吃些个东西。|他是弟弟，你应该让他些个。

陕北绥德话（据黑维强 2009，286 页）：

你的病这一向儿好个儿噎吧你的病这一段时间这一段时间好一些了吧?

而几还早叻，等娃娃们大个儿哩再买现在还早呢，等孩子们大些了再买。

饭热个儿噎，能吃噎饭热点儿了，能吃了。

咱们吃快个儿，车要走叻咱们吃快点儿，车要走呢!

"些个"叠用表示量少的用例在近代汉语里已经出现。例如：

些个消息，漏声稀，银屏冷落，那堪残月照窗白。（李煜《秋霁》）

千朝百日不曾来，没这些儿个采。（刘过《竹香子》）

气力又无些个，与疋马看怎乘坐？（《董解元西厢记》卷 2）

kə³ 之为"个"的一读，犹如海口话"个"读为 ke²¹，详下文 kai⁴。

2.2　kai⁴/kai³³

刘剑三《临高汉词典》82 页：【kai⁴ sin】[个钱]铜钱。显然作者已经把 kai⁴ 看作"个"了。现在对照桥本万太郎《临高方言》（原文用英文注释，中文为引者所加）：

nə³¹　　　kai³³

this　　classifier　这个

nə³¹　　　kai³³

that　　classifier　那个（以上 264 页）

ki³³　　　kai³³

what　　classifier　什么（引者按，就是"几个"）

nə⁵⁵　　　kai³³

which classifier　哪个

vəi³¹ ki³³　　kai³³

for　what　classifier 为什么（以上 265 页）

到此，我们要说，临高话 kə³ 和 kai⁴/kai³³ 其实就是"个"的异读，和海口话"个"读为 ke^{21} 或 kai^{21} 正相对应。海口话表示什么是：乜 mi^{55}、乜个 mi^{55} kai^{21}（ke^{21}）、个乜 kai^{21} mi^{55}（陈鸿迈《海口方言词典》4 页）。海口话的"乜个"mi^{55} kai^{21}（ke^{21}），就是客家话的"物个"，就是粤语的"乜野"。

量词"个"临高话读 kə^3 和 kai^4/kai^{33}，和黎语作词头的 kɯ^3/ʔɯ^3、kai^2 相对应，和壮语的kɯ^{51}、kai^{24} 也对应。

武鸣壮语有个词头kɯ^{51}，它和量词"个"同音。例如（据李方桂 1953）：

kɯ^{51} 用作词头：

kɯ^{51} kɑɯ^{33} 我（85、87、91 页）

kɯ^{51} mɯŋ^{31} 你（85、91、123 页）

kɯ^{51} te^{33} 他（85、123 页）

kɯ^{51} rɑu^{31} 我们（123 页）

kɯ^{51} 用作量词：

koi^{55} kɯ^{51} ʔdɯɑn^{33} 几个月（167 页）

几　　　　月

koi^{55} kɯ^{51} pi^{33} 几（个）年（169 页）

几　　　　年

我们注意到，李方桂先生虽然没有在注文中注出"个"，但在译文中明白译出kɯ^{51}就是量词"个"。

武鸣壮语量词、指示词kai^{24}（据李方桂 1953）：

kai^{24}　　　nɑi^{51} θam^{33} ʔbɑu^{55} θoi^{24} 这东西不三不四（161、250 页）

样、件　这　三　　不　　四　（引者按，kai^{24}用作量词。）

kai^{24} hɯɑt^{24} ʔdi^{33} lo^{55} 那腰好了（51 页）

个　　腰　　好　了　（引者按，kai^{24}用作指示词。）

很明显，武鸣壮语kai^{24}的读法，和汉语方言如海口话、客家话等读"个"为kai（阴去调）完全一致。

2.3 kɔu^4（ko^{33}/ko^{31}，kə^4）

关于东西的说法，临高话各处有一些差异，值得注意。张元生等《海南临高话》306 页记录的"东西"条，临高话、琼山话、澄迈话都是 kɔu^4；桥本《临高方言》记作 ko^{33}/ko^{31}（索引 393 页 ko^{33}/ko^{31} 都指事情、东西）。长流土话称东西为 kiou^{31} 或 kiɔ^{24}，"个、过"读 kɔ^{53}（《海南长流土话》23—24 页）。

这个 kɔu^4 和 kə^4 是异读。刘剑三《临高汉词典》60 页"kə^4 属于"条指出："此词多用于海边一带，其他地方多用 kɔu^4。"

所以辨清这种多读的来历，是有必要的。

根据笔者的经验，临高话中同一个词而声调有两种不同的读法，虽然不多见，是确实存在的，这在汉语方言中也是这样。桥本万太郎记录的表事物（thing）的 ko³³/ko³¹ 两读，犹如"补"有 bu³、bu⁴ 两读（据刘剑三《临高汉词典》46 页、142 页）。这样，海边人读的"kə⁴（属于）"看作量词 kə³ 的异读就完全可能。可知这个表东西的 kou⁴ 和 kə⁴/kə³"个"有瓜葛。

再加上，从海口话的"乜个"mi⁵⁵ kai²¹（ke²¹）、客家话的"脉个（物个）"，所对应的粤语是"乜野"，可知粤语"乜野"的"野"就是"个"。而粤语这个"野"就可用作名词，指物、人（据白宛如《广州方言词典》28 页"嘢"条）。

从长流土话称东西一读为 kio²⁴，"个、过"读 ko⁵³，则又是一种异读法。长流土话书面音"个、过"读 ko⁵³，ko⁵³ 读为 kio²⁴，犹如称谓词头"翁"ɑŋ⁵⁵ 读为 iaŋ³¹（参《海南长流土话》178—179 页）。

从声音上看，临高话读 ou 韵的有"包报毛道脑造号、斗扭凑钩藕透豆、舞姑许柱乌、芽"等字（据刘剑三《临高汉词典》135—145 页）。临高话"个"kou²¹ 读同遇摄字、侯摄字的情形，在吴语也能见到。赵元任《现代吴语的研究》97—98 页"个"的读音，松江、嘉兴就读同"够"。吴语崇明话"个"在"稻个子稻捆、原个子整个、个人~问题、个数数字、数目、个个每个"等词中，就读同模韵的"故"。

2.4 ko²

张元生等《海南临高话》126、420 页指出：临高话、澄迈话的判断词一是"是"ti⁴，一是 ko²。这个 ko² 就是"个别、个子、个性、个人"的"个"（《临高汉词典》44 页）。

长流土话肯定句的判断词用"是"tə³¹，但表示否定和疑问时，则用 kio²⁴。例如：

不是 zaŋ⁵⁵ kio²⁴

是不是 kio²⁴ zaŋ⁵⁵ kio²⁴

所以，临高话、澄迈话的 ko² 也是"个"的一种读法。"个"用作判断词，在广东揭阳话（闽语）、湖北大冶话（赣语），都能见到。

广东揭阳话"个"可用作判断。陈恩泉《揭阳话"个"的调值变化及其他》（220 页）记载："个"[kai⁵⁵]（阳平调）用作量词、代词（乜个什么）；"个"[kai²²]（阳去调）用作结构助词和语气助词，相当于"的"；"个"[kai³⁵]（阳上调），用作判断词，或表示强调语气的"是"。例如：

个乜个（是什么）？

只本书个我个（这本书是我的）。

个有影阿无（究竟有这回事儿没有）？

我个勿个哩（我是不要的啦）。

湖北大冶话"个"可用作判断。汪国胜《大冶方言语法研究》129 页：

他个大队长，我个老百姓，我什抹能跟他比欱他是大队长，我是老百姓我怎么能跟他比呢

我个老货了，还穿果好做谜欱我是老人了，还穿这么好干什么呢

小方个苔，人家把钱他不要小方是个傻瓜，人家给钱他不要

陈师傅个忠厚人，叫他做谜就做谜陈师傅是个忠厚人，叫他干什么就干什么

引用书目

白宛如　1998　广州方言词典　江苏教育出版社

陈恩泉　1992　揭阳话"个"的调值变化及其他　载梁东汉等编《第二届闽方言学术研讨会论文集》

陈洪迈　1996　海口方言词典　江苏教育出版社

黑维强　2009　陕北绥德方言"个"的读音和用法　《方言》第 3 期

李方桂　1953　武鸣僮语　中国科学院

刘剑三　2000　临高汉词典　四川民族出版社

刘剑三　2009　临高语话语材料集　中央民族大学出版社

桥本万太郎　1980　临高方言　亚非语言文化研究所　东京

汪国胜　1994　大冶方言语法研究　湖北教育出版社

张惠英　2011　海南长流土话　南海出版公司

张元生、马加林、文明英、韦星朗　1985　海南临高话　广西民族出版社

赵元任　1956　现代吴语的研究　科学出版社

从临高话"得"一读 dək⁸、一读 lai³ 说起

提　要　临高话"得"一读 dək⁸，一读 lai³。（还有一读"hək⁸"，另有来源。）从"lai³"兼表"得"和"有"，以及和壮语"得"dai³³ 的比较，看到这个"lai³"就是得。汉语文献"得"自古也可表"有"的意思，汉语方言也有用"得"表"有"。而临高话"得 lai³"的用法丰富多彩，自有其发展演变的特点和色彩。

刘剑三《临高汉词典》78 页【lai³】注释为：（1）有，"无"之对（2）富有，ŋa⁴（穷、贫穷）之对（3）生育：～lək⁸ 生孩子。79 页【lai³】注释为：得，结构助词，用于动词后面，表示可能、应该等：mia² ～ ən³ 来得及/mia² kɔn¹～ in¹ 吃不完（不吃得完）。

我们从刘剑三《临高语话语材料集》中，看到了多得多的用法，"lai³"不只是动词有无的"有"，而且是动词得到的"得"。

刘剑三《临高汉词典》401 页载"得"：

【dək⁸】（得）dək⁸ dɔŋ¹ 得到

dək⁸ lik⁸ 得力

dək⁸ tsui² 得罪

dək⁸ i² 得意

那么，这个"lai³"是何来历？我们从"lai³"的多种用法，以及和壮语的具体比较，看到它是"得"的一个变体。下面先看"lai³"的种种用法。

一　得

1.1　动词：得到

1. huŋ¹ diŋ² xaŋ³ hu⁴　leŋ¹　nə⁴ fu⁴ hai⁴ ŋai² lai³。

　洪　定　康 知道 墓地 这 座 很　难 有。（56 页）

　（67 页译文：洪定康知道这样的茔地很少有。）

按，例中"ŋai² lai³"译文作"少有"当然合适，这和"难得"意思相同。所以此处"lai³"理解为有或得两可。

2. hu¹ ji² siŋ³ kai³ lai³ dai¹，bən⁴ vɔŋ¹ tik⁸ fai³ vɔŋ¹ huŋ¹ hiaŋ³ ləŋ¹ xiŋ¹ thu¹ sa⁴ ban²。

　　胡玉清　该　　死，本皇　特派　王桐乡　返琼州　查办。（80页）

（84页译文：胡玉清该死，本皇特着王桐乡回琼州查办。）

按，例中"kai³ lai³"注为"该"，其实，"该"是"kai³"的音义，"lai³"音义未予注明。"lai³"者"得"也。"kai³ lai³"者"该得"也。

（注意："王、皇"同音"vɔŋ¹"！）

3. heŋ² mai² lai³ mai²，heŋ² səu³ lai³ səu³。

　　行　好　得　好，行　坏　得　坏。（210页）

（善有善报，恶有恶报。）

1.2　处于动词之后，或在动宾之间或动补之间，表示有能力，或有可能，或可以，或应该

1. hau² mə⁴ huk⁷ tsiŋ³ kua² lau⁴ im¹ hə³ le⁴，hau² di³ ləu² doi³ lai³ mə²？

　我　就　做　像　乞丐　　一　呢，我　怎么　对　得你？（59页）

（68页译文：我做得像个乞丐，我怎么对得住你。）

2. mə² mə⁴ ko³ lək⁸ hau³ hu² hə³ kɔ²，ləu² na³ du² mən² ko³ lai³，ti⁴ mə² tɔ² tɔ³ ko³ lai³ ne⁴。

　你　要　救孩子我　个　一（助），哪　个　都　不救得，是你自己救得　的。

（62页）

（69页译文：你要救我儿子，谁都救不了他，只有你能救他。）

按，例中"mən² ko³ lai³（不救得）"是没办法救，没能力救。最后"ko³ lai³ ne⁴"的 ko³ 也是"救"，原文讹作"求"。又见 64 页。

3. huk⁷ tsɔk⁸ vən¹ kə³ tsiu³ hua¹ tsik⁸ mən² ke?⁷ lai³ lɔŋ² bɔi¹，……hau² mən² hun¹ lai³ lək⁸

　做　作文的　周和　积　不　改得　下去。……我　不　教得孩子

hu² vɔi³。

　个　了。（53页）

（65页译文：写的作文周和积已经改不了了。……我教不了这孩子了。）

按，故事是说那个学生极聪明，老师周和积改不了他的作文、教不了他了。这是用于否定句表示没有能力的意思。

4. lək⁸ ȵum¹ tsiak⁸ lɔi³ mə² nə⁴ mɔ?⁸ hə³ di² xɔ?⁷ lai³ kua³ din² ha²？

　小　蛋　麻雀你这个　一　要磕　得过　石头吗？（74页）

（83页译文：你这个小小的麻雀蛋能碰得过石头吗？）

5. an² sat⁸ sə⁴ maŋ² m² dou¹ lai³ kua³ hu¹ ji² siŋ³，m² xəŋ³ tsip⁷ ɔn³ nə⁴ mɔ?⁸ lɔŋ²。（74页）

　按察使怕不斗得过胡玉清不肯接案这个　下。

（83页译文：按察使怕斗不过胡玉清，不肯接下这个案子。）

6. in³ han³ hai⁴ fɔŋ¹ na⁴ kaŋ³ lai³ ko³ uk⁷ mia²。（77页）

　感叹很久才讲得话出来

（84页译文：感慨半晌，才说出话来。）

7. tən² loŋ² bɔi¹ dou² tsu⁴ nan² vi² vɔi³ ti³, di² huk⁷ ki³ kai³ lai³ jou²?

　　这样　下　去　咱　就　难　为　了　了，会　做　什　么　得　在？（101页）

（102页译文：这样下去咱就惨了，咱还能做什么呢？）

8. mə² lək⁸ nɔk⁷ lan² hɔk⁸ nə³, mə² di² hɔi³ lai³ hau⁴ kai⁴ kiat⁸ la²?

　　你　孩　子　学校　个，你　要　替　得　我　解决　吗？（101页）

（102页译文：你只是学校的一个小孩子，你能替我解决吗？）

9. kə² xi² kui¹ xi² te², dai¹ vɔi³ mən² kuai³ lai³ van⁴。（117页）

　　他　气　归　气（助）死了　不　怪　得　人家

（118页译文：他生气归生气，可怪不了人家。）

10. mə² tsək⁸ hɔm¹ lai³ bak¹ ləm² lək⁸ nə⁴ hou² hou³ vɔi³……（119页）

　　你　若　吻　得　嘴巴　姑娘　这　群　透　了

（120页译文：你如果能把这群姑娘的嘴巴吻个遍……）

11. kə² tən¹ m² tu⁴ lai³, kiau⁴ hu² mɔʔ⁸ tsiŋ³ tɔn³　　hə³。（122—123页）

　　她　痒　不　受得　　动　身子　个　像　蛆虫（助）

（124页译文：少妇痒得受不了，像粪便里的蛆虫那样不住地摇晃着身子。）

12. mə² tsək⁸ kɔn¹ lai³, mə² tsu⁴ ham¹ lou⁴ niŋ² mə²　vɔi³ kɔn¹。（133页）

　　你　若　喝得　　你　就　抬　入　旁边　你　了　喝。

（137页译文：你要是能喝得下，你就抬到你旁边喝。）

13. fiŋ⁴ mɔʔ⁸ ja³ mai² vɔi³, lai³ lai⁴ uk⁷ lai³ ŋəu³　bəŋ³ vɔi³。

　　病　个　也　好　了　　慢　慢　出　得　游逛　玩耍了。（133页）

（137页译文：病也好了，慢慢地可以出来散散步了。）

14. dɔŋ³ lɔ² na⁴ ləŋ¹ lai³ lan²。（141页）

　　后　天　才　回　得　家

（146页译文：后天才能回家。）

15. mən² dan¹ m² cɔn¹ lai³ loŋ² kɔ², tɔ² tɔ² ja³ ŋai² deu² tuat⁷。（144页）

　　不　但　不　吃　得　下　喉咙　自己　也　难　逃　脱

（147页译文：不但吃不成，自己也难以逃脱。）

16. lik⁸ liaŋ⁴ mə² kə³ kua³ lai³ bɔi³ vɔi³, tsək⁷ ti⁴ lai³ liŋ² ja³ xəm³ lai³ kɔi³ na⁴ jiŋ² lai³ van⁴。

　　力　量　你　的　过得　去　了　可　是　有　力　也　欠　有　计　才　赢得人家

（152页）

（156页译文：不过有力气还得有计谋，才能打得赢人家。）

17. ləm² lək⁸ van⁴ teŋ¹ ju⁴ fiak⁸ ju⁴ fɔn⁴, bek⁷ na³ du² mən² liak⁸ lai³ na³ hə³ uk⁷。

　　姑　娘　人家　生　又　白　又　嫩，　百　个　都　不　选　得　个　一　出。（160页）

（165页译文：人家姑娘长得又白又嫩，百个里头也挑不出一个。）

18. bun³ tin¹ mən² xɔ³ sɔ⁴ sai⁴，maŋ² m² mia² lai³ dɔŋ³ niaŋ²。（163 页）

　　身　体　不　太　自　在　怕　不　来　得　迎　娘

（166 页译文：身体不太舒服，恐怕不能来迎新娘。）

19. m² dek⁸ lai³ hək⁸ tiaŋ³ mɔʔ⁸ hə¹。（163 页）

　　不　看　得　到　相貌　个　一

（166 页译文：看不到相貌。）

按，故事说新娘罩着面纱，不能看到她的脸。

20. mɔ² fiaŋ² hə³ mən² tsia¹ lai³ da³ vən² on³

　　手　边　一　不　遮　得　太　阳　稳。（203 页）

（一只手遮不住太阳。）

21. tu⁴ lai³ fu³ tsak⁸，mən² tu⁴ lai³ ŋaʔ⁸ dam¹。

　　受　得　斧　砍，　不　受　得　针　扎。（203 页）

（204 页译文：受得了斧头砍，受不了针头扎。）

22. kua³ lai³ mai⁴ hai³ mən² kua³ lai³ lək⁸ maŋ¹。

　　过　得　大　海　不　过　得　小　溪。（205 页）

（过得了大海过不了小溪。）

23. mɔ² fiaŋ² hə³ mən² ŋan¹ lai³ vɔn³ mɔʔ⁸ ma² ŋok⁸。

　　手　边　一　不　拿　得　两　个　　柚子。

（一只手拿不了两个柚子。）

24. mən² kua³ lai³ nam⁴ lɔk⁸ lai⁴ tset⁸ fa⁴ sun¹。

　　不　　过　得　水　推　托　阴茎　碍　路。（225 页）

（过不了河推托阴茎碍路。）

25. nam⁴ məi² tai¹ lai³ uk⁷ mən² tu¹ lai³ ləŋ¹。

　　口水　　吐　得　出　不　收　得　回。（212 页）

（213 页译文：一言既出，驷马难追。）

26. dɔ⁴ lai³ ui² ja³ kɔn¹ lai³ bɔi¹。

　　端　得　起　也　喝　得　去。（227 页）

（端得起也喝得下。[含讥讽义]）

1.3　用在动词或形容词后面，连接表示结果或程度的补语

1. mai² tsu⁴ mai² lai³ dai¹，sɔu³ tsu⁴ sɔu³ lai³ tsuat⁸。

　　好　就　好　得　死，　坏　就　坏　得　绝。（24 页）

（好就好得要死，坏就坏得要命。）

按，例中两处"lai³（得）"都是联系后面的补语。

2. kaŋ² （lai³） bɔ² dun³ du² dau⁴ hau³（25 页）

　　讲　得　叶　树　都　点　头。（讲得树叶都点头。）

3. lun³ lai³ ŋai² tu⁴。（29 页）

　　热 得 　难 受（热得难受。）

4. xɔ³ ji³ ŋo¹ lai³ ti³ 　ŋa³ na³ leŋ¹ hun²。

　　可 以 坐 得 四 　五 个 　人。（43 页）

（46 页译文：可以坐得下四五个人。）

5. nə⁴ kɔm⁴ hə³ kə² di³ ləu² suan¹ tsuŋ³ m̩ suan¹ lai³ lɔŋ²。

　　那 晚 一 他 怎么 　睡 　总 不 睡 得 下。（71 页）

（82 页译文：晚上怎么睡也睡不下。）

6. tsək⁷ ti⁴ di³ ləu² kɔu³ na⁴ kɔu³ lai³ jiŋ² ni²？（75 页）

　　可 是 怎么 告 才 告 得 赢呢

（83 页译文：可是，如何才能告赢呢？）

7. tsək⁷ ti⁴ di³ hai⁴ fɔŋ³ vɔi³，tsuŋ³ mən² di¹ lai³ hək⁸。（86 页）

　　可 是 找 很 久 了 　总 不 找 得 到

（93 页译文：可是找了很久都找不到。）

8. kaŋ³ xua² ja³ kaŋ³ lai³ na⁴ ku² baŋ¹。（90 页）

　　讲 课 也 讲 得 特别 　亮

（95 页译文：讲起课来也特别清楚明白。）

9. tsək⁷ ti⁴ lai³ tə⁴ xin⁴ hə³ kə² tsuŋ³ mən² tianŋ³ lai³ hoŋ¹。（90 页）

　　可 是 有 事件 一 他 总 不 　想 得 通

（95 页译文：可是有一件事情他总是想不通。）

10. xɔ⁸ nəŋ² di² kən³ lai³ hai⁴ it⁷ bɔŋ³。（93 页）

　　可 能 将 上 得 第 一 榜

（96 页译文：说不定会名列第一榜。）

11. i³ sɔk⁷ mə² səŋ¹ hau² lai³ juŋ⁴ ja³ mən² kaŋ³ lai³ in¹。

　　如果 你 告诉 我 有 用 也 不 　讲 得 完。（98 页）

（100 页译文：你告诉我，说不准会有用的。）

按，例中第一个"lai³"是表示有，第二个"lai³"注文"得"，"不讲得完"是说不定的意思。

12. hu⁴ 　bun³ tin¹ mɔʔ⁸ hai⁴ ŋai² tu⁴ vɔi³，mən² tu⁴ lai³ on³ vɔi³。

　　发现 身 体 个 太 难受 了，　不 受 得 稳 了。（104 页）

（104 页译文：发现身上特别难受，[已经]受不住了。）

13. tsai² fɔu³ fɔu³ hem¹ mən² fɔu³ lai³ lɔŋ² vɔi³。（110 页）

　　再 等 等 添 　不 等 得 下去 了

（111 页译文：再等一阵等不下去了。）

按，据文意，"mən² fɔu³ lai³ lɔŋ² vɔi³"是没等下去（就急着唱起来了）的意思。

14. lək⁸ koŋ¹ vɔn³ na⁴ sa¹ tiŋ² vən² na⁴ sa¹ lai³ in¹。（116—117 页）

　　小　工　两　个　种成　天　才　种得　完

（118 页译文：两个工仔差不多一天才种完。）

15. to³ nə⁴ hiu² hə³ fiŋ² ti² nam⁴ dən² dən²，du² mən² dɔŋ¹ lai³ hau³ kau⁴。

　　河　那条　一　平时　水　浅　浅，都　不　到　得　膝　盖。（121 页）

（123 页译文：这条河平时水很浅，连膝盖都到不了。）

16. hɔm¹ lai³ in¹ vɔi³，……（120 页）

　　闻　得　完　了

（121 页译文：闻完之后，……）

17. mə² di² kam² lai³ bak⁷ mo⁴ mai⁴ lək⁸ nə⁴ hou² hou³ mə²？ mə² tsək⁸ kam² lai³ hou³ vɔi³，

　　你　将　摸　得　屁股　女 人 这 群　透 不？ 你　如果　摸　得　透 了，

hau² lo⁴ kiau⁴ sin² du² tu¹ mə²。

　　我　们 多少　钱　都　输　你。（121）

（123 页译文：你能把她们的屁股逐个摸遍不？你要是能把她们的屁股摸遍，我们多少钱都输给你。）

18. mə² jam³ kɔu⁴ hu² hə³ lɔu⁴ niŋ² dɔu² vɔi³，dɔu² di³ ləu² kɔn¹ lai³ lɔŋ²？

　　你　叫　东西　个　一　进　旁边　咱了，　咱　怎么　吃　得　下？（132 页）

（137 页译文：你把他叫到咱旁边来，咱怎么吃得下？）

按，故事说把一个麻风病人叫到旁边一起吃，所以说"怎么吃得下"。

19. bun³ tin¹ mai² vɔi³ ja³ m² kaŋ³ lai³ in¹。（133 页）

　　身　体　好　了　也 不 讲　得　完

（137 页译文：身体好了也难说。）

20. bak⁷ tsək⁸ xɔ³ nəŋ² mən² ləŋ¹ lai³ dɔŋ¹ lan² vɔi³。（141 页）

　　明　天　可　能　不　回　得　到家　了

（146 页译文：明天可能回不了家）

21. tsək⁷ ti⁴ bɔi³ hu² hə³ en² mən² suan¹ lai³ lɔŋ² jɔu³

　　可　是 姐　个　一　还　没　睡　得　下　在。（143 页）

（147 页译文：可姐姐还睡不着。）

22. nə⁴ fɔi² hə³ jin² hui² mən² hiŋ² lai³ hək⁸ lɔ² lək⁷ vɔi³。（145 页）

　　这　次　一 人 熊 不　听得　到 锣响　了

（148 页译文：这下子人熊听不到锣响了。）

23. hou² lɔi² tam¹ lui⁴ mə² tsək⁸ tu⁴ lai³ vɔi³，mə² tsu⁴ xɔ³ ji³ hem¹ van⁴ bi³ vɔi³ lo³。

　　我 犁 三　行 你 若 受得 了　你　就　可以　跟人家　比 了 了

（151 页）

（156 页译文：我犁完三行地，你如果受得了，你就可以跟人家比了。）

按，故事是，父亲对儿子说，他犁田，让他儿子把手指伸进犁弓前面当楔子，如果儿子受得住，就证明他有劲儿可跟人家比试了。

24. tən² foŋ³ mia² du² m² lai³ leŋ¹ hun² kom² boi¹ jia³ van⁴，mə² di² huk⁷ lai³ ki³ kai³ van⁴？

    这么 久 来 都 没有 人   敢 去 惹人家，你 要 做 得 什么 人家？

（151 页）

（155—156 页译文：这么久以来都无人敢去惹人家，你能把人家怎么样？）

25. deŋ² si² huŋ¹xi² m² kon¹ lai³ fia⁴ loŋ²。

    邓 世 雄 气 不 吃 得饭 下。（153 页）

（156 页译文：邓世雄气得吃不下饭。）

26. doŋ¹ da³ xən³ voi³ du² m² suan¹ lai³ loŋ² jou³。

    到 半 夜 了 都 不 睡 得 下 在。（153 页）

（156 页译文：一直到半夜还睡不着。）

27. be² mai⁴ von³ fiaŋ² siŋ³ niaŋ² mui² huk⁷ mui² liau⁴ foi² voi³，tsu³ m² huk⁷ lai³ tiŋ²。

    父 母 两 边 请 娘 媒 做 媒 多 次 了   总 不 做 得 成。

（158 页）

（165 页译文：双方父母多次请媒人说亲，都没说成。）

28. lai³ niaŋ² mui² hu² hə³ kən³ lan² mia² bo¹ tə⁴ hoi³ nə⁴ xin⁴ hə³ kə³ ban³ lai³ tiŋ²。

    有 娘 媒 个 一 上 家 来 说 事 情 这件 一 她 办 得 成。

（158—159 页）

（165 页译文：有个媒婆上门来说她能办成这件事。）

29. juan¹ xai⁴ mui² foi² tsuŋ³ boi¹ hem¹ kə² lo⁴ di¹，ləu² foi² du² di¹ lai³ hək⁸。

    元 凯 每 次 总 去 跟 他们 找，每 次 都 找 得 到。（170 页）

（175 页译文：元凯每次都替他们去找，每次都能找到水源。）

30. tsək⁷ ti⁴ di³ ləu² di¹ tsuŋ³ mən² di¹ lai³ hək⁸

    可 是 怎么 找 总 不 找 得 着。（171 页）

（175 页译文：可是怎么找都找不着。）

31. ŋai⁴ ŋəi⁴ vən² kə² ka³ nuai³ m² təŋ³ lai³ voi³。

    第 二 天 他 已 累 不 胜 得 了。（173 页）

（176 页译文：第二天已累得他不堪忍受。）

32. to³ ji³ tam¹ xin⁴ tə⁴ kə² du² m² huk⁷ lai³ doŋ¹。

    所 以 三 件 事 他 都 不 做 得 到。（179 页）

（183 页译文：所以三件事他都做不到。）

1.4 表示动作的完成，相当于"了"

1. m deu² lai³ ki³ tua⁴，biŋ¹ ma³ kə³   ka³ tsui¹ di³ mo⁴ kə² voi³。

    没 逃 得 几 步，兵 马（助词）已经 追 赶上 她 了。（48 页）

（51 页译文：没跑上几步，兵马已经赶上。）

2. ləu² na³ hu⁴   huŋ¹ diŋ² xaŋ³ ləu⁴ lai³ lan² vɔi³ le³，vən² vən² haŋ⁴ lap⁷ jɔu³ bai¹   taŋ²。

　　哪 个 知道 洪 定 康 进 得 家 了 呢， 天 天 都 躺 在 上面 床。

（53—54 页）

（66 页译文：谁知道洪定康进了他家，天天都躺在床上。）

3. du² m² kua³ lai³ hai⁴ ŋəi⁴ vən² tsu⁴ kan⁴ bɔi¹ dek⁸ leŋ¹。

　　都 没 过 得 第 二 天 就 赶 去 看 墓地。（56 页）

（67 页译文：还没有过第二天就急着去勘探茔地。）

4. xɔi³ vən⁴ hə³ dɔŋ¹ lai³ mɔ² vɔi³，tsiaŋ³ fam² huk⁷ jam² dɔn³ hə³ sin³ luk⁸ vɔŋ¹ tam² xip⁷。

　　契 张 一 到 得 手 了， 张 范 做 酒 顿 一 请 禄 王 三 级。

（58 页）

（67 页译文：地契到手之后，张范做了一席酒请三级村的王禄。）

5. in³ han³ hai⁴ fɔŋ³ na⁴ kaŋ³ lai³ kɔ³ uk⁷ mia²。（77 页）

　　感 叹 很 久 才 讲 得 话 出 来

（84 页译文：感慨半晌，才说出话来。）

6. kua³ lai³ sɔ¹ it⁷ mən² kua³ lai³ təp⁸ ŋo⁴。

　　过 得 初 一 不 过 得 十 五。（205 页）

（过得了初一过不了十五。）

7. da¹ hu⁴ sɔk⁸ m² ka³ lai³ sɔk⁸。

　　眼 见 贼 不 杀 得 贼。（眼看见贼杀不了贼。）

1.5　动词：生育

1. meŋ³ meŋ³ kəʔ⁷ lək⁸ bɔʔ⁸ lai³ hu² hə² lɔŋ² mia²，bɔi¹ lak⁸ lək⁸ van⁴ hu² hə³ deu² lo³。

　　快 快 解 孩子 肚 生 个 一 下 来 去 背 孩子 人家 个 一 逃 啰

（48 页）

（51 页译文：赶快解下自己的孩子，背起别人的孩子，赶着逃走。）

按，例中讲那个女人在兵马追赶时解下自己的孩子，背上没有父母照管的孩子逃生。

2. lək⁸ hau² hu² hə³ tsək⁸ ti⁴ biŋ¹ ma³ dɔk⁷ dai¹ du² mai²，hau² ja³ xɔ³ ji³ suŋ² lai³ jɔu³。

　　孩子 我 个 一 若是 兵 马 踩 死 都 好， 我 也 可以 重 生 在。（49 页）

（51 页译文：即使我孩子被兵马踩死了，我还可以再生。）

3. tin² teŋ¹ ja³ dɔk⁸ kə²，tsiŋ³ dɔi³ lək⁸ bɔʔ⁸ lai³ ən¹ nə³。

　　先 生 也 疼 他， 像 对 孩子 肚 生 这 样。（90 页）

（95 页译文：先生也疼爱他，待他如同亲儿子一样。）

4. mə² m² lai³ te² van⁴ di² lai³。

　　你 没 有 呢人家 要 有。（102 页）

（102 页译文：你没有孩子可人家也许会有）

按，例中"lai³"都是指生育。故事讲男的"下体不全"，不能生育。下例就讲女人再嫁后就生子了。

　　5. hɔu⁴ lɔi² mai³ lək⁸ hu² hə³ suŋ² ha³，ja³ teŋ¹ lək⁸ lai³ ŋi² vɔi³。

　　　后　来　女　人　个　一　重　嫁，也　生子　育儿了。（102页）

（102页译文：到了后来，那个女人改了嫁，也生儿育女了。）

　　6. tsu⁴ ŋin⁴ kə² huk⁷ ŋi² tsə³，ja³ ou¹ sin² kə² hem¹ lək⁸ bɔʔ⁸ lai⁴ hu² hə³ huŋ² kɔn² bɔi¹ xau³。

　　　就　认　他　做　义　子，也　给钱　他　跟　儿子肚　生个　一　一起　　去　考

　　　（133页）

（137页译文：就认他做义子，还给他一笔钱跟自己亲生的儿子一起去考。）

按，"跟自己亲生的儿子一起去考"的"跟"，既可理解为主要动词，也可理解为连词"和"。例中"lai³是生育的意思。

　　7. van⁴ di² hɔ⁴ jan³ lək⁸ bɔʔ⁸ lai³ kua³ na³。

　　　人家要　贺　酒孩子肚　生过　前。（134页）

（137页译文：贺酒要先给亲生的贺。）

　　8. van⁴　hem¹ kə² huŋ² ban¹ nə⁴ kə³ tsuŋ³ ou¹ nian⁴ lai³ lək⁷ vɔi³。

　　　人家　和　他　同　班　那　些总娶　娘　生子　了。（158页）

（165页译文：那些与他同一班辈年龄相仿的孩子都结婚生孩子了。）

　　9. hu⁴ kə² lo⁴ vɔŋ³ mən² lai³ lək⁸，ȵi³ kə² lo⁴ bɔi¹ miu⁴ kuan² im¹ vɔi³ bai³ miu⁴ im¹ lək⁸。

　　　见他们　久　不　生　子，指他们　去　庙　观　音了拜　庙　乞子。

　　　（168页）

（174页译文：看到他们久无生育，指点他们到观音庙去求神赐子。）

　　10. xu² fa³ mɔʔ⁸ leŋ² leŋ³ kə²，fu² tɔ⁴ kə² lo⁴ fiŋ² fiŋ² an¹ an¹ lai³ lək⁸ lɔŋ² mia²。

　　　求　天　个　灵　灵　的，扶助他们　平平安安生子　下　来。（168页）

（174页译文：祈求天神保佑他们平安生下孩子。）

按，原文"lɔŋ²（下）"讹作"lɔŋ⁸"。

　　11. mən² ki³ vɔŋ³ lək⁸ hu² hə³ m² ŋai³ m² luan⁴ ka³　lai³ lɔŋ² vɔi³。

　　　没　多　久儿子个　一　不　哭　不　闹　已经　生下　了。（168页）

（174页译文：没多久一个男婴不哭不闹已降生人世。）

按，同页上文"四十岁了还没有儿子在"中，"没有"和"没生"完全同义。

　　12. mai⁴ ŋu² hua¹ lai³ lək⁸ ki² lin²。

　　　母　牛　花　生子　麒　麟。（老鸹窝里出凤凰。）（190页）

1.6　"nɔ¹ lai³（动得）"词中表示可以、行

　　1. kə² bo¹："m² nɔ¹ lai³，sin² hua⁴ sik⁸ du² di² həm¹ ha²？"

　　　他　说："不　行，钱　伙　食都要　欠吗？"（54页）

（66页译文：财主说："不行，伙食费还能欠吗？"）

按，《临高汉词典》42 页 "nɔ¹ lai³"（动得）是 "可以；行"。所以 "m² nɔ¹ lai³"
就是不行。《临高汉词典》未收 "m²" 这个词。

2. nɔ¹ lai³, tsək⁸ ən¹ nən³ ma² nɔu⁴ m² kɔn¹ luŋ³ tsup⁸ tsup⁸。

　　行，　若　这样　山 薯 不 吃 捣 烂 烂。（73 页）

（82 页译文：行，若是这样，山薯不吃捣烂烂。）

3. m² nɔ¹ lai³ hɔ³，mə² m² ŋa⁴ xut⁸ juk⁸ van⁴ vɔn³ na³ lək⁸ be² hɔ³。

　　不　行　的，　你 不用 屈 辱 人家 两 个 子 父（助）。（99 页）

（100 页译文：不行，你不能屈辱人家父子俩。）

4. be² eŋ¹ kə³ bo¹，nɔ¹ lai³，jam³ kə² mia²。

　　父 兄 的 说，　行，　叫 他 来。（132 页）

（137 页译文：村里的头儿说行，把他请来。）

1.7　动词词尾：舍得、抵得、怪得、配得

在 "舍得、配得、怪得" 中，这个 "得" 暂作词尾考虑。例如：

1. be?⁷ xuat⁷ nam⁴ vɔi³ mə² di¹ tia³ lai³ mu?⁷ kɔu⁴ mɔ?⁸ hə³ be?⁷ kɔn¹ mə²？

　　伯　渴　水　了 你 会 舍 得 摘 东西 个　一　伯 吃 不？（177 页）

（182 页译文：阿伯口渴了，你舍得把这东西摘下来给阿伯吃吗？）

按，例中 "be?⁷" 是用小孩称呼男性长者的说法自称。

2. kə² tsək⁸ di² kɔn¹ tsu⁴ ɔu¹ bɔi¹ kə² kɔn，lək⁸ van⁴ hu² hə³ luk⁷ dɔi³ lai³ ne⁴。（133 页）

　　他 如果 要 喝 就 拿 去 他 喝 孩子 人家 个 一 做 抵 得 呢

（137 页译文：他要是喝得了就拿回去给他喝，人家这孩子也值得了。）

按，故事已经交代这个麻风病人为村子捐钱建学校，给他一坛酒喝也可算
是一种报答。所以 "抵得" 译为 "值得"。

3. ian³ juan¹ mə² lo⁴ vɔn³ na⁴ fa³ du² ka³ diŋ² lɔŋ² mia² vɔi³，di² kuai³ lai³ lɔu² na³？（164 页）

　　姻　缘 你们 两 个 天 都 已 定 下 来 了 要 怪 得 哪个

（167 页译文：你们两个的姻缘上天已经定下了，要怪谁呢？）

4. mə² lo⁴ vɔn³ na⁴ tsuŋ³ lai³ tsi?⁸ mən² tsuk⁷，fui³lai³ kɔn² te²。（164 页）

　　你　们 两 个 总 有 点 不 足　配 得 互相 的

（167 页译文：你们谁都有点缺陷，彼此是相配的。）

二　有

临高话用 "lai³" 表示的 "有"，包含有无的有，存在的有，发生或出现
的有等，例如：

1. lai³ be² lau⁴ hu² hə³ fok⁸ sɔk⁸ kə³ m² tsi² i²……

　　有 老人 个　一 伺 贼 的 不 注意……（39 页）

（41 页译文：有位老人趁强盗们不注意……）

2. m² lai³ nam⁴ hau³ lɔi² nia² lɔm¹ la³。

　　没 有　水　好　犁　田　插　秧。（40页）

（42页译文：无水犁田插秧。）

3. lim² kɔu¹ hin⁴ ba² len² həu¹ lai³ sɔŋ⁴ tia⁴ mɔʔ⁸ hə³，jam³ bo¹ sɔŋ⁴ tin¹ ka¹ kə³。

　　临 高 县 波 莲 圩 有 洞 山 个 一，叫 做 洞 仙 家 的。（43页）

（46页译文：临高县波莲山有一个山洞，叫做仙人洞。）

4. deu² kə² ti² hɔu⁴ ni² hu⁴　niŋ² sun¹ lai³ lək⁸ nɔk⁷ hu² hə³ m² lai³ be² mai⁴ vɔi³，

　　逃 的 时 候 呢 看 见 旁 边 路 有 小孩 个 一 没 有 父 母 了，

ŋai³ du²ŋai³ dəŋ⁴ səʔ⁷ vɔi³。

哭 都 哭 抽 噎 了。（48页）

（50—51页译文：正逃的时候，她看见路旁边有个小孩没有父母了，哭得一个劲地抽泣。）

5. lək⁸　van⁴ hu² hə³ m² lai³ be² mai⁴ vɔi³，m² lai³ na³ tsiau² ku¹ vɔi³。

　　孩子人家 个 一 没 有 父 母 了，没 有 个 照 顾 了。（49页）

（51页译文：人家的孩子没有父母亲了，没有人照顾了。）

6. hɔu⁴ lɔi² kit⁷ sin⁴ tsu⁴ m² lai³ biŋ¹ ma³ mia² kiau³ jiau³ vɔi³。

　　后 来 打 仗 就 没 有 兵 马 来 搅 扰 了。（50页）

（51页译文：以后打起仗来就没有兵马来搅扰了。）

7. luk⁸ vɔŋ¹ tam² xip⁷ ka¹ lan² lai³ sin² kə²。

　　禄 王 三 级　家庭 有 钱（助）（52页）

（65页译文：三级村的王禄家里很有钱。）

按，例中这个"lai³ sin²"（有钱）表示有很多钱，所以译文作"很有钱"。又见129页。

8. sek⁷ mə² du² mən² lai³ tim¹ hɔk⁸ le⁴。

　　册 你 都 没 有 心 读 呢。（52页）

（65页译文：书你都无心读。）

9. tin² teŋ¹ tsək⁸ mən² lai³ jɔu³，ləŋ¹ fɔi² di² ɔu¹ na⁴ ɔu¹ ti³。

　　先 生 若 没 有 在，下 次 要 拿 才 拿 嘛。（54页）

（66页译文：先生要是没钱，下次要给才给嘛。）

10. hem¹ hau² juan¹ lai¹ xiaŋ³ kə³ lai³ tsiʔ⁸ mən² huŋ² kɔn² vɔi³。（93页）

　　　跟 我 原 来 想 的 有点 不 同 互相 了

（96页译文：与我原来想法相违。）

11. lai³ be² lau⁴ hu² hə³ tiaŋ⁴ ma¹ hu² hə³，vɔn³ na³ lək⁸ be² hai⁴ məŋ⁴ nə⁴ hu² hə³ diat⁸ saŋ³

　　有 老 汉 个 一 养 狗 只 一，两 个 子 父 依靠 狗 这 只 一 驱 山林

kua³ səŋ³ huat⁸。

　　过 生 活。（97页）

（99 页译文：有个老汉养了一条，父子俩就靠这只狗打猎为生。）

按，"be² lau⁴（老汉）"中的"be²"是词头。"lək⁸ be²（子父）"中的"be²"指父亲。

12. lai³　be²　teŋ¹ li³ hu² hə³ mui³ vən² du² hap⁷ ŋum¹bit⁷ tsin¹ hə³ kua³ na³ vɔ³ bɔi¹ hin⁴
　　有（词头）生意个一每天都挑蛋鸭担一过前村去县

vɔi³ iŋ¹。
了　卖。（112 页）

（115 页译文：有个商人每天都挑着一担鸭蛋从村子前面经过，到县城里卖。）

13. lai³ vən² hə³ tsau³ tsau³，kuŋ¹ han¹ hem¹ lək⁸ vɔ³ hu² hə³ ŋəu³ lɔk⁸ da³ vɔ³ uk⁷ mia²。
　　有天一早早，公汉跟男子村个一信步从里村出来。

（118 页）

（120 页译文：有一天一大早，汉公跟村里一个人从村里头信步出来。）

14. m² hu⁴ hɔk⁸ tə¹ xo³ so³ ha³ ti⁴ di³ ləu² hə³，kə²　da²　　lai³ fiŋ⁴ lou⁴ vɔ³。
　　不知读书辛苦还是怎么啦，他居然有病进去了。（128 页）

（135 页译文：不知道是读书辛苦还是什么原因，他居然生了病。）

按，例中"lai³ fiŋ⁴（有病）"就是生病。又见下例。

15. 才知道他有麻风病种进去了。（128 页）

（135 页译文：才知道他患上了麻风这种病。）

16. da³ lan² lai³ mai³ lau⁴ hu² hə³ hem¹ ləm² lək⁸ vɔn² hu² kaŋ³ kɔ³ ne⁴。
　　里屋有妇人老个一跟女孩两个讲话呢。（140 页）

（146 页译文：屋里有个母亲，正跟两个女孩说话。）

按，从字面上看，理解为连词"和"也可以，实际是母亲在嘱咐女儿，是介词对、向的意思。

17. lai³ vən² hə³，be² lau⁴ dəŋ² si² huŋ¹ diu² ŋu² bɔi¹ da³ lou⁴　vɔi³ tian⁴。
　　有天一，父亲邓世雄牵牛到中荒野了养。（150 页）

（155 页译文：有一天，邓世雄的父亲牵着一头黄牛到野外去放养。）

按，例中"be² lau⁴"注文译文都是"父亲"。下文 151 页"be² lai³"也用来指父亲。

18. mə² dek⁸ da³ bɔʔ⁸ bə³ kuŋ² mɔʔ⁸ hə³ en¹ lai³ ki³ kai³ jou³？
　　你看里肚阿公个一还有什么在？（169 页）

（175 页译文：你看看阿公肚子还有什么东西？）

三　富有

1. mai⁴ lək⁸ kə² ha³ bɔi¹ nə⁴ hu² ni²，ka¹ lan² van⁴ mɔʔ⁸ hə³　lai³。
　　女人他嫁去那个呢，家庭人家个一富有。（129 页）

（136 页译文：他女人改嫁的那个人，家中很富有。）

按，例中"lai^3（富有）"是用作形容词，表示富有。又见下面例子。

 2. nə^2 lai^3 kə^3 tsu^4 kian^3 liau^4 tsiʔ^8, nə^2 ŋa^4 kə^3 tsu^4 kian^3 tiu^3 tsiʔ^8.

 （词头）富 的　就　捐　多　些，（词头）穷 的　就　捐　少 些。（130 页）

 （136 页译文：富者就多捐些，贫者就少捐些。）

按，例中"lai^3（富）"　在上例中注为"富有"。

 3. lan^2 van^4 kə^3 di^3 ləu^2 jaŋ^4 lai^3。

 家庭 人家 的 怎么　样 富有（160 页）

 （165 页译文：人家家里如何富有。）

 4. mən^2 jim^1 mən^2 lai^3。（235 页）

 不 节俭 不　富。（不俭不富。）

按，"lai^3"注文作单字"富"，实即富有，见上例。

 5. luk^8 vɔŋ^1 tam^2 xip^7 ka^1 lan^2 lai^3 sin^2 kə^2.

 禄　王　三 级　　家庭　有 钱（助）（52 页）

 （65 页译文：三级村的王禄家里很有钱。）

按，例中这个"lai^3 sin^2"（有钱）表示有很多钱，所以译文作"很有钱"。

 唐陆德明《经典释文·论语音义》引《述而》："我三人行，必得我师焉。"今本《论语·述而》作"必有我师焉。""得"和"有"是异文，"得"表示"有"。

 杜甫诗中也有用"得"表示有的诗句：

 主人留上客，避暑得名园。（《奉汉中王手扎》）

 锦里残丹灶，花溪得钓纶。（《赠王二十四侍御契四十韵》）

 （按，"避暑得名园"是避暑有名园；"花溪得钓纶"是花溪有钓纶，"得（有）"和上句"残丹灶"的"残（残存义）"相呼应。）

 清戴名世《曹氏怪石记》："有芝生于其侧峰之上，其大得石之半，次尤自古爱古好事之士未之见焉。"（引自《汉语大词典》第 3 册 988 页）

 从语义看，"得"和"有"密切相关，得到了就是有。所以，在少数民族语言中，很多表示得到的那个词，都可以表示有。而且这个词都和汉语的"得"同源。

四　临高"得"和壮侗语族、汉语方言"得"的比较

 壮侗语族"得"的用法如：

 海南临高话 lai^3，表示能够、得（结构助词）、了、有；

 布依语 dai^{31}，得到、有；

 龙州壮语 dai^{24}，表示得到、能够、必须、有；

武鸣壮语 ʔdai⁵⁵，表示得到、能够（可以、行）、有；

靖西壮语 nai³，表示得到、能够、在、完了、有；

傣雅语 lai¹¹，表示得到、能够、必须、了、着、有；

海南东方村话 ʔdok²，表示有、能够、得（动补结构助词）。

再看汉语方言中的"得"：

"得"在粤语中有很多义项，其中一个义项表示只有、只。陆镜光（1999）《粤语中"得"字的用法》提出如下例子：

佢真係带我哋去买嘢呢，得一个钟头度。他真正带我们去买东西的时间只有一个小时左右。

一间雀仔铺只係卖得两只笼。一间卖鸟的铺子只卖出了两只鸟笼子。

而家搬入荃湾都唔係真係远得几多咋喎。现在搬到荃湾住，比起以前事实上远不了多少。

嗰度净係得个经理咋吗。那儿只有一个经理罢了。

我哋个个一齐食都无事，得佢一个有事咋吗。我们人人一块儿吃都没事，只有他一个人有事罢了。

佢得个讲字嘅啫。他只会说。

得一个男先生咋。只有一位老师是男的。

郑定欧《香港粤语词典》361 页"得"字表只有义的例子有：

得一粒仔（只有一个男孩）

得番礼拜日至得闲（只有星期天才空）

全班得佢一个冇到（××××）

"得"可表只有的意思，在方言中不多见。而吴语崇明话"得"也可用来表示只有、只的意思。例如（据笔者母语）：

你只抽屉里得一眼眼物事（你的抽屉里只有一点儿东西）。

我得生一个小囡我只生一个小孩。

你得着一件布衫，冷伐你只穿一件上衣，冷吗？

夷饭量小，得吃一碗她食量小，只吃一碗。

袋袋里得勒块把洋钿口袋里只有一块钱左右。

得勒夷，话得出个种说话只有他，说得出那种话。

屋里厢得勒你一干子家里只有你一人？

明朝得怕要落雨明天只怕要下雨。

小囡得怕夷弗用心小孩只怕他不用功。

夷良心蛮好，得不过脾气弗好他良心很好，只不过脾气不好。

个只物事蛮好，得不过价钿忒贵特那东西不错，只是价钱太贵。

我们把粤语和吴语的这个"得"作进一步比较的话，就发现，粤语表只有的"得"，一般用作动词或补语，而崇明话表只有的"得"，可作动词，但较多的情况是出现在动词的前面，作副词用；不能用作动词后的补语。

粤语"得"用作动词的例子（据陆镜光 1999）：

佢得个靓字。（她只是长得好看而已。）

我得十蚊咋。（我只有十块钱。）

乜得你一个咋？（怎么只有你一个人吗？）

我话得我知咋噉啰。（我说只有我一个人知道。）

我屋企部机得二点零啫吗。（我家里的电脑只有二点零这个版本。）

件婚纱的两个袖有个蝴蝶。（这件婚纱只有两个袖口有蝴蝶。）

你估全香港得佢一间酒楼咩？（你以为全香港只有它一家酒楼吗？）

得龙虾未卖晒咋。（只有龙虾还没卖完。）

粤语"得"用在动词后面作补语的例子：

我借得两本书。（我只借了两本书。）

个老板哩个月做得一单生意。（老板这个月只做成一笔生意。）

哩本书我卖得三本咋。（这本书我只卖了三本。）

佢识得食同瞓。（他只会吃跟睡。）

揾得四个人嚟帮手咁少？（只找到四个人来帮忙这么少？）

佢走得有几远吖？（他能走多远？）

听得好少咋，后尾我瞓着咗。（我只听到一点儿，[因为]我后来睡着了。）

我哋咁少人，叫得两个餸咋。（我们人不多，只叫了两个菜。）

上海话"得"也可表只有，可用作动词，如"房间里得两三个人（房间里只有两三个人）"（张洪年先生提供）。也许这是较老的说法，今许宝华等编的《上海方言词典》未见记录。

浙江嵊县也可用"得"表示只有，可以用补在动词后作补语，例如（引自余霭芹 1993，11 页）：

借得一升米你贷（只借了你一升米）

安徽绩溪、旌德等地，用"滴"[tieʔ[32]]表示只有，可以用作动词、副词。例如（据曹志耘 1999，12—13 页）：

家子滴一个人物。（家里只有一个人）。

滴两本物事，一下就看完了。（才两本，一会儿就看完了。）

我们以为，这个表示只有的"滴"，大概就是"得"的一种用来区别不同用法的变读。

最后看"得"的声母在壮侗语族中读"d/n/l"的现象，和汉语方言有相应之处：

崇明话 t、d–l 的现象

特 dəʔ² ——lə³⁰（勒）

1."特"作人称代词复数词尾：

你特（你们）——你勒；夷特（他们）——夷勒；

2."特"在亲属称谓词后表示处所：

娘特屋里（娘的家里）——娘勒屋里；

婆特杠下（婆家那里）——婆勒杠下

亲眷特个朋友（亲戚家的朋友）——亲眷勒个朋友

3."特"在动词后表示方式：

跑特去（走着去）——跑勒去；

摸特去_{摸索着找去}——摸勒去；

问特去（一路问着去）——问勒去

得 təʔ⁵/特 dəʔ² ——勒 ləʔ⁰

"得/特"用作介词，相当于"在"：

坐得/特地上（坐在地上）——坐勒地浪

徛得/特当中（站在中间）——徛勒中间

眠得/特床上（躺在床上）——眠勒床浪

"得/特"用在动补结构、形补结构中间：

拿得/特到（能拿到）——拿勒到

话得/特过（能说赢）——话勒过

做得/特来（会做，能做）——做勒来

做得/特动（体力上能做）——做勒动；

吃得/特得（能吃，可以吃）——吃勒得；

急得/特来（非常急）——急勒来；

吓得/特来（非常害怕）——吓勒来

重得/特来（非常重）——重勒来

开心得/特来（非常开心）——开心勒来

结合古谐声字"棣 d-、隶 l-"的现象，可谓自古而然。

引用书目

曹志耘　1999　东南方言里动词的后置成分（第七届国际粤方言研讨会论文）

刘剑三　2000　临高汉词典　四川民族出版社

刘剑三　2009　临高语话语材料集　中央民族大学出版社

陆德明　经典释文·论语音义　中华书局影印通志堂本

陆镜光　1999　粤语中"得"字的用法　《方言》第 3 期

余霭芹（Anne Yue-hashimoto 1993 Comparative Chinese Dialectal Grammar, Ecole des hautes etudes en sciences socials, Centre le Recheches Linguistiques sur l'Asie Orientale, Paris

张惠英   2009   崇明方言研究   中国社会科学出版社

郑定欧   1997   香港粤语词典   江苏教育出版社

临高话表示给予的"赐"

一　湖南娄底话 sʐ³⁵

表示给予的这个"赐"，古汉语常用，现代汉语书面语还常用，而在方言口语中已经见得不多了。

"赐"，《广韵》去声寘韵斯义切。折合成普通话音当是 sì，今北京话读 cì 是不规则读音。

曹志耘的《汉语方言地图集》中就没见到，但在湖南和海南的方言中，我们可以看到。例如：

颜清徽、刘丽华《娄底方言词典》7页：

【赐】sʐ³⁵（1）用在动词的后面，表示给予，义较虚泛：拿～_{拿给}｜被 教～_{教给}（2）用在动词的直接宾语和间接宾语之间，表示给予，义较实在：拿本书～你｜讲只路_事～你听｜舀_舀勺汤～我吃

还有敬辞"赐驾"，请对方光临，或到某处代为说项的意思。

陈晖《涟源方言研究》记录了很多"赐"作介词的用法。例如：

1）为、替：卬每日要赐佢洗两个澡。

　　　　　　你赐卬去抓两副中药来哒。

2）引进动作受害者：

好介滴莫把只碗赐人家打烂哩。（好点儿别把碗给人家打破了。）

你吗瓜把本书赐卬撕得霉烂哩唻？（你怎么把书给我撕得稀烂了呢？）

3）向、对：

卬阿过两日赐你来拜年。（引者译：我们过两天给你拜年。）

快滴赐佢行个礼。（引者译：快点给他行个礼。）

4）引进交付、传递的接受者：

你到那嘎就赐卬来封信。（引者译：你到了那里就给我来封信。）

（以上256页）

5）用于被动句中，引进施事：

只杯子赐佢打烂哩。（杯子被他打破了。）（257页）

在被动句中，这个介词"赐"还可作"拿赐"，例如（282页）：

6）块衣衫拿赐佢撕烂哩。（衣服被她撕烂了。）

7）伍妹唧拿赐佢阿爷打介一餐。（伍妹子让她爸打了一顿。）

笔者感到惊奇的是，《汉语方言地图集》上没能调查到的表给予等的介词"赐"，居然会在海南岛的闽语方言和临高话中见到。

二　海南闽语"赐"ti¹¹

云惟利《海南方言》有一个表示给予的词 ti¹¹ 这个表示给予的 ti¹¹，124页同音字表作方框"□"，和"四世势肆"同音。由此可以推知这个表给予的词就是"赐"。《海南方言》156 页注（115）谓："用在动词分、送之后，表示给予。相当于普通话的'给'。"在实际口语中，ti¹¹ 还可用作介词表示给、让的意思。

（1）gua$?^{21}$ to$?^{51}$ ku$^{11\text{-}55}$ kua^{44} ti$^{11\text{-}55}$ du$?^{21\text{-}55}$ çai^{44}

　　 我　作　句　歌（给）你　猜（260页）

（2）gua$?^{21}$ to$?^{51}$ ku$^{11\text{-}55}$ kua^{44} ti$^{11\text{-}55}$ du$?^{21\text{-}55}$ ɗui^{11}

　　 我　作　句　歌（给）你　对（261页）

（3）du$?^{21}$ ɓun^{33} ti$^{11\text{-}55}$ gua$?^{21}$ hia^{44} zia^{33} $?e^{44}$　ti^{11}

　　 你　喷（给）我　听　一　下（啊）。（273页）

按，例（1）（2）的 ti¹¹ 用作借词给、让的意思。例（3）用在动词"喷（说）"后表示给予意。句末的 ti¹¹ 当是一种重复，作者译作语气词"啊"。

云惟利《海南方言》中"ti¹¹"的用例我们用来作引子，下面主要看临高话的用例。

三　海南临高话 se¹

临高话表示给予等的动词、介词，有一个是 se¹，如《临高汉词典》16 页：

【se¹】给，送给：～ sek^7 bun^3 kə^2 送给他一本书。

【se¹ fən¹】（给分）打分

【se¹ na³ da¹】给面子

【se¹ nam⁴】（给水）浇水

【se¹ hoi³ min⁴】给面子：m² ～ hau² 不给我面子

又如《临高语话语材料集》：

（1）tsu⁴ se¹ leŋ¹ nə⁴ xat⁸ hə³ kə² sa¹ kua¹（56 页）

　　 就　给　地　这　块　一　他　种　瓜

（67 页译文：就让这块地给他种瓜。）

按，原文讹作 sə^1。

（2）lək^8 leŋ^1 mə^2 se^1 hau^2 sa^1 kua^1 n̠i?^{8} hə^3 xat^8 hə^3 mə^2 tsu^4 se^1 hau^2 tə^2……（57页）

　　小　地 你 给 我 种 瓜 那　　丁 点 一　 你 就　 给 我 吧

（67页译文：你让我种瓜的那丁点地你就给我吧。）

（3）se^1 mə^2 tsu^4 se^1 mə^2 ti^3，di^2 ɔu^1 sin^2 huk^7 ki^3 ka^3？ fəŋ^2 ju^3 le^4，hau^2 se^1 mə^2！（57页）

　　给 你　 就 给 你　 吧，要 要 钱 做　什 么　　朋 友 呢　我 给 你

（67页译文：给你就给你吧，要什么钱？[咱是]朋友呢，我给你！）

（4）se^1 lək^8 ən^3 tsin^2 sə^2 mɔ?^{8} hə^3 lɔŋ^2 hai^4 nɔm^1 mia^2……（61页）

　　给 小 恩　进 士 个　　一 下　 海　南　来

（69页译文：分给海南一个恩进士的名额。）

按，以上例中的"se^1"都作动词，表示给予。

（5）lɔu^2 na^3 du^2 m^2 se^1 dek^8……（90页）

　　　哪 个 都 不 给 看 （95页译文：谁都不给看。）

按，例中"se^1"作介词让的意思。

（6）van^4 bo^1 di^2 se^1 dɔu^2 hən^3，mə^2 bɔi^1 tɔi^3 dek^8，van^4 tsin^2 tsin^1 tsək^8 xəŋ^3 se^1 dɔu^2 ni^2，

　　人家说 要 给 咱　 的，你 去　问 看，人家真　　真 如果 肯 给 咱 呢，

mə^2 tsu^4 bɔi^1 ɔu^2 kɔu^4 bəi^1 hə^3 ləŋ^3　dɔu^2 kɔn^1（133页）

你　就 去　拿东西 瓮 一 来 咱　喝。

（137页译文：人家说要给咱，你去问问看，人家要是真的愿意给呢，你就把这瓮东西拿回来咱喝。）

按，例中"给"是在能愿动词"要、肯"后的主要动词。

（7）m^2 se^1 kə^2 lo^4 uk^7 mia^2 n̠am^1。（139页）

　　不 给 他们 出　来　玩　（146页译文：不让他们出去玩。）

按，例中的 se^1 用作介词，表示让的意思。

我们不妨再看一段频繁用"se^1（赐）"的描写，讲给乞丐施舍食物的故事，施舍、给予义的动词都是 se^1，写作"分"：

（8）van^4 se^1 kɔu^4 jɔu^4 kua^2 lan^4 im^1 kɔn^1，kə^2 ja^3 bɔi^1 fai^2 dəi^2，kə^2 tsək^8 fai^2 jɔu^3 hau^3

　人家给东西 给　乞 丐　　吃，他 也 去 排队，他 如果 排 在 头

ni^2 van^4　tsu^4 se^1 lɔk^8 tu?^{7}，kə^2 tsək^8 fai^2 jɔu^3 tu?^{7} ni^2 van^4 tsu^4 se^1 lɔk^8 hau^3。（129页）

　呢人家　就 分　从 尾，他 如果 排 在 尾 呢人家 就 分　从 头。

（136页译文：人家分东西给乞丐吃，他也去排队，可他要是排在队首，人家就从后头发放，要是排在后头，人家就从队首发放。）

按，例中"se"注文作"分"，就是给、发放的意思。又见下例。

（9）hɔu^4 lɔi^2 kə^2 fai^2 lɔu^4 da^3 vɔi^3，van^4 tsu^4 se^1 lɔk^8 hau^3 lɔk^8 tu?^{7}，kiaŋ^2 kiaŋ^3 se^1 dɔŋ^1

　　后 来 他 排 进中间 了，人家 就 分 从 头 从 尾，刚　　刚　分 到

niŋ² kə² ja³ in vɔ³。（129 页）

旁边 他 也完 了。

（136 页译文：后来他排在中间了，人家就分别从头尾同时发放，刚刚分到他旁边，东西也发放完了。）

（10）hɔu³ hau² hap⁷ nam⁴ hau² na⁴ dai³ mia² se¹ mə²。（130 页）

　　　等 我 挑 水 我 才 带 来 给 你。

（136 页译文：等我来挑水时我才带来给你。）

在张元生等《海南临高话》也记录了这个表示给予等义的词"se¹/sɛ¹"。例如：

（11）sɛ¹ 交给（26 页）

（12）ki³ kai³ du² mən² se¹ mə²（149 页）

　　　什么 都 不 给 你 （什么都不给你）。

按，se¹ 在 26 页韵母表作 sɛ¹，下面例句中都作"se¹"。这个"se¹/sɛ¹"就是动词给予。"se¹/sɛ¹"和刘剑三《临高汉词典》的"se¹"完全一致。

（13）dɔu⁴ lo⁴ m² ot⁸ lai³ lɔu⁴ dek⁷ le³，m² ŋa³ se¹ kə² lo⁴ kit⁷ luŋ⁴ lɔ³ nɔ¹ m² nɔ¹ hai³？（232 页）

　　　咱们 不 挤 得 进 看 了 不 让 给 他们 打 鼓锣 行 不 行 啊

（236 页译文：咱们挤不进去就不让他们敲锣打鼓行不行啊？）

（14）mə² m² se¹ kə² lo⁴ kit⁷ luŋ⁴ lɔ²，van⁴ di² kit⁷ le³，mə² lai³ ki³ kai³ ban² fap⁷ ni？（232 页）

　　　你 不 给 他们 打 鼓锣 人家 要 打 咧 你 有 什么 办 法 呢

（236 页译文：你不让他们打，人家要打，你有什么办法呢？）

（15）hai² ha³！ mə² lo⁴ mia² se¹ hau² diŋ¹ bɔi¹ lan² ba³，hai² dəi³ ju⁴ mia² lɔ³ se¹ kə² diŋ¹。

　　　鞋 啊 你们 来 给 我 穿 去 家 吧 鞋 对 就 来 了 给 他 穿

（234 页）

（236 页译文：鞋啊，你们来让我穿回去吧！那双鞋对就过来给他穿了。）

按，上述三例的"se¹"都是让的意思，用作介词。

（16）kə² na² hu⁴，juan⁴ lai² ma² nɔu⁴ en³ en³ nə⁴ xat³ hə³ ni² eŋ¹ hu²hə³ tsɔŋ⁴ ɔu¹ se¹ kə² vɔi³。

　　　他 才知道 原 来 山 薯 甜 甜 这 段 一 呢 哥 个 一 总 要 给 他 了

（239 页）

（240 页译文：他全明白了，原来哥哥给他的都是那些最好的。）

按，例中"要给"是拿给、给予义，"ɔu¹（要）"单独也可表示给予，如 238 页"剩小零小东西的回来[ɔu¹（要）]你吃（240 页译文作：剩下一些零零碎碎的就带回来给你）"。所以例中这个"se¹"理解为动词或动词后的介词都可以。

桥本万太郎《临高方言》410 页后附音序索引读ʃe（正文作 se）的：148 页 29 条"赏光，赏脸"用了 se²³ həi³³ min³¹（给体面）；133 页 16 条"让人

参加游戏"用了 se^{23}:

se^{23} meŋ^{55} se^{23} hau^{55} hem^{23}　ʒam^{23}。

let　not　let　me　together　play

　　我们从桥本万太郎《临高方言》后附音序索引 409 页中看到，读 sə的有"祠慈辞事私思斯使自"。临高话这个"se^1"音很特别，好像是"册、敕"失却-k 韵尾而致，现在只能从《海南方言》得到一点启示看作"赐"。从用"赐"的几处比较看，临高话的"赐"还保留有动词用法。可以说是为文昌（《海南方言》）、娄底、涟源的的介词用法提供了原始面貌。

引用书目

曹志耘主编　2008　汉语方言地图集　商务印书馆

陈　晖　1999　涟源方言研究　湖南教育出版社

陈山青　2006　汨罗长乐方言研究　湖南教育出版社

刘道锋　2012　娄底方言的"V 赐"句式　《湘语研究》第 2 辑　湖南师范大学出版社

刘坚、江蓝生、白维国、曹广顺　1992　近代汉语虚词研究　语文出版社

卢小群　2007　湘语语法研究　中央民族大学出版社

彭兰玉　2005　衡阳方言语法研究　中国社会科学出版社

桥本万太郎　1980　临高方言　亚非语言文化研究所

肖　萍　2011　余姚方言志　浙江大学出版社

颜清徽、刘丽华　1998　娄底方言词典　江苏教育出版社

张元生、马加林、文明英、韦星朗　1985　海南临高话　广西民族出版社

临高话动态助词 vɔi³/vɔ³（罢）、jɔu³（有）

（《语文研究》2017 年第 2 期）

提　要　本文讨论海南临高话的动态助词 vɔi³/vɔ³ 和 jɔu³。vɔi³/vɔ³ 表示动作或变化已经完成，既可以用在句末，也可以用在句中第一个动词结构后再接第二个动词。通过和黎语、壮语、汉语方言的比较，指出其来历是"罢"。jɔu³ 表示状态的持续，动作的进行、完成或未完成；也是通过语言间的比较，提出这个 jɔu³ 来自"有"的声音和"在"的用法的融合。全文四节：一临高话 vɔi³/vɔ³ 的用法，二临高话 vɔi³/vɔ³ 来自"罢"，三临高话 jɔu³ 的用法，四临高话 jɔu³ 来自"有"及其特色衍变。

关键词　临高话　动态助词　vɔi³/vɔ³（罢）　jɔu³（有）

临高话的动态助词用得较多的除"leu⁴（了）、kua³（过）"外，还有 vɔi³/vɔ³ 和 jɔu³。本文试对 vɔi³/vɔ³ 和 jɔu³ 加以讨论。

一　临高话 vɔi³/vɔ³ 的用法

vɔi³/vɔ³ 用于句末表示动作或变化已经完成（据刘剑三《临高语话语材料集》，下同）：

kə² ka³　　uk⁷ bɔi¹ vɔi³。

他 已经　出 去　了（他已经出去了。）　25 页

sia¹ hu² hə³ ut⁹　tsiu⁴　tsu⁴ kua³ bɔi¹ vɔ³。

车 部 一 鸣　下子　就　过　去　了。（车子"鸣"的一声过去了）26 页

kə² uak⁹ uak⁹ ki³ tsiu³　tsu⁴ uak⁹ nam⁴ hui⁴ in¹ vɔi³。

他 呼 噜　几 下子 就　喝　水　碗　完 了

（他"呼噜呼噜"几下子就把一碗水喝完了。）26—27 页

hao² ɔu¹ kə² hɔn³ dɔn³ vɔi³。

我　要 他 骂　顿　了（我被他骂了一顿。）31 页

ən¹ vɔi¹ mən² tsi² i²，tɕ³ ji³ huk⁷ həi² hiu² sɔk⁷ vɔi³。

因 为 不 注 意 所以 做 题 条 错 了

（因为不注意，所以做错了一道题。）　32 页

huk⁷ tsɔk⁸ ŋiap⁸ in¹ vɔi³

做　作　业　完　了（做完作业了）33 页

kə² kɔk⁸ hao² hai⁴ liau⁴ sin² vɔi³。

他　偷　我　很　多　钱　了（他偷了我很多钱。）　35 页

kə² ka³　haŋ¹ huŋ² hau² vɔi³。

他　已经　高　同　我　了（他已经跟我一样高了。）××页

刘剑三《临高汉词典》91 页指出："vɔi³（又音 vɔ³）语气助词，用于句末，表示动作或变化已经完成，相当于'了'。"

桥本万太郎在 1980 年的《临高方言》中也已指出，vɔi³（桥本记作 voi³）用作表示完成（又读音 vɔ³ 书中未及）：

vən⁵⁵ ʒɔp³³　voi³³（1 页例 3）

天　黑　了

sun　dark　perfective

从《临高语话语材料集》出现的用例看，"vɔi³/vɔ³"也可用于句中，用于第一个动词之后，表示第一个动作的完成，之后接着第二个动作：

siaŋ² siaŋ² lai³ leŋ¹ hun² kən³ tia⁴ vɔi³ bai¹ kuŋ¹ xɔu² tan¹。38 页

常　常　有　人　上　山了　拜　公　高　山

（41 页译文：常常有人上山去拜高山神。）

按，译文把 vɔi³ 译作"去"，但注文作"了"。

vɔn³ na³ eŋ¹ tok⁷ kən³ tia⁴ xɔu² tan¹vɔi³ kit⁷ saŋ¹。

两　个　兄　弟　上　山　高　山　了　打　猎　38 页

（41 页译文：兄弟俩上高山岭打猎。）

按，译文未译 vɔi³，但注文作"了"。

ŋəu³ tiŋ² bak⁸ fɔŋ³ vɔi³ ni² tsuŋ³ mən² am³ hək⁸ ki³ kai³ hu² hu²。39 页

逛　成　半天　外　了　呢总　不　碰到　什么　个个

（41 页译文：转了半天，什么都没有碰上。）

按，译文译 vɔi³ 为"了"。

vɔŋ¹ xi¹ lai³ tsiʔ⁸ nuai³ vɔi³，……di² tiaŋ³ kən³ bai¹　din² vɔi³ hiu³ sik⁸ fɔi²。　38 页

王　祈　有点　累　了，……要　想上　上面　石头　了休　息　次

（41 页译文：王其祈有点累了，……想到上面去休息一下。）

按，第一个 vɔi³ 译作"了"，第二个 vɔi³ 译作"去"。

kiaŋ² kiaŋ² tam³ kɔk⁷ kən³ din²　vɔi³ le³，din²　mɔʔ⁸ hə³ it⁷ tsiu⁴ tsu⁴ a³　bak⁷ lop⁷ kɔk⁷

刚　刚　迈　脚　上石头　了　呢，石头　个　一　一下子　就　裂开口吞　脚

kə² fiaŋ² lɔu⁴ vɔi³。38 页

他　边　进　了

（41 页译文：脚刚迈上石头，石头突然裂开口子，把它一只脚吞了下去。）

按，第一个"vɔi³"未译，第二个"vɔi³"译作"了"，注文都作"了"。

vɔŋ¹ lut⁸ kan³ xuaŋ² ləŋ¹ vɔ³ vɔi³ di¹ leŋ¹ hun² ham² liaŋ²，… 39 页

王　律　赶　狂　回　村　了　找　人　　商　量

（41 页译文：王律急忙回到村里找人商量，…）

按，译文未译"vɔi³"。

我们看到，"vɔi³"在句中的使用频率也非常之高，就 38 页一页就出现了 4 例。可见是口语所常用。

二　临高话 vɔi³/vɔ³ 来自"罢"

当我们考察临高话 vɔi³/vɔ³ 的来历时，只看临高话还不容易看清，如果我们用不同语言之间的比较方法，就会让我们看得清楚些。

原来，龙州壮语也有这个表完成的助词 pai³³，而且和动词"去 pai³³"同音。请看（据李方桂《龙州土语》）：

tɕau¹¹ ʔau³³ mən³³ tɕe:n³¹ pai³³ ɬɯʔ³¹ ku⁵⁵ ka:i⁵⁵ kin³³ pai³³。（39 页）

就　拿　文　钱　去　买　东西　　吃　去

（145 页译文）就拿那文钱去买东西吃了。

按，第一个 pai³³ 是动词"去"，第二个 pai³³ 是表示动作的完成，相当于"了"。

tɕuŋ²⁴ tɕɯ¹¹ ŋa:i³¹ tu³³ nuk³¹ nai²⁴ to:t⁵⁵ juŋ²⁴ pai³³。 te:u¹¹。（56 页）

总　是　捱　只　鸟　这　啄　乱　去　又，再

（李 150 页译文）总是被这只鸟又给啄乱了。

mən³¹ ji:u²⁴ ʔau³³ tu³³ nuk³¹ kʻa²⁴ pai³³。（56 页）

她　叫　拿　只　鸟　杀　去

（李 150 页译文）她叫（人）拿那只鸟杀了。

同样，黎语表完成的 ba:i¹¹ 和离去也只是声调的不同。欧阳觉亚等《黎语调查研究》62 页保定声韵调配合表 a:i 韵记载：

ba:i⁵³ 离开，败

ba:i¹¹ 完，已经（按，和"派败歪排态袋待赖猜阶艾害海"同韵）

这样，我们可以明确，临高话、黎语、壮语这个表完成的助词，就是"罢离、罢去"的"罢"。今吴语温州话、金华话、闽语建瓯迪口镇话都用"罢"作完成态标记。例如曹志耘《金华汤溪方言的体》的用例（引自张双庆《动词的体》297 页）：

渠会跳舞罢。（她会跳舞了。——引者译）

个球滚洞里去罢。（那球滚到洞里去了。——引者译）

新衣裳做好罢。（新衣裳做好了。——引者译）

我三十岁罢。（我三十岁了。——引者译）

今北京话"罢"读 bà，是《集韵》上声马韵"部下切"的音。"罢"另有《广韵》上声蟹韵薄蟹切"止也，休也"一读，和"摆败买卖牌"韵母相同。临高话 vɔi³/vɔ³ 两读，可能反映了蟹摄"薄蟹切"和假摄"部下切"的两种读法。临高话动态助词 vɔi³ 和"去"bɔi¹ 声母、声调之异，也反映了同一词在用法上的不同。《临高语话语材料集》73 页"要想乘机灭他掉"（82 页译文作"企图乘机把他灭掉"）的"掉"，标音为 bɔi¹，就是动词"去"。bɔi¹（去）在此用作结果补语，由此演变为表完成的动态助词 vɔi³ 是自然不过的事。

我们把临高话和壮侗语族几个语言有关"去、离开、完成态标记"作一个比较，可以看到这些语言中"去、离开"和汉语"罢"之间的音义联系，还有临高话"去 vɔi"和完成态标记 vɔi³/vɔ³ 在声韵调上的特殊表现（"去"据王均等《壮侗语族语言简志》852—853 页，"离开"据欧阳觉亚等《黎语调查研究》62 页）：

	临高	武鸣	龙州	布依	傣（西）	侗	黎语（保定）
去	bɔi¹	pai¹	pai¹	pai¹	pai¹	pa:i¹	hei²
离开							ba:i⁵³
完成态标记	vɔi³/vɔ³		pai¹	pai⁵			ba:i¹¹

按，黎语表示"去"的 hei²，《黎语调查研究》194 页作 hei¹，疑即汉语的"去"的借音。龙州话直直白白，pai¹ 既表去又表完成。布依语 pai¹/pai⁵ 之别，犹如黎语的 ba:i⁵³/ba:i¹¹ 有异；到了临高话，则成了 bɔi³（去）、vɔi³/vɔ³（完成）的不同了。

三　临高话 jɔu³ 的用法

临高话 jɔu³ 的用法初步归纳为以下四种情况。

1."还+形容词/动词+jɔu³"表状态持续（据刘剑三《临高语话语材料集》，下同）：

fa³ mɔʔ⁸ e² lun³ tsiŋ³ vəi² jɔu³　　　　　　　　　　　40 页

天个　还热像　火　在　（天还热得像火烧）　　　　42 页

nan⁴ naŋ¹ kə³ en³ hɔ² hɔ¹ tsiŋ³ lək⁸ hou⁴ teŋ¹ jɔu³　　44 页

皮肤　　的还　嫩嫩　像　仔后　生　在

（皮肤还像后生仔那样鲜鲜嫩嫩的。）　　　　　　　46 页

hau² en² un³ nen² jɔu³　　　　　　　　　　　　　　　49 页

我　还　年轻　在　（我还很年轻）　　　　　　　51 页

fa³ mɔʔ⁸ en³ fok⁷ ŋiau⁴ jɔu³　　　　　　　　　　　　58 页

天 个　还 灰　雾　在　（天还灰蒙蒙一片）　　　67 页

di² dɔŋ¹ lan² tsiaŋ³ fam² vɔi³ kə² haŋ⁴ tiaŋ³ jɔu³。　59 页

快 到 家 张 范 了 他 还 想　在

（快到张范家了，他还在想着[这事]。）　　　　　68 页

dek⁸ sai² məu¹ dan³ bak⁷　e² luaʔ⁷ jɔu³　　　　　73 页

看 蔡 牡 丹 嘴巴 还 硬　在　（看到她嘴还硬）　　82 页

kuŋ¹ han² en³ ti⁴ liau² liau¹ ən¹ nən³ jɔu³　　　108 页

公 汉 还 是 笑 笑 这样　在（汉公还是笑盈盈地[说]）109 页

hem¹ kɔn² sɔp⁸ lou⁴ kɔn² vɔi³ en³ m̩² kəu³ jɔu³　130 页

大家　凑 集 进 互相 了 还 不 够 在

（大家把钱凑在一起，还差几十块。）　　　　　　136 页

en³ sa¹ ki³ təp⁸ ŋɔn² jɔu³　　　　　　　　　　130 页

还 差 几 十 银 在 （还差几十元。）　　　　　　136 页

en³ təŋ⁴ kiau⁴　sin² jɔu³　　　　　　　　　　　130 页

还 剩 多少 钱　在　（还剩多少钱？）　　　　　　136 页

da³ dou¹ en² lai³ uaʔ⁸ hem² sɔ³ jɔu³　　　　　　150 页

里 锅 还 有 骨头 和 汤 在 （锅里还有骨头和汤。）　155 页

2. "可/想/要/+动词+jɔu³"表示可能、愿望的持续：

hau² ja³ xɔ³ ji³ suŋ¹ lai³ jɔu³　　　　　　　　　49 页

我　也 可以 重　生　在　（我还可以重生）　　　　51 页

mə² ja³ di² tiaŋ³ tuat⁷ hau² jɔu³ ha?　　　　　　60 页

你 也 要 想 骗 我　在 吗 （你还想骗我！）　　　　68 页

kə² ja³ di² bɔi¹ kiŋ¹ tiŋ² xau³ jɔu³。　　　　　　62 页

他 也 要 去 京 城 考　在 （他又去京城考。）　　　69 页

按，原文是"要……在"，是一种愿望。译文译得比较简单。

ja³ di² mia² hɔ² kə² jɔu³　　　　　　　　　　　73 页

也 要 来 抓 他 在 （还要来抓他）　　　　　　　82 页

3. "jɔu³ +动词结构"表示动作的进行：

ɔm³ ɔm³ ti⁴ jɔu³ dəu² xi²　　　　　　　　　　　43—44 页

原来 是 在　走 棋。（原来是在下棋。）　　　　　46 页

kə² tsiŋ³ jɔu³ tiaŋ³ dek⁸ di³ ləu² jiaŋ⁴ ban³ ne⁴　144 页

她 正 在 想 看 怎么 样 办 呢 （她正考虑怎么办）147 页

按，《临高汉词典》141 页"jɔu³"条记录有表示正在进行的例句：kə² ～ kɔn¹ fia⁴ ne⁴（他在吃饭呢）。

4. "（还没）动词+jɔu³" 表示动作的完成或未完成：

fɔ² ha², kai¹ tan¹ jɔu³ mə²?   180 页
婆 呀，鸡 叫 在 不 （奶奶，鸡叫了没有？）   183 页
mən² tan¹ jɔu³。   180 页
没 啼 在 （鸡还没有叫）   183 页
du² mən² fɔu³ len³ lɔi² jɔu³ le³   40 页
都 没 等 转 身 在 呢 （还没等转过身子）   42 页
du² mən² tam³ kɔu⁴ ki³ tua⁴ jɔu³   43 页
都 没 迈 东西 几 步 在 （还没迈出几步）   46 页

按原注文"没"讹作"沿"，形近而讹。

xi² fan² hə³ en³ mən² deu² in¹ jɔu³   44 页
棋 盘 一 还 没 走 完 在 （一盘棋还没有下完）   46 页
mə² en³ lai³ ki³ kai³ m̥² biaŋ³ tim¹ jɔu³?   45 页
你 还 有 什么 不 放 心 在 （你还有什么不放心的？） 46 页
hau² uk⁷ bɔi¹ huk⁷ kɔŋ¹ du² mən² dɔŋ¹ vən² hə³ jɔu³
我 出去 做 工 都 不 到 天 一 在   45 页
（我出去做工还不到一天）   47 页
mai⁴ lək⁸ kə² hu⁴ kə² tsin² tsin² mən² dai¹ jɔu³   45 页
妻子 他 看到 他 真 真 没 死 在
（妻子看到他真的还没死）   47 页
nə⁴ ti² hɔu⁴ vən² en² m̥² baŋ¹ jɔu³   58 页
这 时 候 天 还 没 亮 在。 （这时天还没亮）   67 页
kɔ³ kə² kə³ en³ mən² kaŋ¹ in¹ jɔu³   76 页
话 她 的 还 没 讲 完 在 （她的话还没说完）   83 页
dek⁸ kə² dai¹ ha³ ti⁴ m̥² dai¹ jɔu³   104 页
看 他 死 还 是 不 死 在 （看他死了没有）   105 页
kə² en³ mən² ləŋ¹ jɔu³   128 页
他 还 没 回 在 （他还没有回）   135 页

我们看到，动词或动词结构前未及否定副词的，末了的 jɔu³ 可以看作是表示完成，如"婆 呀，鸡叫在不（奶奶，鸡叫了没有？）"。在《临高语话语材料集》中还只见到一例。动词或动词结构前有否定副词的，末了的 jɔu³ 暂且看作未完成的标记。《临高汉词典》141 页"jɔu³"条把这类用法看作副词"还"。桥本万太郎《临高方言》269 页也看作副词（273 页"时态"

部分未见）。张元生等《海南临高话》副词部分未见"jɔu³"。

四　临高话 jɔu³ 来自"有"及其特色衍变

临高话这个动态助词 jɔu³，来自"有"。我们试从音、义两个方面加以说明。

从读音上看，据《临高汉词典》135—145 页 ɔu 韵可以来自古效摄（包报暴保毛）、古流摄（斗头豆逗扭愁钩后）、古遇摄（柱）。所以"jɔu³"来自古流摄"有"并无阻碍。

从意义上看，这个动态助词"jɔu³"作为动词用可表示存在，表示活着，例如《临高汉词典》141 页：

【jɔu³】在①存在：leŋ¹ hun² dai¹ sai¹ liao² en² ～人死材料还在②活着，dai¹（死）之对：bon³ dai¹ bon³ ～

又如《临高语话语材料集》97 页：

dou² haŋ⁴ jɔu³ ki³ kai³ jɔu³？

咱　还　活　什么　在（咱还活着干什么——100 页译文）

古汉语文献中，"有"就可以表示存在、活着的用法。例如（引自《汉语大词典》第六册 1141 页）：

表示存在：元无名氏《杀狗劝夫》楔子："（柳见旦科云）嫂嫂，哥哥有么？俺兄弟两个将一瓶儿酒来，与哥哥上寿哩。"清蒋士铨《香祖楼·蛣悔》："（末上）李师父有么？"

表示活着：元杨文奎《儿女团圆》第二折："（王默医云）他去了多少时节？（正末唱）经今早过了十三载。（王默医云）这人敢还有么？"元无名氏《千里独行》第二折："则你那忠直勇烈依了你口，谁想这刘备张飞见在有。"

临高话"jɔu³（有）"表示存在、活着的意义及其用法，在龙州壮语、靖西壮语、傣雅语等语言中也能见到（详参张惠英 2002，283—300 页），此从略。

我们要指出的是，临高话动态助词"jɔu³（有）"表示状态持续和完成未完成的用法，则是一种"有、在"融合的演变。由于"有、在"在存在、活着这基本意义上是同义词，因而临高话在取用了"jɔu³（有）"的声音后，把"在"作为动态助词的一些用法也融合了进来，形成了临高话的特色衍变。

"在"从唐诗开始就有用作表示行为动作的持续或情况的存在：唐杜甫《江畔独步寻花》诗之二："诗酒尚堪驱使在，未须料理白头人。"《古今小说·宋四公大闹禁魂张》："公公害病未起在，等老子入去传话。"（引自《汉

语大词典》第二册，1009 页）

吕叔湘《释〈景德传灯录〉中在、着二助词》，还引了唐朝的口语用例：

上（宣宗）闭目摇首曰："总未，总未，依前怕他在。"（《幽闲鼓吹》1）

李花结子可怜在，不似扬花没了期。（《钓矶立谈》5）

还有宋人诗词说部用例：

端明要作好人在，直如何不作好人？（《贵耳集》，上 21）

公公害些病，未起在。（《古今小说》36.5）

（引自《吕叔湘文集》第 2 册 59—60 页）

曹广顺《近代汉语助词》又补充了唐人和唐五代《祖堂集》用例（171-）：

未死会应相见在，又如何地复何年。（白居易：十年三月三十日，全唐诗，4914 页）

舌头不曾染着在。（祖堂集，1.6）

师云："犹有纹彩在。"（同上 1.180）

师云："看你平生未脱笼在。"（同上 4.17）

显然，临高话动态助词"jou³（有）"表持续表完成未完成的用法，和古文献中"在"的这些用例非常相似。所以，我们认为临高话动态助词"jou³（有）"是"有"和"在"的融合体，是汉藏系语言接触中的一种很有意思的现象。至于临高话"有线电视、有关、有期徒刑、有限"的"有"读 jəu⁴（《临高汉词典》148 页），显然这是较晚的借词。

引用书目

曹广顺　1995　近代汉语助词　语文出版社

曹志耘　1997　金华汤溪方言的动词谓语句　载李如龙、张双庆 1997《动词谓语句》

李方桂　1940　龙州土语　商务印书馆

李如龙、张双庆　1997　动词谓语句　暨南大学出版社

刘剑三　2000　临高汉词典　四川民族出版社

刘剑三　2009　临高语话语材料集　中央民族大学出版社

罗竹风主编　1990　汉语大词典　汉语大词典出版社

吕叔湘　1990　吕叔湘文集　商务印书馆

欧阳觉亚、郑贻青　1980　黎语调查研究　中国社会科学出版社

桥本万太郎　（Mantaro J. Hashimoto）1980　临高方言（*The be Language*）Institute for the Study of Languages and Cultures of Asia and Africa

秋谷裕幸　2008　闽北区三县市方言研究　台湾 "中央研究院"语言学研

究所

文明英、文京　2009　黎语长篇话语材料集　中央民族大学出版社

张惠英　2002　汉藏系语言和汉语方言比较研究　民族出版社

张双庆主编　1996　动词的体　香港中文大学中国文化研究所

张元生、马加林、文明英、韦星朗　1985　海南临高话　广西民族出版社

郑贻青　1996　靖西壮语研究　中国社会科学院民族研究所

临高话连词介词动词"喊"hem$^{1/2}$

——赞叹临高话的古老

我赞叹临高话的古老,得从我的一篇讨论"喊"的文章说起。拙作《北京土话连词"和"读"汉"音来源试探》(《中国语文》2010年第1期),说到不只有些北京人,还有现在的台湾国语,都把连词"和"读成 hàn(音同"汉")。

北京话确实有些人读连词"和"为"汉",笔者也了解了几个老北京,有的读"和",有的读"汉"。可见北京人"和"读"汉"不是成片的成规则的读音现象,而是一种零碎的散见的读音现象。这作为方言现象,也是很特别的,我们暂且称之为北京土话。

陈刚《北京方言词典》106页:

北京话:hàn 和(连词:哪儿~哪儿。)

        在(介词:他~家干什么呢?)

吴语江阴话"喊":和("我喊你一起走")(《汉语方言大词典》第四卷6064页)

        向,对("喊你讲")(同上6065页)

又《汉语方言大词典》2716页载江阴复数第一人称代词是"我喊你",广东恩平牛江话是"我喊齐"。显然这两处的"喊"都是连词。

吴语崇明话:喊我话 hæ^{33} ŋ$^{242\text{-}33}$ ɦuo^{313} 让我说,由我说:~是冷天汏冷水肉我弗高兴个(由我说,冬天游泳我是不愿意的)。

广东斗门、台山、开平赤坎、恩平牛江"喊"ham^{33}(阴平):向、问、跟:喊他借(《珠江三角洲方言词汇对照》445页)

广东雷州"喊"hiam^{21}(阴去):使、让:谁~汝病病晕晕也去拖车嘞!(张振兴等《雷州方言词典》225页,熊正辉等《新华方言词典》375—376页)

笔者从赵元任《现代吴语的研究》104页所载,江阴话连词"和"读同"喊阴去调",再加上江苏、广东、陕西等多处方言的连词介词"喊"的例证,提出北京土话连词的"hàn"音就来自"喊",还提到北方相类的说法有"唤、哄"等。而广东咸摄带-m尾的读法,是来自"喊"的音韵确证。

我们看到，上述举到这些方言用法，都很零碎，只有江苏南通话有较系统的各种用法（参张惠英 2013）。但是，临高话就不同。我很高兴地说，临高话的 hem^2、hem^1，给了我们这个词用法的全貌：动词用法（hem^2）、连词用法、介词用法（hem^2、hem^1），等等。

刘剑三《临高汉词典》就指出这个 hem^2（跟、跟随）的动词用法，而且把连动句的第一个动词 hem^2 也看作动词。例如 224 页：

【hem^2】跟，跟随：hem^2 kə^3 bɔi^1 lan^2 hɔk^8

    跟　他　去　栏　学 （跟他去上学）（音标下注释的汉字为引者所加）

  尾随：跟着：ki^3　ti^2 kə^2 du^2　hem^2 (nem^2) mo^4　hau^2

    几　时 他 都　跟着　　　　我

  （什么时候他都跟着我）

引者按，跟着、尾随，都是在例中作主要动词。"跟他去上学"可看作连动式。

【hem^1】跟，和

（1）连词：hau^2 hem^1 kə^2 du^2 ti^4　lim^2 kɔu^1 hun^2

   我　和　他　都 是　临　高　人 （我和他都是临高人）

（2）介词：hem^1 kə^2 bɔi^1 di^1 lou^4 sə^3　fɔi^2

    和　他　去 找 老　师　次 （跟他去找老师一下）

又 55 页【mə^2】（你）：mə^2 hem^1 kə^2 bɔi^1

    你　跟　他　去 （你跟他去）

引者按，临高话用作介词时，hem^1、hem^2 都可以，用作动词跟随时读 hem^2。

我们要特别指出，这个介词还有读 hem^4 的：张元生等《海南临高话》153 页介词部分记载：hem^4（跟、和、与）。只有一个例句：

 kə^2 lo^4 hem^4 kɔn^2 mia^2 dɔŋ^2　vɔ^3 dəu^2 lo^4

 他们　一起　　来 到　村 我们 （他们一起来到我们村）。

海南澄迈 hem^4。（见张元生等《海南临高话》339 页比较表 "和 [他去]" 条）

按，澄迈话表示连词介词的词作 hem^4，但澄迈话韵母表上未见，临高、澄迈、琼山三处韵母比较时也未见，可能是相当口语化而被忽略了。而且临高话这个介词有 hem^1、hem^2、hem^4 三个读法，值得注意。

一　动词用法：跟、跟随

hem^2 的动词用法（表示跟、跟随），难得见到。我们这里来个界定，当 hem^2 在句中作主要动词时当然是动词，而在句中有两个以上动词的连动结构时，hem^2 后面紧接第二动词时才算主要动词，如果后面紧接名词宾语时

（表示跟随某某做什么），就算作介词，不算主要动词。现据《临高语话语材料集》中移录动词 hem² 用例如下：

1. tsiaŋ³ jɔk⁸ suŋ³ ja³ hem² mo⁴ hɔk⁸。

　　张　岳　松　也　跟　尾　学。（52 页）

（65 页译文：张岳松也跟着学。）

　2. be² lau⁴ tiaŋ⁴ bit⁷　nə⁴ hu² hə³ ja⁴ hem² mo⁴ lou⁴ mia²。

　　老汉　养鸭子　那个一也　跟尾　进　来。（88 页）

（94 页译文：养鸭的那位老人也跟着来到。）

3. kə² dek⁸ tin² teŋ¹ nə⁴ hu³ hə¹ kui² kə³ kə³ hai² liau⁴ vɔi³，in³ sɔk⁷ m² in³ kai³ hem² mo⁴ mia²。

　他　看　先生　这个　一　规矩　的太多　了，怨错　不　应该　跟　尾　来

（89 页）（95 页译文：他觉得这位老师规矩太多，后悔不应该跟着来。）

　我们注意到，作为严格动词的用例比较少，而作为介词跟随意义的用例就多得多。例如：

4. lai³ vɔ³ mɔʔ⁸ hə³ leŋ¹ hun² kə³　deu² in¹ deu² baŋ³ vɔi³，təŋ⁴ mai⁴ lək⁸ hu² hə³ lak⁸

　有　村　个　一　人　（助词），逃　完　逃　干净　了，剩　女人　个一背

　　lək⁸　deu² hem² mo⁴ nen⁴？

　　孩子　逃　跟尾　呢？（48 页）

（50 页译文：有个村子人都跑光了，剩下一个女人背着孩子逃在后头。）

按，从译文看，例句末尾作问号有误，是否叹号"！"之形误？"逃在后头"，可理解为状语。如果理解为跟着逃的意思，那就是动词了。

二　介词：跟、跟随

1. luk⁸ vɔŋ¹ tam² xip⁷……　hem² mo⁴ tsiaŋ³ jɔk⁸ suŋ³ uk⁷ mia²。

　　禄　王　三　级……　跟尾　张　岳　松　出　来。（58 页）

（67 页译文：禄王……跟着张岳松出来。）

2. tim¹ fɔn² fɔn² kə² hem² mo⁴ tin² teŋ¹ hɔk⁸ vəi² hem¹ ka¹，xo³ neŋ² di² xao³ mai² tsiʔ⁸ hem¹。

　　心　凉　凉　地　跟尾　先生　学　年　添　加，可能　将　考　好些　添。

（93 页）（96 页译文：潜下心跟着先生再学一年，可能会考得更好些。）

引者按，原文"学年添加（再学一年）"中的"年"讹作"生"。

3. kə² hem² mo⁴ tin² teŋ¹ hɔk⁸ tam³ vəi² vɔi³。

　　他　跟　尾　先生　学　三　年　了。（90 页）

（95 页译文：他跟着先生学了三年了。）

4. mə² hem² mo⁴ hau² bɔi¹ vən³ hau² vɔi³ dek⁸ dek⁸。

　　你　跟　尾　我　去　园　我　了　看　看。（117 页）

（118 页译文：你跟我到我芝麻地看看。）

5. kuŋ^1 han^2 lən^3 ken^1 xo^3　di^2 kua^3 to^3 le^3, na^4 hu^4　lai^3 mai^3 lək^8 hou^2 hə^3 hem^2 mo^4 kə^2
　　公　汉　卷　袖　裤子 要 过 河 呢，才 知 道 有　女　人　群　一　跟　尾　他
lon^2 mia^2 ne^4。（121 页）
　　下　来（助）。

[123 页译文：汉公卷起裤腿正要过河呢，才发现有一帮妇女尾随他而来（助）]。

按，原文"hem^2 mo^4（跟尾）"讹作"nem^2 mo^4"。

6. tsu^4 ŋin^4 kə^2 huk^7 ŋi^2 tsə^3，ja^3 ou^1 sin^2 kə^2 hem^1 lək^8 boʔ^8 lai^4 hu^2 hə^3 huŋ^2 kon^2 boi^1 xau^3。
　　就 认　他 做　义 子，也 给 钱　他 跟　儿子 肚 生 个 一　一起 去 考。
（133 页）

（137 页译文：就认他做义子，还给他一笔钱跟自己亲生的儿子一起去考。）

按，"跟自己亲生的儿子一起去考"的"跟"，也可理解为连词"和"。

7. lai^3 lək^8 hou^4 teŋ^1 ki^3 na^3 hem^2 mo^4 boi^3 məi^4 von^3 hu^2 xəi^2 dən^4 lou^4 da^3 lan^2 voi^3。
　　有 仔 后 生　几 个　跟　尾 姐 妹 两 个 开 门　进 时 屋 了。（145 页）
（148 页译文：有几小青年跟着姐妹俩把门打开走进屋子里。）

8. siŋ^3 mə^2 lo^4 hem^1 hau^2 tsip^7 ŋu^2 hu^2 hə^3 kən^3 boi^3。
　　请 你 们　跟 我 接　牛 个 一 上　去。（152 页）
（156 页译文：请你们跟我把牛接上去。）

按，故事上文是讲一个好汉牵牛到溪下洗，然后用双手把牛举起来，几个小兵看着已吓呆了。所以这个"跟"是跟随的意思。是好汉向小兵展示力气，小兵看着吓坏了。

9. kə^2 von^2 lou^4 da^3 ŋa^2 voŋ^2 doi^3 voi^3 hem^2 von^2 doi^3 nian^4 nian^4 kuŋ^3 tu^{1}ŋəu^3 vən^3 hua^1.
　　他 梦 进 里 衙 皇 帝 了　跟　皇 帝 娘　娘 公 主 逛 园 花。
（173 页）
（176 页译文：他梦见进了皇宫，跟着皇上、娘娘和公主去逛花园。）

三　介词：给、替、为

1. hau^2 ka^3 hem^1 mə^2 huk^7 tsai^1 voi^3。（45 页）
　　我 已 跟　你 做 斋 了 （46 页译文：我已给你超度了）。

2. tsuk^8 tsuk^8 nə^4 ti^2 hou^4 sai^3 tsu^3 siŋ^3 miŋ^1 sə^3 hu^2 hə^3 hem^1 kə^2 liak^8 leŋ^1。（53 页）
　　足 足 那 时 候 财 主 请 名 师 个 一　跟　他 择 墓地。
（66 页译文：刚好财主请了个名师来跟他择茔地。）

3. mə^2 lo^4 hem^1 hau^2 ou^1 xiam^2 mia^2 o^3 hon^2 hon^2 kə^2，hau^2 di^2 juŋ^4！（73 页）
　　你 们　跟 我 拿 钳子 来 烧 红 红 的 我 要 用！
（82 页译文：你们跟我拿来一把火钳，烧得红红的，我要用！）

按，例中 hem^1 的是替、帮的意思。

4. hau² tsu⁴ hem¹ mə² tia³ tə¹ ki³ tə¹ bɔi³ hai³ jia² vɔi³, van⁴ di² hɔi³ mə² kai⁴ kiat⁸ ti³.

　我　　就　跟　你　写　字　几　字　去　太爷　了，人家　要　替　你　解　决　的。

（101 页）

（102 页译文：我给你写状子给县太爷，人家会跟你解决的。）

5. mə² lo⁴ meŋ³ tsiʔ⁸ hem¹ hau² hum¹ n̠um¹ ləŋ¹ da³ la² vɔi³.（114 页）

　你　们　快　点　跟　我　捡　　蛋　回　里　箩　了。

（115 页译文：你们快点跟我把鸭蛋捡回箩筐。）

6. fɔu² lək⁸ vɔ³ hɔu² hə³ hem¹ kə² hum¹ n̠um¹ in¹ vɔi³, kə² na⁴ liaŋ⁴ həi³ tsiu³ hə³ kua³ mia².

　等　子　村　群　一　跟　他　捡　蛋　完了，他　才　喘　气　次　一　过　　来。

（114 页）

（115 页译文：等到村子里这群人把蛋捡完了，他才喘过一口气来。）

按，译文未把"hem¹ kə²（跟他）"译出，这里"hem¹ kə²"是替他、为他的意思。

7. hau² mən² dok⁷ tə¹, mən² hu⁴ tə¹ fuŋ¹ hə³ kaŋ³ di³ ləu² hə³, mə² hem¹ hau² dek⁸ dek⁸ beʔ⁷

　我　不　知　字，不　知道　信　封　一　讲　怎么样（助），你　跟　我　看　看　伯

ha².

（助）（125 页）

（126 页译文：我不识字，不知道信上是怎么讲的，阿伯请你帮我看看。）

8. mə² lo⁴ meŋ³ tsiʔ⁸ hem¹ hau² di² leŋ¹ xat⁸ ɔt⁷ hau² ui².

　你　们　快　点　跟　我　找　地方　块　藏　我　起来。（145 页）

（148 页译文：你们快点帮我找块地方把我藏起来。）

9. hau² ka³ hem¹ kə² di² hək⁸ lək⁸ lɔ¹ hu² vɔi³ lɔ³.

　我　已　跟　她　找　到　女婿　个　了　咯。（159 页）

（165 页译文：我已经跟你们姑娘找到一个女婿了。）

按，例中"hem¹ kə²（跟她）"是替她为她的意思。

10. juan¹ xai⁴ mui³ fɔi² tsuŋ³ bɔi¹ hem¹ kə² lo⁴ di¹, ləu² fɔi² du² di¹ lai³ hək⁸.

　元　凯　每　次　总　去　跟　他　们　找，每　次　都　找　得　到。（170 页）

（175 页译文：元凯每次都替他们去找，每次都能找到水源。）

11. hem¹ hau² tsip⁷ kou⁴ hu² kən³ bɔi¹ hen¹, mə² lo⁴ di² hɔ² mə² lo⁴ na⁴ hɔ².

　跟　我　接　东西　个　上　去　先，你们　要　抓　你们　才　抓。（181 页）

（183—184 页译文：先跟我把这东西接上去，你们要抓你们才抓。）

按，故事讲官兵要抓王邦，王邦洗完牛抓住水牛四条腿，托举在河面上，让官兵先接住牛再抓他。所以这个"hem¹ hau²（跟我）"实际是替我、给我的意思。

四 介词：向、对、问

1. kə^2 huk^7 teŋ^1 li^3 lɔp^8 fan^3 ti^4 hem^1 ləu^2 na^3 ou^1 ni^2?　kə^2 tsuŋ^3 ti^4 hem^1 luk^8 vɔŋ^1 tam^2 xip^7
　他　做　生意 米 贩　是　跟　哪　个　要　呢？　他　总　是　跟　禄　王　三　级
vian^1 mɔk^8 kə^3。
买　谷子　的。（52页）

（65页译文：他贩卖大米是跟谁要的呢？他都是跟三级村的禄王要的稻谷。）

2. sai^2 tsu^3 nə^4 hu^2 hə^3 hu^4　lɔp^8 kə^2 kə^3 mai^2，siaŋ^2 siaŋ^2 hem^1 kə^2 vian^1。
　财主　这 个 一　看到 米 他 的　好，常　常　跟　他　买。（53页）

（66页译文：那财主看到他的米比较好，常常跟他买。）

3. kə^2 hem^1 mə^2 mai^2 mə^2? mai^2，hau^2 tsək^8 ti^4 ou^1 mɔk^8 tsuŋ^3 ti^4 hem^1 kə^2 ou^1 in^2
　他　跟　你　好　不？　好，我　若是　要　稻谷 总　是　跟　他　要 完
in^1 le^4，m^2 lai^3 si ja^3 ti^4　hem^1 kə^2 tia^1 bɔi^1 huk^7 teŋ^1 li^3 le^4。（56—57页）
　完 的，没 有 钱 也是　跟 他　赊 去　做　生意 的。

（67页译文："他跟你好不好？""好。我要买稻谷，都是跟他要，没有钱也跟他赊
钱去做生意。"）

按，上述对话中，一连三个 hem^1，第一个是连词和，也可理解为介词对待。
第二三个都是介词向、问。

4. tsək^8 ən^1 nə^3 mai^3，mə^2 bɔi^1 hem^1 kə^2 vian^1 leŋ^3 nə^4 xat^8 lɔn^2。
　若 这样 好，你 去 跟 他 买 地 这块 下。（57页）

（67页译文：如果这样那就很好，你去跟他把这块地买下来。）

5. da^3 lan^2 lai^3 mai^4 lau^4 hu^2 hə^3 hem^1 ləm^2 lək^8 vɔn^3 hu^2 kaŋ^3 ko^3 ne^4。
　里 屋　有 妇人 老 个 一　跟　女孩　两　个 讲　话 呢。（140页）

（146页译文：屋里有个母亲，正跟两个女孩说话。）

按，原文故事是母亲嘱咐两个女孩，她离家后让外婆来陪她们的事。所以
是介词"对、向"的意思。

6. ŋo^1 jou^3 bai^1 ma$^2^8$ on^2 on^3 kə^2 hem^1 van^4 huk^7 ləi^3。
　坐 在 上面 马 稳　稳 的 跟　人家 行　礼。（161页）

（166页译文：稳坐马上跟人家行礼。）

按，"跟人家行礼"，是向人家行礼。

7. kɔm^4 tam^1 təp^8 hem^1 van^4 nai^3 tsim^1。
　夜　三　十　跟　人　借　砧板。（218页）

（除夕夜跟人家借砧板。）

五 介词：同（引进比较的事物；引进动作的对象）

1. en³ təi² tə⁴ hɔi³ ka³ ən¹ nən³ vɔi³, hem¹ hau¹ juan¹ lai¹ tiaŋ³ kə³ lai³ tsiʔ⁸ mən² huŋ² kɔn²
现 在 事 情 已 经 这 样 了， 跟 我 原 来 想 的 有 点 不 同 互相
vɔi³。
了。（93 页）

（96 页译文：如今事情已如此，与我原来想法相违。）

按，例中介词 hem¹ 是引进比较的事物，指"原来想法"。

2. hau² ja³ mən² hem¹ mə² kaŋ³ liau⁴ vɔi³。
我 也 不 跟 你 讲 多 了。（60 页）

（68 页译文：我也不跟你多讲了。）

按，例中介词 hem¹ 引进动作的对象。

3. lok⁸ nɔi⁴ ni³ mə² tsu⁴ hem¹ van⁴ bui¹ hun⁴ vɔi³， huat⁸ li¹ bɔi¹。
从 此 呢 你 就 跟 人 家 割 断 了， 脱 离 去。（102 页）

（102 页译文：从今以后，你就跟人家割断[关系]了，两个人离婚。）

4. kuŋ² han² tsu⁴ hem¹ kə² kaŋ³ xai⁴ bak⁸ hə³ na⁴ bɔi¹ vɔi³ ti³。
公 汉 就 跟 她 调 情 半 天 一 才 走 了 的。126 页）

（126 页译文：汉公于是跟她调情了大半天才走了。）

5. di² tiaŋ³ hem¹ kə² lo⁴ dou³ fɔi³。
要 想 跟 他 们 斗 次。（150 页）

（155 页译文：想跟他们拼斗。）

6. kuŋ² tɔk⁷ kam² lək⁸ boʔ⁸ juan¹ kai⁴ mɔʔ⁸ lou⁴ vɔi³ hem¹ kə² ɲam¹ hau³ lak⁸：……
公 叔 摸 小 肚 元 凯 个 住 了 跟 他 开 玩 笑：……（169 页）

（174 页译文：叔公摸着元凯的肚子说：……）

按，译文没译 hem¹ 这个词，就是介词"对（元凯）"的意思，引进动作对象。

六 介词：对待

1. kə² hem¹ mə² mai² mə²? mai²，hau² tsək⁸ ti⁴ ou¹ mɔk⁸ tsuŋ³ ti⁴ hem¹ kə² ou¹ in²
他 跟 你 好 不？ 好， 我 若 是 要 稻 谷 总 是 跟 他 要 完
in¹ le⁴，m² lai³ si ja³ ti⁴ hem¹ kə² tia¹ bɔi¹ huk⁷ teŋ¹ li³ le⁴。（56—57 页）
完 的， 没 有 钱 也 是 跟 他 赊 去 做 生 意 的。

（67 页译文："他跟你好不好？""好。我要买稻谷，都是跟他要，没有钱也跟他赊钱去做生意。"）

按，上述对话中，一连三个 hem¹，第一个是连词和，也可理解为介词对待。

第二三个都是介词向、问。

2. mə^2 di^2 bo^1 van^4 hem^1 mə^2 mai^2 mai^2 ne^4, kəu^4 vəŋ^2 dɔi^3 nə^4 kə^3 mai^2 mai^2 tsu^4 səu^3,
你　还　认为　人家　跟　你　好　好　呢，东西　皇　帝　这个　好　好　就　坏，
　səu^3 səu^{3}tsu^4 mai^2 kɔ^2。
　坏　坏　就　好（助）。（64页）
（70页译文：你认为人家跟你好是不？皇上这人[有时]好好就坏，坏坏就好。）

按，例中是讲皇上待人的态度，所以这个介词 hem^1 当是对待的意思。

七　介词：连（连……也/都）表示强调，甚而至于的意思

1. fui^1　kə^2 lo^4 kə^3 du^2 fiak^8 in^1 vɔi^3, him^2 mui^2 da^1 du^2 fiak^8 vɔi^3。（44页）
　头发　他们　的　都　白　完　了，　连　眉　毛　都　白　了。
（46页译文：他们头发全白了，连眉毛也白了。）

按，例中"him^2"当是"hem^2"的异读，长流土话就读"him^{24}"（见下）

八　连词：和

1. mən^2 kua^3 kiau^4 fəŋ^3, sin^1 hou^3 hem^1 mɔk^8 ən^3 ju^4 dai^1 sɔk^8 hou^2 hə^3 lou^4 da^3 hin^4 vɔi^3 dəŋ^1
　没　过　多久，　陈韬　和　莫因　又　带　贼　群　一　进　里　县　了　到
　leŋ^1 lut^7 lan^2 kəp^7 kou^4。
　处　烧　房子　劫　东西。（39—40页）
（41页译文：陈韬和莫因又带着一伙强盗进入县城到处烧房子劫财物。）

按，原文"sin^1 hou^3（陈韬）"讹作"sin^1 nhou^3"。

2. luk^8 vəŋ^1 tam^2 xip^7 lap^7 suan^1　məŋ^4 vən^2,　bo^{1}ho^3 hu^2 hə^3 hem^1 mai$_1$ hu^2 lap^7。
　禄　王　三　级　睡　觉　做梦，　说　虎　个　一　与　狗　个　睡。53页
（65页译文：三级村的禄王睡觉时做了个梦，[梦中]看见有一只老虎跟一只狗睡觉。）

3. kə^2 hem^1 mə^2 mai^2 mə^2? mai^2, hau^2 tsək^8 ti^4 əu^1 mɔk^8 tsuŋ^3 ti^4 hem^1 kə^2 əu^1 in^2
　他　跟　你　好　不？　好，　我　若　是　要　稻谷　总　是　跟　他　要　完
　in^1 le^4, m^2 lai^3 si ja^3 ti^4 hem^1 kə^2 tia^1 bɔi^1 huk^7 teŋ^1 li^3 le^4。（56—57页）
　完　的，　没有　钱　也　是　跟　他　赊　去　做　生意　的。
（67页译文："他跟你好不好？""好。我要买稻谷，都是跟他要，没有钱也跟他赊钱去做生意。"）

按，上述对话中，一连三个 hem^1，第一个是连词和，第二三个都是介词向、问。

4. kə^2 dɔi^3 tsiaŋ^3 fam^2 kaŋ^3: mə^2 hem^1 kə^2 tən^2 mai^2, en^3 təi^2 mə^2 mui^3 vən^2 bɔi^1 huk^7 teŋ^1 li^3
　他　对　张　范　讲：你　跟　他　这么　好，　现在　你　每　天　去　做　生意
　nen^4, ……（58页）
　呢，……（67页译文：他对张范讲，你跟他这么好，现在你每天出去做生意，……）

5. hau² hem¹ mə² kɔp⁷ kɔn² ən¹　vɔŋ³ vɔi³。

　我　跟　你　合　互相　这么　久　了。（59页）

（68页译文：咱俩相处这么久了。）

6. hau² ka³ hu⁴ mə² hem¹ tsiaŋ³ fam² vɔn² na³ kam⁴ kam⁴ kut⁷ kut⁷ hən³，ɔm³ ɔm³ mə² ka³

　我 已经见 你 跟　张　范 两 个　　不阴不阳　　　的，　原来　　你 已

　ə³　lək⁸　jɔu³ van⁴　vɔi³。（60页）

　许配 孩子 给 人家　了。

（68页译文：我早已看到你跟张范两个不阴不阳的，原来你已把孩子许配人家了。）

7. kə² da² vɔk⁷ xɔ³ vu⁴ tsɔŋ² juan¹ ha²，biaŋ³ kə² hem¹ vu⁴ tsɔŋ² juan¹ kit⁷。（62页）

　他竟然 看 轻 武 状 元 吗，　放 他 跟　武 状 元 打。

（69页译文：他竟然看轻武状元，让他跟武状元打一下。）

8. kə² hem¹ van⁴ kit⁷ tam¹ vən² tam¹ kɔm⁴ m² hu⁴ tu¹ jiŋ²。（62页）

　他 跟　人家 打 三　天　三　夜　不 见 输赢。

（69页译文：他跟人家打了三天三夜，不见输赢。）

9. hu¹ dɔu² hai¹ na⁴ ku³ xəi³ xi²，ma³ siaŋ² fai³ dɔu² vui² hem¹ vaŋ¹ juan¹ ŋuai² bɔi¹ lan² sai²

　胡 道 台 非常 生 气，马 上 派 道 卫　和 王 员 外 去 家 蔡

　məu¹ dan³ vɔi² kəp⁷ leŋ¹ hun²。（71页）

　牡　丹 了 劫　　人。

（82页译文：胡道台十分生气，马上派道卫和王员外去蔡牡丹家抢人。）

10. vaŋ¹ huŋ¹ hiaŋ³ it⁷ min⁴ kaŋ³ it⁷ min⁴ ɔu¹ jua³ sai² məu¹ dan³ luak⁷ baʔ⁷ nə⁴ hiu² hə³ hem¹

　王 桐 乡 一 面 讲 一 面 拿 衣 蔡 牡 丹 脏 血 那 条 一 和

　tɔŋ⁴　mɔʔ⁸ hə³ beu³ jɔu⁴ lɔu⁴ sə³ dek⁸。

　状子 个 一　递　给 老 师　看。（75页）

（83页译文：王桐乡一边讲，一边拿出衣蔡牡丹沾满血迹的那件衣服和状子，递给老师。）

11. kuŋ¹ xu¹ hem¹ fɔ² xu¹ it⁷ dek⁸ hək⁸ jua³ luak⁷ baʔ⁷ nə⁴ hiu² hə³，it⁷ tsiu³ ka³ xi² ŋɔp⁷ vɔ³。

　公 丘 和 婆 丘 一 看 到 衣 脏 血 那 条 一，一下子 已经 气 哑 了。

（75页）//（83页译文：丘公和丘婆一看到那件血衣，气得说不出话来。）

12. siŋ³ niaŋ⁴ niaŋ⁴ hem¹ xiu³ fu³ jin¹ vɔn³ na³ deu² xi²。

　请 娘 娘　跟 丘 夫 人 两 个 走棋。（75页）

（83页译文：[宫女]请娘娘和丘夫人对弈。）

13. fiŋ² ti² hem¹ hu¹ ji² fiŋ³ mai¹ kɔn² nə⁴ ki³ na³ ja³ huŋ² kɔn² hɔ² sau¹。

　平 时 与 胡 玉 清 好 互相 那 几 个 也 一起　和 声。（79页）

（84页译文：几个平时与胡玉清要好的人也一齐附和。）

14. kə^2 hem^1 hau^2 niŋ^2 lan^2 kɔn^2。

　　她　跟　我　旁边　家　互相。（79 页）

（84 页译文：她跟我是邻居。）

15. hau^2 siŋ^2 ŋin^4 ɔu^1 u^3 sa^3 mɔu^2 hem^1 bun^3 tin^1 hau^{2}mɔ^{28} hə^3 vəi^4 vɔŋ^1 huŋ^1 hiaŋ^3 dam^1 bou^4。

　　我　情　愿拿　乌纱帽　和　身　体我　个一　为　王　桐　乡　担　保。

（79 页）（84 页译文：微臣愿以乌纱帽和血肉之躯保奏。）

16. siŋ^3 niaŋ^4 niaŋ^4 hem^1 kə^2 bɔi^1 di^1 vɔŋ^2 dəi^3。

　　请　娘　娘　跟　他　去　找　皇　帝。（81 页）

（85 页译文：请娘娘跟他去找皇上。）

17. lai^3 vən^2 hə^3 tsau^3 tsau^3，kuŋ^1 han^2 hem^1 lək^8 vɔ^3 hu^2 hə^3 ŋəu^3 lok^8 da^3 vɔ^3 uk^7 mia^2。

　　有　天　一　早早，公　汉　跟　男子村　个　一信步　从　里　村　出　来。

（118 页）（120 页译文：有一天一大早，汉公跟村里一个人从村里头信步出来。）

18.（be^2 mai^4）hem^1 lək^8 ham^2 liaŋ^2 kə^2 ti^2 hou^4 ni^2，……

　　（父　母）　跟　儿子商　量　的　时　候　呢，……（129 页）

（136 页译文：[父母]跟儿子商量的时候呢，……）

19. hau^2 hem^1 mə^2 mən^2 teŋ^1 lək^8 lai^3 ŋi^2 jou^3，tə^2 ən^1 ni^2 mə^2 tsu^4 ləŋ^1 bɔi^1 hem^1 kə^2 kɔp^7 kɔn^2。

　　我　跟　你　没　生　子　育　儿　在，这样　呢你　就　回　去　跟　他　合　互相。

（134 页）//（138 页译文：我跟你还没生儿育女，既然这样，你就回去跟他相配吧。）

20. da^3 lan^2 lai^3 mai^4 lau^4 hu^2 hə^3 hem^1 ləm^2 lək^8 vɔn^3 hu^2 kaŋ^3 ko^3 ne^4。

　　里　屋有　妇人　老　个　一　跟　女　孩　两　个讲　话　呢。（140 页）

（146 页译文：屋里有个母亲，正跟两个女孩说话。）

按，从字面上看，理解为连词"和"也可以，实际是母亲在嘱咐女儿，是介词对、向的意思。

21. jan^3 kə^2 mia^2 hem^1 mə^2 lo^4 huk^7 dan^4。

　　叫　她　来　跟　你们　作　伴。（141 页）

（146 页译文：叫她来跟你们作伴。）

22. da^3 dou^1 en^2 lai^3 ua^{28} hem^1 so^3 jou^1。

　　里　锅　还　有　骨头　和　汤　在。（150 页）

（155 页译文锅里还有骨头和汤。）

23. van^4 hem^1 kə^2 huŋ^2 ban^1 nə^4 kə^3 tsuŋ^3 ɔu^1 niaŋ^4 lai^3 lək^7 vɔi^3。

　　人家　和　他　同　班　那　些　总　娶　娘　生子　了。（158 页）

（165 页译文：那些与他同一班辈年龄相仿的孩子都结婚生孩子了。）

24. tsu^4 tiaŋ^3 it^7 bek^7 liaŋ^4 ŋɔn^2 fiak^8 hem^1 jua^3 huan^4 dəi^3 hə^3 jou^3 kə^2。

　　就赏　一　百　两　银　白　和　衣　绸缎　对　一　给　他。（158 页）

（165 页译文：就赏她一百两银子和一套绸缎衣服。）

25. ləm² lək⁸ van⁴ hu² hə¹ hem¹ lək⁸　　mə² lo⁴ hu² hə³ na⁴ ku² liaŋ³ kɔn²　　lo³。

　　姑　娘 人家 个 一　 跟　儿子　你们 个 一 十分 配　互相　咯。（160 页）

（165 页译文：人家姑娘与你家儿子你们十分般配。）

26. lai² lai⁴ fan³　da¹　kə² dəi³ hə³，na⁴ hu⁴　kə² hem¹ it⁸ buan³ leŋ¹ hun² mən² huŋ² kɔn²。

　　慢 慢 端详眼睛 他 对 一，才 看到 他 跟 一 般　 人　 不 同 互相。

　　（169 页）

（175 页译文：仔细看看他那双眼睛，才发现他跟一般人不相同。）

27. be²　kok⁷ som⁴ nə⁴ hu² hə³ en³ hem¹ mɔ¹ kə² bəŋ³ nen⁴。

　　男子 脚　跛 那 个 一 还　跟 客人 的 闲聊 呢。（163 页）

（166 页译文：跛脚公子还在应酬宾客。）

28. lək⁸ hou⁴ teŋ¹ nə⁴ hu² hə³ hem¹ sɔk⁸ hu² hə³ kit⁷，jua³ hiu² kou¹ kat⁷ vɔi³。

　　仔 后 生 这 个 一 跟 贼 个 一 打，衣 条 钩 破 了。（171 页）

（175 页译文：小伙子跟强盗对打，衣服被钩破了。）

29. vɔŋ² dɔi³ hem¹ niaŋ⁴ niaŋ⁴ ham² liaŋ² kuŋ³ tu¹ kə³ da² sə²。

　　皇 帝 和　娘　娘 商 量 公 主 的 大事。（171 页）

（175 页译文：皇帝与娘娘商量公主的大事。）

九　和长流土话 him²⁴、黎语 khom¹¹ 的比较

1. 长流土话的 him²⁴（连词介词）

海南海口长流土话的 him²⁴，只用作连词介词"和、跟"的意思：

ʔban²⁴⁻³¹ ne³¹⁻⁵⁵ hin²⁴ kʼi⁵³ him²⁴ ʔban²⁴ ʔba²⁴ iət⁵ io⁵⁵（今天天气和昨天一样）。

　　天　今 天 气 和　天 昨 一 样

ia³¹ zou²⁴ him²⁴ pʼoŋ³¹ zou⁵³ kaŋ⁵³ kua⁵³（我在和朋友说话）。

　　我 在 和　朋　友 讲 话

（见张惠英《海南长流土话》205—206 页）

长流土话的 him²⁴ 和"担、咸"的韵母相同，刘剑三的 hem¹/hem² 和"念、垫、沾"的韵母相同。所以临高的 hem¹/hem²、长流的 him²⁴ 就是"喊"。

有意思的是，临高话"喊"用作跟随义后，叫喊义就用"siu⁴（招）"来承担。《临高汉词典》133 页：

【siu⁴】（大声）呼叫；喊：siu⁴ kə²¹ ləŋ¹ mia²

　　　　　　喊 他 回 来

按，这个"siu⁴"和同页"招魂"的"招"同音，和同页"照、朝、潮"声韵母相同，可以确定是"招"。

有的搞汉语史研究的学者，以为各地方言土语中的这个连词介词都来源于喊叫义的"唤"。在我看来，有些方言如哈尔滨话、天津吴桥等地固然

用的是有 u 介音带-n 韵尾的"唤",而从江淮至闽广海南临高等地,则用没有 u 介音、带-m 尾韵的"喊"。

2. 黎语 khom^{11}(连词介词)

海南黎语这个连词介词读 khom^{11}(和、连、及)用法较简单(据文明英、文京《黎语长篇话语材料集》):

(1) zun^{11} deɯ^{11} biěŋ^{55} deɯ^{53} phou^{53},deɯ^{53} khom^{11} gom^{11} pou^{53} gom^{11} khai^{53} thɯěn^{53}。
　　快　把　酒　把　酒　把　连　猪肉　鸡肉　出来。
(快把酒连同猪肉鸡肉拿出来。138 页)

(2) zun^{11} deɯ^{11} biěŋ^{55}　deɯ^{53} phou^{53},deɯ^{53} khom^{11} gom^{11} pou^{53} gom^{11} khai^{53} thɯěn^{53}。
　　快　拿　糯米甜酒　拿　酒　拿　连　猪肉　鸡肉　来。
(快拿酒,拿猪肉连同鸡肉出来。140 页)

(3) gai^{11} ga^{53} tsau^{55} aěn^{55} tsau^{55} gwaěi^{11},tsau^{55} khom^{11} maěi^{11} khom^{11} man^{53},tsau^{55}
　　使　咱们　有　饼　有　糍粑　有　及　甘蔗　及　薯,　有
khom^{11} kan^{53} khom^{11} tsiěn^{53}。
　　及　银　及　钱。(144 页)
(让人们有饼和糍粑吃。[有甘蔗有白薯吃,有银钱化。]144—145 页)

按,原译文没有译最后一句,方括号内译文由引者补。

(4) tshaʈ^{55} khom^{11} veěŋ^{11} khom^{11} riěn^{11} guěŋ^{53} pai^{11} tshaʈ^{55},riěm^{55} doŋ^{53} zaěŋ^{11}guěŋ^{53} pai^{11}
　　穿　连　上衣　连　筒裙　幺妹子　打扮　像　模样　幺妹子
tshaʈ^{55} haɯ^{55}。
　　　　　那。
(穿上幺妹子的衣裙,打扮成幺妹子的模样。157 页)

(5) na^{53} khuěŋ^{53} riěn^{53} thun^{53} łai^{53},khuěŋ^{53} riěn^{53} khom^{11} thun^{53} moěi^{53}。
　　他　会　说　黎话　会　讲　连　汉话。
(他会说黎话,也会说汉话。42 页)

欧阳觉亚、郑贻青《黎语调查研究》125 页"保定声韵调配合表"载 khom^{3} 是"连(介词)",235 页"通什声韵调配合表"中则并无记载。

黎语 khom^{11}(和、连、及)和"喊"对应,犹如 khu^{53}(和、对、跟、向)和"和"对应,就是说黎语声母 kh 和汉语古晓、匣母字常对应。例如(据《黎语长篇话语材料集》42 页):

meɯ^{53} riěn^{53} khu^{53} hou^{53},ta^{53} kom^{11} riěn^{53} khu^{53} na^{53}。
　你　说　和　我,　或者　说　和　他。
(你对我说,或者对他说。)

引用书目

刘剑三　2000　临高汉词典　四川民族出版社

刘剑三　　2009　临高语话语材料集　中央民族大学出版社

欧阳觉亚、郑贻青　1983　黎语调查研究　中国社会科学出版社

文明英、文京　2009　黎语长篇话语材料集　中央民族大学出版社

熊正辉等　2008　新华方言词典　江苏教育出版社

张惠英　2010　北京土话连词"和"读"汉"音探源　《中国语文》第 1 期

张惠英　2013　从南通话表示给予、被动的"喊"说起　《语文研究》第 1 期

张惠英　2012　海南长流土话　南海出版公司

张元生、马加林、文明英、韦星朗　1985　海南临高话　广西民族出版社

张振兴、蔡叶青　1998　雷州方言词典　江苏教育出版社

赵元任　1956　现代吴语的研究　科学出版社

第三辑　黎语

从海南岛黎语量词"老、爸、郎"说起

提 要 本文从海南岛黎语量词"老、爸、郎"说起，比较壮侗语族的量词"父、母、翁、奶"，说明这是一组以亲属称谓、以对人的尊称而来的量词，从中可以观察到汉藏语系语言量词来源和发展演变的一个方面。同时指出，亲属称谓词"祖妣父母翁伯"等可作性别词，也可作不辨性别的词头词尾。

一 黎语量词"老、爸、郎"

1.1 lau^{11}（老）

从欧阳觉亚等《黎语调查研究》74 页"声韵调配合表"中，保定黎语的 lau^{11} 可作量词：一～男孩。这个 lau^{11} 和"保、招、照、召"韵母相同，我们由此初步确定就是"老"。 文明英等《黎语长篇话语材料集》21 页指出 lau^{11} 用于青年男子。在文明英等《黎语长篇话语材料集》中，我们看到有关用例。如：

（1）na^{53} tsou^{53} lau^{11} fan^{53} hei^{53} tsha^{53} fok^{55}。（362 页）

　　 他 七 个 便 去 找 地方（363 页译文：他们七兄弟便去找地方。）

（2）khun^{53} tsou^{53} lau^{11} fan^{53} ta^{53} ka^{55} ta^{53} hoěn^{53}，…（366 页）

　　 他们 七 个 便 不辞辛苦

　　（367 页译文：他们七个便不辞辛苦地……）

（3）khun^{53} tsou^{53} lau^{11} voŋ^{55} ŋaěn^{53} …（367 页）

　　 他们 七 个 勃然大怒 （他们兄弟七人生气极了……）

（4）khun^{53} tsou^{53} lau^{11} pleɯ^{53} kwan^{53} ke^{53} riěn^{53} doŋ^{53} haɯ^{55} … （368 页）

　　 他们 七 个 听见 皇帝 说 那样（他们七个听见皇帝说那样……）

1.2 pha^{11}（爸）

欧阳觉亚等《黎语调查研究》62 页保定黎语中指"父亲，雄性"，156 页通什黎语中也这么说明。词汇表 406 页"父亲"条，各地黎语有"pha^{11}、di^2、ba^2 ba^5、po^5"等说法，未载量词用法。王均等《壮侗语族语言简志》869 页"个（一个人）"条记载保定黎语有 pha^3 的量词用法。在文明英等《黎语长篇话语材料集》21 页指出，量词 pha^{11} 只用于男性。例如（据文明英等

《黎语长篇话语材料集》）：

（1）aĕu^{53}　ran^{55} pha^{11} baei^{11} ʔja^{53} mun^{53} …（125 页）

　　人们　每　个　已　得　官　（每个人都得了官……）

（2）łuĕk^{55} puɯ^{53} khau^{55} hei^{53} daĕn^{31} ma^{55}　koŋ^{55} pha^{11} łuĕk^{55} khoĕŋ^{53}…（126 页）

　　女孩子　　　　去　到　那里　找　个　孩子　孔，……

　　（女孩子到那里找恩孔……）

按，此量词"个"在此是定指恩孔（全名 eɲ^{55} khoĕŋ^{53}）。

（3）łau^{11} pha^{11} łuĕk^{55} łau^{11} fan^{53} tsɯ^{55} pha^{11} deɯ^{53} tsɯ^{55} phiĕn^{55} vaʈ^{55}…（230 页）

　　两　位　兄弟　便　一　个　把　一　把　弓……

　　（两兄弟每人拿一把弓箭……）

（4）fan^{53} laĕi^{11} tsɯ^{55} pha^{11} aĕu^{53} za^{53} gui^{11} tsɯ^{55} tsuĕn^{53} łuĕk^{55} puɯ^{53} khau^{55}…（233 页）

　　便　见　一　个　老人　带　一　个　女儿

　　（看见一个老人带着一个女孩……）

（5）fan^{53} deɯ^{53} ziu^{11} pha^{11} łau^{11} hei^{53} thun^{53} thiĕu^{53}　na^{53} fu^{11} pha^{11}。（237 页）

　　便　用 尖刀 哥哥　去　割　喉咙　他　三　个

　　（便用哥哥的尖刀去割他们三个的喉咙。）

1.3　laŋ^{53}（郎）

laŋ^{53}（郎）的量词用法，欧阳觉亚等《黎语调查研究》410 页白沙黎语和保城黎语作为"女儿"的量词，王均等《壮侗语族语言简志》869 页通什黎语和保定黎语用作"鸡"的量词。这个 laŋ^{53} 和"浪、唱、扬、生"韵母相同，可以推断是"郎"。文明英等《黎语长篇话语材料集》21 页指出，"laŋ^{53}（个），只用于人、鬼神和动物"。如（据文明英等《黎语长篇话语材料集》）：

（1）tsɯ^{55} laŋ^{53} eɲ^{55} laɯ^{55} nei^{55} oĕp^{55} ŋai^{11}。（34 页）

　　一　个　小孩子　这　爱　哭　（这个小孩子爱哭。）

（2）łeɯ^{53} meɯ^{53} ra^{11} tsɯ^{55} laŋ^{53}？（55 页）

　　丈夫　你　哪　一　个（你的丈夫是哪一位？）

（3）tsou^{55} tsɯ^{55} laŋ^{53} ^{11} pai^{11} za^{53} ʔweĕŋ^{53} pa^{53} laŋ^{53}　łuĕk^{55}。（69 页）

　　有　一　个　母亲　生养　五　个　孩子

　　（70 页译文：有一个母亲生养五个孩子。）

（4）pheʈ^{55} thuĕn^{53} tsɯ^{55} laŋ^{53} łuĕk^{55}。（72 页）

　　跳　出　一　个　青年　（73 页译文：跳出一个青年。）

（5）tsɯ^{55} laŋ^{53} ła^{53} nei^{55} tsau^{55} fu^{11} kin^{11}。（34 页）

　　一　只　鱼　这　有　三　斤　（这条鱼有三斤。）

（6）ɬau¹¹ laŋ⁵³ khai⁵³。（47 页）

　　二　只　鸡　（两只鸡）。

（7）ȵoěŋ⁵⁵ ʔja⁵³ tsɯ⁵⁵ laŋ⁵³ thau⁵⁵ thuěn¹¹。（343 页）

　　仅　得　一　只　　乌龟　（344 页译文：仅得一只乌龟。）

二　壮侗语族的量词"翁、父、母、奶"

2.1　翁 ʔuŋ⁵⁵

龙州话指人的量词 ʔuŋ⁵⁵，和"富翁" fu²⁴ ʔuŋ⁵⁵ 的"翁"完全同音。李方桂在注文中有时用"个（人）"或"位人"。例如（据李方桂 1040）：

（1）men³¹ tɕau¹¹ jo:m¹¹ han³³ ʔuŋ⁵⁵ fu²⁴ ʔuŋ⁵⁵ nəŋ³³ ni⁵⁵ tɕuɯ¹¹ kwa⁵⁵ dai²⁴ ʔi⁵⁵ van³¹ tɕi²⁴

　　他　就　看　见　个　富翁　一　呢　是　过　得　些　日　子

hou²⁴ va:i²⁴ vu:t³¹ ti³³。（103 页）

　　好　快　活　的

（168 页译文：他就看见一位富翁过日子过得很快活的。）

（2）pin²⁴ ʔuŋ⁵⁵ nai²⁴ tɕuɯ¹¹ hou²⁴ kʼo²⁴ ti³³。（44 页）

　　于是　个　这　是　很　穷的

（146 页译文：那么这人是很穷的。） 按，作者注文作"个"，译文作"人"了。

（3）te:u¹¹ jia:u²⁴ ʔuŋ⁵⁵　ta:i¹¹ ji¹¹ ʔo:k⁵⁵ ma³¹。（51 页）

　　再　叫　个（人）第　二　出　来

（148 页译文：再叫第二个出来。）

（4）pin²⁴ jau¹¹ pai³³ to:i⁵⁵ ʔuŋ⁵⁵ nai²⁴ kiaŋ²⁴（120 页）

　　于是　又　去　对　位人　这　说

（173 页译文：于是又去对那人说。）

2.2　父（伯）po¹¹（/pu⁵¹）

龙州话有个用于人的量词 po¹¹，和表示父亲、丈夫、男人的 po¹¹ 完全同音（武鸣话的 pu⁵¹ 是一种方言变体）。可以明确为来自"父"。例如（据李方桂 1940）：

（1）pin²⁴ mi³¹ po¹¹ kwa:n³³ tin¹¹ hin³³ ……（45 页）

　　于是　有　个　官　听见……

（147 页译文：于是有个官听见……）

（2）tɕuŋ³¹ tau³¹ ʔit⁵⁵ ji¹¹ kiaŋ²⁴ hɯ²⁴ po¹¹ kwa:n³³ nai²⁴ tin¹¹ a³³。

　　从　头　一　二　说　给　个　官　这　听　了（46 页）

（147 页译文：从头数一数二的说给这官听了。）

（3）po¹¹ kwa:n³³ nai²⁴ tɕau¹¹ jia:u²⁴ mən³¹ ʔau³³。（46 页）

　　个　官　这　就　叫　他　拿

（147 页译文：这官就叫他拿[=跟他要]。）

2.3　母 me^{11}

龙州话有个用于女人的量词 me^{11}，和用作母亲、女人、妻子的 me^{11}（见李方桂 1940，9 页 49 页等）同音。例如（李方桂 1940）：

（1）muɯ^{11} ŋ^{33} mi^{31} me^{11} ma:i^{31} nə:ŋ^{33}，mən^{31} mi^{31} ɬa:m^{33} me^{11} luk^{21} ɬa:u^{33}。（49 页）

　　从前　有　妇　寡　一　　她　有　三　个　子　女

　　（148 页译文：从前有一个寡妇，他有三个女儿。）

按，例中 me^{11} ma:i^{24} 注文就是"妇寡"，me^{11} 作名词就是女人。

（2）ŋo^{33} tɕau^{11} ʔau^{33} me^{11} luk^{21} ɬa:u^{33} nə:ŋ^{33} pʼo:i^{55} hɯ^{24} mən^{31}。（50 页）

　　我　就　取　个　子　女　一　配　给　他

　　（148 页译文：我就拿一个女儿配给他。）

（3）mən^{31} tɕau^{11} ɬən^{12} ʔi^{55} ɬo:ŋ^{33} me^{11} pi^{11} ɬa:u^{33} tɕau^{11} pai^{33} me:n^{55} a^{55}。（53 页）

　　她　就　顺　些　两　个　姊妹　就　去　攀　了

　　（149 页译文：她就顺着两个姊妹去爬了。）

（4）van^{31} van^{31} me^{11} na:ŋ^{31} ɬia:n^{33} nai^{24} to^{55} pai^{33} pa:ŋ^{33} tɕo:i^{11} mən^{31} hit^{5} kuŋ^{33} o^{55}。（63 页）

　　日　日　个　女　仙　这　都　去　帮　助　他　作　工　咯

　　（152 页译文：天天这仙女都去帮助他作工咯。）

2.4　奶 ni^{4}

水语量词 ni^{4}，指人时表示女性，指动物时表示雌性；也可用作植物的量词。水语量词 ni^{4} 的用法，例如（王均等 1984）：

（1）ni^{4}　　　to^{5} ni^{4}。（572 页）

　　位（女）教　位　[妇女们学习]一个教一个。）

（2）ha:m^{1} ni^{4}　man^{1} ni^{4} to^{5} ni^{4}。（580 页）

　　三　位　她们　位　教　位　（她们仨，互教互学。）

（3）ni^{4}　bja:k^{7} ni^{4}　ha:ŋ^{4} ti^{3}　to^{5}。（581 页）

　　位　妇女　位　养　一　只　（妇女们，一人养一只。）

（4）qa^{3}　mai^{4} tsa^{5} ni^{4} va:ŋ^{1} ni^{4} nda:m^{5}。（581 页）

　　若干　树　那　棵　高　棵　矮　（那些树高的高，矮的矮。）

我们需要说明的是，ni^{4} 指母亲，除了水语，还有毛南语 ni^{4}、仫佬语 ni^{4}、侗语 nəi^{4} 和八排瑶语 ni^{44} 等（据王均等 1984，820 页，巢宗祺 余伟文 1989，139—140 页）。而这个 ni^{4}，大概和汉语"奶（嬭）"同源。《广韵》两读：上声蟹韵奴海切又上声荠韵奴礼切。"奶"在汉语北方话中指祖母，而在南方很多方言如广东、福建、江西的方言特别是客家方言中用来称母亲。例如粤西客家话（李如龙等 1999，154、155 页）：

	母亲	伯母
阳西（塘口）	奶 nai^{31}	阿奶 a^{44} nai^{55}
高州（新垌）	a^{45} nai^{45}	阿奶 a^{34} nai^{54}
电白（沙琅）	阿奶 a^{34} nɛŋ^{54}	阿奶 a^{55} nai^{33}
化州（新安）		阿奶 a^{45} nai^{31}
廉江（石角）	阿□a^{45} nai^{45}	阿奶 a^{55} nai^{33}

三　亲属称谓词"祖姒父母翁伯"可表示性别，也可作不辨性别的词头词尾

3.1　海南陵水黎族自治县"祖"字地名、海南屯昌话"祖"字词尾

王国维、郭沫若的古文字研究，如王氏的《女字说》，郭氏的《释祖姒》等，提出了"母、女、父、祖、姒"在古器人名中只表示男女性别而已，并无实义。启示我们有些表示公母性别的词头词尾，也就来源于人之性别，进而可用于无性别的事物。

我们从甲骨卜辞看到，殷商男子很多以"祖"取名，如"祖甲、祖乙、祖辛、祖丁、祖庚、祖癸、祖伊"等，女子很多以"姒"取名，如"姒甲、姒丙、姒庚、姒戊"等。到了周代，词序有所变化，由商代的"祖某、姒某、父某、母某"变为"某父、某母"。（参郭沫若1976，30—32页）

海南陵水黎族自治县，"祖"字地名还有不少，而且和"母"字地名相呼应。例如（据乾隆五十七年《陵水县志》，1996年《海南行政区划简册》）：

祖沙	祖路	祖明	祖对	祖空	祖拜
祖关一	祖关二	祖如	祖具	祖合一	祖合二
祖合三	祖合四	祖修	祖哈	祖仆	
母赞	母合	母农	母老	母阳	母葵
母顿	母寝	母付	母爸	母育	母圭
母供	母发				

海南屯昌话则可用"祖"作词尾，例如（据钱奠香《海南屯昌闽语语法研究》16页，云南大学出版社，2002）：

贼祖（大盗）、柱祖（大痤［原文讹作"座"］疮）、蛤祖（大青蛙、大蟾蜍）、番葛祖（大番薯、大笨蛋）、炮祖（大鞭炮）、留班祖（留级生）、ue^{33}祖（大塘虱鱼）

3.2　藏语词尾-pa、-ma（爸、妈）

藏语、土家语、拉祜语等，用pa指男人、父亲，用pa称各色人等也称自己，用pa表示男性、雄性；也用pa表示无所谓性别的事物，形同词尾或词头。这个pa的变体是用p'a或wa，瞿霭堂、谭克让的《阿里藏语》266

页，在"父母"这个词中，拉萨、噶尔、日土、普兰、扎达、革吉、措勤、改则这八个点都作 pa⁵⁵ ma⁵³；同书 262—263 页"会计"和"渔夫"词中，七个点有五个点是-pa 尾，而普兰和措勤两个点是-wa 尾。这个 pa 和 ma 正相对，ma 指女人、母亲、雌性及不辨性别的词尾或词头等。这个 pa 和 ma 正和汉语的"爸、妈"相对应。

藏语词尾-pa（pə/pʻa/wa）（据黄布凡 1992）：

男人 ₅ skjes pa（拉萨：cho⁵⁵ ka⁵⁵，巴塘：çe⁵⁵ pa⁵³）	58 页
农民 so⁵⁵ nam⁵⁵ pa⁵⁵/çiŋ pə⁵⁵（书：ʑiŋ pa/so nam pa）	60 页
商人 tshoŋ⁵⁵ pa⁵⁵	60 页
医生 mẽ⁵⁵ pa⁵⁵	61 页
头人（寨首）ko¹³ pa⁵⁵	61 页
牧童 tsi⁵³ pə⁵⁵/phə¹³ tsi	62 页
木匠 ₅ çiŋ bzo ba（拉萨：çiŋ⁵⁵ so⁵²）	62 页
铁匠 ₅ mgar ba（拉萨：ka¹³ ra⁵⁵）	62 页
船夫 n̪ẽ⁵⁵ pa⁵⁵/tʂhu pə⁵⁵	63 页
猎人 ŋø⁵⁵ pa⁵⁵	63 页
和尚 tʂha¹³ pa⁵⁵	63 页
巫师 mo¹³ pa⁵⁵	64 页
乞丐 ₅ mu sto ba（拉萨：paŋ⁵⁵ ko⁵⁵）	65 页
强盗（tɕhak¹⁵ pa⁵⁵）	65 页
病人 nɛ¹³ pa⁵⁵	66 页
瞎子 ₅ loŋ ba	68 页
聋子 ø̃¹³ pa⁵⁵	68 页
傻子 glen pa（拉萨：kuk⁵⁵ pə⁵⁵）	70 页
疯子 n̪õ⁵⁵ pa⁵⁵	70 页
哑巴 ₅ lkugs pa（拉萨：kuk⁵⁵ pə⁵⁵）	71 页
伙伴 rok¹³ pa⁵⁵	72 页
父亲 a⁵⁵ˈpa⁵⁵/pa⁵⁵ pa⁵⁵（书：pha /ʔa pha）	73 页
女婿 mak⁵⁵ pa⁵⁵	75 页
丈夫 ₅ skues pa（拉萨：cho⁵⁵ ka⁵⁵）	83 页
皮 pak⁵⁵ pa⁵⁵	89 页
猪 phak⁵⁵ pa⁵⁵	95 页
翅膀 çok⁵⁵ pa⁵⁵	100 页

藏语的 ma⁵⁵/mə⁵⁵/mo⁵⁵/ma⁵²（据黄布凡 1992）：

太阳 n̪i¹³ mə⁵⁵（书：n̪i ma）	1 页

星星	ka:^{55} ma^{55}	2 页
沙子	tɕhe^{13} ma^{55}	15 页
乳房	o^{13} ma^{55}	32 页
奶汁	o^{13} ma^{55}	32 页
胎盘	ɕa^{55} ma^{55}	40 页
皱纹	ɳe:^{55} ma^{55}	41 页
肾	khɛ^{55} ma^{55}	49 页
肠子	cu^{13} ma^{52}	50 页
成年人	thr^{13} ma^{55}	56 页
姑娘	phu^{13} mo^{55}/pho^{13} mo^{55}	59 页
尼姑	tɕo^{13} mo^{55}	64 页
巫婆	mo^{13} ma^{55}/ɬa^{55} ma^{55}	64 页
贼	ku^{55} ma^{55}	65 页
皇帝	khoŋ^{13} ma^{55}	66 页
秃子	ko^{13} ma^{55} ra^{55}	69 页
奶奶₍祖母₎	mo:^{55}	73 页
母亲	a^{55} ma^{55}	73 页
媳妇	na^{55} ma^{55}	74 页
女儿	pho^{13} mo^{55}	74 页
孙女儿	tsha^{55} mo^{55}	75 页
姐姐	tɕhẽ^{55} mo^{55}	76 页
弟弟	o:^{13} ma^{52}/tɕuŋ^{55} po^{55}	76 页
妹妹	o:^{13} ma^{52}	77 页
寡妇	juk^{13} sə^{55} mə^{55}（jug za ma）	84 页
母牛	pha^{13} mo^{55}	87 页
尾巴	ŋa^{55} ma^{55}	89 页
母马	kø^{13} ma^{55}	91 页
羊粪	ri:^{55} ma^{52}	94 页
母猪	pha:^{55} mo^{55}/mo^{13} pha:^{52}	96 页
母鸡	tɕha^{13} mo^{55}	99 页
刺猬	se^{13} mo^{55}	107 页
狐狸	wa:^{13} mo^{55}	109 页
蝌蚪	tɕoŋ^{55} mo^{55}	117 页
虮子	tʂo^{55} ma^{55}	119 页

3.3　海南临高话词头ʔbeʔ⁵⁵（伯）、海南长流土话词头aŋ⁵⁵（翁）

临高人被一些海外学者称为"Ong-be"或"Be"，被译写作"翁贝"、"贝"。桥本万太郎 1980 年的《临高方言》是中文书名，英文名为 THE BE LANGUAGE。中国社会科学院民族所等（1994）主编的《中国少数民族语言使用情况》723 页就说到临高人被海外学者称为"贝"或"翁贝"。笔者以为，"Ong-be"就是"翁伯"，"Be"就是"伯"。"翁伯、伯"都是对长者、对男子的尊称。"翁伯"叠用，犹如"伯爹"叠用。这和崇明话中有人称父亲为"爷伯"也相类。桥本万太郎《汉语被动式的历史·区域发展》（《中国语文》1987 年第 1 期）一文附注 32，就把他的 THE BE LANGUAGE 一书译为《伯语临高话分类词汇》。

海南作家欧大雄的长篇小说《伯爹尧》（中国文联出版社 1993），是纪念他的父亲欧英尧。作者自序说："按乡人对父亲的称呼，定名《伯爹尧》。""伯爹"是海口、文昌一带对伯父、对男性长者的称呼。同样，在临高话中，"伯"既是对伯父对男性长者的称呼，而且在一些人口中，"伯"也面称父亲（按，很多方言称父为"伯"）。

临高话ʔbeʔ⁵⁵指父亲，也可指伯父叔父（指伯父时读 33 调），也可称人。例如（据桥本万太郎 1980。笔者可辨明来源的字音，用"按语"注明汉字，仅供参考）：

ʔbeʔ⁵⁵ 父亲（278 页·3）

ʔbeʔ⁵⁵ mai³¹ 父母（196 页·16）

ʔbeʔ⁵⁵ tok³³ 叔父（191 页·31）　　按，音即"伯叔"。

ʔbeʔ³³ 伯父（191 页·28，·29）

ʔbeʔ⁵⁵ kxu³¹ 舅父（192 页·44）　　按，音即"伯舅"。

kuŋ²³ ʔbeʔ⁵⁵ 前世（139 页·30）　　按，音即"公伯"。

kuŋ²³ ʔbeʔ⁵⁵ 祖先（140 页·51）　　按，音即"公伯"。

ʔbeʔ⁵⁵ kua³⁵ hai³³ 外省人（199 页·37）　　按，音即"伯过海"。

ʔbeʔ⁵⁵ pfan²³ 西洋人（200 页·39）　按，音即"伯番"。

ʔbeʔ⁵⁵ ʔbek³³ tiŋ³³ 农夫（203 页·29）　　按，音即"伯百姓"。

ʔbeʔ⁵⁵ ka³³ ŋu⁵⁵ 屠夫（203 页·34）　　按，音即"伯解牛"。

ʔbeʔ⁵⁵ pfən²³ hai⁵⁵ 鞋匠（204 页·38）　　按，音即"伯缝鞋"。

ʔbeʔ⁵⁵ san³³ hau³³ 理发师（204 页·40）　　按，音即"伯铲头"。

ʔbeʔ⁵⁵ kit³³ het³³ 打铁的（204 页·45）　　按，音即"伯击铁"。

ʔbeʔ⁵⁵ ʔdon²³ kai²³ [䢉鸡的]（204 页·61）　　按，音即"伯䢉鸡"。原文只有英文译
　　　　　　　　　　　　　　　　　　　　文，方括号[ ]为引者所加。

ʔbeʔ⁵⁵ pfən²³ ʔdou²³ [补锅的]（204 页·61）　　按，音即"伯缝豆"。原文只有英文

译文，方括号[ ]为引者所加。

ʔbeʔ⁵⁵ ʃia²³　车夫（205 页・67）　按，音即"伯车"。

ʔbeʔ⁵⁵ çi³³ tsə³³　戏子（205 页・70）　按，音即"伯戏子"。

ʔbeʔ⁵⁵ kuai³¹ ʔdai⁵⁵　拐子（208 页・125）　按，音即"伯拐带"。

ʔbeʔ⁵⁵ pfui⁵⁵　胖子（281 页・61）　按，音即"伯肥"。

桥本先生治学严谨，对此ʔbeʔ⁵⁵音未注汉字，直到 1987 年的文章中才把临高话直译作"伯语"。而且，相邻的海口话"百、伯"就都读ʔbɛ⁵⁵（陈鸿迈《海口方言词典》74 页），文昌话"伯"的口语音为阴入调ʔbe⁵¹（云惟利《海南方言》121 页），作为入声的辅音韵尾都已经失落，所以临高话"伯"有类似的发展趋向是完全可以理解的。

今海口西郊的长流土话对人的称谓很多用"翁"aŋ⁵⁵。海南闽语"翁红洪"都读 aŋ，厦门话也是，所以长流土话"翁"读aŋ和海口话对应。新加坡地名"宏茂桥"的英文拼写是 Ang Mo Kio，也是闽语读音。

长流土话的称谓词头aŋ⁵⁵（翁）用来称人，例如（据张惠英《海南长流土话》106—108 页）：

瓦匠aŋ⁵⁵ kʻie³¹ zan²⁴（翁 起栏）

石匠aŋ⁵⁵ kik⁵ ʔdien²⁴（翁 击石。"石"作量词用时，音同"担"）

铁匠aŋ⁵⁵ kik⁵ hiat⁵（翁 击铁）

补锅的aŋ⁵⁵ pʻəŋ³¹ ʔdou⁵³（翁缝豆。豆，古食器）

理发的aŋ⁵⁵ tɕʻien²⁴ hou⁵⁵（翁剪头）/aŋ⁵⁵ hɔi⁵³ hou⁵⁵（翁剃头）

屠户aŋ⁵⁵ ka³¹ mo²⁴（翁解猪）

轿夫aŋ⁵⁵ haŋ²⁴ kʻio⁵³（翁行轿）

艄工aŋ⁵⁵ kʻan⁵³ zua²⁴（翁看船）

骗子aŋ⁵⁵ kuaŋ⁵⁵ kuən⁵³（翁光棍）

强盗aŋ⁵⁵ sok³（翁贼）

工人aŋ⁵⁵ huk⁵ koŋ³¹　（翁学工）

农民aŋ⁵⁵ ʔbiet³ tiŋ⁵⁵（翁百姓）

　　　aŋ⁵⁵ huk⁵ noŋ²⁴（翁学农）

做买卖的aŋ⁵⁵ səŋ⁵⁵ i⁵³（翁生意）

乡下人aŋ⁵⁵ ʔbie²⁴（翁伯）

城里人aŋ⁵⁵ hou²⁴⁻⁵⁵（翁墟）

海南闽语、黎语、临高话、长流土话中频频使用、出口就来的"母、伯、祖、翁"等尊称，犹如各地方言口语"老、大"之称长者、尊者。所谓"礼仪之邦"，由此可见一斑。

3.4　桑孔语量词aŋ⁵⁵（翁）、词头aŋ³³（翁）

据李永燧研究，桑孔语人口稀少，地域分布狭小，在云南西双版纳傣族自治州景洪市小街乡一带。桑孔语量词aŋ³³（翁）、词头aŋ³³（翁）的用法如（据李永燧2002）：

aŋ⁵⁵用作人和动物等的量词（145、143页）：

（1）ta³¹ ʑɯŋ³³ ŋa³¹ aŋ⁵⁵

　　客人　　五　个　（五个客人）

（2）tsø³¹ aŋ⁵⁵ n̠i³¹ aŋ⁵⁵

　　　老人　二　个　（两位老人）　按，第一个aŋ⁵⁵实际上指人。

（3）khɯ³¹ sem³¹（m）aŋ⁵⁵

　　　狗　　三　　只　（三只狗）

按，（m）aŋ⁵⁵的冠音（m）是受前面音节的韵尾影响而致，可有可无。

（4）a³¹ mboŋ³¹ n̠i³¹ aŋ⁵⁵

　　　　马　二　只　（两匹马）（以上145页）

（5）n̠i³¹ aŋ⁵⁵　sem³¹（m）aŋ⁵⁵（143页）

　　　二　个　三　　个　（二三个）按，此处未注明用于什么。

aŋ³³用作词头：

aŋ³³ u⁵⁵ 肠子	aŋ³³ phji³¹ 肺	aŋ³³ phap³¹ 肝
aŋ³³ ŋga³¹ 儿子	aŋ³³ tɕhe⁵⁵ 舅父	aŋ³³ mboŋ⁵⁵ 丈夫
aŋ³³ phɯŋ³¹ 盖子	aŋ³³ tsham³¹ 楔子	aŋ³³ kɤŋ³¹ 山
aŋ³³ si³¹ 水果	aŋ³³ nam⁵⁵ 穗子	aŋ³³ pja⁵⁵ 坡（以上124页）
aŋ³³ u³³ 蛋	aŋ³³ toŋ⁵⁵ 翅膀	aŋ³³ mɯ³¹ 毛；羽毛
aŋ³³ tɕhø⁵⁵（牛）角	aŋ³³ si³¹ 瓜（以上288页）	

aŋ³³ ʑø³¹ 种子	aŋ³³ xɯ³¹ 秧子	aŋ³³ tɕhe⁵⁵ 根	aŋ³³ tsɯŋ⁵⁵ 茎
aŋ³³ pha³¹ 叶子	aŋ³³ la³¹ 树枝	aŋ³³ xɯ³¹（种子）芽	aŋ³³ ʑø³¹（果）核
aŋ³³ ʑø³³ 花	aŋ³³ tshu³¹ 刺荆棘有刺（以上289页）		

aŋ³³ mbaŋ⁵⁵ 身体	aŋ³³ tu³¹ 头	aŋ³³ tsham⁵⁵ 头发　　aŋ³³ ndo̠³¹ 脑髓
aŋ³³ na³¹ 耳朵	aŋ³³ so³¹ 牙齿	aŋ³³ khoŋ³¹ 喉咙
aŋ³³ la̠³¹ 手；胳膊（以上290页）		

aŋ³³ tɕo³¹ 腰	aŋ³³ khɯ⁵⁵ 脚	aŋ³³ poŋ⁵⁵ 腿　　aŋ³³ hu³¹ 皮肤
aŋ³³ u⁵⁵ 肠子	aŋ³³ phje³¹ 肺	aŋ³³ phap³¹ 肝（以上291页）

aŋ³³ kho³¹ tɤŋ³³ tshaŋ⁵⁵ ŋa³¹ 木匠（292页）

aŋ³³ pu³³ 父亲	aŋ³³ ɯ³⁵ 伯母	aŋ³³ mboŋ⁵⁵ 叔父；哥哥；丈夫
aŋ³³ tshu³³ 婶母	aŋ³³ soŋ³¹ 姑父	aŋ³³ qho³¹ 姑母；姨母
aŋ³³ tɕhe⁵⁵ 舅父	aŋ³³ tshi³³ 姐姐	aŋ³³ ʑi⁵⁵ 弟弟；妹妹（以上293页）

aŋ³³ mbi³¹ 妻子　　　　aŋ³³ ŋga³¹ 儿子　　　aŋ³³ tɕe³¹ 侄子；侄女；孙子；孙女

aŋ³³ ŋguɯŋ⁵⁵ 柱子（以上 294 页）

aŋ³³ hø⁵⁵ 面粉（295 页）

aŋ³³ tsha⁵⁵（菜）汤　　aŋ³³ qhap³¹ 粗糠谷壳　　aŋ³³ tsham³¹ 楔子（296 页）

aŋ³³ phuɯ⁵⁵ 盖子（297 页）

aŋ³³ miŋ⁵⁵ 名字　　　aŋ³³ kho³¹ 东西　　　aŋ³³ ha⁵⁵ 魂（300 页）

aŋ³³ ŋga³¹ ŋga³¹ 小（311 页）

aŋ³³ ndu³¹（菜）嫩　　aŋ³³ tɕho³³ 坏（人）　aŋ³³ kɯ³³（衣服）干

aŋ³³ tɕan⁵⁵（衣服）湿　　　　　　aŋ³³ sʅ³¹（衣服）新

aŋ³³ ɯn⁵⁵（衣服）旧

aŋ³³ tsem³¹ 生（肉）　aŋ³³ miŋ³³ 熟（肉）（313 页）

aŋ³³ khoŋ³¹ kɯ³³ 渴（314 页）

aŋ³³ tɕhaŋ³¹ 别人（317 页）

aŋ³³ sa³¹ 空气　　　aŋ³³ pin³³ 沼泽（319 页）

aŋ³³ ka⁵⁵ 裂缝　　　aŋ³³ kɤŋ³¹ 丘陵　　aŋ³³ kɤŋ³¹ tu³¹ ten³³ 山顶

aŋ³³ hoŋ³¹ 山谷　　　aŋ³³ hoŋ³¹ qhap³¹ 旱沟（320 页）

aŋ³³ pø³¹ he³³ se̠³¹ sa³³ 虫灾（321 页）

aŋ³³ mbe̠³³ 蛀虫　　　aŋ³³ toŋ³¹ 蛹　　　aŋ³³ mɯ³¹ le³¹ lep³¹ ŋga³¹ 绒毛

aŋ³³ mbo³³ 鸡冠子　　aŋ³³ si³¹ i⁵⁵ tsuɯŋ⁵⁵ 果树（326 页）

aŋ³³ qhe³³（phuɯ⁵⁵ luɯ⁵⁵）芭蕉　　　　aŋ³³ qhe³³ hom⁵⁵ lom⁵⁵ 香蕉

aŋ³³ ȵi³³ 藤子　　　aŋ³³ tɕen³³ 树干　　aŋ³³ qha⁵⁵ 花蕊　　　aŋ³³ qho̠³³ 果皮

aŋ³³ qhap³¹ 果壳　　aŋ³³ ʑø³¹ 果仁（327 页）

aŋ³³ tshʅ³¹ 节儿　　aŋ³³ qa³¹ ȵuŋ⁵⁵ luŋ⁵⁵ 绿草

aŋ³³ qa³¹ saŋ³³ laŋ³³ 青草

aŋ³³ qa³¹ kɯ³³ 干草　　aŋ³³ qa³¹ qoŋ⁵⁵ 草堆　　aŋ³³ tsa⁵⁵ 饲料（328 页）

aŋ³³ ndan³³ 嫩枝　　aŋ³³ thɤ³¹ 皱纹（329 页）

aŋ³³ pja⁵⁵ nam⁵⁵ ʑø³¹ 肋骨　　　　aŋ³³ saŋ⁵⁵ ʑø³¹ 脊梁骨（332 页）

aŋ³³ ŋga³¹ pe̠³³ 胎儿　aŋ³³ ʑi⁵⁵ 妹夫　　aŋ³³ mbi³¹ mboŋ⁵⁵ 夫妇

aŋ³³ mboŋ⁵⁵　　　aŋ³³ ʑi⁵⁵ 兄弟（334 页）

aŋ³³ ȵuŋ⁵⁵/aŋ³³ pi³³ 橡子　　　　aŋ³³ tɕe³³ 房背（335 页）……

最后，笔者还注意到，"父、母、爸、妈、伯、老"等亲属称谓词，有些还可用作自称，或对本民族的自称。例如古代诸侯上大夫自称"老"：《礼记·曲礼下》："诸侯使人于诸侯，使者自称曰寡君之老。"普通年长者或倨傲者也以"老子"自称：《后汉书·逸民传·韩康》："康曰：'此自老子与之，亭长何罪！'" 这也就是"老挝"（由"老龙""老泰""老松""老听"

等族组成）的"老"（英语作 LAOS）的由来。又如：

藏族自称"博巴"，这个"博巴"就是"伯爸"或"蕃爸"。

羌族自称（说羌语的藏族也这样自称）rma（黑水地区），ẓma（茂汶地区），xma（理县地区）或 ma（龙溪地区）（孙宏开《羌语简志》2 页）。这个 ma，就指母亲（同上 201 页"母亲"条），也就是"妈"。

缅族自称 ba^{53} ma^{22}（李永燧 1998，18 页）。ba^{53} ma^{22} 即"爸妈"。英语称缅甸为 Burma，显然是据本族人自称而来。

还有，彝族有自称 la^{21} lo^{33} pa^{21} 和 mi^{13} sa^{31} pa^{31} 的（陈士林等 1985，1 页、3 页），这个 pa 也是"爸"。

《中国大百科全书》（民族卷）527 页"民族"条也指出，藏族人民因不同地区而有不同的名称，阿里地区称"兑巴"，后藏地区称"藏巴"，前藏地区称"卫巴"，藏东、川西称"康巴"，藏北、川西北、甘肃南部、青海称"安多娃"。并指出，"巴、娃"在藏语都意指人。我们在上文已指出，wa/wo（娃）是 pa（爸）的变体。

我们人类由祖辈父辈繁衍而来，汉藏系语言亲属称谓词同样也繁衍了多种值得注意的语言范畴、语言现象。

引用书目

巢宗祺　1990　广东连南油岭八排瑶语言概要　华东师范大学出版社

巢宗祺、余伟文　1989　连南八排瑶语　中山大学出版社

陈鸿迈　1996　海口方言词典　江苏教育出版社

陈士林等　1985　彝语简志　民族出版社

郭沫若　1976　甲骨文字研究　香港中华书局

海南省民政厅　1996　海南行政区划简册（打印本）

黄布凡　1992　藏缅语族语言词汇　中央民族大学出版社

李方桂　1940　龙州土语　商务印书馆

李方桂　1953　武鸣僮语　中国科学院

李如龙等　1999　粤西客家方言调查报告　暨南大学出版社

李永燧　1998　羌缅语群刍议　《民族语文》第 1 期

李永燧　2002　桑孔语研究　中央民族大学出版社

欧大雄　1980　伯爹尧　中国文联出版社

乾隆五十七年《陵水县志》

钱奠香　2002　海南屯昌闽语语法研究　云南大学出版社

桥本万太郎　1980　临高方言　东京：亚非文化语言研究所

　　　　　　　1987　汉语被动式的历史·区域发展　《中国语文》第 1 期

瞿霭堂、谭克让　1983　阿里藏语　中国社会科学出版社

欧阳觉亚、郑贻青　1980　黎语调查研究　中国社会科学出版社

孙宏开　1981　羌语简志　民族出版社

王均等　1984　壮侗语族语言简志　民族出版社

文明英、文京　2009　黎语长篇话语材料集　中央民族大学出版社

云惟利　1987　海南方言　澳门东亚大学

张惠英　2011　海南长流土话　南海出版公司

《中国大百科全书》（民族卷）　1988　中国大百科全书出版社

中国社会科学院民族所等主编　1994　中国少数民族语言使用情况　中国
　　藏学出版社

从黎语表完成的 ba:i³/baěi¹¹（罢）说起

提　要　本文对黎语表示离开、结束和作完成体标记等用法的 ba:i³/baěi¹¹ 进行探讨。首先从黎语的同音字、词如"排败待害"的音韵地位，以及该词的基本意义用法，确定为来自汉语的"罢"。归纳了"罢"在黎语中的多种用法，指出它和汉语方言"罢"的完成体标记的共同之处，以及它在黎语中特有的演变取向。又从布依语完成体标记 pai⁵（罢）和"去"pai¹ 的声、韵相同声调不同的现象，得到壮侗语族的"去"也来自"罢"的启示。而壮语 pai³³ 既表完成又表离去的用法证实它们都来自"罢"。全文分五节：一黎语表完成的 ba:i³/baěi¹¹ 来自"罢"；二黎语"罢"的多种用法；三汉语方言"罢"的用法；四布依语表示完成的 pai⁵ 和"去 pai⁵ 音近的启示；五壮语 pai³³ 既表完成又表离去。

关键词　黎语　布依语　壮语　完成体标记　罢　去

一　黎语表完成的 ba:i³/baěi¹¹ 来自"罢"

欧阳觉亚、郑贻青《黎语调查研究》542 页指出，关于黎语的时态，"动词要表示动作的进行、完成，一般要在动词前面加副词 fa:t⁸'正在'、ba:i³'已经'，或者在动词后面加 ba:i³'完'、dua³'过'等补充成分"。对于这个表示完成的 ba:i³，接着举了两个例子（543 页）：

ɬш:k⁷ na¹ ba:i³　khu:ŋ¹ lai²　ta²　be².

孩子 他 已经　会　犁　田　了。（他的孩子已经会犁田了。）

zo:ŋ¹ hou¹ zu:i³ tshia³ nei² ba:i³ nau³ peш¹ a³.

等　我　看　书　这　完　再　回　啊。（等我把这本书看完再回去啊。）

《黎语调查研究》的大量调查工作在 20 世纪 50 年代，当时这个表示完成的 ba:i³ 显然主要用作动词前的状语或动词后的补语。

文明英、文京 2009 年出版的《黎语长篇话语材料集》49—50 页，指出了黎语原有的"动宾补"语序后来受汉语影响而出现了"动补宾"语序：吃饭完 baěi¹¹/吃完 baěi¹¹ 饭。也以 baěi¹¹ 为例作补语。（按，文明英等的 baěi¹¹ 就是欧阳觉亚等用的 ba:i³。）

首先看看这个 ba:i³ 的来历。《黎语调查研究》62 页保定声韵调配合表 a:i 韵记载：

ba:i⁵³ 离开，败

ba:i¹¹ 完，已经（按，和"派败歪排态袋待赖猜阶艾害海"同韵）

又 158 页通什声韵调配合表记载：

ba:i¹ 离别

ba:i³ 已经，完全（按，和"拍败坏待耐猜阶害怪"同韵）

所以，我们可以明确，这个表离开的 ba:i⁵³ 和表已经、完全的 ba:i¹¹ 实际上都是"罢"的异读，都来自"罢"。罢，《说文解字》七下网部"罢，遣有罪也"；《广韵》上声蟹韵薄蟹切"止也，休也"；《集韵》上声纸韵部靡切"一曰散也"。都和离走、休止有某种联系。再看古文献中"罢"表示完了、离散等义的用法，就可以看得更清楚。例如：

《韩非子·外储说左上》："及反，市罢，遂不得履。"市罢：集市已经结束。

《墨子·非攻中》："及若此，则吴有离罢之心。"离罢：离去，离走。

曹植《游观赋》："罢若云归，会如雾聚。" 罢，散去。"罢"和"会（会合）"相对。

所以，黎语的"ba:i³/baěi¹¹"和汉语"罢"音义相合（今北京话"罢"读 bù，是《集韵》上声马韵"部下切"的音）。

二　黎语"罢"的多种用法

黎语"罢"有多种用法，据文明英等《黎语长篇话语材料集》中的用法，可归纳如下。

1. baěi⁵³ 离开（动词）

pha¹¹ baŋ⁵³ łaɯ⁵⁵ lai⁵³ baěi¹¹ fan⁵³ gou⁵⁵ peɯ⁵³ baěi⁵³ tshia¹¹ …

烧炭者　　　犁　完　便　跑　回　离开　纸

（烧炭者犁完田便离开画像跑回家，……）66 页

按，第一个 baěi¹¹ 用作补语表示完成，第二个 baěi⁵³ 是动词表示离开。

en⁵⁵ khoěŋ⁵³ fan⁵³ tsiěn⁵³ pɯ⁵³ hweěŋ¹¹ ben⁵³ khuěn⁵⁵ baěi⁵³。

恩孔　　便　变成　苍蝇　飞　先　离开

（恩孔变成苍蝇先飞走了。）129 页

a¹¹ ra¹¹ rɯ¹¹ ka³⁵ baěi⁵³　a¹¹ ra¹¹。　　　　　　148 页

谁　都　不能　离开　谁（谁也离不开谁）。 149 页

pha¹¹ łeěk³⁵ khai⁵³ fan⁵³ baěi¹¹ hei⁵³。

孤儿　　　便　离　去 （孤儿便离开而去。）259 页，416 页

2. baěi^{11} 完成；完 （动词）

baěi^{11} gwa^{53} baěi^{11} tsɯ^{55} ei^{53} hei^{53} ta^{53}？ …baěi^{11} he^{53}。

已　　种　完　南瓜　去　不　……　完　了

（南瓜种了没有？……已经种完了。）　94 页

baěi^{11} gwa^{53} beɯ^{53}　toŋ^{53} hi^{11} ho^{11}？ …baěi^{11} he^{53}。

已　　种　葱　　吗　　　……完　了

（种完葱了没有？……种完了。）　96 页

paȶ^{55} aŋ^{53}　baěi^{11} hei^{53} ta^{53}？ …baěi^{11} he^{53}。

砍　山栏　完　去　不　……完　了

（砍完了山栏没有？……砍完了。）　94 页

meɯ^{53} baěi^{11} deɯ^{53} muěn^{11} baěi^{11} baěi^{11} rɯ^{11} kwaěn^{53} peɯ^{53} lɯěn^{53} hi^{55} ho^{11}？ …

你　已　将　谷子　全部　　都　拉　　回来　　了　吗

baěi^{11} he^{53}。

已经　了

（你已经把所有的谷子都拉回来了吗？……全部拉回来了。）　106 页

按，上述四个例句中，问句中的 baěi^{11} 用作状语或补语；回答的都是单词句，虽然译文译作动补结构，实际上 baěi^{11} 用作动词，表示完成。he^{53} 是句末语气助词。

3. baěi^{11} 结束，完了（用作动词后的补语）

ɬom^{55} baěi^{11}，pha^{11} baŋ^{53} ɬaɯ^{55} fan^{53} zaɯ^{55} tsiěn^{53} hwen^{53} ke^{53} he^{53}。

埋　　完，烧炭者　　便　变　成　皇帝　　了。

（埋葬完，烧炭者便成皇帝了）。69 页

na^3 fan^{53} khaěi^{11}，baěi^{11} nau^{11} la^{55} ta^{55}。　　　　　　　　　　　　72 页

他　便　数　　完　才　吃饭。（他便数，数完才吃饭。）73 页

tiŋ^{53} tsɯ^{55} ʔj un^{55} pleɯ^{53} baěi^{11} fan^{53} riěn^{53}：…

椰子壳　　　听　完　便　说：（椰子壳听完了便说：……）74 页

ŋwaěȶ^{55} baěi^{11}，…

吼叫　罢　（吼叫完，……）143 页

khuěn^{55}　deɯ^{53} na^{53} la^{55} baěi^{11} nau^{11} koŋ^{55}

先　　　将　他　吃　完　才　找。（先把他吃掉才找。）　143 页

4. baěi^{11} 已经（副词）

baěi^{11}　ʔja^{53} ɬeɯ^{55} hei^{53} ta^{53}？

已经　得到女婿　去　　不（找到女婿了没有？）

baěi^{11}　ʔja^{53}　he^{53}。

已经　得到　了。（已经找到了。）以上 54 页

ga^{53}　baěi^{11} tsau^{35} kan^{53} la^{53} …　　　　　　　58 页

咱们　已经　有　银　了，……（咱们已有银子了，……）59 页

tsɯ^{55} ei^{53} baěi^{11} tshoěm^{53}。

南瓜　　已经　结果　（南瓜已经结果了。）　95 页

baěi^{11} dua^{11} kei^{53} hwan^{53}

已　过　几　天（过了几天）155 页

按，译文译作完成体标记"了"，我们从 baěi^{11} 处动词前的位置，归纳为作副词用。下例同。

hwan^{53} ȵaěn^{53} baěi^{11} taěu^{11} …

日子　　　已　长……（日子久长了，……）　360 页

5. baěi^{11} …baěi^{11} 已经……完　（前一个作副词，后一个作补语）

baěi^{11} tshui^{53} fan^{53} thaŋ^{53} baěi^{11} he^{53}。　　　　　78 页

已　烧　便燃　完　了（便烧完了。）　　79 页

ka^{11} baěi^{11} la^{55} baěi^{11} he^{53}。

马　已　吃　完　了（已经被马吃完了。）79 页（按，是稻子被马吃完了。）

baěi^{11} gwa^{53} baěi^{11} tsɯ^{55} ei^{53} hei^{53} ta^{53}？

已　种　完　南瓜　去　不（南瓜种了没有？）　94 页

baěi^{11}gwa^{53} baěi^{11} fan^{53} peɯ^{53}。

完　种　了　便　回来（种完就回来。）96 页

baěi^{11} muěn^{11} baěi^{11} he^{53}！

已经　点种完　了（已经种完了！）101 页

baěi^{11} deɯ^{53} van^{53} plom^{55} baěi^{11} he^{53}。

已经　被　土　盖　完　了　（已经被土盖住了。）　103 页

khun^{53} laṭ^{55} khun^{53} loěi^{53}　baěi^{11} daěn^{11} baěi^{11}。　　　　139 页

群　野猪　群　黄猄　已　到　完（野猪和黄猄已经走完了。）　140 页

6. baěi^{11} 了，表示完成（完成体标记）

hwou^{11} fan^{53} thau^{55} tsɯ^{55} hom^{55} baěi^{11}，…

山　便　塌　一　个　完（山就塌了一座，……）128 页

daěn^{11} nei^{55} baěi^{11} ta^{53} laěi^{11} tin^{11} te^{11}。

到　这里　完　不　见　先生（回来后，发现先生不见了。）132 页

按，"到这里完"显然是到了这里的意思。

la^{35} baěi^{11} khuěm^{53}，plut^{55} lom^{11} raṭ^{55}　uěk^{55} ɬuěk^{55}。

吃完饱　　突然　又　结实　脑（吃饱了饼子，脑子又聪明起来。）132 页

按，"吃完饱"，就是吃饱了。

ka^{11} rɯ^{11} tsau^{35}, liěm^{53} rɯ^{11} tsau^{35}, me^{11} he^{11} rɯ^{11} tsau^{55} baěi^{11}。

刀　都　有，镰刀　都　有　　什么　都　有　完

（砍刀和镰刀等，什么都有了。）141 页

tsɯ^{55} thoěn^{53} rɯ^{11} tshaěu^{53} ha^{53}　baěi^{11}。

一　半　都　断　　大腿　了（其他马都已经折断了大腿）258 页

tshia^{11} ga^{53}　khuěn^{53} baěi^{11} he^{53}。

书　咱们　懂　　完　了（书，咱们已经认识完了。）303 页

ʔja^{53} veěŋ^{11} baěi^{11} fan^{53} hei^{53} tsiěm^{11} fok^{55} hwan^{53} ke^{53}。

得　上衣　完　便　去　占　位　　皇帝

（做完了衣服便去占领皇帝的位置。）303 页

7. 然后（副词）

baěi^{11} fan^{53} peɯ^{53}。

然后　便　回来　（然后回家。）　99 页

baěi^{11} fan^{53} gai^{11} łuěk^{55} mɯěn^{53} łeŋ^{53} mɯěn^{53} łuět^{55} ploŋ^{11} …

然后　便　叫　男青年　　俊俏　　进　园寮……。147 页

（就请漂亮的男青年进园寮……。）148 页

显然，黎语"罢"的多种用法（用作动词离开时读baěi^{53}，其他意思的读baěi^{11}），有它自己的演变取向和特点。这从汉语方言中"罢"的有关用法（温州话"罢"读ba^{24}和轻声用来表示不同意思和用法，金华汤溪方言可两读ba^{242} 或uɑ^{113}，不区别意思）中可以看到。

三　汉语方言"罢"的用法

1. 吴语崇明话、金华话、温州话"罢"的用法

崇明话"罢"bɑ^{242}（阳上调）的用法：① 用在"得（可以）、勿得（不可以）"前表示省却某事：跑亲眷末～得个，送喜酒人情是～勿得个（走亲戚可以不去，送结婚的礼金是不能不送的）。② 用在动词后作补语，表示动作的完成、结束：饭吃～特（饭吃完了）。|营生做～子爱话（活儿干完了再说）。③ 用作叹词，表示算了，得了，不计较的意思：罢罢罢，弗要多话特，大家做生活去（行了，别多说了，大家干活去）。

游汝杰、杨干明《温州方言词典》81 页："罢，助词。表示完成、结束。① 用于动词之后，表示动作、行为的完成：事干干爻～|贼拔牢～|上个月日个工资领到～② 用于形容词之后，表示形状变化的实现：饭熟～|衣裳燥～|杨梅红～||后置于动词或形容词的'罢'如果读轻声，则表示新情况出现：落雨～。"

曹志耘《金华汤溪方言的体》（载张双庆《动词的体》）：语气词"罢"

bɑ¹¹³ 用在句末，表示动作或状态已然（297 页）：

> 渠会跳舞罢。
>
> 我吃罢。
>
> 我买来三张车票罢。
>
> 个球滚洞里去罢。
>
> 新衣裳做好罢。
>
> 我三十岁罢。

"罢"不能像普通话的"了"那样用在动词后宾语前表示动作完成，也不能单独用在句末表示事态将有变化。

"罢" bɑ¹¹³ 在说得较快、较轻时弱化为"哇" uɑ¹¹³。说罢还是说哇不受前一音节韵尾的限制。

曹志耘《金华汤溪方言的动词谓语句》（载李如龙、张双庆《动词谓语句》）：

> 部脚踏车约别农偷去罢（那辆自行车被别人偷走了）。
>
> 渠等我请来罢（他被我请来了）。
>
> 信寄去罢（信寄走了）。
>
> 菜吃净罢（菜吃光了）。（以上 42 页）
>
> 吃落去一碗饭便饱罢（吃了一碗饭就饱了）。（43 页）
>
> 我还五十块洋钿渠罢（我还了他五十块钱了）。（45 页）

2. 闽语建瓯市迪口镇"罢"的用法

秋谷裕幸《闽北区三县市方言研究》记载，"罢"可用作完成体标记。例如：

> 普通话：你把钱放好，别丢了。
>
> 迪口：你拿钱囥好，唔让□[tui²¹⁴]罢。
>
> 　　　你帮钱囥好，唔让□[tui²¹⁴]罢。
>
> 　　　你把钱囥好，唔让□[tui²¹⁴]罢。（以上 359 页）
>
> 普通话：那个碗被他打破了。
>
> 迪口：□[ua²¹⁴]铁碗拿渠掐罢了。（360 页）
>
> 普通话：小张被开除了。
>
> 迪口：小张拿人开除罢。/小张开除罢。（360—361 页）

相比之下，汉语方言"罢"的用法要比黎语的用法简单得多。但有一个共同点，就是可以用作动词后的补语表示完成、结束；可以用作完成体的标记。

四　布依语表示完成的 pai⁵ 和"去"pai¹ 音近的启示

王均等《壮侗语族语言简志》164—165 页介绍布依语时态助词时指出，

表示行为的完成有 pai^5（了）：

ti^1 pai^1 pai^5。

他 去 了（他去了。）

tsa:ʔ^8 ȵu^2 tuan^5 pai^5。

绳子 草 断 了（草绳断了。）

ku^1 pai^1 ka:i^5 xui^3 pai^5。

我 去 开 会 了（我去开会了。）（pai^5 表示肯定）——以上 164 页

ai！！mi^2 li^4 pai^5。

唉 没 有 了（唉！没有了。）——165 页

我们注意到，布依语完成体的标记 pai^5 和表示"去"的动词 pai^1 声母韵母都相同，只是声调不同。笔者以为，布依语的完成体标记 pai^5，和黎语的 ba:i^3/bǎei^{11} 读音相近，显然也是来自"罢"，由此推及这个表示"去"的动词 pai^1 实际上也是"罢"的一种读法，是用声调的不同来区别不同的用法。犹如崇明话动词"去"（去上镇$_{去上街}$）读阴去调 kʻi^{33}，用作趋向补语（出去、上去、下去）时读同阴平调 kʻi^{55}。而且，"去、罢"在离走意义上是一组同义词，布依语"去" pai^1 和完成体标记 pai^5 音近同源的现象，和黎语"罢"用作动词离开时读 bǎei^{53}，用作完成体标记及其他意思时读 bǎei^{11} 有着同样的道理、同样的类型。

五 壮语 pai^{33} 既表完成又表离去

最后，我们从壮语 pai^{33} 既表完成又表离去的用法中，得到确认，这个壮侗语族表示"去"的 pai 和汉语"罢"同源。请看壮语 pai^{33} 既表完成又表离去的用例（据李方桂《龙州土语》，简称李；王均等《壮侗语族语言简志》，简称王）：

tɕau^{11} ʔau^{33} mən^{33} tɕe:n^{31} pai^{33} łɯʔ^{31} ku^{55} ka:i^{55} kin^{33} pai^{33}。

就 拿 文 钱 去 买 东西 吃 去 （李 39 页）

（李 145 页译文）就拿那文钱去买东西吃了。

按，第一个 pai^{33} 是动词"去"，第二个 pai^{33} 是表示动作的完成，相当于"了"。

tɕuŋ^{24} tɕɯ^{11} ŋa:i^{31} tu^{33} nuk^{31} nai^{31} to:t^{55} juŋ^{24} pai^{33} te:u^{11}。 （李 56 页）

总 是 捱 只 鸟 这 啄 乱 去 又，再

（李 150 页译文）总是被这只鸟又给啄乱了。

mən^{31} ji:u^{24} ʔau^{33} tu^{33} nuk^{31} kʻa^{24} pai^{33}。（李 56 页）

她 叫 拿 只 鸟 杀 去

（李 150 页译文）她叫（人）拿那只鸟杀了。

ɕi:ŋ^5 taŋ^2 ho^2 hep^7 pai^1　唱到嗓子都哑了。（王 75 页）

唱　到　喉　哑　去

ɣo:ŋ^6 tuk^7　ha:u^1 pai^1　　亮得发白。（王 75 页）

亮　（得）　白　去

按，ha:u^1 pai^1（白去）就是发白了。和上例 hep^7 pai^1（哑去：发哑了）同理。

hem^5 tuk^7 pja^1 ɣɯ:n^2　pai^1 高呼得山鸣谷应。（王 75 页）

喊　（得）　山　回响　去

mou^1 ka^3 pai^1 lo^6　　猪杀掉了。（王 77 页）

猪　杀　去　了

按，"猪杀掉了"的"掉、了"是同义叠用，都表示动作的完了。

　　最后，我们把壮侗族语言"罢"表示"去、离开、完成体标记"的用法归纳如下表：

　　壮侗语族"去、离开、完成体标记"读法表

　　（"去"据王均等《壮侗语族语言简志》852—853 页，"离开"据欧阳觉亚等《黎语调查研究》62 页）

	武鸣	龙州	布依	傣（西）	侗	仫佬	水	毛南	黎语（保定）
去	pai^1	pai^1	pai^1	pai^1	pa:i^1	pa:i^1	pa:i^1	pa:i^1	hei^2
离开									ba:i^{53}
完成体标记	pai^1	pai^5							ba:i^{11}

（按，黎语表示"去"的 hei^2，《黎语调查研究》194 页作 hei^1，疑即汉语的"去"的借音。布依语 pai^1/pai^5 之别，犹如黎语 ba:i^{53}/ba:i^{11} 有异。）

引用书目

曹志耘　1996　金华方言词典　江苏教育出版社

曹志耘　1997　金华汤溪方言的动词谓语句　载李如龙　张双庆 1997 《动词谓语句》

李方桂　1940　龙州土语　商务印书馆

李如龙　张双庆　1997　动词谓语句　暨南大学出版社

欧阳觉亚、郑贻青　1980　黎语调查研究　中国社会科学出版社

秋谷裕幸　2008　闽北区三县市方言研究　台湾"中央研究院"语言学研究所

王均等　1984　壮侗语族语言简志　民族出版社

文明英、文京　2009　黎语长篇话语材料集　中央民族大学出版社

游汝杰　杨乾明　1998　温州方言词典　江苏教育出版社

张双庆主编　1996　动的体　香港中文大学中国文化研究所

黎语“屎”音 ha:i^{11} 考

提　要　屎，《说文》未载。《广韵》上声旨韵式视切：“屎，俗。本许夷切。”又平声脂韵喜夷切（写作三种字形：脲、屎、屎）：“脲，臀之别名。”“屎，呻吟声。”“屎，上同。”今汉语方言不知何处还存“许夷切/喜夷切”的音，连丁声树编录、李荣参订的《古今字音对照手册》44 页也未载此音。让我们惊奇的是，黎语 ha:i^{53}、ha:i^{11}，壮语多数方言的 hai^{4}、傣语的 xi^{5}、海南东方村语的 ha:（i）^{3} 就来自许夷切/喜夷切的音。

一　黎语“屎、臭”类词的音和义

欧阳觉亚等《黎语调查研究》63 页“保定声韵调配合表”中，ha:i^{53} 表示“嗅，气味”；ha:i^{11} 则表示“屎”，和“海南”的“海”同音；和“派败歪待态待代赖灾猜歪阶碍艾害”同韵（62—63 页）。在 159 页“通什声韵调配合表”中，ha:i^{33} 表示“臭，闻（臭）”；ha:i^{55} 表示“屎”。名词“屎”是一个调，形容词“臭”和动词“闻臭”是另一个声调，和“害”声韵相同，通什还和“拍败坏乖”等同韵。显然保定和通什的有关读音和词义互相对应。

在文明英、文京的《黎语长篇话语材料集》中，我们看到了“haěi^{11}、haěi^{53}”（对应于欧阳觉亚等的“ha:i^{11}、ha:i^{53}”）的很多具体用法。请看：

1.1　haěi^{11} 屎

1. ɬɯěk^{55} guěŋ^{53} fan^{53} haěi^{11}，baěi^{11} fan^{53} gaěm^{53} ɬɯěk^{55} khaɯ^{11}：khwei^{11}phaěi^{53} haěi^{11}
弟弟　便 拉屎　完　便　问　姐姐　要　擦、揩 屎
phai^{11}　ra^{11}
在　哪里。（212 页）//（弟弟去拉屎，拉完，问姐姐：在什么地方揩屎？）

按，例中第一个“haěi^{11}”用作动词拉屎，第二个“haěi^{11}”用作名词，就是屎。

2. ɬɯěk^{55} guěŋ^{53} phaěi^{53} haěi^{11} baěi^{11} fan^{53} khom^{53} haěi^{11} tshei^{53}，fan^{53} gai^{11} ɬɯěk^{55} khaɯ^{11}
弟弟　擦　屎 完　就　痒　屁股　便　叫　姐姐
ěip^{55}，……fan^{53} hei^{53} zuěi^{11} fok^{55} phaěi^{53} haěi^{11}.
看　便　去　看　地方　擦屎。（212 页）

（213 页译文：弟弟擦完屎觉得屁股痒痒，就叫姐姐看，……然后去看擦屎的地方。）

按，例中第一个"haěi^11"是名词屎，"haěi^11 tshei^53"注为屁股，实即"屎棰"，指屁股。详见第二节。

　　3. khaɯ^11 khu^53 guěŋ^53 lom^11 fan^55 thoěŋ^11 kau^55 lai^53 lai^53，fan^55 lom^11 lun^53 vuěk^55 tsɯ^55
　　　　姐姐　和　弟弟　又　分　伴　睡　远　远　便　又　滚　做　一

　　fok^55，fan^55 kau^55 n̪uěk^55 thoěŋ^11，fan^53 ʔja^53 tsɯ^55 laŋ^53 ɫuěk^55，om^11 thiěŋ^53 haěi^11
　　　处　　便　睡　合　伴　　便　得　一　个　孩子　且　成　屎

　　tui^11。
　　牛（218 页）

（姐姐和弟弟又分开睡得远远的，但又滚到一块于是就睡在一起，生了一个像牛屎一样的孩子。）

　　4. la^55 baěi^11 fan^53 tsun^11 haěi^11 zeěŋ^53 deɯ^53 keěŋ^53 uěi^55 gwei^11，deɯ^53 hei^53 thua^11 tin^11 te^11。
　　　吃　完　便　撮　羊屎　　拿　炒　和　油　　拿　去　骗　　先生
（吃完，然后撮羊屎用油炒，炒完便拿去骗先生。）

　　5. tin^11 te^11 fan^53 riěn^53：nei^55 om^11 haěi^11 zeěŋ^53 ve^53？
　　　先生　便　说　　这　确实　羊屎　　嘛（252 页）
（先生说：这是羊屎嘛？）

　　6. de^11 ti^53 ta^53 la^55 haěi^11 zeěŋ^53，meɯ^53 tsen̪^11 la^55 haěi^11 zeěŋ^53。
　　　我　傻　不　吃　羊屎　　　你　精灵　吃　羊屎（253 页）
（我傻，但是我没有吃羊屎，你精灵却吃羊屎。）

　　7. tɯěn^55 hou^53 la^55 tsɯ^55 laŋ^53 tom^11 hou^53 phaěi^53 haěi^11 phaěi^53 dou^53 re^11。
　　　给　我　要　一　个　赠　我　擦　屎　擦　尿　吧（351 页）
（给我一个孩子找来给他擦屎擦尿吧！）

　　8. fan^53 niěn^53 haěi^11 pɯ^53 khat^55，laěi^11 ta^53，haěi^11 khat^55 rɯ^11 ɫum^11 gueɯ^53 laěi^53 baěi^11
　　　便　捻　屎　鼻子　　见　不　屎　鼻　都　不知道　　嗅　完

　　he^53。
　　了（387 页）

（他又捻鼻屎，见没有，鼻屎也不知道嗅了。）

按，例中第二个"haěi^11（屎）"原作 53 调，和"嗅"同，失校。

1.2 haěi^11 tshei^53：屎棰（屁股）

　　1. meɯ^53 zuěi^11 a^11 ra^11 ɫen̪^53 tsha^5 nei^55？tseɯ^53 tat̪^55 loěm^53 haěi^11 tshei^53。
　　　您　看　谁　好　眼力　这　射　鸟　中　屁股（108 页）
（您看谁这么好的眼睛，射中了瑟克"叮特"宾的屁股。）

按，"haěi^11 tshei^53（屁股）"音即"屎棰"。"瑟克叮特宾"是那小鸟的名称，107 页有注明。

2. han¹¹ aĕu⁵³ tseɯ⁵³ taʈ⁵⁵ ruɯ¹¹ loĕm⁵³ haĕi¹¹ tshei⁵³。

  因 人家   射   鸟 都 中   屁股（109页）

（110页译文：因为人家射鸟都能射中屁股。）

3. tseɯ⁵³ puɯ⁵³ hweĕŋ¹¹ loĕm⁵³ haĕi¹¹ tshei⁵³。

  射   苍蝇   中   屁股（111页）

（能射苍蝇中屁股。）

4. moĕi⁵³   pleɯ⁵³ fan⁵³ gop⁵⁵ fiĕn⁵⁵ thaĕŋ⁵³，da¹¹ man¹¹ tseɯ⁵³ loĕm⁵³ haĕi¹¹ tshei⁵³。

  外来人 听到 便 准备 铜吊裙   恐怕   射   中   屁股（114页）

（外来人听到了便准备铜吊裙，怕射中屁股。）

5. na⁵³ fan⁵³ hei⁵³ muʈ⁵⁵ haĕi¹¹ tshei⁵³ moĕi⁵³ ……na⁵³fan⁵³ ɳok⁵⁵ŋoĕt⁵⁵ puɯ⁵³ laĕi¹¹ tshei⁵³

  他 便 去 捋   屁股   外来人   他 便 插   箭 在   屁股

khaĕi¹¹ laŋ⁵³ khaĕi¹¹ laŋ⁵³ moĕi⁵³。

  数   个   数   个 外来人（115页）

（他便去捋外来人的屁股……他便在每个屁股上插箭。）

6. loĕm⁵⁵ laŋ⁵³ loĕm⁵⁵ haĕi¹¹ tshei⁵³ baĕi¹¹ baĕi¹¹。

  每   个   中   屁股   全部（115页）

（每个都射中了屁股。）

按，此例注文是按照译文意思，并未按词的原意注出。两个"loĕm⁵⁵"都是射中的意思，

1.3　haĕi：拉屎

1. ɬuĕk⁵⁵ phai¹¹ duĕn¹¹ fan⁵³ haĕi¹¹　kan⁵³ khaĕu⁵³。

  孩子   以后   便 屎（屙）白银（224页）

（孩子吃完鸟肝便屙白银。）

按，例中"haĕi¹¹（屎）"用作动词拉屎。名词动词同源。

2. thua¹¹ ɬuĕk⁵⁵ ruĕn⁵³ khwei¹¹ haĕi¹¹，thom⁵³ na⁵³ ta⁵³ haĕi¹¹，na⁵³ bai⁵³ ɬuĕk⁵⁵ duɯ¹¹ hwou¹¹。

  骗 孩子 说 要 大便   但 他 不 大便 他 叫 孩子 在 山

（225—226页）

（226页译文：骗孩子说他要去大便，其实，他并未拉屎，想把孩子丢在山上。）

3. pha¹¹ za⁵³ thua¹¹ ɬuĕk⁵⁵ ruĕn⁵³ khwei¹¹ huĕn⁵⁵ hei⁵³ haĕi¹¹，tsɯ¹¹ la⁵⁵ na⁵³ khwei¹¹ hei⁵³

  父亲 骗 孩子 说   要 先 去 大便   其实 他 将   回

peɯ⁵³。

  去（228页）

（父亲骗孩子说他要先去大便）

4. fa⁵³ ʔwen̩¹¹ naĕi¹¹ tshuĕn¹¹ haĕi¹¹，la⁵⁵ tha⁵⁵ doŋ⁵³ ra¹¹ haĕi¹¹ ni⁵⁵？

  我们   没有   肛门   吃饭 怎么   屎 呢（356页）

（我们没有肛门，吃饭怎么拉屎呢？）

1.4 haěi⁵³：气味，臭味

1. łuěk⁵⁵ taŋ⁵³ fan⁵³ riěn⁵³：ai¹¹，ai¹¹，han¹¹ haěi⁵³ łau¹¹。

    龙子　便　说　不　不　因　气味　哥（157页）

（不了，不了，因为我闻到你哥哥的气味。）

按，故事说哥哥模仿么妹子的声音请龙子进寮房。龙子闻到她哥的气味不想进寮房。"气味"就是难闻的味道，就是臭味。

2. tsau⁵⁵ tsɯ⁵⁵ laŋ⁵³ pha¹¹ łeěk⁵⁵ khai⁵³，vaět⁵⁵ haěi⁵³ khaěu⁵³ plaěu⁵⁵ haěi⁵³ iěk⁵⁵，ʔwen¹¹

    有　一　个　孤儿　　　穷　腥臭　瞎　腥臭　没

naěi¹¹ pai¹¹ ʔwen¹¹ naěi¹¹ pha¹¹，ʔwen¹¹ naěi¹¹ ta⁵⁵，ʔwen¹¹ naěi¹¹ tui¹¹。

    有　母亲　没有　父亲　　没有　田地　　没有　水牛（247—248页）

（248页译文：有一个孤儿，父母早亡。家境贫寒，没有田地和有水牛。）

按，"haěi⁵³"的注文是腥臭，在形容词"贫、瞎"之后用来形容贫穷之极的意思。译文只是意译，没有逐字译出。

3. pha¹¹ ok⁵⁵ ba¹¹ fan⁵³ gai¹¹ na⁵³ keěk⁵⁵ kun¹¹ reěk⁵⁵ haěi⁵³。

    恶霸　便　叫　他　找　柴火　难闻（254页）

（恶霸派他去找砍难闻的柴火。）

按，"pha¹¹"是称男子。注文未注。

4. koŋ⁵⁵ thiěn⁵³ ta⁵⁵ keěk⁵⁵ kun¹¹ reěk⁵⁵ haěi⁵³，ʔja⁵⁵ tsɯ⁵⁵ thoěn⁵³ fan⁵³ kɯěp⁵⁵ tshia⁵³，fan⁵³

    靠近　田　砍　柴火　难闻　得　一　半　便　装　车　便

kwaěŋ⁵³ hei⁵³ peɯ⁵³。

拖　去　回（254页）

（靠近田坎砍柴火难闻，得一半便装车便拖去回。）

按，例中"keěk⁵⁵"注为"砍"，例3"keěk⁵⁵"注为"找"。

1.5 haěi⁵³ 闻（嗅）

1. ɳuěn⁵³ haěi⁵³　hwoěn⁵³ fei⁵³ fan⁵³　łaěu⁵⁵ he⁵³。

    蚊子　臭（闻）烟　火　便　死　了（118页）

（蚊子闻到烟火味就死了。）

按，例中"haěi⁵³"注为"臭（闻）"很有意思，就是说编者注意到53调的"haěi⁵³"（闻）和11调的"haěi¹¹"（臭）来源相同。

2. na⁵³ haěi⁵³　hwoěn⁵³ fei⁵³ fan⁵³　łaěu⁵⁵。

    它　闻　烟　火　就　死（119页）

（蚊子嗅到烟火味便死了。）

按，"haěi⁵³"译文作"嗅"很是。"臭嗅"同源。

3. łuěk⁵⁵ taŋ⁵³ lom¹¹ riěn⁵³：gwai⁵⁵ vi⁵³，han¹¹ hou⁵³ haěi⁵³ hwon¹¹ meɯ⁵³ łau¹¹，hou⁵³ ai¹¹

    龙子　　再　说　不是　的　因　我　闻到　气味　你　哥　我　不

łuĕt⁵⁵。

肯进。（158 页）

（龙子回答说：不是的，因为我闻到你哥哥的气味，我不能进去。）

按，"haĕi⁵³ hwon⁵³（闻到气味）"中的"hwon⁵³（气味）"，在欧阳觉亚、郑贻青的《黎语调查研究》的"侾方言罗活土语和杞方言通什土语的声韵调配合表"中未见记载。

4. pai¹¹ thuĕp⁵⁵ laĕi¹¹ doŋ⁵³ haɯ⁵⁵，fan⁵³ gai¹¹ pai¹¹ plou⁵⁵ hei⁵³ haĕi⁵³。（246 页）
　母　鳖　见　那样　　便　叫　母　黄蜂　去　嗅

（母鳖看到色开那样，就叫母黄蜂去嗅。）

5. thoĕŋ¹¹ ploŋ¹¹ fan⁵³ riĕn⁵³：deɯ⁵³ puĕn⁵³ haĕi⁵³ aĕu⁵³，ha:i⁵³ aĕu⁵³ vuk⁵⁵ bui⁵³。（381 页）
　丈夫　　便　说　　拿　来　嗅别人　嗅别人做贼

（382 页译文：丈夫说：用来嗅人，嗅做贼的人。）

6. thoĕŋ¹¹ ploŋ¹¹ fan⁵³ riĕn⁵³：de¹¹ haĕi⁵³ meɯ⁵³ miĕk¹¹ khai⁵³，haĕi⁵³ daĕn¹¹ meɯ⁵³ deɯ⁵³
　丈夫　　便说　我　嗅　你　宰　鸡　嗅　到　你　将
aĕu⁵⁵ khai⁵³ tshoĕn⁵³dɯ¹¹ thau⁵³ gei⁵³。（382 页）
鸡肉　　　放　　在　小土　锅

（丈夫说：我嗅到你宰鸡，嗅到你把鸡肉放在小土锅里。）

7. pha¹¹ roĕm⁵³ thoĕŋ⁵³ fan⁵³ tsok⁵⁵ pha¹¹ khuĕŋ⁵³ haĕi⁵³ hei⁵³ haĕi⁵³。baĕi¹¹ haĕi⁵³ fan⁵³ riĕn⁵³
装树浆者　　便　找　善嗅者　去　嗅　已　嗅　便　说
thuĕn⁵⁵ dɯ¹¹fou⁵³ khuĕn⁵⁵ hweĕk⁵⁵。（383 页）
黑鹦鹉　在　下　　香蕉树

（安装树浆者便找来善嗅者去嗅。经过善嗅者这么一嗅，说黑鹦鹉在香蕉树底下。）

8. fan⁵³ lom¹¹ gai¹¹ pha¹¹ khuĕn⁵³ haĕi⁵³ puĕn⁵³ haĕi⁵³，baĕi¹¹ haĕi⁵³ fan⁵³ riĕn⁵³ dop⁵⁵ ruĕn⁵³
　便　又　叫　善嗅者　来　嗅　已　嗅　便　说　布　藏
dɯ¹¹ kom⁵³ ploŋ¹¹ ŋe²²。（383 页）
　在　地方　瓦房

（便又叫善嗅者来嗅，善嗅者嗅完，说布藏在瓦房上。）

按，此例讲有人丢了布，请善嗅者来嗅出藏匿处。从 380—394 页，都是讲"善嗅者之一、之二"的关于"嗅（haĕi⁵³）"的故事。

二　壮侗族语言和汉语方言的比较：壮语多数方言的 hai⁴、傣语的 xi⁵、海南东方村语的 ha:(i)³ 就来自许夷切/喜夷切的音

壮侗族语言（据王均等 1984，816—817 页）：

武鸣	龙州	布依	傣（西）	傣（德）	侗	仫佬	水	毛南	黎
hai⁴	khi³	e⁴	xi⁵	xi⁵	e⁴	cɛ³	qe⁴	ce⁴	ha:i³

张均如等《壮语方言研究》（649 页）：

屎	武鸣 hai⁴	横县 hai⁴	邕北 hai⁴	平果 hai⁴	田东 hai⁴
	田林 hai⁴	凌乐 ʔɛ⁴	广南ⁿ hai⁴	丘北 ɣai⁴	柳江 hai⁴
	环江 gai⁴	宜山 hai⁴	融安 hai⁴	龙胜 hai⁴	河池 hai⁴
	南丹 ʔe⁴	东兰 hai⁴;	都安 hai⁴	上林 hai⁴	来宾 hai⁴
		ʔe³			
	贵港 hai⁴	连山 hai⁴	钦州 hai⁴	邕南 hai⁴	隆安 hai⁴
	扶绥 hai⁴	上思 kho:y³	崇左 khəi³	宁明 khəi³	龙州 khi³
	大新 khi³	德保 khei³	靖西 khei³		

笔者以为，丘北 ɣai⁴、环江 gai⁴、上思 kho:y³、崇左 khəi³、宁明 khəi³、龙州 khi³、大新 khi³、德保 khei³、靖西 khei³，是"h"声母的同部位变异；凌乐ʔɛ⁴、南丹ʔe⁴、东兰的又读ʔe³，则是"h"声母的失落，犹如粤语"休息"读如"优息"。这些异读，可比较：

回辉话：屎ʔɛ³³（郑贻青，1997，109 页）

临高话：屎 kai⁴（刘剑三，2000，82 页）

村语：　屎 ha(i)³（欧阳觉亚，1998，201 页）

　　　　屎 ha:(i)³（符昌忠，1996，19、174 页）

我们也注意到，《壮语方言研究》屎（649 页），有三处不是读的"许夷切/喜夷切"，如：

广南ₙ　tɕhi³

砚山ₙ　tɕhi³

文马ₜ　tshɳ³

再比较海南闽语和厦门话：

厦门话：屎 sai⁵³，阴上调，和"使"同音。（周长楫 1998，146 页）

海口话：屎 tai²¹³，阴上调，和"使"同音。（陈鸿迈 1996，128 页）

我们以为这三处壮方言"广南ₙ、砚山ₙ、文马ₜ"读的是汉语方言常见的《广韵》上声旨韵式视切的音。

最后，要说明的是：

屎，《说文》未载。《广韵》上声旨韵式视切："屎，俗。本许夷切。"又平声脂韵喜夷切（写作三种字形：脴、屄、屎）："脴，臀之别名。""屄，呻吟声。""屎，上同。"喜夷切的"屎"见《诗·大雅·板》的"民之方殿屎，则莫我敢葵。"毛传："殿屎，呻吟也。"汉蔡邕《和熹邓后谥记》："家有采薇之思，人怀殿呬之声。""殿屎"作"殿呬"。式视切的"屎"既可用作名词指粪便，也可用作动词表排泄。如《水经注·沔水》引三国蜀来敏《本蜀论》："秦惠王欲伐蜀，而不知道，作五石牛，以金置尾下，言能屎金。"

　　令人惊奇的是，汉语方言中我还没见到的"许夷切/喜夷切"的"屎"这个音，在黎语中用的如此频繁，而且演变得如此异彩纷呈！

引用书目

陈鸿迈　1996　海口方言词典　江苏教育出版社

符昌忠　1996　海南村话　华南理工大学出版社

刘剑三　2000　临高汉词典　四川民族出版社

欧阳觉亚　1998　村语研究　上海远东出版社

欧阳觉亚、郑贻青　1983　黎语调查研究　中国社会科学出版社

王均等　1984　壮侗语族语言研究　民族出版社

文明英、文京　2009　黎语长篇话语材料集　中央民族大学出版社

张均如等　1999　壮语方言研究　四川民族出版社

周长楫　1998　厦门方言词典　江苏教育出版社

郑贻青　1997　回辉话研究　上海远东出版社

第四辑 海南岛周围语言

壮侗语族表示"一"的几个来源

（载石锋、彭刚编《大江东去——王士元教授八十岁贺寿文集》，
香港城市大学出版社 2013 年）

○ 引言　汉语方言"一、幺、蜀、单、独、个"

幺，数词"一"的俗称。清段玉裁《说文解字注·幺部》："幺，俗谓一为幺。"清顾炎武《日知录》卷三十二："幺，一为数之本，故可以大名之……又为数之初，故可以小名之，骰子之谓一为幺是也。"《聊斋志异·田子成》："乃掷得幺二三，唱曰：'三加幺二点相同。'"（大字典二 1092）

单，《玉篇·吅部》："单，一也；只也。"《正字通·口部》："单，孤也。"（大字典一 654）

独，仅仅一个。《吕氏春秋·论威》："独手举剑，至而已矣。"《史记·魏公子列传》："父子俱在军中，父归；兄弟俱在军中，兄归；独子无兄弟，归养。"（大字典二 1372 页）

蜀，一，独。《方言》卷十二："一，蜀也。南楚谓之独。"郭璞注："蜀，犹独耳。"《尔雅·释山》："独者蜀。"郭璞注："蜀亦孤独。"（大字典四 2921—2922）。（按，章太炎把这"蜀"既解释为福州的"一"，又解释为吴语"舍五（十五）"的"十"。章氏《新方言·释言》："《方言》：一，蜀也。《广雅》：蜀，弌也。……蜀音市玉切，音小变则如束。……福州谓一为蜀，一尺一丈一百一千则云蜀尺蜀丈蜀百蜀千，音皆如束。苏、松、嘉兴，一十诸名，皆无所改，独谓十五为蜀五，音亦如束。"章氏所说吴语方言语音不准；至于闽语厦门话"蜀"的读音和用法参张惠英《闽南方言常用指示词考释》。）

闽语方言"个、一"有混用的现象。"个"可用作"一"，"一"可用作"个"，"个"用作"一"的情形，比较多见，在"一、一元（钱）、一点儿、一会儿、头一次"等词的说法中可以看得很清楚。请看（据陈章太、李如龙 1991，130 页、214—215 页、122 页）：

	永安	三元	沙县
一（基数）	寡 ꞏkuɒ		个ka⁼
一元（钱）	个块koꞏ kʼueꞏ	个块koꞏ kʼueꞏ	个□ka˻ tsuiꞏ
一点儿	个丝丝koꞏ ꞏsi ꞏsi	个滴滴koꞏ ꞏti ꞏti	个丝丝ka˻ ꞏsi ꞏsi
一会儿	个下下koꞏ ˻xɒ ˻xɒ	个下子 koꞏ ˻xɒ tsa	个丝久ka˻ ꞏsi ꞏkio

壮侗语族"一"的读法有多种，其中也有"一、个"的说法。请看下表（据王均等《壮侗语族语言简志》866—867 页，"黎中沙kɯ²"由作者据欧阳觉亚等《黎语调查研究》510 页补）：

壮侗语族"一"的读法

武鸣	it⁷	deːu¹		he¹
龙州	it⁷		nəŋ¹/nəːŋ⁶	
布依	it⁷	diau¹		
傣（西）	et⁷		nɯŋ⁶	
傣（德）	et⁹		ləŋ⁶	
侗	ət⁷	i¹		laːu³/
仫佬	ʔjət⁷		n̥aːu³	
水				to² ti³
毛南	ʔjit⁷	dɛu²		tɔ²
黎（通什）		ɯ³		
黎（保定）				tsɯ², tsheɯ³
黎（中沙）		kɯ²		

一　黎语表示一的 ɯ³/kɯ²、tsɯ²，分别来自"个、隻"

黎语 kɯ²/ɯ³、tsɯ³/tsɯ²、kai² 用作词头的例子见下表（据欧阳觉亚等 1983，462、509、510、513、522 页）：

	一 (一个) 510	茄子 462	指甲 522	椰子 509	柚子 513
中沙	kɯ²	kɯ² thoːʔ⁷	kɯ³ liːp⁷	kɯ³ ʔun²	kɯ³ bem¹
黑土	kɯ²	kɯ² thoːʔ⁹	liːp⁷	kɯ² ʔun²	kɯ² bem¹
保城	kɯ²	kɯ² thoːʔ⁹	kɯ² liːp⁷	kɯ³ jɯn⁵	kɯ² bum¹
加茂	kɯ²	kɯ² laːŋ⁵	kɯ² lep⁷		
通什	ʔɯ³	ʔɯ³ thoːʔ⁹	ʔɯ² liːp⁷		
堑对	tsɯ³	tɯ⁵ thoːʔ⁹	liːp⁷		
保定	tsɯ²	tsɯ² thoːk⁷	tsɯ³ liːp⁷	tsɯ³ jun²	tsɯ³
西方	tsɯ³	tsɯ³ thoːk⁸	kɯ³ liːp⁷		tsɯ³ zeːŋ²
西方	tsɯ³				kai² bom¹
白沙	tsɯ²				kai² bom¹

元门　　　tsɯ²　　　　　　　　　　　　　　　　　　　kai² phom¹

ɯ³/kɯ²（ɯ³ 是 kɯ² 的变体，失落 k-声母很常见，参张惠英《说"哀牢"就是今"仡佬"》）可对应于武鸣壮语的词头兼量词 kɯ⁵¹，而壮语 kɯ⁵¹ 又用同词头兼量词 kai²⁴，所以和"个"同源（参张惠英《汉藏系语言和汉语方言比较研究》133—135 页）。

武鸣壮语 kɯ⁵¹ 可用作量词（据李方桂《武鸣僮语》）：

kɯ⁵¹ nai⁵¹ 这个（161 页）

koi⁵⁵ kɯ⁵¹ ʔdɯɑn³³ 几个月（167 页）

几　　　　　月

kɯ⁵¹ mɑ³¹ 什么（83 页）/kai²⁴ mɑ³¹（42 页）

可比较海口话"什么"kai²¹ mi⁵⁵/mi⁵⁵ kai²¹/mi⁵⁵ ke²¹（陈鸿迈《海口方言词典》4 页）。

武鸣壮语 kɯ⁵¹ 可用作词头（据李方桂《武鸣僮语》85 页）：

kɯ⁵¹ kɑɯ³³ 我

kɯ⁵¹ muŋ³¹ 你

kɯ⁵¹ te³³ 他

kɯ⁵¹ rɑɯ³¹ 我们

比较西林壮语（据李锦芳 1995，19 页）：

(kai⁵) ku² 我

(kai⁵) muŋ² 你

(kai²) ti² 他

可见，壮语方言 kɯ⁵¹/kai²⁴/kai² 同词异读，和汉语方言"个"的异读对应。（按，李方桂先生词汇表 304 页把这个 kɯ⁵¹ 只注解为"虚词"；298 页 kai²⁴ 注解为量词"块、件，事；些（多数）"等，未和汉语"个"对应起来。）所以黎语"个"ɯ³/kɯ² 之用作数词"一"、用作词头和汉语方言相同。

黎语表示一的 tsɯ³/tsɯ²/tsheɯ³ 和海南村语表示一的 tsi⁴，可对应于闽语厦门等地表示一的 tsit¹/tsia?¹，来自"只"。

先看闽语"一、个（只）"的读音，见下表（据陈章太、李如龙 1991，94、130 页）。

	一 130 页	这个 94 页
福州	蜀 suoꜙ	只只 ꜛtsi ie?ꜙ
古田	蜀 syøʔꜙ	这只 tsia˰ ie?ꜙ
宁德	蜀 søʔꜙ	这蜀只 tsa˰ sok˰ ie?ꜙ
周宁	蜀 sɔꜙ	这一 tsai˰ it˰
福鼎	蜀 suoꜙ	这个 ꜛtsi koi˰

莆田	蜀ɬoʔ₌	只蜀个 tsit₌ ɬok₌ ₌ke
厦门	蜀 tsit₌	这个 tsit₌ ₌le
泉州	蜀 tsitʔ₌	这个 tsik₌ ₌ge
永春	蜀 tsitʔ₌	这个 tsik₌ ₌ke
漳州	蜀 tsitʔ₌	这个 tsit₌ ₌le
龙岩	蜀 tsitʔ₌	□个 ˀhi ₌kie
大田	蜀 ˨tse	只只 ˨tsi ₌tse
尤溪	蜀çie₌	只其 ˨tsi kiˀ
永安	寡 ˨kuɒ	者只 ˨tʃiɒ tʃiɒ₌
沙县	个 kaˀ	者只 ˨tʃia tʃia
建瓯	蜀 tsiˀ	□只 iɔŋ₌ tsia
建阳	蜀 tsi₌	□蜀只 i₌ tsia₌ tsia
松溪	蜀 tsiˀ	□只 iei₌ tsia

笔者以为，厦门、泉州、永春、漳州、龙岩、建瓯、建阳、松溪的"一"虽然都写作"蜀"，但不就是来自"蜀"。建瓯、建阳、松溪的 tsia₌，作者就写作"只"，和厦门、泉州、永春、漳州、龙岩、建瓯、建阳、松溪的"一"只是声调是阴入还是阳入的差异，其来源都是"只"。

二　壮语表示一的 deːu¹/neːu² 来自"鸟"

笔者在《从"一"用作指示词、量词、领属助词、词头说起》一文讲靖西壮语"一"的几个来历时说过，靖西壮语"一"的说法除了"ji² (66 页)、i³ (66 页'一会儿，一点儿')、at⁷ (215 页)"以外，还有 tau²、nou³、ou³、neːu²、deːu¹ 这几种读法（据郑贻青《靖西壮语研究》），大概都是"鸟"的变读。

tau²	（用于"第一"的"一"）	98 页（同音字表，未见用例）
nou³	（用于"第一"的"一"）	128 页（同音字表，未见用例）
ou³	（用同 neːu²）	276 页
neːu²	（一）	80 页
deːu¹	（标准音"一"）	253、254、255 页

tau² 的读法，既和流摄字相对应，如"寿、受、搜、救、酒、仇、收、忧"等字都读 au 韵 (98—99 页)；也和效摄字相对应，如"早、到、揽"等字也读 au 韵 (98—99 页)。

nou³ 或 ou² 的读法可以和流摄字相对应，如"州、浮、绸、油、牛、丑、藕、九"等字都读 ou 韵 (128—129 页)。nou³/ou² 的变异，就是 n 声母的失落。鼻音声母失落在汉语方言中是一种常见的语音现象，古疑母明母字如"我、鹅、咬、藕、义、文、望、闻、味"等字，在今北方官话中都读零声母。ou³用同 ne:u² 值得注意，说明它们来源相同。

ne:u² 的读法，则和效摄字相对应。例如"条、瓢、猫、跳、交（交趾，旧称越南）、了、绕、潲（潲雨）、尿"都读 e:u 韵（80—81 页）。从标准音读 de:u¹（253—255 页）看，这种声母可读 n-、读 d-/t- 的，又和"尿"声韵相同的就可能是"鸟"字了。因避讳，有些地方就读 n 声母，但还有不少地方依旧读都了切的舌尖塞音声母。

对比龙州壮语、武鸣壮语"一"de:u⁵⁵ 和"条" te:u³¹ 韵母相同，可见是效摄四等字"鸟（都了切）"。

对比壮侗语族"二"来自"双"，也可启示我们去认识，原来"只、鸟"可表示"一"。

壮语、傣语、布依语等以"鸟"表示"一"，以"双"表示"二"，是很有启示的语言现象。汉语"一、二"是一条横线、两条横线，"只、双"是一只鸟、两只鸟，都可用来表示数目"一、二"。

龙州壮语"一"de:u⁵⁵ 的用例（据李方桂 1940）：

de:u⁵⁵ 单独：kən³¹ de:u⁵⁵ ŋ³³。单独一个人。（232 页）

lau³¹ ŋa:m⁵⁵ ŋa:m⁵⁵ mi³¹ tu³³ va:i³¹ de:u⁵⁵ nə:ŋ³³。（67 页）
我们　刚　　刚　有 只　水牛 单独　一
（154 页译文）我们刚好只有一只水牛。

pin²⁴ ʔo³³ no:ŋʔ³¹ ne⁵⁵ tuk³¹ tɕɯ¹¹ la:i⁵⁵ dai²⁴ tu³³ va:i³¹　te:u³¹ ha:ŋ³³ ti³³ tu³³ mat⁵
于是　弟　呢　独　是　拉　得 只 水牛　条　尾　的 只 蚤
de:u⁵⁵ nə:ŋ³³。（68 页）
单　一
（154 页译文）那么弟弟呢只拉得水牛尾的一个蚤。

按，de:u⁵⁵ 和"条" te:u³¹ 韵母相同，可见是效摄四等字"鸟（都了切）"
pin²⁴ mən³¹ pan³³ kia³³ ja⁵⁵ naŋ³¹ tɕɯ¹¹ ɬi⁵⁵ pi¹¹ no:ŋʔ³¹ ba:u⁵⁵ ɬu:m¹¹ ju⁵⁵ ŋe⁵⁵ ɬe:n de:u⁵⁵
于是他们 分　家 了 仍 是 四　兄弟　男　一同 在 个 屋 独
ŋ³³。（113 页）
一
（171 页译文）那么他们虽分了家呢兄弟四人仍是同住一所房子。

按，我们注意到，李方桂词汇表把 te:u⁵⁵ 注解为单独，但在上例中没有用"单独"来翻译。例中的 te:u⁵⁵ 只能解释为"一"，和另一个"一"（ŋ³³<nəŋ³³）叠用。

ŋa:m⁵⁵ mi³¹ luk³¹ ba:u⁵⁵ de:u⁵⁵ ŋ³³。（120 页）
刚　有 子 男 独　一
（173 页译文）刚好只有一个儿子。

mi:51　tɕe:n31 ti33 kən31 ne55 tɕau11 ta:n33 dai24 pʻe:n55 fa31 de:u55 ŋ33，…（131 页）

没有　钱　的　人　呢　就　单　得　片　被　独一，……

（176 页译文）没有钱的人呢，就只得一床被，……

《武鸣僮语》中的ʔdeu33：

mi31 ŋon31 ʔdeu33 ɕin31 ku55 ɕi24 tøi24 ŋon31。（41 页）

有　日　一　陈　鼓寺　对　日

（193 页译文）有一天陈鼓寺过生日。

θaɯ24 poi33 laŋ33 koŋ33 ta33 kau55 koŋ33 ta33 pai31 ʔdeu33 kan55。（44 页）

试　去　家里　岳父　看　岳父　次　一　先

（194 页译文）想先去岳父家里去看一次岳父。

pai31 nai51 kam33 ʔdak45 fai51　　ʔdeu33 ɕi33，…（46 页）

于是　握　块　木（巫人用）一　就，……

（194 页译文）那么拿一块木头，就（说），……

kam33 ʔdan33 kaŋ33 ʔdeu33 poi33 taŋ31 taŋ51 ta13。（50 页）

拿　个　缸　一　去　到　边　河

（196 页译文）拿一个缸去到河边。

按，武鸣壮语的ʔdeu33和"跳" teu24、"逃" teu31（均见 351 页词汇表）同韵，所以来自"鸟"也合。

郑贻青指出（231 页）：ne:u2 和 at7 都是"一"的意思。计数时，ne:u2 要和θo:ŋ1 "二"配合，at7 要和ŋei6 "二"配合。例如：

ne:u2 θo:ŋ1 θam1 θei5 …一、二、三、四……

一　二　三　四

at7 ŋei6 θam1 θei5 ha3 …一、二、三、四、五……

一　二　三　四　五

靖西壮语"一"的用法，不止于数词，还可以作量词。

靖西"一" de:u1 用例（据郑贻青 1996）：

pou4 wun2 de:u1 一个人（253 页。标准音例句）

个　人　一

koŋ1 tuŋ2 ɕi5 de:u1 nei4 这一位（男）同志（255 页）

位　同志　一　这

foŋ1 θan5 ne:u2 一封信（220 页）

封　信　一

te5　　no:ŋ4 ne:u2 一个妹妹（220 页）

位（女）妹妹　一

wo:n4 ma:t9 ne:u2 打一下（222 页。二是θo:ŋ1）

打　下　一

jap⁷ ne:u² pai¹ 一会儿去

一会儿　去

pai¹ jap⁷ ne:u² 去一会儿（222 页）

去　一会儿

tsa:ŋ² thui³ ne:u² 十个碗

十个　碗　一

tsa:ŋ² khai³ ne:u² 十个蛋（223 页）

十个　蛋　一

ŋo⁵ ta³ θam¹ au¹ ne:u²。我要三分之一。（236 页）

我 从 三 要 一

la:i¹ i³ ne:u² 多一些（230 页）

多　一些

按，i³ ne:u² 中的 i³ 来自汉语"一"的借音，只是不用作数词，表示少、小而已。还可以作量词兼指示词，见 248 页例句"i⁵ ma:u⁵ kei⁵ 个 男青年 这（这小伙子）"又 220、292 页，还可作词头（284 页）。而 i³ ne:u² 中的 ne:u²实际上是表少、小的量词。又如下例：

khwa:i⁵ i³ ne:u² the:m¹　　再快一点儿（238 页）

快　一点 再

te¹ θei⁵ tsək⁷ he:u⁵ i³ ne:u²，to² kwa⁵ na:ŋ¹ kjam¹ pə⁵。（240 页）

他 虽然 瘦 一些 但是 身体 健壮 呢

他虽然瘦一些，但身体很健壮呢。

nei¹ khwa:i⁵ khwa:i⁵ ne:u² 快快跑（250 页）

跑 快 快 一

按，这个例句中的"一"ne:u² 就是量词一点点的意思。

靖西"一"ou²（同 de:u¹）的用例（据郑贻青 1996）：

a⁵ noŋ⁵ tsou³ thi² a³，ja⁴ khja¹ a:m⁵ tei⁶ ou²（——ne:u²）pi⁵ kja:u³ mei² nam⁴，

阿农 就 提 啊 说 寻找 处 地 一 比较 有 水

mei² phja¹ mei² nam⁴ tei⁶ phiŋ¹ ti⁵ a:m⁵ tei⁶ ou² kha:i⁵ wa:ŋ⁵。（281 页）

有 山 有 水 地平 的 处 地 一 开 荒

（286 页译文：弟弟就向哥哥提议，要寻找一处有山有水地势较为平坦的地方去开荒。）

按，例中作者就指出，ou² 就是 ne:u²。可见"ou²、ne:u²"同词异读。

三　壮语傣语表示一的 nə:ŋ⁶/nəŋ¹/⁶/nɯ:ŋ⁶/nɯɯŋ⁶/ləŋ⁶，可能来自表示人的"侬"

在李方桂记录的《龙州土语》中，这个表"一"的 nə:ŋ³³ 在语流中也读

ŋ³³、n³³，它的用法。不只用作数词一，也可用作量词。例如（李方桂《龙州土语》）：

（1）mi³¹ ʔo³³ la:u³¹ ke⁵⁵ ŋ³³(<nə:ŋ³³)，mən³¹ hou²⁴ kʻo²⁴ ti³³。（39 页）
　　　　有　个　老老　一，　　　　他　好　穷　的
（145 页译文）有一个老头子。

（2）po¹¹ ta:i¹¹ ʔit⁵ ne⁵ tɕou¹¹ tɕɯ¹¹ dai²⁴ mən³³ nə:ŋ³³，po¹¹ ta:i¹¹ ji¹¹ tɕɯ¹¹ dai²⁴ mən³³ ŋ³³。
　　　　个　第　一　呢就　是　得　文　一，　个　第　二　是　得　文　一
（39 页）
（145 页译文）老大呢得一文，老二得一文。）

（3）kan³¹ tɕi⁵⁵ ʔi⁵⁵ ko³³ kʻau²⁴ nai²⁴ hu²⁴ mən³¹ ba:t⁵⁵ n³³ (<ŋ³³<nə:ŋ³³) ma:k³¹ li:m³¹⁻³¹³ kun³¹
　　　　但　些　棵　稻　这　给　他　回　一　　　　　　柄　镰　割
kwa⁵⁵ pai³³ ki²⁴ ba:t⁵⁵，ʔi⁵⁵ ko³³ kʻau²⁴ jau¹¹ tɕa:i⁵⁵ ɕit⁵　tin⁵⁵ ma³¹ pin³¹ ko³³ to³¹ te:u¹¹。
过　去　几　下　些　棵　稻　又　再　生出　起　来　成　棵　从新
（59 页）
（151 页译文）这稻子让他一下儿一下儿的用把镰刀割过去几下，稻子又从新成棵的生长起来。

（4）juŋ¹¹ ʔi⁵⁵ nəŋ³³ to⁵⁵ dai³³
　　　用　一　点　都　好（94 页）

（5）tɕi³¹ pai³³ ʔi⁵⁵ nəŋ³³ a⁵⁵
　　　迟　去　一　点　了（94 页）

傣语方言"一、二"读法（据周耀文、罗美珍《傣语方言研究》312—313 页）：

地点	芒市	孟连	景洪、金平	元阳	武定	元江	马关
一	ləŋ⁶,ʔet⁹	nəŋ⁶,ʔet¹⁰	nɯŋ⁶, ʔet⁷	nən¹, ʔit⁷	ləŋ⁶, ʔit⁷	nɯŋ⁶, ʔet¹⁰	lɯŋ¹, ʔet⁷
二	soŋ¹	soŋ¹	soŋ¹	soŋ¹	soŋ¹	soŋ¹	soŋ¹

nə:ŋ⁶/nəŋ¹/nɯ:ŋ⁶/nɯŋ⁶/ləŋ⁶ 的量词用法，在京语中也能见到。

京语表复数的量词、表示多用 ȵɯŋ²¹⁴（据孙宏开、胡增益、黄行《中国的语言》2467、2477 页，商务印书馆，2007）：

ȵɯŋ²¹⁴ ŋɯəi³¹ la³¹ ŋɯəi³¹　　人山人海
　　　人　　　人
ȵɯŋ²¹⁴ ka³⁵ la³¹ ka³⁵　　　　鱼堆如山（以上 2467 页）
　　　鱼　　鱼
ȵɯŋ²¹⁴ ŋɯəi³¹ di³³ lɔ̌i³⁵ kui²¹⁴ thɯəŋ³¹ toŋ³³ thɔ̌i³⁵ mot¹¹ kɔn³³ hum³¹　tɔ³³.
些　人　去　取柴　常　看见　一　只　虎　大
去打柴的人常看见一只大老虎。（2477 页）

按，上述京语用例，是据王连清的调查，是越南京语的发音。比较欧阳觉亚等《京语简志》，这个 n̯ɯɯŋ²¹⁴ 作 jɯɯŋ²（失落鼻音声母）：

jɯɯŋ² kwa³ bɔŋ²　　nai² thət⁸ tɔ¹，jɯ¹ mə² khoŋ¹ ba:u¹n̯iəu¹ ŋɛt⁸。

些　个　柚子这　很　大　但是　不　　多少　甜

这些柚子虽然很大，但是不太甜。（119 页，和 118 页表山林的 jɯɯŋ² 同音。）

这 n̯ɯɯŋ²¹⁴/jɯɯŋ² 之异，就是国内广西京族和境外越南京族口音之异。

郑伟《古代楚方言"翟"字的来源》（中国语文 2007 年第 4 期），一方面介绍了古文字研究者对这个"翟"读为"一"（1965 年出土的湖北江陵望山一号墓战国竹简里，有个从羽从能的字"翟"，一共 2 例，1978 年湖北江陵出土的天星观竹简和 1987 年湖北荆门包山二号墓竹简中各有 7 例，1993 年出土的湖北荆门郭店楚简中又数次出现了这个字），一方面明确指出，"翟"就是个古侗台语"一"的表音字。

笔者受郑文启发，觉得这个"能"的音值得进一步研究。能，是古曾摄一等字，在今湖北、湖南的方言中，读同"能"的，除了曾摄字外，还有古通摄字，也就是说，古湘楚方言，"侬、能"同音，今天还明显保留这种方言特点。而且，吴语方言如北部的丹阳话（个别乡）、苏州市郊及周边的吴江、昆山，还有常熟、太仓、沙洲、溧水、上海嘉定县外冈乡，南部如温州丽水、青田、缙云等地，"侬、能"都同音（引自郑伟《论北部吴语与闽语的历史联系——几个词汇上的证据》，《中国语言学报》2010 年第 1 期 76 页）。所以可以推论，这个"龙"（音同"能"）可能来自表示人的"侬"。这个"侬"和"一、个、只、鸟"等一样，既可用作数词一，也可用作量词。

值得注意的是越南侬语的材料。李锦芳《越南侬语与广西壮语语法比较研究》中侬语"一"nɯɯŋ¹ 的用例：

an¹ ho:i² ni² mi² tu¹ luk⁸ ła:u¹ nɯɯŋ¹ …　　39 页

时　这 有 位　姑娘　（过去有一位姑娘…）

ła:m¹ kɯn² tso:n³ ju⁶ hə:n² nɯɯŋ¹　43 页

三　人　一起　住　屋 一　（三人同住一屋。）

引用书目

陈鸿迈　1996　海口方言词典　江苏教育出版社

陈章太、李如龙　1991　闽语研究　语文出版社

广西壮族自治区地方志编纂委员会　2000　广西通志·少数民族语言志　广西人民出版社

李方桂　1940　龙州土语　商务印书馆

李方桂　1953　武鸣壮语　中国科学院语言研究所

李锦芳　1995　西林壮语人称代词探析　《民族语文》第 2 期

李锦芳　1993　越南侬语与广西壮语语法比较研究　载戴庆厦《跨境语言研究》36—58 页

欧阳觉亚、郑贻青　1983　黎语调查研究　中国社会科学出版社

欧阳觉亚等　1984　京语简志　民族出版社

孙宏开、胡增益、黄行　2007　中国的语言　商务印书馆

王均等　1984　壮侗语族语言简志　语文出版社

张惠英　2001　汉语方言代词研究　语文出版社

张惠英　2002　汉藏系语言和汉语方言比较研究　民族出版社

张惠英　2002　从"一"用作指示词、量词、领属助词、词头说起　《汉语学报》第 5 期（收入张惠英 2005b）

张惠英　2005a　说"哀牢"就是今"仡佬"　《汉语学报》第 2 期（收入张惠英 2005b）

张惠英　2005b　语言现象的观察与思考　民族出版社

张均如等　1999　壮语方言研究　四川民族出版社

郑伟　2007　古代楚方言"翟"字的来源　《中国语文》第 4 期）

郑伟　2010　论北部吴语与闽语的历史联系——几个词汇上的证据　《中国语言学报》2010 年第 1 期

郑贻青　1996　靖西壮语研究　中国社会科学院民族研究所

周耀文、罗美珍　2001　傣语方言研究　民族出版社

从"窟"表示寺庙说起

（收入《语言现象的观察与思考》，民族出版社 2005 年）

关于佛教的寺庙，周围少数民族有很多说法，表面上看着很纷繁，如果我们加以分析归纳，那么它们的来历还是能够看清楚的。

有不少少数民族称寺庙就说"庙"，如侗语说"庙" [mjiu^{31}]（据区亨元 2004，177 页），瑶语也说"庙" [mi:u^6]（据刘宝元 1999，118 页）；而傣语称寺庙有多种说法，既有方音的不同，又有来历的不同。请看（据周耀文、罗美珍 2001，246—247 页）：

	寺庙
芒市	mɛu^5/tsɔŋ^2/vun^5
孟连	vɑt^8
景洪	vɑt^8
金平	hən^2 mɛu^5
元阳	mɛu^5
武定	hən^2 hun^5
元江	mɛu^5
马关	huɯn^2 mɛu^5
绿春	hə^2 miɛu^5

显然，傣语方言 mɛu^5/miɛu^5 的说法来自"庙"；vɑt^8/vɑt^8 是方言变体，来源一致。芒市的其他两种说法 tsɔŋ^2 和 vun^5，则另有不同的来源，其中 vun^5 和别处的 hən^2/hun^5/huɯn^2 又是方言变体（绿春的 hə^2 miɛu^5 和金平的 hən^2 mɛu^5 来源相同，绿春话鼻音韵尾在很多情况下都已失落，所以和 hən^2/hun^5/huɯn^2 完全对应。参周耀文、罗美珍《傣语方言研究》61—62 页，绿春话和景洪话的语音比较，凡是景洪话的鼻尾韵，在绿春话中多数已经没有）。

笔者以为，vɑt^8/vɑt^8 来自来自"窟"，tsɔŋ^2 来自"冢"，vun^5/hən^2/hun^5/huɯn^2 似为"魂（君？）"。分别说明如下：

一　傣语表示佛寺的 vɑt⁸/vat⁸ 来自"窟"

我们注意到，泰国称佛寺也是 WAT，例如（据 MAP OF THAILAND 泰国地图，PUBLISHED BY WORLD EXPRESS MARKETING SERVICES）：Wat Pho，Wat Arun，Wat Benchamabophit，Wat Traimit，Grand Pakace and Wat Phra Kaeo，Wat Sing，Wat Sai 等。泰国以 WAT 作地名的如（据同上）：Wat Suwan，Wat Ngiu Rai，Wat Kuan Mit；在七十一府县属名称中还有（据胡子丹《国际汉译地名词典》）：WAT PLENG（越烹分县）263页、WAT SING（越信县）266页、WAT BOT（越不分县）272页。

傣语方言除了说"庙"以外也说 vɑt⁸/vat⁸（周耀文、罗美珍《傣语方言研究》246—247 页）。

在辛华编《世界地名译名手册（内部使用）》中，我们看到柬埔寨也有不少以 WAT 为名的地名，例如：

Wat Ampil Kba Po　瓦安比格班波　　　　Wat Norea　瓦诺列

Wat Ang　瓦昂　　　　　　　　　　　　Wat Phnom　塔子山

Wat Ang Satha　安波罗萨寺　　　　　　Wat Samali　瓦索马里

Wat Champou Vorn　瓦占布冯　　　　　Wat Sambung　瓦三邦

Wat Chantarangsei　瓦占达朗赛　　　　Wat Sleng　瓦斯伦

Wat Kandoeung　瓦干登　　　　　　　　Wat Sop　瓦索

Wat Kdol　瓦格多　　　　　　　　　　Wat Svay　瓦斯外

Wat Khmoung　瓦克蒙　　　　　　　　Wat Tamin　瓦达明

Wat Kor　瓦戈　　　　　　　　　　　　Wat Thmey　瓦特梅

Wat Krang Ponley　瓦格朗奔莱　　　　　Wat Tom　瓦栋（以上 662 页）

Wat Krous　瓦格鲁　　　　　　　　　　Angkor Wat　吴哥窟（23 页）

我们从柬埔寨的地名翻译中，可以窥测到，原来这个地名 WAT 还可以翻译为"寺（安波罗萨寺）"或"窟（吴哥窟）"。这样，我们就可以把傣语称寺庙为 vɑt⁸/vat⁸，和泰国称寺庙为 WAT，和柬埔寨称寺庙为 WAT，都对应了起来。这些 vɑt⁸/vat⁸ 和英文拼写的 WAT 的音，实际上就是汉语"窟"的方言读音。请看：

香港新界靠近黄金海岸有条"扫管笏路"，英文就拼写为 So Kwun Wat。在清桂文灿《广东图说·新安县图》11 页下，"扫管笏"写作"扫管郁"。

萧国健等《香港岛仿古游》28—30 页有"蚺蛇郁""山鸡郁"，《广东图说·新安县图》10 页上下作"蚺蛇窟""山鸡窟"。

所以，"笏、郁、窟"是粤语方言中用作地名时同一个来源的三种不同写法，其实还有多种别的写法，如"屈、崛、鹘"等，都来源于"窟"。

宋恩常《云南少数民族社会调查研究（下集）》145 页说到："寺院傣语称为瓦（vat），瓦可能来源于巴利语 vana（园林）。"从音义看，都不相近。

"窟"用作寺庙，从敦煌石窟、千佛洞等古迹就可以明白。"窟"用作寺庙，不只在南方少数民族或邻国中看到，在北方民族中也看得很清楚。例如：

蒙古语族寺庙有两种说法（据孙竹主编《蒙古语族语言词典》347、617 页）：

	寺庙 347 页	寺庙 617 页
蒙古语：正蓝旗	xi:d	səm
巴林右旗	xi:d	səm
陈巴尔虎	xi:d	xʉm
布利亚特	xi:d	hʉm
达尔罕	xi:d	sʉm
喀喇沁	xi:d	səm
东苏尼特	xi:d	sʉm
鄂托克	xi:d	sym
阿拉善	xi:d	sʉm
都兰	ki:d	sym
和静	ki:d	sym
达斡尔语	sum	sum～miɑu
东部裕固语	ki:d	ki:d
土族语	sme:n	sme:n
东乡语	miɑo	miɑo
保安语	sŋan	mio

我们以为，xi:d 和 ki:d 就是"窟"，sŋan 就是"寺院"，sum、sum～miɑu 就是"寺庙"。

二 傣语表示佛寺的 tsɔŋ² 来自"冢"

以 tsɔŋ² 称佛寺，在傣语方言中，在《傣语方言研究》中见于芒市，这个说法分布可能很广。戴庆厦教授告知，景颇语表示佛寺的说法借自傣语的 tsɔŋ²。在云南省编辑组的《云南民族情况汇集（上）》中，我们就看到不少称佛寺为"冢"的记录，这个"冢"和 tsɔŋ² 的音完全相合。请看"冢"的用例：

1）（摆夷[傣]族）他们称佛寺为"冢"，当地汉人称"冢房"，俗称"缅寺"。供奉的佛像都是从缅甸请来。（173 页）

2）元旦日早饭后，一家大小穿上新衣，年老的上冢房去拜佛，已婚男

子上冢房赌博……（177 页）

3）烧白柴——在立春时举行，多为年老人参加，烧前三天，各家送些亲砍的不太干的柴块，堆在冢房门前，烧时由佛爷念经，男女两行跪在佛爷后面，非至柴烧尽不回去。（177 页）

4）泼水节——……先到冢房以小木槽把菩萨泼湿，然后泼佛爷、泼家人、再泼家门口过往的人，忌泼头部，……（177 页）

5）进冢房（佛寺）必须在门口将鞋脱下，才能进去。（178 页）

6）一般年老族官、男女青年都是进了"冢房"就向佛爷下跪叩头，烧香贡果。冢房内的设施布施都由土司支持，……（189 页）

7）约在每天上午十时，午后五时敲鼓以后就把煮好的饭菜送进冢房；……（189 页）

笔者以为，"冢、窟"在表示墓穴这一点上是一组同义词，所以，用"冢"表示佛寺，犹如用"窟"表示佛寺，是方言对同义词的不同选择。

三　傣语表示坟墓的 heu⁶/hɛu⁶/hiu³ 来自"丘"

傣语关于坟墓的说法，据周耀文、罗美珍《傣语方言研究》246—247 页，有以下几种：

	坟墓		坟墓
芒市	pa⁵ heu⁶	元阳	kɔŋ² hiu³
孟连	pa⁵ heu⁶	武定	pa⁵ hiu³
景洪	ku⁵/pa⁵ hɛu⁶	元江	hiu⁶
金平	pɔm¹ heu⁶	马关	me³ hiu³
绿春	hiu⁴		

笔者以为，傣语方言关于坟墓说法的词干是 heu⁶/hɛu⁶/hiu³，词首的 pa⁵/me³/ku⁵/pɔm¹ 是词头。而这个词干 heu⁶/hɛu⁶/hiu³ 大概就是"丘"。从声音看，heu⁶ 和"走、就、釉、勾、求"的韵母相同，所以属于流摄字，和"丘"的韵母、声母都合。从意义看，"丘墓、坟丘子"在今口语和书面语中都能见到；"丘"是土包、土堆，和坟墓外形也相似。《现代汉语词典》"丘"的一个义项就是"浮厝"，即临时停放灵柩的地方。举例为："先把棺材丘起来。"

宋恩常《云南少数民族社会调查研究（下集）》135 页，把 pa⁵ heu⁶（坟墓）这个音写作"巴肖"：

西双版纳傣族从灵魂不灭的观念出发，认为人死后与活人一样地生活，生前生活在同一个村落，死后也同样生活在同一个村落墓地（巴肖）。……一块大的村落公墓里，又划分成正常死亡的成年人墓地（巴肖弄），未成年人墓地（巴肖千批）……

显然，"巴肖"就是 pa^{5}heu^6 的译写。

引用书目

桂文灿　广东图说　江苏广陵古籍刻印社据同治刊本影印

胡子丹　1980　国际汉译地名词典　国际文化事业有限公司

刘宝元　1999　汉瑶词典（拉珈语）　四川民族出版社

区亨元　2004　侗汉词典　民族出版社

宋恩常　1980　云南少数民族社会调查研究（下集）　云南人民出版社

孙竹主编　1990　蒙古语族语言词典　青海人民出版社

WORLD EXPRESS MARKETING SERVICES　（无出版年月）　MAP OF
　THAILAND 泰国地图

萧国健、沈思　1992　香港岛仿古游　香港中华书局

辛华　1978　世界地名译名手册　商务印书馆

喻翠容、罗美珍　2004　傣仂汉词典　民族出版社

云南省编辑组　1986　云南民族情况汇集（上）　云南民族出版社

周耀文、罗美珍　2001　傣语方言研究　民族出版社

从词头"不、布"谈起

——汉语方言和民族语言比较札记

（《中国语文》2002 年第 3 期，此次作较大补充）

○ 引言

王念孙《读书杂志》卷三之二"弗生"指出，"弗、不、毋"在词首有只发声并无实义的情形：

《十二诸侯年表》："穆侯弗生元年"。念孙案：生上本无弗字，此后人依《晋世家》加之也。索隐本出"晋穆公生"四字，而释之曰："案世家名费生，或作沸生，世本名弗生。则生是穆公名，费沸弗不同耳。"据此则穆侯本名生，或作弗生者，发声耳。或作费、沸，字异而义同也。生之为弗生，犹降之为不降（夏本纪帝不降，世本作帝降），阆之为毋凉（周本纪惠王阆，世本作毋凉，凉阆古字通，毋发声），皇之为弗皇（鲁世家惠公弗皇，汉书律历志作惠公皇），上一字皆发声，故索隐以生为穆侯名，无庸加弗字也。

周法高在《中国古代语法·构词篇》（205 页）在王氏基础上进一步提出，"不、弗"在古汉语中可作"前附语"，即本文所说词头。周氏所据例子有：

不蜩，王蚬；不过，蟷蠰（王国维《尔雅草木虫鱼鸟兽释例·释虫》）

夷上洒下，不漘。（《尔雅·释丘》，郭注："不，发声也。"）

龟：左倪，不类；右倪，不若。（《尔雅·释鱼》，邢疏："不，发声也。"）

本文拟一方面补充"不、弗"作词头的资料，另一方面说明汉语的词头"不"，和少数民族语言的词头"布"来源相同，就是来自表示男性的"父（夫、甫）"（词头"毋、无"来自"母"，参见张惠英《从姑苏、无锡说起》，张惠英 2001，222—229 页）。

一 汉语词头"不"

海南省临高县、儋州市，至今仍有不少人，无论男和女，小名以"不"为首。

先看临高县人的小名和称呼。笔者调查了三个临高县人，一位是临高县志办公室的编辑王军先生，另外两位是海南师范学院的刘剑三教授和他的夫人，他们的小名都是以"不"字开头。

在1990年出版的《临高县志》中，有两种资料很值得我们注意，一是511—526页的"革命烈士表"，一是452—460页的"临高县90岁以上寿星表"。请看：

临高县"革命烈士表"中的"不"字人名（共64人，女性注女，男性不注，下同）

姓名	牺牲时间	姓名	牺牲时间
符不肃女	1931年11月	符不楼女	1930年6月
王不争女	1943年5月	吴不望	1945年3月
符不女女	1945年5月	符不值	1946年9月
严不掉	1946年9月	符不宗	1948年3月
颜不吊	1948年9月	黎不子	1950年
许不伦	1944年6月	谢不戴	1942年3月
符不清	1944年6月	谢不发	1943年8月
王不显	1944年2月	王不俊	1944年9月
符不团女	1944年11月	林不星	1948年3月
王不四	1949年2月	符不四	1949年
陈不伍	1950年	许不安	1951年6月
欧不子	1928年3月	张不利	1923年6月
陶不昌	1928年7月	洪不平	1940年3月
罗不七	1928年3月	符不麻	1942年10月
陈不展	1943年1月	黄不宜	1943年2月
李不积	1943年6月	王不四女	1944年6月
陈不家	1944年10月	陈不善女	1945年2月
洪不击	1943年1月	符不成	1946年8月
唐不益	1947年2月	王不豪	1948年
符不文	1948年	符不狗	1948年
黄不益	1950年6月	符不中女	1944年8月
罗不茂	1942年3月	陈不益	1948年9月

邓不元	1946 年 7 月	苏不妹	1946 年 7 月
曾不云	1942 年 9 月	王不东	1949 年 3 月
李不明	1948 年 6 月	汪不麻	1948 年 8 月
黄不老	1948 年秋	林不各	1949 年夏
陈不丕	1942 年 9 月	黎不六	1931 年 6 月
王不习	1930 年 2 月	符不酒	1945 年 3 月
王不粉	1949 年 9 月	黄不动	1949 年 2 月
王不政	1947 年 9 月	王不四	1949 年 8 月
黄不廉	1949 年 9 月	程不成	1940 年 10 月
羊不旺	1943 年	王不介	1949 年 6 月

临高县"90 岁以上寿星表"中的"不"字人名（共 36 人，全为女性）

姓名	生卒年月	姓名	生卒年月
陈不展_女	1876—1983	黄不花_女	1881—
王不雷_女	1886—1984	陈不小_女	1885—1984
黄不花_女	1887—	黄不女_女	1887—
柯不英_女	1889—	陈不生_女	1877—1972
林不姻_女	1890—	林不希_女	1887—
王不章_女	1889—	符不转_女	1885—1980
林不转_女	1890—（以上 452 页）	郑不花_女	1891—
陈不合_女	1863—1955	林不尾_女	1889—1979
林不转_女	1882—1974（以上 453 页）	杨不香_女	1890—
陈不花_女	1891—	曾不干_女	1879—1972
王不小_女	1892—（以上 454 页）	王不姬_女	1886—1977（455 页）
汪不苦_女	1882—	陈不粉_女	1890—1985
钟不角_女	1891—	符不转_女	1886—1981
郑不爱_女	1890—1981	秦不笑_女	1881—
林不三_女	1886—	曾不三_女	1890—
符不三_女	1895—	林不调_女	1889—（以上 456 页）
林不杰_女	1887—（457 页）	陈不姑氏_女	1886—（459 页）
李不元_女	1875—1969	罗不母_女	1884—1976
王不三_女	1886—1977（以上 460 页）		

临高话中"不"不仅可用作人名首字，还可用作亲属称呼的首字，请看《临高县志》474 页所载：

本县称呼，其特点是：以人们的排行和"不"字来称谓。无论对祖父母、父、母、伯、叔、姉、嫂、兄弟姐妹之间都同样适用。例如，称呼祖父母叫"不公"、"不婆"，称呼伯父、叔父，叫"不伯"、"不叔"……其余类推。对父亲的称呼，除对其排行称呼外，还叫"不官"（"官"念 hak 音），"不爸"，"不大"（"大"念 da 音），"不哥"（"哥"念 go 音），"不兄"（"兄"念 hia 音）。对母亲称呼的有"不妈"、"不嫂"（"嫂"念 dou 音，或念 do 音）。

引者按，"官"念 hak 音，疑标音有误；如果标音无误，hak 音当是"客"，一些少数民族语言称呼汉族人为"客"。"兄"念 hia 音以及"嫂"念 dou/do 音，都和海南闽语音一致。

下面我们再看海南省儋州市地方志编委会编、1996 年出版的《儋县志》"革命烈士名表"中的用"不"字为首的人名：

王不吉　王不四　王不所　734 页

王不二　王不环　占不生　许不文　735 页

许不发　736 页

李不恩　773 页

李不武　738 页

陈不正　陈不吉　陈不海　陈不由　陈不兴　陈不若　739 页

林不成　周不善　740 页

符不汗　符不伦　符不仲　符不环　符不保　符不凉　符不堂　符不模　符不雷　符不强　符不遵　742 页

符不安　743 页

谭不尾　744 页

王不火　王不生　王不登　王不成　王不信　王不盛　王不河　王不积　745 页

王不养　王不遵　王不振　746 页

古不善　许不雷　748 页

羊不逢　749 页

李不三　李不化　751 页

张不衍　张不俭　753 页

陈不环　陈不暗　陈不尾　陈不游　754 页

吴不进　吴不念　吴不该　756 页

郑不仁　758 页

林不旺　林不西　759 页

罗不开　罗不符　761 页

郭不艺　黄不风　黄不气　763 页

符不化　符不比　符不后　符不合　符不婶　符不伯　符不直　符不养　符不黑
符不胡　符不科　符不诗　符不攀　符不耕　符不衡　　765 页

符不维　766 页

我们注意到，用"不"作为人名首字，在《史记》中也常见到，例如：

不降（夏本纪，86 页）

不窋（周本纪，112 页）

不衍（鲁周公世家，1546 页作"显"，索隐：系本作"不衍"。）

不寿（越王勾践世家，1747 页）

韩不佞（赵世家，1747 页）

申不害（韩世家，1869 页）

公山不狃（孔子世家，1914 页。《论语》作弗扰。）

吕不韦（秦本纪，219 页）

不逝（卫康叔世家，1604 页作"遫"，索隐：系本作"不逝"。）

不其侯（惠景间侯者年表，983 页。即吕种。）

不辰（齐太公世家，1481 页。索隐：系本作"不臣"。）

刘不识（孝景本纪，446 页）

刘不疑（常山哀王。吕太后本纪，401 页）

刘不疑（涓侯。建元以来王子侯者年表，1114 页）

刘不害（河间共王。汉兴以来诸侯王年表，858 页）

刘不害（陪安康侯。建元以来王子侯者年表，1086 页）

刘不害（俞闾侯。建元以来王子侯者年表，1115 页）

刘不害（淮南王列传，3088 页）

刘不审（建元以来王子侯者年表，1073 页）

陈不得（高祖功臣侯者年表，939 页）

卫不疑（建元以来王子侯者年表，1037 页）

卫不害（高祖功臣侯者年表，938 页）

张不疑（高祖功臣侯者年表，891 页）

赵不虞（建元以来王子侯者年表，1035 页）

赵不害（高祖功臣侯者年表，959 页）

庄不识（高祖功臣侯者年表，908 页）

许不疑（高祖功臣侯者年表，940 页）

王不害（高祖功臣侯者年表，883 页）

其他情况下"不"作为词头的用例，从古至今都能看到。例如：

不屠何。《管子·小匡》：中救晋公，禽狄王，败胡貉，破屠何，
而骑寇始服。（万有文库本 107 页）引者按，房玄龄注谓："屠何，东

胡之先也。"《逸周书·王会》作"不屠何"。此"不"是词头，可有可无。

不令支。《逸周书·王会》："北方……不令支玄模。"引者按，不令支是东北夷。《国语·齐语》作"令支"，在今河北迁安县一带。可见"不令支"的"不"是词头。

不羹，不羹亭，东不羹，西不羹。《左传·昭公十一年》："楚子城陈蔡不羹。"注谓："襄城县东南有不羹城，定陵西北有不羹亭。"《后汉书·郡国志》："襄城有西不羹，定陵有东不羹。"可见"不羹，不羹亭"，也就是"西不羹，东不羹"。分别在今河南省襄城县和舞阳县西北。这几个地名中的"不"并无意义。

不更。秦爵名。《左传·成公十三年》："（晋）获秦成差及不更女父。"杜预注："不更，秦爵。"引者按，"女父"是人名。

不周山。（《山海经·大荒西经》）

不周风。西北风。《史记·律书》："不周风居西北，主杀生。"

不则。犹言则，就。《逸周书·祭公》："我不则寅哉寅哉！"孔晁注："寅，敬也。不则，犹言则也。"

丕则。于是。《逸周书·祭公》："丕则无遗后难。"王引之《经传释词》卷十："丕则，犹言于是也。"引者按，"丕、不"可以相通。

不兰奚。元朝指逃亡农奴，典籍也作"拦遗"或"阑遗"。例如（据蔡美彪《元代白话碑集录》）：

1）中间或有不兰奚及奸细人等，本处官司自合审问来历，无得因而将僧众摭赖。9页

2）今教宣差马珪不妨本职，提领修盖。于姚小底处见官不兰奚内，选拣年壮可以出气力男子一百人，不兰奚牛二十头。……这不兰奚人匠人，官仓内与粮食，休教阙。13页

3）有草堂寺今长老告：不兰奚一百人、匠人一十五人缺少穿着粮食。14页

蔡美彪注谓（9页）："'不兰奚'或译'孛兰奚'。元代逃亡之农奴如无原主认领，即'发付有司，收系当差'（元《通制条格》卷二十八），成为官奴。'不兰奚'主要指此种人。《元史》及《通制条格》、《元典章》诸书中又有所谓'阑遗''拦遗'者，亦即此词之异译。"从蔡氏上述所言看，我们可以明确，这个"不"或"孛"，是不表意义的可有可无的词头。

《金瓶梅词话》中，有"不端不正"、"不当不正"的用法，表示端端正正的意思。例如：

不端不正。即端端正正。"妇人出来，望上不端不正道了个万福。"（七

回 6 页下）

不当不正。即端端正正。"（李桂姐）打扮的粉妆玉琢，望上不当不正道了个万福。"（15 回 8 页上）

又如《元曲选·渔樵记》三折白："老汉也分开人丛，不当不正站在那马头前。"按，这个"不当不正"是正当中的意思。

在今汉语方言中，"不"用作词头的情形也常见到。例如：

山西洪洞话的"不"可以用作名词、动词、量词的词头（据乔全生《洪洞方言研究》）：

名词如：不糊儿：煮熟的玉米面糊，"糊儿"不能单说。

不鞋：破旧的鞋，"鞋"可单说，是通称，与"不鞋"词义不同。

不脐窝：肚脐，"脐窝"不能单说。

不盨子（放鸡狗食的器皿），三音节词，不能分开。

二不愣：愣头愣脑、办事粗野的人，可以说：二愣子。（以上 103 页）

动词如：不撩：用手迅猛向外拨物。

不弹：人、动物躺在地上挣扎，或指人气得身体发抖。

不拉：手在物体上从一边捋摩到另一边。（以上 104 页）

量词如：不了儿：指炒菜时的短时间。这菜一不了儿就中啊（熟了）。

不雷儿：地上一片一片的小草。

不轰儿：地上一大片一大片的草。

不摊：1）大量饭菜。看你做下一不摊的饭没人吃。2）地下乱糟糟的一片。

不溜：一不溜房子_{一排一排的房子}。（以上 104 页）

陕西户县方言有个词尾"不乱"，一般用在形容词或动词结构"不×"之后，形成"不×不乱"的构词格式。例如（据孙立新《户县方言研究》，东方出版社，2001）：

1. 柿子不瞎_坏不乱，能搁多_好长时间。

2. 这个台台_{台阶}不高不乱，好上得很。

3. 天气也不热不乱，出门方便得很。

4. 他成年不忙不乱，没多少事。

5. 这包行李不沉不乱，好拿着呢。

6. 他的日子也不可怜_穷不乱，你嫁过去受不了可怜。（你嫁过去不会受穷——引者）

7. 我吃咧一斤饺子也不难受不乱。

8. 这个娃也不唠叨_{个性强}不乱，好哄得很。

9. 他一百岁的人咧，不糊涂_{脑子清楚}不乱，心清白_{脑子清楚}得很。

10. 过年不热闹不乱，不像个过年的样子。（以上 64 页）

11. 他也不打我不乱，你有怕的啥呢_{怕什么呢}？

12. 我也不惹你不乱，你想咋_{怎么}咧？

13. 我也不理你不乱。

14. 他也不看这些不乱，凭啥要寻他的事呢？（以上 64 页）

15. 你一天在屋_家不看书不乱，太不像话咧。

16. 你进厂也不提高技术不乱的，有啥出息？

17. 工厂也不停工不乱。

18. 他成天不出门不乱的，啥事都不做。

19. 叫你拆房，你懒得不上房不乱的。

20. 他把娃拉住咧_{孩子干坏事被抓住}了，不打不乱的就放咧。

21. 论起你是个作家，一年到头不写不乱，都忙咧些啥事吗？

22. 我把申请都递上去一年咧，你们不研究不乱，像啥话吗？

23. 他给我当领导，我在三楼住，他住在二楼，他正年年_{成年}也不上来不乱。

24. 娃跑不见咧_{孩子跑得找不到了}，我叫他去寻，他也不寻不乱的。

25. 这么大的事，你不出主意不乱，咋了呀_{怎么得了呢}？

26. 他成天操手不拾毛_{什么都不干}，把娃跌_掉到井也不急不乱的。

27. 这个娃平常不狂不乱的，谁都爱。（以上 63 页）

二 少数民族语言词头"布"

我国一些少数民族壮语和布依语等有一个词头"布"，可用于民族自称（据王均等 1984，23、125 页）：

壮族自称：pou⁴ tsuːŋ⁶ pou⁴ ɕuːŋ⁶（广西中部、西部和北部部分地区）

pou⁴ jai⁴（广西北部、西北部和云南省文山壮族苗族自治州北部）

pu⁴ noŋ²（广西西部有些地方和云南文山壮族苗族自治州南部）

pou⁴ dai²（云南省文山、麻栗坡、开远等县）

pho⁶ thai²（广西龙州县金龙峒一部分人）

pu⁴ to³（右江地区）

pou⁴ maːn²（广西河池等地）

pou⁴ baːn³（广西武鸣等地）

pou⁴ lao²（广西凤山等地）（以上 23 页）

布依族自称：pu⁴ ʔiui⁴（pu⁴ ʔjai³、pu⁴ ʔjoi⁴、pu⁴ jai³、pu⁴ ʔji⁴）（125 页）

词头"布"也可以用来称呼其他民族，例如武鸣壮语称汉族为pou⁴ kun¹，布依族人称汉人为pu⁴ ɣaːʔ⁷（王均等 1984，820 页）

这个词头"布"（pou⁴/pu⁴），作者明确指出，是指人的量词（王均等1984，23 页）。

那么，这个量词"布"又是从何而来？我们以为，这个可指人的量词，可以用来指父亲，指丈夫，指男子，指人，还可以表示指示，是来源于表示男性表示尊长的"父（夫、甫）"，"夫、甫"都是"父"的引申。下面我们以李方桂所著《龙州土语》和《武鸣僮语》为例来说明。

请看广西龙州壮语的例子（据李方桂 1940）：

po¹¹ 指父亲、丈夫、男人：

po¹¹ 父亲；男子尊称（作量词用）

po¹¹ tʻau²⁴ 父亲（男子的）；公公

po¹¹ ta³³ 父亲（女人的）；岳父

po¹¹ me¹¹ 夫妻（引者按，me¹¹指母、妇 260 页，所以po¹¹就是丈夫。）

tu³³ po¹¹ 丈夫

ti¹¹ po¹¹ 男人（以上 271 页）按，同页还有pu²⁴指人，pu³³指夫，是po¹¹的异体。

po¹¹ ta³³ luŋ³¹ 伯父，舅（母兄），姑夫（父姊夫）（女子的）（273 页）

po¹¹ ta³³ ʔaːu⁵⁵ 叔父，姑夫（父妹夫）（女子的）（274 页）

po¹¹ tʻau²⁴ ke⁵⁵ 祖父（男子的）

po¹¹ ta³³ ke⁵⁵ 祖母（女子的）（以上 241 页）

po¹¹ kʻəːi³³ maɯ⁵⁵ 新郎

po¹¹ pi¹¹ kʻəːi³³ 姊夫

po¹¹ kʻu²⁴ 弟弟（女子的）

po¹¹ tʻau²⁴ kʻu²⁴ 舅父（母弟）（男子的）

po¹¹ ta³³ kʻu²⁴ 舅父（母弟）（女子的）（以上 248 页）

po¹¹ 用作量词：

1）pin²⁴　mi³¹ po¹¹ kwaːn³³ tin¹¹ hin³³，……（45 页）
于是　有　个　官　听　见（147 页译文：于是有个官听见，……）

2）po¹¹ kwaːn³³ nai²⁴ tɕau¹¹ jaːu²⁴ mən³¹ ʔau³³。（46 页）
个　官　这　就　叫　他　拿
（147 页译文：这官就叫他拿[跟他要]。）

3）mən³¹ jaːu²⁴ ŋaːm⁵⁵ mi³¹ ɬaːm³³ po¹¹ luk²¹ baːu⁵⁵，……（39 页）
他　就　刚好　有　三　个　子　男
（145 页译文：他刚好有三个儿子。）

4）mi³¹ po¹¹ laːuʔ³¹ ke⁵⁵ ŋ³³ heːn³³ vaːi³¹。（89 页）
有　个　老　老　一　看　牛（163 页译文：有一个老头子看水牛。）

5）mən³¹ joːm¹¹ han³³ hou²⁴ laːi³³ po¹¹ ɬan³¹。（91页）

　他　看见　好　多　个　神（163页译文：他看见很多的神。）

po¹¹ 表示指示（相当于"这、那"）：

1）jiːn³³ vi¹¹ po¹¹ kwaːn³³ jaːu²⁴ ʔau³³ ŋe⁵⁵ hu³¹ lu³¹ pai³³ a⁵⁵。（46页）

　因为　个　官　叫　拿　个　葫芦　去

（147页译文：因为官要那个葫芦。）

按，po¹¹ kwaːn³³ 指的是那个官，是见了葫芦要那个葫芦的官，所以是确指。犹如ŋe⁵⁵ hu³¹ lu³¹是指"那个葫芦"一般。po¹¹和ŋe⁵⁵都是量词，在没有数词或指示词时单独修饰名词，就起到指示的作用。这种用法，和汉语方言如吴语粤语都一致。

2）po¹¹ kwaːn³³ jaːu²⁴ jaːu²⁴ mən³¹ paːn¹¹ ʔoːk⁵⁵ ma³¹ ɬik²¹ pʰiak⁵⁵ nən³³。（46页）

　个　官　就　叫　他　办　出　来　席菜　一

（147页译文：官就叫他办出一桌菜出来。）

按，这po¹¹ kwaːn³³和上例一样，都是表示确指的"那个官"。

武鸣壮语和龙州壮语相似。武鸣话用作量词，也指人的pu⁵¹有个方言变体pau⁵¹，李方桂在《武鸣僮语》330页特别指出：

pau⁵¹，人，个（人），（有方言读此音，即pu⁵¹字）

笔者以为，武鸣壮语表示父亲的pø¹³（333页）也是那个pu⁵¹的变体，因为"姑、菇、古、鼓、顾；可、棵、过、果"等字武鸣话都读kø（303页），所以古遇摄果摄字都有读ø韵的情形，这样我们可以判断这个表示父亲的pø¹³，也来自"父"。也就是说古遇摄字在中有u韵、ø韵、au韵几种读法。请看武鸣壮语pu⁵¹的用例（据李方桂1953）：

pu⁵¹指人：

1. pu⁵¹ pu⁵¹ tø⁵¹ kan³³ a³¹。（41页）

　人　人　相　同（193页译文：人人相同的嚱！）

2. ʔau³³ pu⁵¹ ʔdan³³ kaŋ³³。（49页）

　拿　人　个　缸（195页译文：一个人一个缸。）

3. pu⁵¹ raɯ³¹ kuak¹³ jau²⁴ ɕaŋ⁵⁵？（83页）

　人　何　作　校　长（217页译文：谁作校长？）

4. liaŋ³¹ pu⁵¹ θim³³ ʔdwai³³ fuk¹²。（107页）

　梁　人　心　不　服（225页译文：梁家人心不服。）

pu⁵¹作量词：

1. ɕi⁵⁵ θeŋ³³ koi⁵⁵ pu⁵¹ xun³¹ pa³¹。（41页）

　只　生　几　个　女　人（193页译文：只生几个女儿。）

2. pu^{51} xun^{31} nai^{51} θan^{31} ɕin^{31} ne^{55} θat^{12} koi^{31} miau^{55} lo^{33}。（42 页）

　　　个　人　这　人　情　呢　实　奇　妙　了

　　（193 页译文：这个人的人情呢实在是奇妙了！）

3. θɯ^{13} pan^{31} kai^{24} xun^{31} pu^{51} pu^{51} kan^{33} ʔeu^{33}。（43 页）

　　　自　此　些　人　个　个　同　叫　（193 页译文：自此人人同叫。）

按，"xun^{31} pu^{51} pu^{51}" 虽然译文作"人人"，实际上还是个个人、每个人的意思。

　　pu^{51} 表示指示（相当于"这、那"）：

1. pu^{51}　ʔiŋ^{33} tai^{31} ɕin^{24} ŋø^{55}。（105 页）

　　　个　人　英　台　正　我　（224 页译文：英台这个人正[是]我。）

按，pu^{51} 在句中表示确指，译文作"这个人"也明确无误。

2. wi^{13} pu^{51} ja^{13} ʔɓau^{55} pan^{31}。（117 页）

　　　[为　个　妻　不　可以]　（228 页译文：因为妻子不肯。）

按，原文有壮字，未注汉字，方括号内汉字由引者据词汇表加注。ja^{13} 单用就表示妻子意，前面加上 pu^{51} 表示确指这或那的意思。

3. pu^{51} xun^{31}muɯŋ^{31} koi^{31} kjau^{55}。（97 页）

　　　个　人　你　奇　巧　（222 页译文：你这个人很灵巧。）

4. pu^{51}　ʔiŋ^{33} tai^{31} ti^{33} lɯk^{12}。（103 页）

　　　个　英　台　的　子　（223 页译文：英台这个人。）

按，例 3、4 中的量词"pu51"，译文都明确译出"这个"，表示确指。

　　由于武鸣壮语这个量词 pu^{51}，和汉语"父"在读音上有明显的对应关系（武鸣壮语今读 u 韵的字，多数来自遇摄、果摄，只有几个如"富、妇"来自尤韵，参李方桂 1953，18 页），而且和 ø 韵属于来源相同的不同读音变体（参同上 24 页），这样，这个量词 pu^{51}，就和表示父亲的 pø^{13} 只是来源相同的变体而已。所以，无论武鸣壮语还是龙州壮语，这个既作量词又表确指的词，都和"父、夫"同源，都是来自"父"。

　　三　词头"不、布"来自"父"

　　我们以为，汉语词头"不"、少数民族词头"布"都来自"父"，词头"布"来自"父"上文已有说明，这里重点就是说明"不"来自"父"。我们的一个根本出发点，就是"不"是象形字，是指男性器官。

　　关于"不"的本义，在对《诗·小雅·唐棣》"唐棣之花，鄂不韡韡"可以窥见一斑。郑玄笺注谓"不"通"柎"；王国维谓"不"和"帝"同象花萼的全角；郭沫若谓"不"象子房（参郭沫若 1976，18 页）。单周尧（1984）疑"不"为树木之根的"本"。我们以为，无论"不"象花萼、子房，还是根"本"，其形其义都和男器相通。

另外，"不"之象形为男器，犹"且"之象形为男器，而"不"义之通"父"，犹"且"义之通"祖"，都是用来称呼男性尊长。

今广东西北部连南瑶族自治县的油岭八排瑶语，仍用男阴女阴的名称作为人名用字。巢宗祺《广东连南油岭八排瑶语言概要》199页指出了用"考（男阴）"和"扫比（女阴）"来取名的习俗。我们还发现，同页除了用"考（男阴）"和"扫比（女阴）"外，还有"不、吊"也作人名用字：

大不　tam⁵³ bu⁴¹　　"大名"，多用于长男。

考　hau²⁴　　　　　"睾丸"，多用于长男。

吊　tiam⁵³　　　　 用于排行第二的人名中。（以上199页）

我们认为，"吊"通"鸟"，用来表示男阴。"考"者老也，本是长、老义，用来指男性尊长以及男性器官。"扫比"者，通"叟姒"，本来也是称呼长者老者，用来指女阴。"大"是尊称，"不"显然也是表示尊贵之意，也是男子之象征。而在人名中所用的性器官名称，并不区别男性女性，很值得注意。请看：

姓名例子：唐买社表古考

　　　　　唐老马扫比考公

　　　　　唐北都吊

　　　　　唐民意大不尔

　　　　　唐古六瑶龙大不公（以上200页）

　　　　　唐白头吊贵（198页）

原来，这些姓名中的"不"就是指父亲，实际就是来源于"父"字。"公"指祖父，"尔"指母亲，"尔"即"奶"也。"贵"指男孩、弟弟，"贵"者季也（参巢宗祺1990，194—199页）。

下面我们再看"不"在甲骨文中用作人名地名的例子（据徐中舒1990）：

作人名：贞子不其有疒（前四·三二·二）

　　　　彡午卜韦贞御子不（簠人一一）

方国名：方还率伐不王告于祖乙（南明七九）

　　　　勿乎从犬于不（乙五八0三）

　　　　庚申卜王贞余伐不（丙一）

所以，"不"和见于《史记》、海南临高、儋州一带的人名首字可谓一脉相承。

至于"父"，在甲骨文金文中，常用来尊称男性，并非确指父亲。

甲骨文例（据郭沫若《甲骨文字研究·释祖妣》7页上）：

贞于父庚，贞于父辛。

父甲一牡，父庚一牡，父辛一牡。

祖日乙，大父日癸，大父日癸，仲父日癸，父日癸，父日辛，父日己。

贞帝……多父。

告于三父。

戊子卜庚于多父旬。

金文例（据郭沫若《两周金文辞大系图录考释·毛公鼎》134—135页）：

王若曰：父厝，不显文武，皇天弘厌德，配我有周。

王曰：父厝，……

王曰：父厝，雩之，庶出入事于外，尃命尃政。

厝非先告父厝，父厝舍命。

按，"父厝"是对毛公的尊称。"毛公鼎"之名就因落款为"毛公"而来。

郭沫若在《释祖妣》一文中，引述了"多父"例句后，认为这是原始社会群婚制不明谁是生父的反映。我们从语言学角度看，这个"父"是对于男性的尊称，和后来的"尼父、仲父、渔父、田父、师父"等同理。而且，从《释祖妣》看，"妣"也有"多妣"的情形，所以，"父、祖、妣"都可以用作反映性别的尊称。《汉书·食货志》"父马"用来指牡马就是"父"指男性雄性的遗迹。如果我们看一下《左传》中"父"字人名地名，就可以获得更深的印象（据杨伯峻《春秋左传注》，地名加注）：

禄父（齐僖公）、考父（蔡宣公）5页注（隐1）

侏仪父（侏国君）7页，9页（隐1）

晋阳处父22页注（隐2）

孔父（名嘉）29页（隐3）

羽父（公子翬字）35页注（隐4）

颀父之子嘉父49页（隐六）

五父（文公子佗）50页（隐六）

虢公忌父58页（隐8）

展王父63页注（隐9）

宋华父督（好父说之子）83页（桓1）

潘父95页（桓2）

虢公林父105页（桓5）

家父（天子大夫）120页（桓8）

施父（鲁大夫）126页（桓9）

詹父127页（桓10）

公子庆父158页（庄2）

皇国父 1032 页（襄 17）

析归父 1073 页（襄 23）

铎父、祝佗父 1097 页（襄 25）

虞阏父 1104、遏父 1105 页（襄 25）

印堇父 1115 页（襄 26）

鄶鼓父 1159 页（襄 29）

弗父何、正考父 1295 页（昭 7）

狐父 1325 页（昭 11）

城父 1402 页（昭 19）

析父、燮父、禽父 1339 页（昭 12）

籍父 1373 页（昭 15）

闵马父 1437 页（昭 22）

鸡父（地名）1440 页（昭 23）

黄父（地名）1454 页（昭 25）

宋父（定公）1460 页（昭 25）

武父（地名）1538 页（定 4）

公父歜 1553 页（定 5）

五父之衢地 1559 页（定 7、襄 11）

公敛处父 1561 页（定 8）

梁婴父 1590 页（定 13）

公父文伯 1621 页（哀 3）

管周父 1659 页（哀 11）

志父 1707 页（哀 17）

引用书目

1987　逸周书（《四库全书》第 370 册）　上海古籍出版社

左传（《十三经注疏》）　中华书局

1987　山海经（《四库全书》第 1042 册）　上海古籍出版社

蔡美彪　1955　元代白话碑集录　科学出版社

巢宗祺　1990　广东连南油岭八排瑶语言概要　华东师大出版社

郭沫若　1976　甲骨文字研究　香港中华书局

　　　　1958　两周金文辞大系图录考释　科学出版社

临高县志编委会　1990　临高县志　广东人民出版社

海南省儋州市地方志编委会　1996　《儋县志》　新华出版社

兰陵笑笑生　1963　金瓶梅词话　日本大安株式会社影印明万历本

李方桂 1940 龙州土语 商务印书馆

1953 武鸣僮语 中国科学院

乔全生 1999 洪洞方言研究 中央文献出版社

单周尧 1984 "不"字本义为花柎说质疑 《中国语文研究》第 5 期

司马迁 1975 史记 中华书局

孙立新 2001 户县方言研究 东方出版社

王均等 1984 壮侗语族语言简志 民族出版社

王念孙 1933 读书杂志 上海商务印书馆

王引之 1995 经传释词《续修四库全书》第 195 册 上海古籍出版社

徐中舒 1990 甲骨文字典 四川辞书出版社

杨伯峻 1981 春秋左传注 中华书局

臧晋叔 1936 元曲选 世界书局

张惠英 2001 汉语方言代词研究 语文出版社

周法高 1962 中国古代语法·构词编 "中央研究院"历史语言研究所
专刊之三十九

从"祖、妣"说起

（载张涌泉等编《姜亮夫　蒋永鸿　郭在贻先生纪念论文集》，
上海教育出版社 2003 年）

郭沫若在《释祖妣》一文中指出，祖妣、父母的本义，就是表示男性女性："是故士女对言，实同牝牡、祖妣。而殷人之男名'祖某'，女名'妣某'，殆以表示性别而已。"又说："知祖妣为牝牡之初字，则祖宗崇祀及一切神道设教之古习亦可洞见其本源。盖上古之人本知母而不知父，则无论其父之母与父之父。然此有物焉可知其为人世之初祖者，则牝牡二器是也。故生殖神之崇拜，其事几与人类而俱来。"（郭沫若 1976，36 页）郭氏在《释岁》一文中又说道："古之父母，意犹男女，今人称雌雄牝牡为公母，即其遗意。"（同上 136 页）

我们从甲骨卜辞看到，殷商男子很多以"祖"取名，如"祖甲、祖乙、祖辛、祖丁、祖庚、祖癸、祖伊"等，女子很多以"妣"取名，如"妣甲、妣丙、妣庚、妣戊"等。到了周代，词序有所变化，由商代的"祖某、妣某、父某、母某"变为"某父、某母"。（参郭沫若 1976，30—32 页）

郭氏从人类社会起源的角度对汉字"祖、妣"本义的阐述，在后来的汉语（包括方言）以及少数民族语言中都可以得到印证。

一　祖（即且，表男性）

汉语"祖"字本无"示"旁，甲骨卜辞就作"且"，是表示男性的象形字（参郭沫若 1976，36 页）。"且"的古音古义在今汉语和民族语言中都能看到一些遗迹。

今汉语"且"有两个音。作为虚词"且、姑且、并且、且夫"的"且"读 qie（上声）；作为人名鸟名的"且"则读 ju（阴平），例如"范且（也作范雎，常被讹作范睢）、唐且、且鸠（也作雎鸠）"。这个读 ju（阴平）的音，就是"祖"音的遗留。

"祖"或"且"在商代既可以作帝王名，也可以作人臣名。到了后来，"祖、且"既可用作人名，也可用作地名。例如：

祖江（神话人名，也作"葆江"）

祖龙（指秦始皇）

祖厉（古县名，汉置，今甘肃靖远县西南）

祖神（指路）

且姚（吴人名，见于《左传》襄公十二年）

且于（古地名，见于《左传》襄公二十三年）

且末（汉西域城国）

且弥（汉西域城国）

且兰（汉西南且兰侯邑，故且兰县）

且居（古县名，汉置，今河北宣化县）

且如（古县名，汉置）

且卢（古县名，汉置，今河北卢龙县东）

今天，"祖、且"作人名还算常见，作地名就不太常见。而在偏远地区，如海南陵水县（黎族自治县），"祖"字地名还有不少，而且和"母"字地名相呼应。例如（据乾隆五十七年《陵水县志》，1996年《海南行政区划简册》）：

祖沙	祖路	祖明	祖对	祖空	祖拜
祖关一	祖关二	祖如	祖具	祖合一	祖合二
祖合三	祖合四	祖修	祖哈	祖仆	
母赞	母合	母农	母老	母阳	母葵
母顿	母寝	母付	母爸	母育	母圭
母供	母发				

海南屯昌话则可用"祖"作词尾，例如（据钱奠香《海南屯昌闽语语法研究》16页，云南大学出版社，2002）：

贼祖（大盗）、柱祖（大痤疮）、蛤祖（大青蛙、大蟾蜍）、番葛祖（大番薯、大笨蛋）、炮祖（大鞭炮）、留班祖（留级生）、ue^{33}祖（大塘虱鱼）

二 妣（海南可表妻子、女性、雌性，还用作巫师、峒长等词的词头）

"妣"在古代汉语中可指祖母或祖母辈以上的女性祖先，如"祖、妣"并用时，是指祖母：《诗·周颂·丰年》"为酒为醴，烝畀祖妣"；也可指母亲，如"考、妣"并用时：《书·尧典》"百姓如丧考妣"。今汉语口语称谓中，已经很少见到了，只有在墓碑中常见。而在偏远地区，如海南方言中，"妣"也可以用来指妻子。例如海南的墓碑：

杨妣符氏婆（见于文昌市翁田镇石坑村）。按，意即杨妻符姓妇人。

清韩妣王氏之牧（文昌市宋庆龄故居）。

按，此碑是宋庆龄父宋耀如于民国六年为其母王氏所立。宋耀如原名韩教准，所以"韩妣"就是韩妻。"牧"即"墓"。

在今少数民族语言中，有个词音 pi（或 phi），除了表示母亲、女性、雌性、尊称女性长者等用法以外，还可以用作词头，和汉语的"妣"音相近，义相通。而且还活跃在日常口语中，构词能力很强。例如：

处于天涯海角的海南黎语，如通什、保城、堑对等地，pi^6 就表示母亲和雌性（据欧阳觉亚等 1983，451 页）：

	母亲	母鸡	拇指
通什	pi^6	pi^6 khai^1	pi^6 go^6 ɬiaŋ^2
保城	pi^6	pi^6 khai^1	pi^6 hɔ^6 ɬiaŋ^2
堑对	phi^6	phi^6 khai^1	phi^6 ɬiaŋ^2

这个 pi^6 还用作巫师、峒长等词的词头：

pi^{31} tua^{35}　　　（娘母，指巫师。据中南民族学院 1956，50 页）

pi^{31} ki:m^{35}　　（禁母。同上 59 页）

pi^{31} kwa^{31}　　　（毕寡，指峒长。据广东省编辑组 1986，58 页）

中南民族学院及广东省编辑组所作的两种黎族社会历史调查报告中，都把 pi^{31} 解作"母"，和黎族语言调查一致。我们以为，用作巫师、峒长的 pi^{31}，已经失去原来表示母亲、女性的性别特征，变成男女共享的尊称了。

黎语 pi^6 表示母亲的用法，在其他少数民族语言如壮语、傣语、布依语中都能见到，虽然有的语言用 pi^6 来指姐、嫂、哥、姐夫，但我们知道，"姐、母"相通，"姐"字也作"娍"（音 jiě）。《广雅疏证·释亲》"娍，母也"。娍，子野切，就是"姐"的异写。汉语有的方言，南方如客家话，北方如山西洪洞话，都称母亲为"姐"。称哥、姐夫为 pi^6，犹如称男性峒长、巫师为 pi^6，是男女共享的尊称。pi 在民族语言中用作亲属称谓的情形请看下表（材料据王均等 1984，46、820—823 页）：

	黎	壮武鸣	傣	布依
母亲	pi^6			
	pai^3			
	pai^3 za^1			
岳母	pi^6 to:ŋ^4			
	pai^3 to:ŋ^4			
妻子	pai^3 kho^5			
	pai^3 khau^2			
姐		pi^4		pi^6 jiŋ^2
		pei^4	pi^6 sa:u^1	
嫂		pi^4	pi^6 pai^4	pi^4 pauɯ^4

		pi⁶ la: ŋ²	
		pi⁶ lo²	
哥	pei⁴ ko⁵	pi⁶ tsa:i²	pi⁴
姐夫		pi⁶ xəi¹	pi⁴ kui²
		pi⁶ xoi¹	

我们还注意到，黎语 pi⁶ 除了用作巫师、禁母、峒长等词的词头之外，也常用作地名，字写作"卑、比"等，和以"母、妻、婆"等字地名相呼应，例如（据中国科学院民族所《黎族古代历史资料》）：

母子	土母（54 页）	
母盛弓	母感弓	母岸弓（577 页）
妻抱崔查村	妻玉村	妻蛮村（544 页）
婆贝村	婆杰村	婆村 （539—541 页）
婆媒村	婆包村	婆眉村（543—544 页）
卑孕村	卑休村	（545 页）
比鲊村	北比村	（546 页）
比言	比道	（594 页）

下面我们看看藏缅语族语言关于 pi 的用法。

阿里藏语中"老太太"一词叫作 ji⁵⁵ pi⁵³（或 e⁵⁵ pi⁵³），这个 pi 和壮侗语族的 pi 显然同源。请看"老太太"在阿里藏语几处方言中的说法（据瞿蔼堂、谭克让 1983，125 页）：

	噶尔	日土	普兰	扎达	革吉	措勒	改则
老太太	ji⁵⁵ pi⁵³	ji⁵⁵ pi⁵³	ji⁵⁵ pi⁵³	e⁵⁵ pi⁵³	ji⁵⁵ pi⁵³	ji⁵⁵ pi⁵³	ji⁵⁵ pi⁵³

藏缅语族很多语言称祖母为 a pi（phi），这和阿里藏语称"老太太"为 ji pi 意思相通，都是尊称女性长者。请看藏缅语族语言"祖母"一词的读音（据黄布凡 1992，73 页）：

	祖母
拉祜	ɑ³³ pi³³，ɔ³¹ pi³³
独龙	ɑ³¹ pi⁵³
墨脱门巴	ʔa pi
藏	ʔa phji
波拉	ɑ⁵⁵ phi³³
勒期	a³¹ phi⁴⁴
基诺	a⁴⁴ phi⁴⁴
哈尼_绿春_	a³¹ phi¹¹
彝_撒尼_	ɒ⁵⁵ phi¹¹

| 彝武定 | | a^{55} phi^{33} |

值得注意的是，彝语祭司也称 pi^{33} 或 pi^{33} mo^{44}，无论 pi 还是 mo，都来自表示母亲这个本义。而且，宗教用语也有用 pi 构成，还有普通人名也以 pi（译写作"呗"）作首字，甚至动物名植物名也用 pi 作词头或词尾。下面请看有关词例（据戴庆厦 1998）：

pi^{33}	祭司	235 页
pi^{33} mo^{44}	祭司	235 页
pi^{33} mo^{55}	毕摩，从事宗教活动的神职人员	207 页
pi^{33} si^{33}	主祭人	207 页
pi^{44} zɯ^{33}	毕摩的徒弟	207 页
pi^{33} khu^{55} khu^{55} thɯ^{33}	送灵吉年	211 页
pi^{33} lɯ^{21} lɯ^{21} thɯ^{33}	送灵吉月	211 页
pi^{33} tɕho^{33}	祭棚	211 页
pi^{33} bu^{33} thɯ^{21} ʐʅ^{33}	毕摩源流经	213 页
pi^{33} si^{33} thɯ^{21} ʐʅ^{33}	毕仙经	212 页
pi^{33} tɕu^{33}	（毕摩用的）神铃	212 页
pi^{33} mo^{44} lɔ^{55} bu^{21}	（毕摩用的）神笠	212 页
pi^{33} mo^{33}	呗耄（人名）	248 页
pi^{33} zɯ^{33}	呗惹（人名）	248 页
pi^{33} thi^{33}	呗体（人名）	248 页
pi^{33} ha^{33}	呗哈（人名）	248 页
pi^{33} ga^{55}	呗嘎（人名）	248 页
pi^{33} tɕho^{33}	呗曲（人名）	248 页
pi^{33} mo^{44} mu^{33} ka^{55}	呗耄老三（人名）	248 页
pi^{33} mo^{44} mu^{33} dʐʅ^{55}	呗耄老四（人名）	248 页
pi^{33} tʂhŋ^{33}	岩羊	235 页
pi^{33} mu^{33}	马	235 页
pi^{33} bu^{33}	牦	235 页
ma^{33} pi^{33}	竹	235 页
hi^{33} pi^{33}	鼠	235 页
ʑi^{33} pi^{33}	鸡	235 页
ɣo^{33} pi^{33}	熊	235 页

需要说明的是，彝语"毕摩"的说法，在彝语方言以及哈尼语方言中都有不同的叫法。例如（据黄布凡 1992，64 页）：

毕摩（祭司）

喜德地区	pi^{33} mo^{44}
巍山地区	ɑ^{33} pi^{55}
南华地区	ɑ^{21} pe^{55} ma^{21}
哈尼（墨江）	mu^{31} phi^{55}

而且，彝语"毕摩"的"摩"[mo]和汉语的"母"同源。这个[mo]在彝语中就表示母亲、女性、雌性，请看有关词例（据戴庆厦1998，175、177、178、191页）：

pha^{55} mo^{21}	父母	vo^{55} mo^{21}	母猪
mo^{21} ti^{33}	单身女	khɯ^{21} mo^{21}	母狗
a^{21} mo^{21}	妻子	ȵi^{21} mo^{21}	母牛
ȵi^{21} mo^{33}	母子、母女	mu^{21} mo^{21}	母马
mo^{21} ʑi^{33}	大姨	va^{33} tɕho^{55} mo^{21}	母鸡（到生育年龄）
mo^{21} ka^{33}	二姨	va^{33} ma^{55}	母鸡（已生育）

我们以为，从"母鸡"的两种说法看，表示母、女、雌性有两个变体，就是 mo^{21} 和 ma^{55}，犹如汉语"母"有满鄙、莫古、莫后、莫假四种反切（明方以智《通雅》卷二"母声之转"）相类。

这样，彝语的 pi^{33} mo^{44}（祖母、母）和黎语的 pi^{31} tua^{35}（娘、母）都用来指巫师、祭司，来源完全一致，都来自母性女性，这个 pi^{33}、pi^{31} 大概就是"妣"。这种语言现象反映了母系社会母氏独尊的遗迹，而发展到父系社会之后，尽管已由父氏主宰，但名称依旧沿用，性别特征于是消失。

广东连南瑶语，有个[pe^{53}]，写作"比"，也说 sau^{44} pe^{53}，写作"扫比"，都表示女阴。所以八排瑶语的[pe^{53}]（女阴），和黎语的 [pi^{31}]（母亲、雌性），和彝语的[pi^{33} hau^{24}]（祖母），就明明白白是一个同源的词，就可以认为是"妣"无疑了。

而且，瑶语这个表示女阴的 pe^{53}（比）或 sau^{44} pe^{53}（扫比）和表示男阴的 hau^{24}（写作"考"）都可以用作人名。请看（据巢宗祺1990；巢宗祺、余伟文1989）：

pe^{53}　女阴部（巢宗祺、余伟文1989，151页）

sau^{44} pe^{53}　阴户（同上161页）

唐老马扫比考公（姓名）（巢宗祺1990，200页）

唐买社表古考爸（父）（姓名）（同上）

我们认为，上举瑶语姓名例中，除了"比"（通"妣"）、"扫比"（通"嫂妣、叟妣"）之外，"父、公、考（考、老义同）"这些词，都是对长者的尊称，而且男女共享，性别特征已经消失。

　　这种用"妣"作姓名、地名，甚至作词头的现象，在南方偏远地区还是能见到一些（当然字形可以写成同音或近音的多种形式）。下面我们介绍一下这方面的有关情形。

　　广东西南部的雷州话（亦称海康话）有个阳去调词头 bi^{55}（字写作"妃"），既可以用作称谓词头，也可以用在形容词之前，构成指人的名词。请看张振兴、蔡叶青《雷州方言词典》4 页的解释：

　　　　【妃】bi^{55}（1）加在姓名、爱称、排行的前头，相当于词头"阿、老"：～吴｜～凤｜～大嫜｜～二（2）加在形容词的前面，使变成指人的名词：～悬（高个子｜～翘（驼子）｜～粗（大个子）｜～缺（豁嘴儿）

　　"妃"条所载其他词条如：

　　妃吵（话多的人）

　　妃大（老大，大儿子，大女儿）

　　妃哑（哑巴）

　　妃尾（最末了生的儿子或女儿）

　　妃花（麻子）

　　妃肥（胖子）

　　妃醉（称经常酗酒的人）

　　妃跛（瘸子）

　　妃呆（呆子）

　　妃矮（矮子）

　　妃九（谐妃狗，常用作小孩的爱称）

　　妃宙（瘪嘴儿）

　　妃聋（聋子）

　　妃瘄（瘦子）

　　妃朦（瞎子）

　　妃松（傻子）

　　妃戆（疯子）

　　妃怯（不好的人，多指子女）

　　妃咧（指嘴巴特大的人）

　　妃二（老二，二儿子，二女儿）

雷州话的 b 声母可来自古帮母非母敷母奉母明母微母，所以我们说这个词头"妃"和"妣"同源，大概不成问题。"妣"之用作词头，和"父（不、布）"等亲属称谓词用作词头，属同类现象（参张双庆、张惠英 2002）。

　　就在雷州地区的徐闻县，我们还看到不少用"妃"作人名的情形，男女都可以使用。例如（徐闻县志编委会 2000，未注性别者为男性）：

烈士：凌妃合　陈妃水（930 页）

　　　　陈妃福（931 页）

　　　　潘妃寿　杨妃陆　戴妃琼　高妃姑　王妃裕　庞妃觉（932 页）

　　　　黄妃妹　黄妃哑　张妃峰　柯妃招（933 页）

　　　　赵妃海　谢妃伦（934 页）

干部（副处以上）：林妃拾　梁妃合（936 页）

先进人物：李妃富（952 页）

　　　　　郑妃玖（953 页）

县领导：郑妃义（983 页）

运动员：许妃妹_女（793 页）

百姓：吕妃道（847 页）

　　　陈妃汝　骆妃三　陈妃二　陈妃玉（850 页）

　　　石妃三_女（880 页）

在海南的儋州县，也看到用"妃"作人名的例子，例如（据海南省儋州市地方志编委会 1996）：

寿星：王妃三_女　（103 页）

　　　苏妃群_女　（104 页）

　　　符妃大_女　（105 页）

　　　张妃大_女　符妃美_女　符妃大_女（111 页）

　　　何妃女_女　王妃大_女　王妃四_女　符妃三_女（112 页）

在广西的傣人，也有称母亲为"妃"，并用作人名。请看广西壮族自治区编辑组 1987，36 页的一则记载：

　　　谷吏屯的黄姓傣人因与当地 pʻo³³ nuŋ²¹（侬人）杂居，到了"姆马""姆花"（傣语称"妃马"、"妃花"，"妃"即母亲）这一代改穿侬人的服装，现在已成为侬人，不与傣人通婚。

按，"妃"就是 pi 的译写，王均主编《壮侗语族语言简志》未载 pi 作母亲义，大概是傣语的一种方言。例中 所载"妃马，妃花"都是人名。在邢公畹《红河上游傣雅语》书中，就有 pi 用作词头表尊称的情形。例如：

pi¹¹ nwoŋ³¹　　　　　亲戚（69 页）；客人（74 页）

pi¹¹ lo⁵³ san¹¹　　　　罗三（哥）（94 页）

pi¹¹ naŋ⁵³ vo¹¹　　　　娥娘（姐）（96 页）

所以，傣语、傣雅语（傣语的一种方言）的"妃"、pi¹¹ 和汉语雷州方言的"妃"一脉相通，都和"妳"同源。

　　"妳"用作地名，除了上文介绍的海南以外，也见于贵州等地，字常写作"比、庇、鄙、"等。例如（据当地地方志）：

贵州惠水县：比志　　比柞　　比纳　　纳比　　比王　　（《惠水县志》66、67、69、70 页）

城县：朵比　庇车　比德　小比德　比且（《水城县志》112、113 页）

锦屏县：鄙爹　俾把　俾祚　鄙胆　番鄙　鄙亮　俾堂　俾炸

俾把上寨　俾把下寨　高比　俾敢上寨　俾敢下寨

（《锦屏县志》49、50、54、56、72 页）

　　最后，我们要说，这个"妣"，无论是表示母亲、祖母，还是姐、嫂，都是从表示女性这一点演变而致。这在汉语、藏语、纳西语、嘎卓语、白语中 pi（声调可以和"妣"有所不同）都有表示女阴的现象。后来 pi 之称女（母，祖母，女性，妻子）也称男（哥，姐夫，男性人名词头等），犹如"且"之为"祖"为"姐"，"叟"之为"嫂"，"大、太"之尊称男性长者女性长者，反映了称谓也有失去性别特征的情形。而汉字汉语所反映的这种古代文明，在周边民族语言中也有这样那样的遗留。

引用书目

巢宗祺　1990　广东连南油岭八排瑶语言概要　华东师范大学出版社

巢宗祺、余伟文　1989　连南八排瑶语　中山大学出版社

戴庆厦　1998　彝语词汇学　中央民族大学出版社

广东省编辑组　1986　黎族社会历史调查　民族出版社

广西壮族自治区编辑组　1987　广西壮族社会历史调查（七）　广西民族出版社

郭沫若　1976　甲骨文字研究　香港中华书局

海南省儋州市地方志编委会　1996　儋县志　新华出版社

海南省民政厅　1996　海南行政区划简册（打印本）

黄布凡　1992　藏缅语族语言词汇　中央民族学院出版社

惠水县志编委会　1988　惠水县志　贵州人民出版社

锦屏县志编委会　1995　锦屏县志　贵州人民出版社

欧阳觉亚、郑贻青　1983　黎语调查研究　中国社会科学出版社

钱奠香　2002　海南屯昌闽语语法研究　云南大学出版社

瞿蔼堂、谭克让　1983　阿里藏语　中国社会科学出版社

瞿云魁　1793　陵水县志（影印本）

水城县志编委会　1994　水城县志　贵州人民出版社

王均等　1984　壮侗语族语言简志　民族出版社

邢公畹　1989　红河上游傣雅语　语文出版社

徐闻县志编委会　2000　徐闻县志　广东人民出版社

张双庆、张惠英　2002　从词头"不、布"谈起　《中国语文》第 3 期

张振兴、蔡叶青　1998　雷州方言词典　江苏教育出版社

中国科学院民族所　1964　黎族古代历史资料　　（无出版社）

中南民族学院　1956　海南黎族情况调查（3）　（油印本）

从词头"个"的分布看语言接触

（收入《语言现象的观察与思考》，民族出版社 2005 年）

一 仡佬语、格曼语、克木语词头"仡、格、克"来源相同，"仡佬"即"个老"

"仡佬"族，唐宋史书中写作"葛僚、仡僚、佶僚、革老、仡佬"等。不管如何变换写法，这个"葛僚、仡僚、佶僚、革老、仡佬"的首字"葛、仡、革、佶"都是词头，而且是同一个词头。我们从声音出发，就可以明白，"仡佬"者，个老也。"个"是词头，"老"是对人的尊称。"个"在汉语方言中作为词头、领属助词、指示词、动态助词等用法，我们正在讨论中，有些还需要时日去辨认一番，而它在民族语言中的类似用法，就更需要花一番工夫去挖掘去比较。

张济民《仡佬语研究》第 4 页说道："今日普定仡佬语称男人为 a^{31} tau^{13} 或 ko^{31} tau^{13}，平坝仡佬语称丈夫为 qo^{33} tau^{55} 或 a^{33} tau^{55}，……安顺仡佬语泛称妇女为 zo^{13}，普定称 a^{31} za^{13} 或 ko^{31} za^{13}，平坝仡佬语称妻为 qo^{33} zo^{13}。"可见词头 ko^{31}（qo^{33}、a^{31}）在仡佬语中用得很多，而且有多种变体，a^{31} 就是失落舌根音声母的变体。又如仡佬语的六枝牛坡话方言的词头就作 qo^{33}：qo^{33} na^{35}（踏）、qo^{33} $tcan^{55}$（卷曲）、qo^{33} lu^{55}（近）、qo^{33} lie^{35}（丑陋）（同上 27 页），qo^{33}、ko^{31}、qo^{33} 韵母上的不同也是一种变体。

下面看张济民《仡佬语研究》提供的六枝牛坡仡佬语带 qo^{33}、qa^{33}、ku^{55}、ku^{33}、qu^{53}、qu^{55} 词头的词：

qo^{33} vei^{31} 园圃　qo^{33} dzo^{31} 山　qo^{33} $?lan^{31}$ 路（482 页）

qo^{33} pu^{55} 云（483 页）

qo^{33} zu^{55} 高粱　qo^{33} lan^{31} 菜　qo^{33} sei^{35} tan^{53} 大蒜　qo^{31} ze^{35} 刺猬　ku^{55} tse^{31} 茄子（485 页）

qa^{33} zu^{55} 蚊子　qa^{33} mei^{35} 毛（487 页）

qo^{33} sun^{31} 头发　ku^{33} $plan^{31}$ 肩膀　qa^{33} $tsan^{55}$ phe^{31} 臀部　qa^{33} mei^{35} ne^{33} 汗毛（488 页）

qa³³ qei³¹ de¹³ 骨头　　qa³³ de¹³ mlaŋ³¹ 骨髓　　qa³³ ɕe³³ 肠子　　qa³³ ze³³ 病（489页）

qa³³ ȵa⁵³ 粑粑　　qa³³ ȵɯ³³ 盐　　qɯ⁵⁵ ɕu⁵⁵ 裤子（490页）

qə³³ lɯ³⁵ 帽子　　qa³³ tsuŋ³⁵ 仓（491页）

ku⁵⁵ tɕi³¹ 背篓　　qa³³ phei³⁵ 囤箩（492页）

qa³³ tsʅ³¹ 楔子（493页）

qa³³ tsuŋ³⁵ 刀子　　qa³³ tsei³⁵ te³¹ 笔　　qə³³ tsʅ³³ 药　　qə³³ tsʅ³¹ phaɯ³⁵ 火药（494页）

qə³³ ȵi⁵⁵ 刺　　qa³³ lɯ³¹ 壳　　qa³³ tshu³⁵ 人（495页）

qa³³ luɛ³⁵ ʔlei³¹ 主人（497页）

qə³³ vɛ³⁵ 熬（药）　　qə³³ nan⁵⁵ 按　　qə³³ tu⁵⁵ 扳折（500页）

qə³³ tsa³⁵ 比　　qə³³ aɯ³⁵ 簸　　qə³³ ʐa³⁵ 搓　　qə³³ ȵa³⁵ 踩　　qə³³ zi³⁵ 颤抖（501页）

qɯ⁵³ pi⁵³ 躲（502页）

qə³³ ʐa³¹ 挂　　qə³³ tɕu³⁵ 跪　　qə³³ tsei³¹ 嫁　　qə³³tuŋ⁵³ 啼（鸡）　　qə³³tsei⁵⁵ 教　　qə³³qɛ³⁵ 嚼

qa³¹ qa³⁵ 见（503页）

qə³³ tin³⁵ 记　　qə³³ lɯ³⁵ 看　　qə³³ zaŋ⁵³ 啃（504页）

qə³³ mɯ³¹ 爬　　qə³³ plei³⁵ 跑（505页）

qə³³ ten³¹ 热（动）　　qə³³ sɯ³¹ 收（506页）

qə³³ li³³ 吞　　qə³³ zan³³ 剃　　qə³³ thu³⁵ 吐（口水）　　qə³³ ta³⁵ 呕吐（饭）　　qə³³ zan⁵⁵ 推

qə³³ tsɯ⁵⁵ 饿　　qə³³tsei³¹ 下　　qə³³ ʔʐa³⁵ 洗（脸）（507页）

qə³³ʐu³³ 吊（508页）

qə³³ tuŋ³¹ 闹　　qə³³ zɯ⁵³ 粗（米）　　qə³³ ŋe³⁵ 稠密　　qə³³ tɕhu³⁵ 低　　qə³³ den³³ 肥（509页）

qə³³ lu⁵⁵ 贵　　qə³³ li³⁵ 光滑　　qə³³ li³⁵ 滑（路）　　qə³³ lɯ⁵⁵ 近（510页）

qə³³ zi¹³ 冷　　qə³³ uŋ⁵⁵ 亮　　qə³³ ŋie³⁵ 厚　　qə³³ ȵa³¹ 糯（形）　　qə³³ den³¹ 暖

qə³³ dɯ³³ 胖　　qə³³ ten⁵⁵ 浅　　qə³³ den³¹ 热（511页）

qə³³ zi³¹ 细（布）　　qə³³ ʔʐi³⁵ 稀（饭）　　qə³³ li³¹ 羞　　qə³³ to³⁵ 痒　　qə³³ lɯŋ³⁵ 圆（512页）

qɒ⁵⁵ ntau³³ 明日（146页）

　　又如李大勤的《格曼语研究》第1页讲到，"格曼"之名来自格曼人自称"格曼[kɯ³¹ man³⁵]"。陈国庆《克木语研究》第1页指出，克木人自称kəmuʔ，他称khəmuʔ，是kəmuʔ的变读。我们看到，格曼和克木族名首字kɯ31和kə、khə实际都是词头，是来源同一的词头。而且，这个词头还有别的变体k和tɕ（k的颚化读法），这些变体都和布朗语词头kaʔ⁴对应。

　　先看克木语词头k（1993年在南宁召开的语言比较和语言接触会议上，陈国庆提到，这个词头k，是kə的央元音弱化而致，右上角的一点表示分音节）的例子（据陈国庆2002）：

k`tai兔子　k`dǒŋ蛋　k`tam螃蟹　k`mɔt蛀虫　k`thiam大蒜　k`dɔŋ罐子（149 页）

kh`muʔ人　k`nai那（232 页）

k`nun膝（233 页）

k`maʔ雨（234 页）

k`dʐuh吐（痰）（239 页）

k`mul银（242 页），钱（290 页）

k`neʔ鼠　k`tɕak喜鹊（243 页）

k`sɛh滴水　k`dam重（250 页）

k`diŋ野牛（274 页）

k`ʔip蜈蚣（276 页）

k`tak tiʔ手掌　k`dɔʔ tiʔ胳膊（280 页）

k`tap dʐɯaŋ脚掌（281 页）

tɕ`klǎn肾　tɕl`gul dʐɯaŋ脚趾（281 页）

kh`muʔ人（282 页）；本民族自称（283 页）

k`dǒp栏杆（284 页）

k`lěn铃（290 页）

k`tot吮吸（291 页）

k`pǎt摆（手），招（手）（292 页）

k`leh撬（用棍）　k`rai搬（东西）　k`tɔt抽（水）（293 页）

tɕ`lɔŋ磨（刀）　k`vǎt雕刻　k`dǒŋ煎（295 页）

tɕ`rai骂（人）（298 页）

k`maʔ rɔt下（雨）　k`sěh掉下；滴（水）（299 页）

k`kar gǒn二个人　k`pěʔ gǒn三个人（305 页）

下面看克木语词头k、tɕ、德昂语词头k，和布朗语词头kaʔ[4]对应的例子（据同上）：

	克木语	德昂语	布朗语
蛋	k`dǒŋ		kaʔ[4] tɔm
舌头		k`ta:ʔ	kaʔ[4] tak[1]（以上 233 页）
土地		k`tai	kaʔ[4] tɛʔ[1]
灰		k`buh	kaʔ[4] lɤŋ[2]（以上 235 页）
玩		k`tɕɔ:ʔ	kaʔ[4] xaʔ[1]
平		k`ram	kaʔ[4] lɤ[1]（以上 238 页）
银	k`mul		kaʔ[4] muul[2]（242 页）
螃蟹	k`tam		kaʔ[4] tam[1]
乌鸦	kl`ʔak	k`ʔaʔ	kaʔ[4] a[2]

喜鹊	kˋtɕak	kha tɕɛk	kaʔ⁴ tɕak¹（以上 243 页）
鬼		kˋnam	kaʔ⁴ tɕiaʔ¹（247 页）
重	kˋdam		kaʔ⁴ kian³（250 页）
一	tɕˋʔɯm		kaʔ⁴ tiʔ⁴（232 页）
三	tɕˋʔɯn		laʔ⁴ oi¹（239 页）

语音演变是有规律的,是整齐的,但也都有不整齐的现象。上表中我们就看到,德昂语词头k是常体,但也有kha这个变体;布朗语词头kaʔ⁴ 是常体,但也有laʔ⁴ 这个变体。同样,克木语的词头tɕ就是k的颚化变体。

又如李锦芳、周国炎《仡央语言探索》第 3 页指出,中越两国边境的普标人自称"加标[qa³³ biau³³]",其中"加[qa³³]"是名词前缀。贵州南部的木佬人自称"嘎窝[qa²⁴ o⁵³]"或"阿窝[a³³ ɣo³³]",木佬人认同仫佬族。所以,加标、木佬(仫佬)的自称词头qa-和上述仡佬、格曼、克木的词头都是同一个来源。

这个词头究其语源是什么呢?如果只是从仡佬本身看,或从克木语、德昂语、布朗语单独看,不容易看清它的来源。如果比较一下傣语词头kɔ⁴/ko⁴、壮语词头kɯ⁵¹,苗瑶语词头"嘎、郭",那就很明白,这个词头就是兼作量词、指示词、领属助词等的"个"。下面我们先看一下傣语词头kɔ⁴、ko⁴ 来自量词"个"的情形。

二　傣语词头kɔ⁴/ko⁴、壮语词头kɯ⁵¹,都来自量词"个"

傣语有个词头kɔ⁴/ko⁴,是同一个词头的方言变体。例如(据周耀文、罗美珍 2001):

kɔ⁴:　kɔ⁴ ku⁶ 成双成对者　　　kɔ⁴ sɐu⁵ 相好的同龄人（175 页）
　　　　　双　　　　　　　　　　　老庚

ko⁴:　ko⁴ ho¹（第一[人]）
　　　ko⁴ tam²（第二[人]）
　　　ko⁴ ha³（第五[人]）
　　　ko⁴ pɛt⁹（第八[人]）
　　　ko⁴ sut⁸（第末[最后一个]）（以上 314 页）

(按,上引是傣语芒市方言用法,傣语绿春方言上述五个词的词头则是ʔɛ²。显然,ʔɛ² 是kɔ⁴、ko⁴ 的又一个变体。犹如汉语方言"个"也常脱落声母,韵母也有a、ɔ、o、ɛ、e等多种读法一样。)

　　　　　ko⁴ hɔi¹ 螺蛳（380、381 页）

(按,380、381 页,"hɔi¹ 螺蛳"也可以单说,不需加词头。)

作者周耀文、罗美珍在 175 页指出:前缀ko⁴,"原词义是'个'"。在

338 页又指出，ko^4（个，量词）是早期汉语借词。我们以为，该书作者所言甚是。kɔ^4、ko^4、ʔɛ^2 的读音，和汉语方言"个"的多种读法很接近。先看傣语方言量词"个"的几种读法（据同上 316 页）：

	芒市	孟连	景洪	绿春
个（人）	ko^4	kɔ^4	kɔ^4	tu^2
个（碗）	hoi^5	luk^{10}	noi^5	ʔɛ^2

傣语的词头kɔ^4、ko^{4}来源比较明白，有了这点认识之后，再看其他语言中"个"用作词头词尾等多种用法，就比较好办一些。这个ʔɛ^{2}又和汉语客家话等方言"个"读ke/e（ke失落声母的变体）/ɛ/kai等相对应。

泰国地名很多岛屿名用 KOH 或 KHO 作首音节，于是一般人都理解为这 KOH 或 KHO 就是小岛的意思。实际上，泰国也有一些小岛并非用 KOH 或 KHO 作首字。我们以新学会社光绪三十二年（1906）印行的《二十世纪中外大地图》（周世棠、孙海环编）来看，泰国图上的岛名就有不同译法：

岛兰萨　岛克丁伯　岛萨波加　岛丁斯哈　岛隆　岛岭山龙　岛扎

屿椰槟

科克兰岛　科米山岛

显然，"岛"用来译 KOH，"科"用来译 KHO，而"屿"则用来译不用 KOH 或 KHO 起头的岛名。在今天泰国的地图如 WORLD EXPRESS MARKETING SERVICES 出版的《MAP OF EXOTIC THAILAND》，KOH 也用来作普通地名首字，如西南角普吉岛北临的"搁天（KOH YAO）"，而普吉岛泰语就称"普吉（PHUKET）"，并未用 KOH 或 KHO 作首字。柬埔寨地名前的"KA-、KEO-、KOH-、KO-"也是这个词头（详见张惠英 2002，200—202 页）。所以，我们以为，这个 KOH 或 KHO 大概本来就是用来指称的"个"，犹如英语地名前得用 THE（THE USA，THE UNITED KINGDOM 等）表示指称同理。不只"个"因为常用作词头而反映在地名上，"那"同样也因为表示指称而用作地名首字。

武鸣壮语有个词头kɯ^{51}，它和量词"个"同音。例如（据李方桂 1953）：

kɯ^{51} 用作词头：

kɯ^{51} kɑɯ^{33} 我（85、87、91 页）

kɯ^{51} muŋ^{31} 你（85、91、123 页）

kɯ^{51} te^{33} 他（85、123 页）

kɯ^{51} rɑu^{31} 我们（123 页）

kɯ^{51} 用作量词：

koi⁵⁵ kɯ⁵¹ ʔdɯɑn³³　几个月（167页）

　　几　　月

koi⁵⁵ kɯ⁵¹ pi³³　几（个）年（169页）

　　几　　年

我们注意到，李方桂先生虽然没有在注文中注出"个"，但在译文中明白译出kɯ⁵¹就是量词"个"。

还有，西林壮语的词头kai⁵，在武鸣壮语中就用作量词和指示词。例如：

西林壮语词头kai⁵（据李锦芳1995，19页）：

单数第一人称：（kai⁵）ku²/ŋɔ⁴/ɛ²

单数第二人称：（kai⁵）muŋ²/la²

单数第三人称：（kai⁵）ti²

武鸣壮语量词指示词kai²⁴（据李方桂1953）：

kai²⁴　　nɑi⁵¹ θam³³ ʔbɑu⁵⁵ θoi²⁴　这东西不三不四（161、250页）

样、件　这　三　　不　四　（引者按，kai²⁴用作量词。）

kai²⁴ hɯɑt²⁴ ʔdi³³ lo⁵⁵　那腰好了（51页）

个　　腰　　好　了　（引者按，kai²⁴用作指示词。）

很明显，kai⁵的读法，和汉语方言如客家话等读"个"为kai（阴去调）完全一致。

三　苗瑶语词头"嘎、郭"来自量词"个"

苗瑶语一些方言自称或他称有一个词头"嘎"或"郭"，例如：

湘西吉卫苗语：qɔ³⁵（向日征1999，238页）

贵州凯里养蒿：qa³³（"嘎奴"）（陈其光2001，132页）

贵州凯里石板寨：qo⁵⁵ mjo³¹（"郭苗"）（陈其光2001，133页）

湖南花垣腊乙坪：qɔ³⁵ ɕoŋ³⁵（"郭雄"）（陈其光2001，132页）

下面请看吉卫苗语词头 qɔ³⁵ 及其变体 kɯ⁴⁴、ka³³ 的例子（据向日征1999）：

qɔ³⁵ 词头：

qɔ³⁵ ɕoŋ³⁵ 苗族	qɔ³⁵wɛ³³ 锅	qɔ³⁵ tɕɔ⁵³ 鼎罐	qɔ³⁵khɔ⁴⁴ 锄头	111页
qɔ³⁵ mji⁴² 好几（个）	qɔ³⁵ tɕi³¹（斤）两	qɔ³⁵ tɕi⁴⁴ 锣		
qɔ³⁵ tɕhi⁴⁴ 胃				132页
qɔ³⁵ ntɕi³⁵ 剪刀	qɔ³⁵ ni⁵³ 男子	qɔ³⁵ ɕi⁴⁴ 带子		
qɔ³⁵ ɲchi⁴⁴ 篮子	qɔ³⁵ lji³¹ 犁	qɔ³⁵ lji⁴⁴ 李子		133页
qɔ³⁵ phe⁴⁴ 办法				134页
qɔ³⁵ se³⁵ 箭	qɔ³⁵ te³¹ 地方	qɔ³⁵ te³³ 瘦肉		

qɔ³⁵ tʰe³⁵ 层			135 页
qɔ³⁵ ʈe⁵³ 碗	qɔ³⁵ ze³³ 仓库	qɔ³⁵ tɕe⁵³ 蒸笼	
qɔ³⁵ n̪tɕʰe⁵⁵ 秤	qɔ³⁵ ɕe⁴⁴ 肠子	qɔ³⁵ ce⁴⁴ 水潭	
qɔ³⁵ ce⁴² 碗柜			136 页
qɔ³⁵ kwe³¹ 官	qɔ³⁵ qwe³¹ 拳头		137 页
qɔ³⁵ pei⁴⁴ 杯子	qɔ³⁵ tsei³¹ 线	qɔ³⁵ ntsei³⁵ 伞线	138 页
qɔ³⁵ ntei⁴⁴ 刀	qɔ³⁵ ʈei⁴² 梯子	qɔ³⁵ ʈʰei⁴⁴ 篱笆	
qɔ³⁵ n̪ʈei³³ 锤子	qɔ³⁵ zei³¹ 山岭		139 页
qɔ³⁵ men³⁵ 粽粑叶	qɔ³⁵ men³³ 荞麦	qɔ³⁵ nhen³⁵ 穗	
qɔ³⁵ ŋen⁴² 鳞			140 页
qɔ³⁵ pɛ³¹ 坎子	qɔ³⁵ pɛ⁵³ 坎子	qɔ³⁵ me³⁵ 瓣（指橘子）	
qɔ³⁵ me³³ 略为	qɔ³⁵ wɛ⁴⁴ 湾	qɔ³⁵wɛ³³ 锅	141 页
qɔ³⁵ lɛ³³ 亲戚			142 页
qɔ³⁵ ʈe⁴² 坎子，庭院	qɔ³⁵ n̪tɕɛ⁵³ 钉子		143 页
qɔ³⁵ Nqɛ³⁵ 唢呐哨子			144 页
qɔ³⁵ pa³⁵ 腿	qɔ³⁵ pa³¹ 洞穴	qɔ³⁵ pha⁵³（谷）壳儿	
qɔ³⁵ ma³³ 泡沫	qɔ³⁵ tsha⁵³ 沙子	qɔ³⁵ sa⁵³ 糠	145 页
qɔ³⁵ lha⁵³ 绳子	qɔ³⁵ ʈa⁵³ 蹄子	qɔ³⁵ za⁴² 梳子	146 页
qɔ³⁵ ŋwa³³ 周围	qɔ³⁵ qa⁴⁴（包谷）秆		147 页
qɔ³⁵ mpʰɑ⁴⁴ 妇女	qɔ³⁵mpʰɑ⁵³ 缺口（指田埂）	qɔ³⁵ mja⁴⁴ 扇子	
qɔ³⁵ pzɑ⁴⁴ 棍子	qɔ³⁵ tsa³⁵（油）榨	qɔ³⁵ tsha³⁵ 沙子	148 页
qɔ³⁵ nɑ⁴² 痕迹	qɔ³⁵ ʈa³³ 汉族	qɔ³⁵ ʈha⁴⁴ 叉子	149 页
qɔ³⁵ tɕha³⁵ 荆棘	qɔ³⁵ ɕa³¹ 匣子	qɔ³⁵ ca⁵⁵ 影子	
qɔ³⁵ lja⁴⁴ 肋骨	qɔ³⁵ kha⁴⁴ 气味		150 页
qɔ³⁵ qwa⁴⁴ 腰子	qɔ³⁵ paŋ³⁵ 稗子		151 页
qɔ³⁵ waŋ⁴²（辣椒）串	qɔ³⁵ pzɑŋ⁴²（旗）穗子	qɔ³⁵ taŋ⁴² 凶	
qɔ³⁵ tʰaŋ⁴⁴ 风箱	qɔ³⁵ naŋ³¹ 行（指庄稼）		152 页
qɔ³⁵ ʈaŋ³¹ 楂子	qɔ³⁵ ŋaŋ³⁵ 什么	qɔ³⁵ zaŋ³¹（鸟）笼子	
qɔ³⁵ zɑŋ³³ 寨子	qɔ³⁵ zɑŋ³⁵ 秧苗	qɔ³⁵ zaŋ⁴² 边沿	153 页
qɔ³⁵ kwhɑŋ⁵³ 圈儿			154 页
qɔ³⁵ hɑŋ³⁵ 巷	qɔ³⁵ hwaŋ³⁵ 金鸡内	qɔ³⁵ po³¹ 底（指盆）	
qɔ³⁵ mpo⁴⁴ 镰刀	qɔ³⁵ mo³¹ 模样		155 页
qɔ³⁵ to³³ 荆棘	qɔ³⁵ nto³³ 坨子	qɔ³⁵ lho⁴⁴ 竹子	
qɔ³⁵ to³⁵ 扫帚			156 页
qɔ³⁵ ʂo³⁵ 声音	qɔ³⁵ tɕo³³ 白	qɔ³⁵ tɕho⁴⁴ 纺车	

ku^{44} 词头：

kɯ⁴⁴ lo⁵³ 上面　　　　　　　　　　　　　　　　　　　245 页

kɯ⁴⁴ tɕi⁵³ 外面　　　　　　　　　　　　　　　　　　251 页

kɯ⁴⁴ haŋ⁴⁴ 下面、kɯ⁴⁴ pa³⁵ 下肢　　　　　　　　　　253 页

我们注意到，kɯ⁴⁴ 原来是个量词，表示"双"，指手、脚（55 页）；而词头qɔ⁵³ 又和词头ka³³ 有时是互用的变体，例如：

ka³³ tɕi³⁵ 哪里（47、48 页）

qɔ⁵³ tɕi³⁵ 哪里（47、48 页）

而这个ka³³ 也是一个量词，表示块、片，指钱、粑粑、瓦等（54 页）。

如果我们再看一下瑶族布努语方言，那么我们就清楚，吉卫苗语的词头 qɔ³⁵ 及其变体 kɯ⁴⁴、ka³³，和云南富宁县龙绍东努话正相对应。请看（据蒙朝吉 2001）：

ka³ tɕi⁵ 风，ka³ hu³ 云，ka³ mpjən² 病，ka³ tɕau¹ 裤子，ka³ fa³ 毛巾，ka³ m8uŋ¹ 跳蚤、

ka³ tuŋ³ 虱子，ka³ pɔ¹ 发抖，ka³ khe⁵ 咳嗽，ka³ la⁸ 跑；（ka¹）to⁴ 火，

（ka¹）ntɬaŋ² 叶子，（ka³）nti⁶ 阳光，（ka³）kjo⁴ 旱（词头可有可无）（87 页）

ka¹θhɔŋ³ 骨头，ka¹ tɕɔŋ² 根，ka¹ kjɔŋ³ 贪嘴，ka¹ ʈo⁸ 惊跳，ka¹ ʈhaŋ⁵ 抖动，

ka¹ tɬa⁵ 踩脚，ka¹ ʐu⁴ 大喊（89 页）

ka¹ mpuŋ⁵ 雪，ka¹ mpuŋ⁵ kaŋ³ 冰，ka³ hu³ 雾，ka³ te⁵ 霜，ka³ tɬho³ 雹子（193 页）

ka¹ te¹ 土，ka¹ θhai⁷ 锡，ka¹ to⁴ 火，ka³ pɔŋ⁵ to⁴ 烟（炊烟），ka³ sha³ 火灰（194 页）

ka¹ tɕɔŋ¹ 蚯蚓，ka¹ shi³ 蛔虫，ka¹ ntɕɔŋ¹ 臭虫，ka¹ m8uŋ¹ 跳蚤，ka¹ tuŋ³ 虱子，

ka¹ ntsha³ 头虱，ka¹mɔŋ⁴ 苍蝇，ka¹ ʐaŋ³ 蚊子，ka³ to³/ka³ tɬau⁵ 皮（199 页）

ka³ tɕɔŋ² 根，ka³ ɳ8aŋ³ 草，ka³ ŋko¹ 茅草（200 页）

ka³ sɔŋ⁶ 高粱，ka³ phai⁵ 糠，ka³ fe⁵ 棉花（201 页）

ka³ tɬau¹ 脑髓，ka³ ntɕau² 口水，ka³ le² 痰（202 页）

ka³ tɬən¹ 肚子，ka³ tɬau³ 皮肤，ka³ θhɔŋ³ 骨头，ka³ ɳ8uŋ³ 肠子，ka³ θo³ 肺，

ka³mpjau⁶ 鼻涕（203 页）

ka³ pen⁶ 粪，ka³ pa⁶ 脓，ka³ mpjən² 病，ka³ tu⁸ ɬu⁵ 天花，ka¹ ʂe³ 麻疹，

ka³ mpo⁷ 疟疾（204 页）

ka³ fa³ 帕子（209 页）

ka³ shi⁵ 上衣，ka³ tɕau³ 裤子，ka³ shi⁵ pɔ³ 棉衣，ka³ tən¹ 裙子，ka³ ŋʈhaŋ¹ 裹脚，

ka³ mpa⁴ 袜子，ka¹ to⁴ 柴，ka³ pau¹ 被子，ka³ ɕe³ 蚊帐，ka³ tɕen⁴ 篾席（210 页）

ka³ mjen³ 草席，ka¹ hu¹ 声音（211 页）

ka³ tɕi⁴ 茶（213 页）

这个词头ka¹ 就是一个量词，表示根、只、条等（232、114 页）

从 qɔ、kɯ、ka的语音看，从它们兼作量词、词头看，都和汉语方言的"个"对应。而从吉卫苗语 kɯ⁴⁴ 多用作方位词词头这点看，和泰语地名用

KO/KHO 作词头相似。最后我们比较汉语方言"个"的有关用法。

四　汉语方言中的词头"个（圪、尕）"

"个"在汉语方言中的用法很多，而且有不少异读、又读或声音变体。我们在此不加详细讨论。我们只就相关的"个"用作称人名词词头的用法作一个参照。

湖北四川一带的西南官话中，"个"可用作称人名词的词头，"个"起着指称的作用。

例如武汉话，朱建颂《武汉方言词典》128 页"个"条就记载：

个·kə前置成分，"这个"之省，用于名词之前，表示不满、讥讽、斥责等：

～苕_傻家伙｜～死货｜～杂种｜～坯子_{不通人情的人}｜～木头人｜～老实坨子｜～杂种事情的‖也作"喀"

又如湖北荆沙话口语中"个"可作发语词，用在名词或名词性结构之前，可以构成独语句。例如（据王群生 1994，270 页）：

[1]个小坏蛋　　　　个小精怪　　　　个小鬼头

[2]个苕货　　　　　个糊涂虫　　　　个苕伢伢

[3]个死不争气的　　个狗东西　　　　个狗×的

作者王群生同页指出："'个'作发语词，书面语中不用，口语中，'个'读作轻声音节。'个'一般构成独语句，为名词性的。'个'字构成的独语句，有鲜明的感情色彩。如例[1]，都表示亲近、亲切的情感。例[2]有责备意，例[3]表示厌恶的情感。"

笔者有幸，于 2003 年 10 月中旬和参加华中师大语言教学与研究中心召开的被动式会议的同行一起游览新三峡，从湖北宜昌上船，到四川奉节，一路上经常听到"个老子"这句话：在宜昌船过葛州坝时，有个船工为船只不能顺利进坝事而怒骂"个老子"，在奉节白帝庙的女摊贩因和一位游客没做成生意而骂了一声"个老子"。

由四川自贡人魏明伦编的川剧《变脸》中，男主角艺人水上飘看到领养的孙女对他百般孝顺，就唱"格老子死了也值得"。"格老子"就是"个老子"。这 "个老子"当是指自己。

在张西庭、李德昌编的三十六集电视剧《曾国藩　魂断太平》中，有个没有文化、性格卤莽的人物鲍诏口中，就常有"格老子的、格奶奶的"等说法，和武汉话、荆沙话口语完全相类。剧中的人物鲍诏就是四川奉节人鲍超，奉节的旅游景点中有鲍超的介绍和遗物，还有他的后人捐献的太平军首领坐的木椅。"格奶奶的"可能是编剧者仿照"格老子的"或"他妈的、他奶奶的"这类说法而写成。而"格"则是"个"的同音代用字。

　　《汉语大词典》第 4 册 996 页载有"格老子"条，释为"四川笑骂人的口头语"。举例：宋乔《侍卫官杂记》："'格老子'，老杨笑着骂我，'怕老婆也得有点分寸——你简直太不像样了。'"

　　福建连城客家话近指词"这[tʂaʔ⁵]"和远指词"解[kuə¹¹]"也有类似用法。项梦冰《连城客家话语法研究》127 页指出，单音指示代词"这、解"都可以出现在独语句句首，主要"表示说话人的不满语气，属詈语之类"，这种情况下，"这、解"在语音上都要发生变化：一是声母要读作送气声母，一是声调都读阳入，而"解"还可以进一步失落介音。请看：

　　这：tʂa¹¹——tʂʻaʔ⁵

　　解：kuə¹¹ ——kʻuəʔ⁵ —— kʻəʔ⁵

　　项梦冰于同页提供了 4 个例句：

　　这这浅债鬼嘞，这个讨债鬼！ tʂʻaʔ⁵ tʂa¹¹ tsʻie⁵¹ tsuə³ kuai⁵¹

　　这这鸟佢娑，下同个东西嘞，我×他妈！ tʂʻaʔ⁵ tʂa¹¹ tiu³ tɿʻɿa⁵⁵ mai³³ ə³⁵ taŋ³³ si³³

　　解解千筒梗嘞，那破鞋 kʻuəʔ⁵/kʻəʔ⁵ kuə¹¹ tsʻie³³ tʻaŋ⁵⁵ kua⁵¹！（127 页）

　　解解合佢娑，我×他妈 kʻuəʔ⁵/kʻəʔ⁵ kuə¹¹ ku³⁵ tɿʻɿa⁵⁵ mai³³ （127 页）

按，作者 127 页特别指出，尽管"这[tʂʻaʔ⁵]""解 [kʻuəʔ⁵/kʻəʔ⁵]"主要表示说话人的语气，仍有微弱的指示意味。

　　我们认为，福建连城客家话这个远指词"解"，实际上就是南方方言常见的指示词"个"（参张惠英 2001，93—108、160—161 页）。在这种表示不满语气、属詈语性质的独语句中，句首的指示词的声母由不送气变为送气，声调读为阳入，犹如吴语指示词"个"，有的地方读同清音声母的"葛、格、革（阴入）"等，有的地方读同浊音声母的"辩（阳入）"。吴语读浊音声母的，客赣语一般读送气音声母，所以连城客家话指示词"解（个）"送气音（阳入）一读和吴语"个"有浊音声母（阳入）的读法正相对应，这符合汉语语音演变的一般规律。

　　北方如山西、内蒙、青海等地，用"圪、尕"作词头的，很常见。

　　山西话词头"圪"和"个"同音（参侯精一 1985，99 页），可用作名词量词形容词动词等多种词类的词头。例如：圪蚤（跳蚤）、圪台（台阶）、圪堆儿、圪枝儿、圪弯弯底、圪找、圪求（参张惠英 2001，207—208 页）。

　　青海西宁话词头"尕"读阳平调ka²⁴，是"个"的一种古读，犹如果摄字"那"今普通话仍读nà，可以用作称人、称动物、称事物名词的词头，例如（据张成材 1994，49—50 页）：

　　尕姨娘（丈夫称妻妹；泛指亲近的年轻女性）

　　尕妹（兄嫂背称弟媳）

　　尕姐姐（女仆）

　　尕穷人（穷人）

　　尕兵（兵）

　　尕驴户（毛驴儿）

　　尕面片（一种面食）

　　甘肃东乡一带也有以"尕"作称人的词头，如一名贩毒女子叫"张尕娘"（见于《北京晚报》2004 年 1 月 18 日第 4 版《十三公斤海洛因要了女毒枭的命》）。

　　"个"在很多南方方言中用作指示词，也可以用作地名人名词头。"个"（也写作"格、革、戈、葛"等）用作地名人名的例子如：

　　地名：个旧　格勒　格渣　戈背　细戈　革羊　革乍　革庸（据《云南省地图册》）。

　　人名：噶令商　噶令条　噶罗　噶古　噶仲　噶包毛（据贵州《剑河县志》1121—1122 页）。

　　最后，我们要说，从"个"词头的广泛分布，可以看到，语言或方言之间的接触是很密切很深远的，而要认清这种辗转传承的关系还需要时日。

引用书目

陈国庆　2002　克木语研究　民族出版社

陈其光　2001　汉语苗瑶语比较研究　（收入丁邦新、孙宏开 2001）

丁邦新、孙宏开　2001　汉藏语同源词研究（二）　广西民族出版社

侯精一　1985　长治方言志　语文出版社

剑河县志编委会　1994　剑河县志　贵州人民出版社

李大勤　2002　格曼语研究　民族出版社

李方桂　1953　武鸣僮语　中国科学院

李锦芳　1995　西林壮语人称代词探析　《民族语文》第 2 期

李锦芳、周国炎　1999　仡央语言探索　中央民族大学出版社

蒙朝吉　2001　瑶族布努语方言研究　民族出版社

王均等　1984　壮侗语族语言简志　民族出版社

王群生　1994　湖北荆沙方言　武汉大学出版社

向日征　1999　吉卫苗语研究　四川民族出版社

项梦冰　1997　连城客家话语法研究　语文出版社

赵鼎汉等　1999　云南省地图册　中国地图出版社出版社

张成材　1994　西宁方言词典　江苏教育出版社

张惠英　2001　汉语方言代词研究　语文出版社
　　　　　2002　语言与姓名文化　中国社会科学出版社
张济民　1993　仡佬语研究　贵州民族出版社
朱建颂　1995　武汉方言词典　江苏教育出版社

词头"圪、阿"探源

（收入《汉语方言代词研究》，语文出版社 2000 年）

汉语是一种"词头"很发达的语言，就以《诗经》而论，名词、形容词、动词等都有词头，如"有、其、于、薄、爰、曰、言、繁、斯、伊"等。到了现代汉语，虽然北京话和规范普通话中见得不多，不过"阿、老、小"等几个，而且用法也很有限，但到了方言中，情况就不同了。就以北方话常见的词头"圪"、南方话常见的词头"阿"而论，其使用的频繁及构词的多种方式，就很值得注意，它们的来源就很值得探讨。

有幸的是，不只汉语方言的词头"圪、阿"用得很多，而且南方的壮语、哈尼语等少数民族语言也有相类的情形。所以我们探讨其来源时，不只需要方言间的比较，还需要汉语和南方少数民族语言的比较研究。

本文拟在三个方面进行讨论：一是汉语方言词头"圪、阿"的用法；二是少数民族语言中词头"a、qa"的用法；三是"阿、圪"或"a、qa"都来源于量词"个"，"阿、圪"或"a、qa"都是变体。

一 词头"圪、阿"的用法

北方话如山西、河南、陕西等地的很多方言都有一个词头"圪"，这个词头"圪"可以构成名词、量词、形容词、动词等。现以山西长治话为例（据侯精一 1985，105—108 页）：

名词：圪蚤 $kə\textipa{P}^{54} tsɔ^{535}$（跳蚤）

圪台 $kə\textipa{P}^{54} t'æ^{24}$（台阶）

圪洞 $kə\textipa{P}^{54} tuŋ^{53}$（小洞儿）

圪斗儿 $kə\textipa{P}^{54} tər^{535}$（小盒儿）

圪扯 $kə\textipa{P}^{54} ts'ə^{535}$（抻条儿面）

圪膝盖儿 $kə\textipa{P}^{54} ɕi^{213} kɑr^{44}$（膝盖）

圪肘子 $kə\textipa{P}^{54} tsəu^{535} tə\textipa{P}^{535}$（胳膊肘儿）

圪须子 $kə\textipa{P}^{54} ɕy^{213} tə\textipa{P}^{313}$（碎布条儿）

圪窑子 $kə\textipa{P}^{54} iɔ^{24} tə\textipa{P}^{35}$（墙壁或山坡挖的洞）

量词：圪绺儿 $kə\textipa{P}^{54} liər^{535}$（一～头发）

　　　圪截儿 kəʔ⁵⁴ tɕiar⁵³（一～玉茭圪懒玉米杆）

　　　圪堆儿 kəʔ⁵⁴ tuər²¹³（一～灰渣脏土）

　　　圪枝儿 kəʔ⁵⁴ tsər²¹³（一～花儿）

　　　圪叽 kəʔ⁵⁴ tɕi²¹³（一～糖精）

　　　圪沓 kəʔ⁵⁴ tʼa²¹³（一～信纸）

形容词：圪弯弯底 kəʔ⁵⁴ uɑŋ²¹³ uɑŋ²¹³ ti⁵³⁵

　　　　圪蔫蔫底 kəʔ⁵⁴ iaŋ²¹³ iaŋ²¹³ ti⁵³⁵

　　　　圪皱皱底 kəʔ⁵⁴ tsəu⁵³ tsəu⁵³ ti⁵³⁵（形容人不高兴）

　　　　圪挺挺底 kəʔ⁵⁴ tʼiŋ⁵³⁵ tʼiŋ⁵³⁵ ti⁵³⁵（形容老年人身体硬朗）

动词：（圪）塞（kəʔ⁵⁴）səʔ⁵⁴

　　　（圪）找（kəʔ⁵⁴）tsɔ⁵³⁵

　　　（圪）能（kəʔ⁵⁴）nəŋ²⁴（踮起脚尖）

　　　（圪）求（kəʔ⁵⁴）tɕʼiəu²⁴（央求）

　　　圪掇 kəʔ⁵⁴ tuəʔ⁵⁴（戳）

　　　圪□ kəʔ⁵⁴ læ⁵³⁵（染）

　　　圪□ kəʔ⁵⁴ lyɛ²⁴（滚开）

　　　圪□ kəʔ⁵⁴ luaŋ²⁴（团住）

　　　圪堆 kəʔ⁵⁴ tsuei²¹³（蹲）

　　　圪堆圪堆 kəʔ⁵⁴ tsuei²¹³ kəʔ⁵⁴ tsuei²¹³（蹲一蹲）

　　　圪遛 kəʔ⁵⁴ liəu⁵³（遛）

　　　圪遛圪遛 kəʔ⁵⁴ liəu⁵³ kəʔ⁵⁴ liəu⁵³（遛一遛）

　　这个词头"圪"和量词"个"同音（同上 99 页）。

　　词头"圪"在青海的西宁话中，就成了"尕"[ka²⁴]（阳平调）。"尕"在有些词中表示小的意思，有些词中并不是表小义。例如（据张成材 1994，49—50 页）：

名：尕石头（小石头）　　　　　名：尕姨姨（丈夫称妻妹；泛指亲近的年轻女性）

　　尕鸡娃儿（小鸡）　　　　　　　尕姑舅=姑舅（姑表）

　　尕旗期儿（小旗子）　　　　　　尕卒儿=卒（象棋的卒子）

　　尕拉鸡（野鸡的一种）　　　　　尕拉名儿（最后一名）

　　尕妹（兄嫂背称弟媳）　　　　　尕姐姐（女仆）

　　尕面片（一种面食）　　　　　　尕兵（兵）

　　尕穷人（穷人）　　　　　　　　尕丽巴（牦牛与黄牛杂交所产）

　　尕驴儿（毛驴儿）

形：尕机灵儿（很机灵）

　　尕拉后儿（最后的）

　　《现代汉语词典》把"疙瘩、纥绖、圪垯、圪节、圪蹴、圪针"的"疙、纥、圪"定为阴平调gē，把"虼螂、虼蚤"的"虼"定为去声gè，把"尜古、尜娃、尜李"的"尜、尜"定为上声gǎ。

　　南方话如吴语、闽语、粤语、客家话等有个词头"阿"，可用于称呼、人名和一些名词前，构成名词。也可用于动词或形容词前，表示疑问。现以吴语崇明话为例，构成名词的如：

　　　阿婆（奶奶、姥姥）

　　　阿爹（父亲）

　　　阿嫂（嫂子）

　　　阿哥（哥哥）

　　　阿弟（弟弟）

　　　阿姐（姐姐）

　　　阿舅（妻子的兄或弟）

　　　阿婶（丈夫弟的妻子）

　　　阿伯（丈夫之兄）

　　　阿叔（丈夫之弟）

　　　阿侄（侄子）

　　　阿大（老大）

　　　阿二（老二）

　　　阿狗（人名）

　　　阿毛（人名）

　　　阿猫阿狗（指猫和狗）

　　"阿"还可以加在动词、形容词前表示疑问，如：

　　　阿好（可不可以，能不能）

　　　阿是（是不是）

　　　阿会得（会不会，可能不可能）

　　　阿要（要不要）

　　　阿红（红不红）

　　　阿甜（甜不甜）

　　　阿好看（漂亮不漂亮）

　　　阿着肉（亲热不亲热）

　　"阿"和"曾"结合成为一个疑问副词，崇明话口语音[æʔ꜀ ꜀n.in]，表示可曾的意思，例如：

　　　夷阿曾去（他可曾去）？

　　　你阿曾听见（你可曾听见）？

阿曾去过北京（可曾去过北京）？

崇明话还有"阿哦"[æʔ。·væ]一词，是语气助词，用于句末提问，相当于北京话的"是吗"；或者用作反问，相当于北京话的"可不是、是不是"：

崇明话弗话"糯糊"，阿哦？（崇明话不说"糯糊"，是吗？）

阿哦，你到底惹哭夷口特。（可不是，你到底把他惹哭了。）

崇明话的"阿"有三个读音：æʔ^5（阴入）、ɑʔ^5（阴入）、ɑ^{424}（阴上），在不同的词中，有不同的选择。

"阿"用作词头的情况，在古籍中也常见，如"阿丈、阿子、阿井、阿父、阿公、阿丘、阿兄、阿母、阿奴、阿老、阿我、阿弟、阿伯、阿房、阿叔、阿妹、阿爷、阿婆、阿侯、阿保、阿段、阿姨、阿家、阿连、阿哥、阿翁、阿爹、阿妈、阿娇、阿铺、阿孩儿"等。还有用作人称代词的"阿侬"、用作疑问代词的"阿谁"。

唐代孙思邈的《千金要方》卷二十九有个"阿是穴"的穴位名称它又称"不定穴"。从这个异名看，"阿是"也表疑惑不定。所以"阿"表疑问，在唐时口语中已见。今青海西宁话也是用"阿"表疑问，如"阿个谁、阿一个谁、阿蒙怎么、阿里哪里"（张成材 1994，51—52 页；张成材、朱世奎 1987，242 页）。

还有《世说新语》中已见的"阿堵、阿堵物"，其中的"阿"实际已表示指示之义。

二　少数民族语言中词头"a、qa"的用法

哈尼语有一个词头 a^{55}（或 a^{31}、a^{33}）用于称谓、代词前，也用于量词、名词、动词、形容词之前构成名词，成为名词的标志。现据李永燧的《哈尼语概况》（1979，134—151 页）、《哈尼语名、量、动词的同源现象研究》（1990，40—50 页）两文中的用例归纳如下：

（1）称谓：a^{31} da^{33} 爸

　　　　　a^{31} ma^{33} 妈

　　　　　a^{31} ŋi^{55} 弟（以上 1979，142 页）

　　　　　a^{55} su^{31} 叔

　　　　　a^{55} go^{33} 哥（以上 1979，147 页）

　　　　　a^{31} bo^{55} 爷爷（1990，43 页）

　　　　　a^{31} za^{31} 女婿（1990，41 页）

（2）代词：a^{31} jo^{31} 他

　　　　　a^{31} jo^{31} ma^{31} 他们（以上 1979，140 页）

　　　　　　a³¹ so⁵⁵ 谁（1979，144 页）

（3）名词：a³¹ go³¹ 臭虫（1990，43 页）

　　　　　　a³¹ u̱³³ 蚂蚁

　　　　　　a³¹ dze̱³¹ 蝉（以上 1990，46 页）

　　　　　　a³¹ ɣa³¹ 猪

　　　　　　a³¹ mju̱³¹ 猴（以上 1979，134 页）

　　　　　　a³¹ khɯ³¹ 狗

　　　　　　a³¹ xa³³ 鸡（以上 1979，137 页）

　　　　　　a³¹ 树（1990，47 页）

　　　　　　a³¹ ȵu³¹ 牛（1990，48 页）

　　　　　　a³¹ dø³³ 笋（1990，49 页）

　　　　　　a⁵⁵ si³¹ 果子（1990，48 页）

　　　　　　a⁵⁵ do̱³¹ 灯（1990，43 页）

　　　　　　a³¹ khɯ⁵⁵ 脚（1979，136 页）

　　　　　　a³¹ dzɔ⁵⁵ 磨秋、磨秋千（1990，41 页）

（tsa³³ 条）　　a⁵⁵ tsa³³ 绳子

（pa³¹ 片）　　a⁵⁵ pa̱³¹ 叶子

（tsʅ³³ 节）　　a⁵⁵ tsʅ³³ 节儿（以上 1979，146 页）

（tɕu̱³³ 发芽）　a⁵⁵ tɕu̱³³ 芽

（la̱³¹ 长枝）　a³¹ a⁵⁵ 树枝

（dza³¹ 出痘）　a⁵⁵ dza³¹ 痘

（ȵi³¹ 削篾）　a⁵⁵ ȵi³¹ 篾片（以上 1990，44 页）

（ɣɤ³¹ 拉，拖）a⁵⁵ ɣɤ³¹ 秋千（1979，146 页）

（je³³ 开花）　a⁵⁵ je³³ 花（1979，137 页）

（tɕhu⁵⁵ 甜）　a³¹ tɕhu⁵⁵ 乳

（xa³¹ 苦）　　a⁵⁵ xa³¹ 苦笋

（phe⁵⁵ 涩）　a³¹ phe⁵⁵ 梨（以上 1979，146 页）

　　阿昌语也有一个词头 a³¹，除了有哈尼语中的语法作用外，还可在形容词词根前构成形容词修饰名词，或者指某一种物；还可以表示领属关系。这两种情况都和汉语的"的"相似。例如（戴庆厦、崔志超 1983，73—75、77—79 页）：

ŋo⁵⁵ tse³¹　　a³¹ na⁵⁵ ȵu⁵⁵（我要红的衣服）

我　衣服　红的　要

ŋo⁵⁵　a³¹ na⁵⁵ ȵu⁵⁵（我要红的）

我　红的　要

a³¹ kan³¹ touʔ³¹ lai³¹ tseʔ⁵⁵（厚的纸）

厚的　　样　　　纸

a³¹ kzə³¹ uai³¹（大的甜）

大的　　　甜

ŋɔ⁵⁵ a³¹ tshek⁵⁵ tɕɔ³¹（我吃辣的）

我　　辣的　吃

ŋɔ⁵⁵ tse³¹　a³¹ lai⁵⁵ nan³¹　neʔ⁵⁵（我爱花衣服）

我　衣服　花　　爱　（助）

ŋɔ⁵⁵　　a³¹　　　tse³¹　＝　ŋɔ⁵⁵　　tse³¹（我的衣服）

我的　（助）（衣服）　我的　衣服

nuaŋ⁵¹　a³¹　　　tse³¹　＝　nuaŋ⁵¹ tse³¹（你的衣服）

你的　（助）（衣服）　你的　衣服

n̠aŋ³¹　a³¹　　　tse³¹　＝　n̠aŋ³¹ tse³¹（他的衣服）

他　（助）（衣服）　他　衣服

ŋɔ⁵⁵ nuaŋ⁵⁵ a³¹ phɔʔ³¹ n̠eʔ⁵⁵（我是你父亲）

我　你　　父亲　是

ŋɔ⁵⁵　a³¹　　u³¹ suŋ³¹（我的帽子）

我　的　　帽子

ŋɔ⁵⁵ tʂai⁵⁵　a³¹ pzɔ⁵⁵ n̠u⁵⁵ pɔ³¹（我拿了哥哥的书）

我　哥哥　的　书　拿　了

n̠aŋ³¹　a³¹ tɕaʔ³¹　ma³¹ ni⁵⁵（他母亲不在）

他　母亲　　不　在

傈僳语的词头 a⁵⁵（或 a⁴⁴），除了用作名词和疑问代词的词头外加在形容词之前就可以表示疑问，如（木玉璋 1982，46 页）

mo⁴⁴ 高　　　a⁴⁴ mo⁴⁴ 高吗？

nɛ⁵⁵ 深　　　a⁴⁴ nɛ⁵⁵ 深吗？

vu³¹ 大　　　a⁴⁴ vu³¹ 大吗？

thu⁴⁴ 厚　　　a⁴⁴ thu⁴⁴ 厚吗？

在普米语和木雅语中，词头 a 或 ɛ 加在形容词、动词前，都表示疑问，例如（木玉璋 1982，47 页）：

普米语：ɛ²³ pʻʒi⁵⁵ 好吗？　　　　ɛ²³ ta⁵⁵ 大吗？

　　　　ɛ²³ tsʻɤ²³ 胖吗？　　　　ɛ²³ də²³ 是吗？

　　　　ɛ²³ ʂã̃⁵⁵ 长吗？　　　　ɛ²³ bõ⁵⁵ 有吗？

木雅语：a⁵⁵ pʻɑ³³ 劈吗？　　　　a⁵⁵ qʻɑ⁵⁵ ti³³ 等吗？

　　　　a⁵⁵ bʻo³⁵ 洗吗？　　　　ɛ⁵⁵ nduɯ⁵⁵ 有吗？

　　　　ɛ⁵⁵ kʻi⁵³ 懂吗？　　　　ɛ⁵⁵ ŋɛ⁵⁵ ti³³ 是吗？

　　从上述哈尼语、阿昌语、傈僳语、普米语、木雅语的词头 a（ɑ /ɐ /ɛ）看，和汉语方言的词头"阿"和古籍中的词头"阿"基本一致，可知其来源相同。

　　最后，词头a-在少数民族语言中可以表示指示义，或就用作指示词。

　　凉山彝语用词头a-表远指，例如（朱建新 1984，35—36 页；1986，47 页）：

thi⁵⁵ 这（场所）	a³³ di⁵⁵ 那（场所）
thi⁵⁵ ko³³ 这儿	a³³ di⁵⁵ ko³³ 那儿
tshη³³ 这	a³³ dzη³³ 那
tshη⁴⁴ ma³³ 这个，这位	a³³ dzη⁴⁴ ma³³ 那个，那位
tshη³³ ga⁵⁵ 这里	a³³ dzη³³ ga⁵⁵ 那里
tshη⁴⁴ gɯ³³ 这些	a³³ dzη⁴⁴ gɯ³³ 那些
tshη³³ ʑe⁵⁵ 这种	a³³ dzη³³ ʑe⁵⁵ 那种
tshη²¹ tɕo²¹ 这边	a³³ tɕo²¹ 那边
tshη²¹ thɯ³³ 这时	a³³ dzη⁴⁴ thɯ³³ 那时

扎巴语也用词头 a⁵⁵ 表远指，例如（陆绍尊 1985，71 页）：

近指	远指
u⁵⁵ ti⁵³ 这	a⁵⁵ tə⁵³ 那
u⁵⁵ ka⁵³ 这里	a⁵⁵ ka⁵³ 那里

木雅语ɐ⁵³表近指，wɐ²⁴表远指，ɐ⁵³和 wɐ²⁴ 与词头 æ³³（a⁵⁵）同源。例如（黄布凡 1985，67 页）：

ɐ⁵³ tsə³³ 这个	wɐ²⁴ tsə³³ 那个
ɐ⁵³ nə³³ 这些	wɐ²⁴ nə³³ 那些
ɐ⁵³ kʰɐ³³ 这儿	wɐ²⁴ kʰɐ²³ 那儿
ɐ⁵³ tsə³³ pu³³ 这时	wɐ²⁴ tsə³³ pu³³ 那时

木雅语的指示词ɐ⁵³、wɐ²⁴同时又是第三人称代词（同上 67 页）：

ɐ⁵³（wɐ²⁴）tsə³³（单数第三人称）

ɐ⁵³（wɐ²⁴）tsi⁵³ nə³³（双数第三人称）

ɐ⁵³（wɐ²⁴）nə³³（复数第三人称）

　　怒族的柔若语，词头ʔɑ⁵⁵就单独用作近指词，表示"这"。如（孙宏开 1985，72 页）：

ʔɑ⁵⁵ ia³³（这个，指人）　　　ʔɑ⁵⁵ ka⁵⁵（这儿）

　　贵阳花溪区甲定苗话，有一个名词词头，声母是 q，韵母随词根的韵母而定。通过和其他苗语的比较，我们清楚地看到，一是苗语的名词词头基本上是 qa 的声韵结构；二是词头 qa 和 a 是声音变体，并无本质区别。例如

（乐赛月 1979，203 页，带括号的是词根与甲定话不同源或虽同源而不带前加成分的）：

汉义	甲定	甲浪	雅绒
身体	qæ¹³ tɕæ¹³	qa³³ tɕe²⁴	qa⁵³ tɕɛ¹³
嘴	qə¹³ ȵtɕə⁵⁵	qa³³ ȵtɕəu⁵⁵	qa⁵³ ȵtɕu⁴⁴
颈	qɑ̃¹³ qɑ̃¹³	qa³³ qaŋ²⁴	qa⁵³ qaŋ²⁴
腿	qɑ¹³ pɑ¹³	qa³³ pa³³	qa⁵³ pa⁵⁵
骨头	qɑ̃¹³ shɑ̃¹³	qa³³ shaŋ²⁴	qa⁵³ saŋ¹³
皮	qə¹³ tə¹³	qa³³ tə²⁴	qa⁵³ taɯ¹³
尾巴	quɯ¹³ tɯ¹³	qa³³ tu²⁴	qa⁵³ tu¹³
叶子	qõ³¹ mplõ⁵⁵	qa³³ mplen⁵⁵⁻¹³	(mploŋ⁴⁴)
穗子	qɑ̃³¹ n̥hɑ̃²⁴	qa³³ l̥haŋ³³	qa⁵³ n̥a⁵⁵
种子	qõ³¹ n̥hõ²⁴	qa³³ len³³	qa⁵³ nuɯ⁵⁵
镰刀	qɛ¹³ lɛ²²	qa³³ læ⁵⁵⁻¹³	qa⁵³ le⁴⁴
裹腿布	qõ¹³ ȵʈhõ²⁴	qa³³ ȵʈsen³³	qa⁵³ ȵʈshoŋ⁵⁵

汉义	高摆榜	石门坎
身体	a³³ tɕe⁵⁵	a³³ tɕe⁵⁵
嘴	a³³ ȵtɕə⁵³	a³³ ȵdʑɦiau³⁵
颈	a³³ paŋ⁵⁵	(hi⁵⁵ tl̥aɯ⁵⁵)
腿	a³³ pa³³	(a⁵³ dʑi⁵³ pa⁵⁵)
骨头	a³³ tshaŋ⁵⁵	a³³ tshaɯ³³
皮	a³³ tɯ⁵⁵	pi³³ tey³³
尾巴	a³³ tɯ⁵⁵	(a⁵⁵ndzɦiau¹¹)
叶子	a³³ mploŋ⁵³⁻¹³	a³³ ndlɦiau³⁵
穗子	a³³ l̥haŋ³³	a³³ n̥aɯ⁵⁵
种子	a³³ nə³³	(tʂaɯ⁵⁵)
镰刀	a³³ len⁵³⁻¹³	a⁵⁵ lie⁵⁵
裹腿布	a³³ ȵʈshuŋ³³	a⁵⁵ ȵʈhau⁵⁵

汉义	腊乙坪	养蒿
身体	qɔ³⁵ tɕɯ⁴⁴	qa³³ tɕi²⁴
嘴	pa⁴⁴ ȵɔ³¹嘴唇	(ȵu⁵⁵鸟嘴)
颈	sũ⁴⁴ nqũ⁴⁴	qa³³ qoŋ³⁵
腿	qɔ³⁵ pa²⁴	qa³³ pa³³
骨头	qɔ³⁵ sũ⁴⁴	qa³³ shoŋ³⁵

皮	qɔ³⁵ tə⁴⁴	(tu²⁴)
尾巴	pi⁴⁴ tɯ⁴⁴	qa³³ tɛ²⁴
叶子	qɔ³⁵ nu³¹	qa³³ nə⁵⁵
穗子	qɔ³⁵ ṇhei³⁵	qa³³ ṇhaŋ³³
种子	qɔ³⁵ ŋu³⁵	qa³³ ṇhu³³
镰刀	(qɔ³⁵ mpo⁴⁴)	qa³³ len⁵⁵⁻¹³
裹腿布	qɔ³⁵ ɳʈhou³⁵	(ʈhu³³)

词头 ka（qa）、a 是声音变体、来源相同，这一点在汉语方言和壮侗语中都有反映，可以说很一致，我们从"喜鹊、跳蚤"两个词在汉语方言及壮侗语的读音上可以得到进一步的证实。例如（游汝杰 1993，28 页）：

	尤溪	龙岩	阳江	梅县	福州	建瓯	莆田	杭州
喜鹊	ka³ tʂhi⁷	aˡ tʂhaʔ⁷	aˡ tʃhiɛk⁷	a⁵ siak⁷				
跳蚤					ka⁵ ʒau³	ke³ tse³	koˡ tsau³	kəʔ⁷ tsɔ³

	壮语	傣语	侗语	水语	布依语
喜鹊	kaˡ ɕaːk⁷	kaˡ tsak⁹	aˡ ɕaːk⁹	qa⁰ ɕaːk⁷	aˡ jiaʔ⁷

词头 ka（qa）、a 相通，来源一致到此已经明确了。从少数民族语言和汉语方言的比较看，这个词头 a 就是"阿"，这个词头 ka（qa）就是"圪（尕）"，山西长治话跳蚤就说"圪蚤"[daʔ⁵⁴ tsɔ⁵³⁵]（侯精一 1985，105 页）。所以，要探讨词头"圪、阿"的来源，只要突破一点，或者是"圪（或 ka）"，或者是"阿（或 a）"就可以。

三 词头"阿、圪"或"a、qa"都来源于量词"个"

探讨"圪、阿"的语源，我们选择从词头"圪"或 ka 的来源说起，而且选择武鸣壮语的词头说起。武鸣壮语有个词头 kɯ⁵¹，壮字写作"哛"，这个词头同时又是量词，相当于汉语的"个"。而且，词头 kɯ⁵¹ 和量词（兼表指示）的 kai²⁴ 常混用不分，这个壮语 kai²⁴ 显然和汉语"个"同源，所以 kɯ⁵¹ 也是"个"的声音变体，这和山西长治话词头"圪"和量词"个"同音也相一致。请看李方桂（1953）的《武鸣僮语》：

kɯ⁵¹ 用作词头：

kɯ⁵¹ kɑɯ³³ 我（85、87、91 页）

kɯ⁵¹ muŋ⁵¹ 你（85、91、123 页）

kɯ⁵¹ te³³ 他（85、123 页）

kɯ⁵¹ rɑɯ⁵¹ 我们（163 页）

（按 kɯ⁵¹ rɑɯ⁵¹ 又作 pu⁵¹ rɑɯ⁵¹，76 页，pu⁵¹ 是量词。）

kɯ⁵¹ nai⁵¹ 现在；此时（83、101 页）

kɯ⁵¹ nai⁵¹ 这个（161 页）

kɯ⁵¹ rɑi⁵¹ 当真、真的（161、165、168 页）

kɯ⁵¹ rɯk¹² 忽然（135 页）

kɯ⁵¹ ma³¹ 什么（83、59、99、101、107、109、161 页）

kɯ⁵¹ 用作量词：

koi⁵⁵ kɯ⁵¹ ʔdɯan³³　几个月（167 页）
几　　　　月

koi⁵⁵ kɯ⁵¹ pi³³ 几（个）年（169 页）
几　　　年

kɯ⁵¹ ma³¹ 也作 kai²⁴ ma³¹ 或 kai²⁴ kɯ⁵¹ ma³¹：

kai²⁴ ma³¹ ne⁵⁵ 什么呢？（42 页）

ʔan³³ kai²⁴ ma³¹ kɯ⁵¹ nɑi⁵¹ 不知这个是什么
不知　什么　　这个　（161、250 页）

kai²⁴ ma³¹ ŋau³³ tem⁵⁵ ŋwem⁵⁵ 什么东西弯曲曲
什么　　弯　弯曲貌　（189、269 页）

kai²⁴ ma³¹ xoŋ²⁴ kwa²⁴ rɑi²⁴ 什么比蛋（黄）还红
什么　红　过　蛋（黄）　（189、269 页）

θiŋ²⁴ kɯ⁵¹ ma³¹ 姓什么
姓　　什么　（59、201 页）

xau¹³ kɯ⁵¹ ma³¹ 名字叫什么
号　　什么　（83、217 页）

hoi²⁴ lau³³ kai²⁴ kɯ⁵¹ ma³¹ 恐怕什么
恐怕　　　什么　（161、250 页）

ʔau³³ kɯ⁵¹ ma³¹ ʔdɑi⁵⁵ kau²⁴ 拿什么来救
拿　什么　得　救（109、225 页）

kɯ⁵¹ nɑi⁵¹ 也作 kai²⁴ nɑi⁵¹：

kai²⁴　nɑi⁵¹ ʔi⁵⁵ rɑɯ³¹ ʔau³³　这有什么办法
样、件 这 有　什么办法（97、221 页）

kai²⁴　nɑi⁵¹ θam³³ ʔbau⁵⁵ θoi²⁴ 这东西不三不四
样、件 这 三　不　四　（161、250 页）

ʔan³³ kai²⁴ ma³¹ kɯ⁵¹ nɑi⁵¹ 不知这个是什么
不知　什么　这个　（161、250 页）

尽管 kai²⁴ nɑi⁵¹ 译作"这、这东西"，kɯ⁵¹ nɑi⁵¹ 译作"这个"，实际上都是这个、这件的意思，都是近指词加上量词的结构。

我们还要指出，这个词头兼量词的 kɯ⁵¹ 还有一个 ka⁵¹ 的变体，例如 kɯ⁵¹ nɑi⁵¹（现在）又作 ka⁵¹ nɑi⁵¹（298 页）。

壮语的量词 kai²⁴ 和壮语"介绍"kai²⁴ çau²⁴（298 页）的"介"完全同音，这和汉语的量词"个"在关中及客家话中读[kaiˀ]的音完全一致。壮语量词 kai²⁴ 兼作指示词的情况如：

kai²⁴ luɯk¹² kɯi³¹ 那些女婿

些 女 婿 （41 页）

kai²⁴ xun³¹ pu⁵¹ pu⁵¹ kan³³ ʔeu³³ 那些人个个同叫

些 人 个 个 同 叫 （43 页）

kai²⁴ hɯɑt²⁴ ʔdi³³ lo⁵⁵ 那腰好了

个 腰 好 了 （51 页）

这和汉语吴语、粤语、客家话等用量词"个"表指示的用法也完全相似。

由于壮语词头 kɯ⁵¹ 有时用同 kai²⁴，所以 kɯ⁵¹ 是 kai²⁴ 的变体，就是量词"个"的变体。犹如汉语方言量词"个"在方言中有多种读法一样，如广州话量词"个"读阴去调[koˀ]，作指示词读阴上调"嗰"[ˀko]，作领属助词又读阴去调"嘅"[kaiˀ]。

如果说武鸣壮语中 kɯ⁵¹ 和 kai²⁴ 互为变体的话，那么在西林壮语中，单数人称代词词头就明确用 kai⁵（可加可不加），例如（李锦芳 1995，19 页）：

单数第一人称：（kai⁵）ku²/ŋɔ⁴/ɛ²

单数第二人称：（kai⁵）muŋ²/la²

单数第三人称：（kai⁵）ti²

武鸣壮语中还有个有趣的现象，那就是汉语其他少数民族语言中的句末叹词"啊"，壮语是 ka⁵¹。例如：

kɑu³³ ka⁵¹ 我啊！

我 啊 （298 页）

we⁵¹ luɯk¹² kɑu³³ ka⁵¹ 我的儿子啊！

唉 儿子 我 啊 （298 页）

ʔdwɑi³³ koi¹² muŋ³¹ lɑɯ³³ ka⁵¹ 不是妒忌你什么啊！

不 忌 你 何处 啊 （298 页）

所以，壮语叹词 ka⁵¹ 和其他亲属语言中叹词 a 相对应的情况，也可以用来证明词头 ka、a 是同一个来源的不同变体。

所以，我们可以说：汉语方言词头"圪、阿"，和壮侗语词头 ka、a 完全对应，而 ka、a 是方言变体。从武鸣壮语看，这个词头 ka（kɯ/圪）是量词 kai（个）的变体。这在巴哼语和海口话中都有反映，可以给我们进一步的启示。

巴哼语（湘桂黔交界处洞口、通道等县瑶族所说的一种话）名词词头

出现最多的是"a、qa",但有些名词单说是,前边带的不是词头,二是量词。例如(据陈其光 1996,74—75 页):

tai qo³¹(条)路　　　　　pa saŋ⁵⁵(把)伞

tai pu¹¹（只）手　　　　　pa taŋ⁵⁵（根）扁担

tai tʻɔ³⁵（张）桌子　　　　pa tei⁵⁵（把）斧头

tai tɕei⁴⁴（座）桥　　　　pa ŋe⁵³（把）火钳

tai pei³⁵（条）腿　　　　tai ȵaŋ⁵⁵（杆）秤

　　巴哼语的词头用得最多的是 a、qa,相当于汉语的"阿、圪"。巴哼语有些名词前边须带量词这一现象,正反映了名词词头的初始形式,而用得最多的量词"个"就语法化为词头"圪、阿",或是 ka(qa)、a,犹如最常用的量词"个"由于可直接冠于名词前起指示作用而演化为指示词一样。而其他不那么常用的量词虽也可直接冠于名词前起构词或指示的作用,但还没有演化为专职的词头或指示词。

　　"个"用作词头,在海口话中就有明显的反映,例如(据陈鸿迈 1996,4、131 页):

个乜=乜（甚么）

个乜物=乜物（甚么、甚么东西）

个乜时候=乜物时候=底个时候（甚么时候）

　　另外,梅县话一种蔬菜叫"个菜"(黄雪贞 1995,64 页),也叫三月菜,原来就是南方到处都有的"介菜(芥菜、盖菜)"。由此还可推知,那种南方的"芥蓝菜",实际上也是"个蓝菜"。

　　从汉语和壮语等少数民族语言的比较中可以看出,这个词头"个"、量词"个"、指示词"个"来源相同。而"个"作为量词,在汉语已有两三千年的历史记载,例如:

　　1)《左传·昭公三年》:又弱一个焉(又死一个)。

　　2)《礼记·大学》:若有一个臣,断断兮无他技,其心休休焉。

　　3)《仪礼·士虞礼》:"俎释三个。"注:"个,犹枚也,今俗或名曰个,音相近。"其实,"个"就是"個、箇"的古代俗写。

　　4)《荀子·议兵》:操十二石之弩,负服矢五十个。

　　5)《史记·货值传》一二九卷:竹竿万个。

引用书目

陈鸿迈　1996　海口方言词典　江苏教育出版社

陈其光　1996　巴哼语　《民族语文》第 2 期

戴庆厦、崔志超　1983　阿昌语概况　《民族语文》第 3 期

侯精一 1985 长治方言志 语文出版社

黄布凡 1985 木雅语概况 《民族语文》第 3 期

黄雪贞 1995 梅县方言词典 江苏教育出版社

李方桂 1953 武鸣僮语 中国科学院

李锦芳 1995 西林壮语人称代词探析 《民族语文》第 2 期

李永燧 1979 哈尼语概况 《民族语文》第 2 期

　　　　 1990 哈尼语名、量、动词的同源现象研究 《民族语文》第 3 期

陆绍尊 1985 扎巴语概况 《民族语文》第 2 期

木玉璋 1982 谈谈傈僳语中的词头 a- 《民族语文》第 2 期

孙宏开 1985 怒族柔若语概况 《民族语文》第 4 期

游汝杰 1993 中国文化语言学引论 高等教育出版社

乐赛月 1979 贵阳花溪区甲定苗语的前加成分 《民族语文》第 3 期

张成材 1994 西宁方言词典 江苏教育出版社

张成材、朱世奎 1987 西宁方言志 青海人民出版社

朱建新 1984 试论凉山彝语词头 a- 《民族语文》第 6 期

　　　　 1986 简论凉山彝语附加式构词法 《民族语文》第 2 期

少数民族语言被动词语源试探

（收入《语言现象的观察与思考》，民族出版社 2005 年）

内容提要：本文从汉语被动式出发，对汉藏语系壮侗语族、苗瑶语族的一些语言所用的表示被动的介词进行语源探讨；同时涉及被认为是南亚语系的莽语、海南回辉话等所用的被动词语源。

引言

本文所谓的被动词就是指表示被动的介词。汉藏语系的语言，汉语族有表示被动的介词，侗台（壮侗）语族苗瑶语族也有表示被动的介词。而藏缅语族的语言一般没有介词，所以表示主动被动时就用助词。

例如，藏缅语族的阿昌语，助词 a 在代词后，表示是主动者或施事。（据戴庆厦、崔志超 1985，56 页）：

ma$ʔ^{31}$ kɔ$ʔ^{31}$ naŋ^{31} a^{31}　tɕɔ^{31} pɔ^{31}。（梨子被他吃了。）

　梨子　　他　（助）　吃（助）

ŋɔ^{55}　a^{31}　mʑaŋ^{55} pɔ^{31}。（被我看见了。）

我　（助）　看见（助）

又如藏缅语族的基诺语，动词有自动态和使动态的区别，有宾语助词 a^{33}，没有表示主动被动的助词（据盖兴之 1986，50、69 页）。宾语助词 a^{33} 在代词后表示宾语（据盖兴之 1986，70 页）：

khə^{42} ŋɔ^{42}　a^{33}　jə^{44}　nœ^{33}。

他　我（宾助）骂（语助）　（他骂我。）

a^{33} phi^{44}　khə^{42}　a^{33}　tɤ^{44} a　nœ^{33}。

　奶奶　他（宾助）　打　（语助）　（奶奶打他。）

还有方向助词 jə^{33} 也可用作宾语助词。例如（据盖兴之 1986，112 页）：

çɔ⁴² li⁴²　jə³³　　phi³³ phiŋ⁴² ve³⁵ nœ³³。

　　小 李（助词） 批　评　被（语助）　（小李挨了批评。）

我们以为，这个助词jə³³表示它前面的"小李"是宾语，是动作的受事。而后面的"ve³⁵（被）"是模仿汉语的"被"，并非表示被动的介词。

　　又如藏缅语族的独龙语，孙宏开《独龙语简志》148 页就指出："在被动句中，被动行为的施动者后面要加助词le³¹"，例如：

　　1）duɯ³¹ guɯi⁵⁵ gɹu⁵³ a³¹ja⁵⁵ iŋ⁵⁵ ne⁵⁵　le³¹　a³¹ta⁵⁵ cɯ³¹。（148 页）

　　　　狗　　叫　那　我们俩（助词）　听见　（狗叫被我们俩听见了。）

　　2）ŋa⁵³　le³¹　ciŋ⁵⁵ wăt⁵⁵ çiŋ⁵⁵ a³¹ja⁵⁵ pɯ³¹ năm⁵⁵ cɯ³¹。（148 页）

　　　　我（助词）　花　气味 那　　闻　（花的气味被我闻到了。）

其实这样的句子并非我们所讨论的有被动介词构成的被动句。这助词所标示的实际上是施动者而已。

　　所以，我们讨论少数民族的表示被动的介词，实际上是主要讨论汉藏语系壮侗语族、苗瑶语族语言的被动词；顺便也涉及南亚语系几个语言的被动词。

一　龙州壮语hɯ²⁴、傣雅语haɯ¹¹可以表示被动、给予等，来自"与"

　　李方桂 1940 年出版的《龙州土语》语料比较丰富，是研究壮语最可宝贵的一种参考资料。书中就反映了龙州话的hɯ²⁴，可以有表示给予、被动、使役、处置、为（替）、向（对）等意思和用法。这里我们只介绍被动和给予的用法。例如（据李方桂 1940）：

表示被动：

1）ŋa:m⁵⁵ hɯ²⁴ ʔi⁵⁵ me¹¹ na:ŋ³¹ ɬi:n³³ tin¹¹ hin³³……（61 页）

　　刚刚　给　些　个　女　仙　听见

（151 页译文：刚好给些仙女听见）。

2）pin²⁴ tu³³ mə³³ lə:ŋ³³ ne⁵⁵ tcau¹¹ fa:t³¹ ʔo³³ ko⁵⁵ mən³¹ fa:t³¹ ha:i³³ pa:i³³ a⁵⁵。（70 页）

　　于是 只 狗 黄 呢 就 给 哥 他 打 死 去 了

（154 页译文：那么那只黄狗呢就给他哥哥打死了。）

3）ʔi⁵⁵ kʼiai⁵⁵ kai⁵⁵ tcau¹¹ hɯ²⁴ mən³¹ naŋ¹¹ pʼo⁵⁵ pa:i³³ a⁵⁵。（89 页）

　　些 卵 鸡 就 给 他 坐 破 去 了

（163 页译文：鸡蛋就叫他坐破了。）

4）mi⁵⁵ çai²⁴ hɯ²⁴ la:uʔ³¹ ɬai³³ kam³³ ma³¹ fa:t³¹。（93 页）

　　不 用 给 老 师 抓 来 罚 （164 页译文：不用被老师抓来罚。）

表示给予：

1）pan³³ hɯ²⁴ ɬaːm³³ po¹¹ luk²¹ baːu⁵⁵。（39 页）

　　分　给　三　个　子　男 （145 页译文：分给三个儿子。）

2）tɕɯ²⁴ kʰau²⁴ tɕɯ²⁴ pʰiak⁵⁵ lai¹¹ ɬe³³ hɯ²⁴ ʔo³³ nai²⁴。（40 页）

　　煮饭　煮菜　放着　给　个　这

（145 页译文：煮饭煮菜给这个人放着。）

3）naŋ³¹ kau²⁴ ʔau³³ hɯ²⁴ dai²⁴。（46 页）

　　能　够　拿　给　得 （147 页译文：可以拿来给他。）

4）kau³³ mi³¹ miŋ¹¹ liŋ¹¹ hɯ²⁴ maɯ³¹。（47 页）

　　我　有　命　令　给　你 （147 页译文：我有命令给你。）

傣雅语hɯ¹¹ 可以表示被动、给予等，用法和龙州壮语很相似。邢公畹《红河上游傣雅语》给我们提供了丰富的语料，例如：

1）tu³³ xaːi⁵³ tan³¹ ka²⁴ swaːn⁵⁵ mən³³ pan²⁴ faːi¹¹, pan²⁴ sai²⁴, tam²⁴ pʲje⁵³。vaːt⁴⁴ nai³¹

　　只　牛　那　去　教　他　纺线　纺纱　织绸缎　回　这

hɯ¹¹ xaːi⁵³ tan³¹ swaːn⁵⁵ tam²⁴ pʲje⁵³。（114 页）

　　给　牛　那　教　织绸缎

（116 页译文：那条牛就来教他纺线、纺纱、织绸缎。这回被那牛教织绸缎了。）

按，拙作《汉藏系语言和汉语方言比较研究》230 页例③中，hɯ¹¹ 的注文讹作“这”，“114 页”讹作“44 页”，谨在此订正。

2）hɯ¹¹ pən¹¹ haːm²⁴ ka²⁴ sən⁵⁵ luŋ⁵⁵ ka²⁴ hot¹¹ nam³¹ vok⁴⁴。（133 页）

　　给　人家　抬　去　园　大　去　浇　水　花

（133 页译文：叫人家抬到大园子去浇花。）

3）ʔaːi¹¹ kʰaːn³¹ jəːu²⁴ ka²⁴ ʔot¹¹ pa³³。ʔot¹¹ hjaŋ¹¹ jwo⁵³, vau²⁴ ʔau³³, hɯ¹¹ huŋ³¹ xo³¹ ka³³ tɕin³³ jwo⁵³。（173 页）

　　阿大　懒　又　去　塞　鱼　塞　干　了　不　拿　让　鹰　和　鸦

吃　了 （180 页译文：懒阿大又去塞流捉鱼，塞干了，不捉，被鹰和鸦吃了。）

我们认为，龙州壮语hɯ²⁴，傣雅语hɯ¹¹，来源相同，都和汉语“与”同源。

我们知道，厦门、永春、漳州、台湾等地的闽南话，表示给予、被动等用法的一个词hɔ⁼（阳去调），陈章太、李如龙《闽语研究》42 页、116 页就写作“与”，周长楫《厦门方言词典》写作“互”。不管怎么写，音韵地位在鱼模韵。

《龙州土语》提供有《汉语借字的音韵系统》一节，我们对照一下汉语借字的读音，就能清楚这个被动词的来历。我们看到，龙州壮语hɯ²⁴，从韵母看，28 页鱼韵字“书、煮、处、薯、锯”就读 ɯ 韵，声调 24 调和汉语的阴上调对应。而“与”在《广韵》中，就载有平、上、去三种读法：

鱼韵平声以诸切、鱼韵上声余吕切、鱼韵去声余誉切。所以，龙州壮语的 huɯ²⁴，和闽南话的hɔ²（还有海南儋州村话的hɔi³⁵），都有对应之处，可以看作是"与"的多种变体。

同样，傣雅语hauɯ¹¹，和龙州话huɯ²⁴相对应，这从系词的读音上也可看到。龙州话系词tɕuɯ¹¹，既可以表示是，也可以表示属于，就是汉语"属"失落入声尾后读入鱼模韵，所以龙州话的"属"tɕuɯ¹¹和"与"huɯ²⁴韵母相同（参张惠英2002，341—343页）。傣雅语系词读tɕauɯ³³，和表示给予、被动等的hauɯ¹¹也是韵母相同。请看：

龙州话：huɯ²⁴（给予、被动、使、让、把、为、向）；tɕuɯ¹¹（是、属）

傣雅语：hauɯ¹¹（给予、被动、使、让、派、叫、对）；tɕauɯ³³（是）

这样，龙州话的huɯ²⁴和傣雅语的hauɯ¹¹都来源于"与"，是非常明确的。当然"与"是以母字，今闽语、龙州话、傣雅语的被动词读的是h声母，这里就有个音韵学上的问题需要说明。本文不详谈音韵（可参《音韵和方言》，2002年8月保定音韵学年会上宣读），只看一下谐声偏旁："与（与）"和"举（举）"。"举"读见母，所以同一声旁的"与"方言读h声母，自是有其来历，也就是说，这是一种古读。

"与"表示给予的意义到处可见，而"与"用作被动的意义在古书中并不常见，但毕竟也能见到。例如《战国策·秦策五》："（夫差）遂与勾践禽，死于干隧。"是指吴王夫差被勾践所擒。

二 龙州壮语ŋ:ai³¹可以表示被动，水语ŋa:i⁴可以表示被动，来自"挨（捱）"

龙州壮语ŋa:i³¹也可以表示被动，先看龙州话的用例（李方桂1940）：

1）ŋe⁵⁵ ja¹¹ to⁴⁵ ŋa:i³¹ mai²⁴ t'u:n²⁴ a³³。（48页）

个 衙 都 捱 烧 完 了 （147页译文：衙门也都捱烧完了。）

2）ło²⁴ ji²³¹ ŋe⁵⁵ na²⁴ tɕau¹¹ ŋa:i³¹ la:i³¹ pai³³ a³³。（54页）

所 以 个 面 就 被 麻 去 了 （149页译文：所以脸就被弄麻了。）

3）tɕau¹¹ ŋa:i³¹ ʔi⁵⁵ fai³¹ nai²⁴ pui³³ hai³³ pai³³ la⁵⁵。（264页）

就 捱 些 火 这 烧 死 去 了 （157页译文：就被那火烧死了。）

4）ni³³ pai³¹ nai²⁴ ŋa:i³¹ ŋo³³ kap²¹ dai²⁴ t'ən³³ ja⁵⁵ la⁵⁵。（102页）

你 次 这 捱 我 捉 得 到 了 （167页译文：你这次被我捉住了。）

这个被动词ŋa:i³¹，就是"挨（捱）"。根据《龙州土话·汉语借字的音韵系统》28页，龙州话读a:i韵的就有"台、袋、乃、耐、猜、带、太、牌、斋、摆、外、快、拜、爱、大、害、鞋"等，所以作者把ŋa:i³¹就用汉字"捱"来写。汉语普通话和方言中用"挨（捱）"表示被动的用法，就很常见。如普通话"挨斗、挨批、挨克（受批评、被斥责）"等都是表示被动的意思。而在西南官话中，"挨（捱）"就是一个明明白白的表示被动的介词了。例如：

柳州话（据刘村汉 1995，154—155 页）：捱狗咬｜捱扯耳朵｜捱扣奖金｜捱雨淋｜捱刮胡子（受批评）

昆明话"挨[æ³¹]"表示被动，"挨[æ⁴⁴]"可以表示给、替、跟、把、向、和等。例如（据张华文、毛玉玲 1997）：

1）下次再把婆婆打，坐在家中挨马踏。（5 页）

2）吃屎还挨狗攥倒。（比喻无能）（6 页）

3）金钩钩，银钩钩，哪个反悔挨天收。（挨天收：遭天报应；不得好死。）（6 页）

按，以上是表示被动的例子。

4）爹，我挨你买茶叶回来了。（挨：替、为）（4 页）

5）你挨我听着！（你给我听着！）（4 页）

6）小冯，你好好坐着，我有话挨你说。（挨：对）（4 页）

7）她长呢挨她妈一模一样呢。（挨：跟、和）（4 页）

按，这是用声调的不同来区别被动和其他的用法。

水语 ŋaːi⁴ 可以表示被动，作者张均如就认为是借自汉语"挨"（王均等 1984，562 页）。水语 ŋaːi⁴ 表示被动的例子书中见得不多，例如（562 页）：

man¹ ŋaːi⁴（laːu⁶ sɿ³）phai³ phin⁴ ljeu²。

他　挨　老师　批　评　了（他挨批评了。）

三　傣雅语被动词 tʂo¹¹/tɕo¹¹ 来自"着"；湘西吉卫苗语被动词 tɔ⁴² 可能也来自"着"

傣雅语是一种傣语方言，它不同于西双版纳傣语，也不同于德宏或其他地区的傣语。傣雅语的 tʂo¹¹/tɕo¹¹ 既可以表示被动，也可以表示完成、结果等意思。邢公畹（1989，5 页）认为，tʂo¹¹ 是较老的说法，tɕo¹¹ 则是较后的说法，但在语料记录中，发音人常常既说 tʂo¹¹，又说 tɕo¹¹（王均等编的《壮侗语族语言简志》280 页记录的傣语被动词作 tso¹³）。tʂo¹¹/tɕo¹¹ 在表示被动时，作者注文按照意义写作"被"；而在表示完成、结果等意思时，作者注文写作"着"，说明作者非常明确，这个 tʂo¹¹/tɕo¹¹ 就是来源于汉语的"着"。请看以下用例（据邢公畹 1989）：

tʂo¹¹/tɕo¹¹ 表示被动

1）snai³¹ lok³² tan³¹ tʂo¹¹ naŋ⁵³ vo¹¹ ʔau³³ taːi³³ a⁵⁵。（103 页）

这时 孩子 那　被　娘　娥　捏　死　了（112 页译文：那孩子被娥娥捏死了。）

按，snai^{31} 标音似有误，原文如此。

2）ka^{24} tʰəŋ^{55} xun^{55} ta:ŋ^{53}，tɕo^{11} ji^{24} naŋ^{53} top^{44} mən^{33} ta:i^{33}。（115 页）

　　去　到　　道路　　被　玉娘　　打　他　死

（117 页译文：走到路上，被玉娘将他打死。）

3）ʔa^{55} je^{11} ha^{11} hiau^{11} tɕo^{11} ji^{24} naŋ^{53}xa^{11} ta:i^{33} tə^{24} pjen^{24} pa^{33}。（115 页）

　　阿　叶　哈　毫　　被　玉　娘　杀　死　呢　变　鱼

（117 页译文：阿叶哈毫被玉娘杀死了哩变成鱼。）

4）tɕo^{11} kau^{33} ʔau^{33} kuŋ^{11} pɔ^{31} ta:i^{33} jwo^{53}。（122 页）

　　着　我　拿　弓　打　死　了（125 页译文：被我拿弓打死了。）

tʂo^{11}/tɕo^{11} 表示完成、结果：

5）mo^{11} tʂɿ^{33} li^{33} a^{55}，xa:i^{53} tai^{24} tʂo^{11} a^{55}，kun^{53} tai^{24} li^{33} a^{55}。（72 页）

　　锅　支　好　了　水牛　找　着　了　人　找　好　了

（83 页译文：锅架好了，水牛找着了，人找好了。）

6）saŋ^{55} va^{11} nəŋ^{55} tʂo^{11}，kaŋ^{33} xam^{11} sə^{55} tɕəu^{24} ma^{53} jwok^{44} kun^{53}。（76 页）

　　若是　动摇　着　　中　夜　虎　就　来　搦　人

（85 页译文：若是摇动了，夜里虎就来搦人。）

7）ʔau^{33} fai^{53} kwok^{44} sau^{13} ŋa^{11}，pʰau^{55} tʂo^{11} haŋ^{55} nok^{32} ʔen^{13}。（91 页）

　　拿　火　燃　烧　草　焚烧　到　尾　鸟　燕

（105 页译文：拿火燃烧草，烧了燕子尾巴。）按，tʂo^{11} 就注为"到"，表示结果。

8）naŋ^{53} vo^{11}han^{55} tʂo^{11}（亦作tɕo^{11}）mən^{33}，ʔau^{33} mɯ^{53} top^{44} sop^{11} pa^{33} kʰje^{11}。（91 页）

　　娘　娥　见　着　　　　　他　拿　手　打　嘴　鱼　木瓜鱼

（105 页译文：娥娘看到他，拿手打木瓜鱼的嘴。）

我们认为，傣雅语的tʂo^{11}/tɕo^{11} 和汉语"着"同源，"着（着）"《广韵》有阴入张略切、阳入直略切、阴上丁吕切、阴去陟虑切四种读法，《集韵》又有阴上展吕切、阳上丈吕切两个读法，这样，从记载看，唐宋以来就有六种读法。今北京话就有tʂao^{55}、tʂao^{35}、tʂuo^{35}、tʂə^{51} 四种读法。傣雅语的tʂo^{11}/tɕo^{11}，和西南官话如柳州话"着"tso^{31}、昆明话"着"tʂo^{31} 的读音很接近。

"着"表示被动，在今北京话中已经不见，但在宋元以来白话作品以及汉语方言中则经常见到。例如：

宋元去华《雨中花》词："两鬓青青，尽着吴霜偷换。"

《秦并六国平话》卷中："二马才交，颜聚便着李信一刀斩了，丧命归泉。"

元无名氏《争报恩》楔子："（丁都管云）小奶奶，可怜见，我正要吃几盅酒，吃便吃，则不要着老夫人知道。"

元杨文奎《儿女团圆》第三折："（俞循礼云）王兽医，添添孩儿怎么着人夺将去？"

又同上："（俞循礼做哭科云）别人家的儿，着他夺将去了，可不气杀我也。"

在西南官话中，"着"用作被动的例子如云南（昆明）话（据黄伯荣1996，527页）：

茶杯着他打烂了。（茶杯被他打破了。）

他着妈打了一台。（他被妈妈打了一顿。）

小杨着汽车碾着了。（小杨被汽车碾了。）

按，"小杨着汽车碾着了"这句话中，第一个"着"表示被动，第二个"着"表示结果。这两种用法和傣雅语tʂo¹¹/tɕo¹¹的用法完全一致。

又如贵州贵阳话，也用"着"表示被动（据黄伯荣1996，525页）：

耗子着猫猫吃了。

碗着他打烂完。

着雨淋了。

下面我们看看吉卫苗语被动词tɔ⁴²。湖南湘西土家族自治区的吉卫苗语，表示被动和从自的介词是tɔ⁴²。例如（据向日征1999）：

1）tɔ⁴²　tɑ³⁵　quɯu⁴⁴ qɑ³⁵。（71页）

　　被（冠词）狗　咬　（被狗咬。）

2）tɑ³⁵　nen³³　tɔ⁴² we³³ pə³¹ tɑ⁴² tɕu³³。（72页）

　　冠词 老鼠 被 我 打 死 了 （老鼠被我打死了。）

3）we³³ tɔ⁴² tɑ³⁵ nen³⁵ qɑ³⁵ ɑ⁴⁴ huɯ⁴⁴。（72页）

　　我 被 蛇　咬 一 口 （我被蛇咬一口。）

这个被动词tɔ⁴²的语源是什么？从158—160页ɔ韵的同韵字"帽、冒、泡使豆子膨胀、表、嫖、庙、灶、找找钱、吵、扫、刀、雕、巧、轿、交、硝、邀、窑、愁、仇、走"等字看，很可能来自"着"。而声母 t 和"着"的古声母"知"和"澄"的古读正相应，就是古音舌头舌上不分，今很多南方方言古"知澈澄"声母字仍读同"端透定"声母。

四　仡佬语被动词ŋkɛ²¹可能和"给"同源

仡佬语表示被动的介词ŋkɛ²¹，和"社[sɛ¹³]、设[sɛ¹³]₂₄₈页 客[qhɛ¹³]₅₉页，海[hɛ³³]₅₄页，债[tsɛ³¹]₅₅页，才[ts'ɛ³¹]₈₃页"（据张济民1993）属于同一个韵母，和西南官话四川成都话"给"读[ke⁵⁵]（据梁德曼、黄尚军1998，151页）或kɛ⁵⁵（据许宝华、宫田一郎1998，4547页）声音很接近。而且和北方官话西南官话如山东枣庄、郯城、江苏徐州、云南鹤庆"给"的读音[ke]（不计声调），山西广灵、云南腾冲"给"的读音[kɯ]（不计声调）也很接近（鼻冠音 ŋ 是由声母 k 所引起）。所以无论从亿佬话读音规律看，还是从和汉语方言的接触交融看，我们都有理由怀疑，这个被动词ŋkɛ²¹ 可能和"给"同源。ŋkɛ²¹ 用作被动介词的例子，如（据张济民 1993）：

1）mpɑ³³ zau²¹ ŋkɛ²¹ su³³ uɑ³³ vaŋ⁵⁵ pen⁵⁵ ŋka³³。（164 页）

　　猪　野　被　我们　打　死　了　（野猪被我们打死了。）

2）su³³ u⁴² ŋkɛ²¹ i⁴² phei⁵⁵ phin²¹ men³³ sen³³。（164 页）

　　他　被　我　批　评　半　天　（他被我批评了半天。）

3）tɒ³³ tɒ³³ li³³ qa¹³ ŋkɛ²¹ mpau³³ n̠tɕi²¹ tɒ¹³ ŋkə⁴²。（168 页）

　　哥哥　的　腿　被　狗　黄　咬　了　（哥哥的腿被黄狗咬了。）

4）su³³ u⁴² ŋkɛ²¹ phɒ⁵⁵ u⁴² vaŋ⁵⁵ sɻ³³ tsɒ²¹。（177 页）

　　他　被　父　他　打　一　顿　（他被他父亲打了一顿。）

5）au¹³, su³³ mu²¹ li³³ luŋ⁵⁵ ŋkɛ²¹ pei⁵⁵ ŋka³³。（174 页）

　　噢　你　的　衣着　烧　了　（噢，你的衣服燃烧了！）

按，例 5 的ŋkɛ²¹ 注文写作"着"，还是表示被动的意思，只是没有引进宾语施事者。

五　广东连南八排瑶ban⁴⁴ 可以表示被动、给予等，来自"分"

广东连南八排瑶ban⁴⁴ 可以表示被动、给予、使役、处置等意义，这里我们就介绍ban⁴⁴ 可以表示被动、给予的用例（据巢宗祺 1990，巢宗祺、余伟文 1989）：

表示被动：

1）tsia⁴⁴ ban⁴⁴ vei⁴⁴ kat⁴⁴ e²²。（巢、余 225 页）

　　我　给　他　打　了　（我被他打了。）

2）tsa⁴⁴ ku²⁴ ne⁵³ ng⁵³ teng⁴⁴ a²², sei⁴⁴ ban⁴⁴ tsa⁴⁴ meu⁵³ ko⁴¹ lo²⁴, pang⁴¹ ni⁴⁴ ken⁴⁴ toi⁵³

　　只　狗　呢　不　精　啊　是　给　只　猫　告　到　到　现在　来

gnan²² kai²⁴。（巢、余 233 页）

　　吃　屎

（286 页译文：这只狗呢，不精啊，是给这只猫告了一下，直到现在还是吃屎。）

3）toi⁵³ ban⁴⁴ vei⁴⁴ ni⁴⁴ biang⁴¹ e²² vei⁴⁴/²¹ tsa⁴⁴ lau²⁴/⁴⁴ ma⁴⁴ ke⁴¹kong⁵³ fu⁴¹ di²⁴/²¹ mu⁴⁴/²²

　　于是　给　他　母　藏　了　他　只　竹　马　过　床　底　去

（于是被他母亲把那只竹马藏到床底下去。）（巢宗祺 109 页）

表示给予：

4）ban⁴⁴ tsia⁴⁴ pia⁴¹ ko⁴⁴ tsi⁴⁴。（巢、余 220 页）

　　给　我　五　角　钱　（给我五角钱。）

5）ban^{44} bun^{24} su^{44} tsia^{44}。（巢、余 220 页）

　　给　本　书　我　（给我一本书。）

6）vei^{44} ban^{44} e^{22} tsia^{44} a^{44} ba^{44} kia^{44} hu^{53}。（巢宗祺 145 页）

　　他　给　了　我　一　把　锄头　（他给了我一把锄头。）

7）vei^{44} ban^{44} e^{22}　a^{44} ba^{44} kia^{44} hu^{53} tsia^{44}。（巢宗祺 145 页）

　　他　给　了　一　把　锄头　我　（他给了我一把锄头。）

广东连南八排瑶语这个表示给予、被动、处置、使役等意义的ban^{44}，和"跟、门、身、份"（巢、余 94 页跟、129 页门、173 页身、巢宗祺 159 页份）都读 an 韵，所以可以判断，这个ban^{44}就是"分"。

"分"表示给予、被动等用法，在汉语方言特别是客家方言中很常见。例如粤西地区的客家话（据李如龙等 1999，206—207 页）：

	高州新垌	电白沙琅	化州新安	廉江石角	廉江青平
给	分pən^{44}	分pən^{34}	分bun^{55}	分pun^{45}	分pun^{55}
被	分pən^{44}	分pən^{34}	分bun^{55}	分pun^{45}	分pun^{55}

又如广东梅县客家话表示给予和被动也都用"分"。例如（据林立芳,1997，95—96 页）：

1）佢分偓五百块钱。（他给我五百块钱。）（96 页）

2）叔公分偓两兄弟发一封利市。（叔祖父给我弟兄俩每人发一个红包。）（95 页）

3）佢留分偓一本书。（他留给我一本书。）（95 页）

4）分偓来封信好无？（给我来封信好不好？）（95 页）

5）禾分牛食撇欸。（禾苗被牛吃掉了。）（95 页）

6）佢分老板赶走欸。（他被老板开除了。）（95 页）

六　海南临高话ɔu^1/ou^{23}/ŋau^{23} 可以表示被动、给予等，来自"要？拿？"

临高话表示给予、被动的那个词，张元生等记作 ɔu^1（《海南临高话》153、180 页），桥本万太郎记作ou^{23}/ŋau^{23}（《临高方言》214 页）。先看用例（出处分别用"张"和"桥本"加以区别）：

表示被动：

1）hau^2 ɔu^1 kə^2 tuat^5 vɔi^3。（张 180 页）

　　我　要　他　骗　了　（我被他骗了。）

2）kə^2 ɔu^1 ma^1 kap^3 lɔ^3。（张 180 页）

　　他　要　狗　咬　了　（他被狗咬了。）

表示给予：

1）ou²³（ŋau²³）ʃək³³ɓun³³kə⁵⁵。（桥本 214 页）

　　to give　　　　book clas.　him

　　（给　　　册　本　他　——给他书_{引者译}）

2）kə⁵⁵ ou²³ ʃin⁵⁵ ə³³ mə⁵⁵。（桥本 282 页 84 例）

　　he　take money　to you (he handed the money to you)

　　他　拿　钱　　你（他把钱交给你。）

这个ɔu¹/ou²³/ŋau²³ 除了表示给予、被动之外，还可以表示要、拿（取）、把、用等意思和用法，所以张元生等《海南临高话》、刘剑三《临高汉词典》（145 页）都把这个词的基本意义看作"要"，因而上述两个被动例子的注文也就用"要"来写。笔者以为，用"要"来表示给予、被动、拿取等意义，自然也讲得通，犹如"乞、丐、讨"都有讨要、拿取的意思，"乞、丐"又都有给予、被动的意思。但比较之下，临高话ɔu¹/ou²³/ŋau²³ 读法中ŋ声母的读法很值得注意，所以笔者更倾向于这个ɔu¹/ou²³/ŋau²³，和四川凉水井客家话的表给予的nau⁵⁵（拿）、江西客赣语表给予和被动的na¹（拿）、福建连城客家话表示给予和被动的"拿"以及其他汉语方言表示被动的"拿"来源一致。

先交代一下语音问题。临高话表示被动的介词的ɔu¹/ou²³/ŋau²³ 读的是萧豪韵，所以研究临高话的著作都把它写作"要"。其实，"拿"虽然在北京话和很多方言中都读na，但在吴语方言如上海话、崇明话、川沙话都读nɔ，就是读同豪韵；很多客家方言如江西上犹、四川凉水井等地也读同豪韵，只是人们写成别的字罢了。

下面看"拿"在几处客家话中表示给予、被动等意义的用例。

江西客赣方言"拿"可以表示给予和被动。例如（据刘纶鑫 1999，633、721、745 页）：

	南康	安远	于都	龙南	全南	定南	上犹	修水
被（打）	拿na¹	拿na¹	拿na¹	拿na¹	拿na¹	拿na¹	拿	拿
（借）给	拿na¹	拿na¹	拿na¹	拿na¹	拿na¹	拿na¹	撩lɔ²⁴	得

上犹话的"撩"lɔ²⁴，是阴平调，是"拿"读同豪韵的又一例证（声母 n、l 不分，是客赣语的常见现象）。

福建连城客家话"拿"nu³³ 可以表示给予、被动等。例如（据项梦冰 1997，361 页、410 页）：

1）拿一惜韭菜我（给我点儿韭菜）

2）拿一惜韭菜拿我（给我点儿韭菜）

3）这件衫拿尔（这件衣服给你）

4）这件衫拿拿尔（这件衣服给你）

5）送一本书拿佢（送一本书给他）

6）送拿佢一件羊毛衣（送给他一件毛衣）（以上 361 页）

7）鱼拿猫公食撒呃（鱼被猫吃了）

8）猪肉拿狗打去呃（猪肉被狗叼去了）

9）衫拿水推走呃（衣服被水冲走了）

10）我拿佢屋底个人骂到半死（我被他家的人骂得狗血喷头）

11）老人硬拿佢装扮死（老人硬是被他折腾死了，（以上 410 页）

按，例 1—6 是表示给予，例 7—11 表示被动。

湖南汝城话"拿"no（阳去调）表示给、被、把等意思。例如（据黄伯荣 1996，530 页、670 页）：

1）拿之相。（给他看。）

2）拿之侬开会。（给他们开会。）

3）拿我气死喽。（把我气死了。）（以上 530 页）

4）被拿雨淋湿喽。（被子让雨淋湿了。）

5）老鼠子拿猫食喽。（老鼠给猫吃了。）（以上 670 页）

最后，四川华阳凉水井客家话 [nau^{55}]可以用作给（替、为）、把等，这个[nau^{55}]就是"拿"的豪韵读法。由于"拿"的豪韵读法鲜为人知，所以董同龢的《华阳凉水井客家话的记音》就只用括号注明意义，没写本字。例如（据董同龢 1956。原文只有注文，没有译文）：

1）ŋai^{13} sa^{55} tau^{31} n̠i?^{42} nau^{55} ȶi^{13} tso^{42} fuŋ^{13}。（104 页）

　　（我）　（明天）　（给）（他）（做媒）　我明天给他做媒。——引者）

2）n̠i^{13}　oi^{42}　nau^{55} ŋai^{13} mai^{55} ɕioŋ^{31} t'oŋ^{13}。（110 页）

　　（你）（要）（给）（我）买　（玩具名）　（你要给我买ɕioŋ^{31} t'oŋ^{13}玩具名——引者）

3）nau^{55} ŋai^{13} k'uei^{31} tau^{31}！（125 页）

　　（给）（我）　跪　（下）（给我跪下！——引者）

3）nau^{55}　ȶi^{13}　koŋ^{31} xau^{31} va^{31}。（105 页）

　　（对）（他）讲　好　话　（对他讲好话。）

4）no?^{55}ɕi^{31} t'ai^{31} kie?^{43} suei^{31}。i?^{43} sən^{55} nau^{55} ȶi^{13} ta^{31} tie^{43} ȶiau^{55} pa^{55} sʅ?^{43}。（122 页）

　　落　起　大　（的）（雨）　一　身　（给）（他）打得　（透）　湿

　　（下起大雨，把他淋得浑身湿透。——引者）

七　云南莽语被动词tɕɔ^{55}pə^{31}大概就是"叫、被"合用

莽语分布在我国云南和越南等地，是一种跨境语言，一般认为属于南亚语系。我国境内的莽语，表示被动的介词是tɕɔ^{55} pə^{31}（叫、被），例如（据

高勇奇 2003）：

1）dal^{55} tçɔ^{55} pə^{31} tçɔp^{55} mə^{31} loŋ^{35} mɛ^{31}。（109 页）

    墙 　叫　 挖　　 洞　 一 　（墙上挖了一个洞。）

2）θin^{55} ʔuaŋ^{51} ʔa^{31} ʔy^{51} tçɔ^{55} pə^{31} hom^{55}。（109 页）

    王某 　　那个 　叫，被 骂 　（王先生今天挨骂了。）

3）mə^{31} θua^{35} ʔə^{31} tauu^{55} tçɔ^{55} pə^{31} mə^{31} gi^{31} pu^{55} dok^{55} hom^{51}。（109 页）

    衣服 　的晾 叫，被 风 吹 掉 过（晾的衣服让风刮下来了。）

4）mə^{31} tçe^{51} ʔa^{31} ʔu^{31} tçɔ^{55} pə^{31} ʔɔ^{31} mə^{31} tçe^{51}。（109—110 页）

    车　 　我的 叫，被 开 　车 　（我的车被人骑走了。）

作者高勇奇认为，"tçɔ^{55}（叫）应是来自汉语的词，pə^{31} 可能是莽语自身的固有词"（110 页）。我们觉得很受启发，这个tçɔ^{55} 大概就是"叫"，今汉语普通话就可以用"叫"表示被动。至于pə^{31}，可能就是来自汉语的"被"，因为"北京"的借音就是pə^{55} tçiŋ^{51}（106 页）。这样，"叫、被"连用，是一种同义词叠用现象。

八　海南回辉话被动词pi^{33} 来自"被"，海南村语被动词bi^3、tsɯəŋ^{5}分别来自"被、赠"

海南回辉话一般认为是南亚语系占语支，被动词用pi^{33}，例如（据郑贻青 1997）：

1）zə^{24} pi^{33} loŋ^{11} zai^{33} tsu^{55} ta:i^{32} ʔa^{33}。（90 页）

    草 被 太阳 烧 死 了 （草被太阳烧死了。）

2）na^{11} ku^{55} pi^{33} miau^{33} ma^{24} phi^{55}。（93 页）

    老鼠 　被 猫 捉 了 （老鼠被猫捉了。）

3）ho^{24} pi^{33} ŋin^{33}ŋau^{24}phu^{43} po^{55} tsa^{55} ʔa^{33}。（93 页）

    船 被 台风 　　打 破 了 （船被台风打破了。）

4）ʔa:u^{11} kau^{33} pi^{33} sa:n^{11} sio^{11} ha^{33}！（105 页）

    衣，我 被 雨 淋 啦 （我的衣服被雨淋了。）

如果只是孤立地看海南回辉话的这个被动词，还不能加以判断是否和"被"同源，但我们再比较一下附近的海南村话，就可以肯定都是来自"被"。

海南村话分布于西部的东方、昌江两县的一些地区，被认为是属于壮侗语族黎语支（参符昌忠 1996，8 页）。海南村话表示被动的介词，符昌忠（1996）记了一个tsiəŋ^{21}，欧阳觉亚（1998）记了两个：bi^3、tsɯəŋ^5。显然，tsɯəŋ^5 和tsiəŋ^{21} 是方言变体，或者就是记音不同而已，来源当是一致无疑。而bi^3 则和回辉话的pi^{33} 相近似。

　　tsɯəŋ⁵和tsiəŋ²¹从既表示给予又表示被动的意义看，从tsiəŋ²¹和"平、饼、兵、命、请、清、情、醒、定、订、领、正、胜"等字都读 iəŋ 韵看，其来源当是"赠"（海南黎语表示给予的tɯːŋ⁵⁵见欧阳觉亚、郑贻青 1983，146、558 页来源也相同，犹如汉语方言中"给、乞、赐、拨、分"等既表给予又表被动是同样的道理）。

　　先看tsiəŋ²¹用作给予和被动的例子（据符昌忠 1996）：

1）kə²¹ vɛn⁴² tsiəŋ²¹ hɔi²¹ buən⁴² sɔi³⁵ mɔ²¹ lɔ³³。（270 页）

　　　我　不　给　那　本　书　你　啦　（我不[还]那本书给你啦。）

2）kə²¹ tsiəŋ²¹ na²¹ ʔiu³⁵。（279 页）

　　　我　给　他　看　（我给他看。）

按，以上两例tsiəŋ²¹表示给予。

3）na²¹ tsiəŋ²¹ ʔa³⁵　hɛk³³ na²¹。（267 页）

　　　他　给　人家　吓　他　（他给人家欺负。）

4）na²¹ tsiəŋ²¹ bai¹³ ʔɔŋ⁴² tsi¹³ duən⁴²。（267 页）

　　　他　给　母亲　骂　一　顿　（他给母亲骂了一顿。）

5）na²¹ tsiəŋ²¹ ʔa³⁵ ʔɔŋ⁴²。（282 页）

　　　他　给　人家　骂　（他被人家骂。）

5）khai³⁵ hɛi⁴² lət²¹ tsiəŋ²¹ khak²¹ ŋat³³ tshɔt³³ zai⁴²˙¹³ lɔ²¹。（282 页）

　　　鸡　这　只　给　狗　咬　死　去　了　（这只鸡被狗咬死了。）

下面看bi³、tsɯəŋ⁵的用例（据欧阳觉亚 1998）：

1）mɔ⁵ zɛn¹ tsɯəŋ⁵ na⁵ vɛn³? （151 页）

　　　你　愿　给　他　不　（你愿意给他吗？）

2）tsɯəŋ⁵ a¹　iu¹ lai³（140 页）

　　　给　人　看见　（被人看见）

按，例 1）表示给予，例 2）表示被动。

3）bi³ khak⁵ ŋat²（140 页）

　　　被　狗　咬　（被狗咬）

4）khai¹ ki¹ na⁵ bi³ miu⁵ tsuən¹ la⁵ lə。（150 页）

　　　鸡　的　他　被　野猫　吃　了　（他的鸡被野猫吃了。）

按，欧阳觉亚《村语研究》虽然没有提供同音字表，但提供有村语汉字读音系统，以及村语汉词汉字两种读音的比较，我们据此加以辨认，那个表示被动的bi³，就是汉语"被"（53 页有声母b例字"被"，74 页有止摄韵母 i 有"篦、比"例字，所以可以推论），音义都合。

　　我们明确了海南村话的被动词是来自汉语"被"之后，再看三亚回辉话的被动词pi^{33}，就知道也是来自"被"。

引用书目

巢宗祺　1990　广东连南油岭八排瑶语言概要　华东师范大学出版社

巢宗祺、余伟文　1989　连南八排瑶语　中山大学出版社

陈章太、李如龙　1991　闽语研究　语文出版社

戴庆厦、崔志超　1985　阿昌语简志　民族出版社

董同龢　1956　华阳凉水井客家话的记音　科学出版社

符昌忠　1996　海南村话　华南理工大学出版社

盖兴之　1986　基诺语简志　民族出版社

高勇奇　2003　莽语研究　民族出版社

黄伯荣　1996　汉语方言语法类编　青岛出版社

李方桂　1940　龙州土语　商务印书馆

李如龙等　1999　粤西客家方言调查报告　暨南大学出版社

梁德曼、黄尚军　1998　成都方言词典　江苏教育出版社

林立芳　1997　梅县方言语法论稿　中华工商联合出版社

刘村汉　1995　柳州方言词典　江苏教育出版社

刘剑三　2000　临高汉词典　四川民族出版社

刘纶鑫　1999　客赣方言比较研究　中国社会科学出版社

桥本万太郎　1980　临高方言　东京外国语大学亚非言语文化研究所

欧阳觉亚　1998　村语研究　上海远东出版社

欧阳觉亚、郑贻青　1983　黎语调查研究　中国社会科学出版社

王均等　1984　壮侗语族语言简志　民族出版社

向日征　1999　吉卫苗语研究　四川民族出版社

项梦冰　1997　连城客家话语法研究　语文出版社

邢公畹　1989　红河上游傣雅语　语文出版社

许宝华、宫田一郎　1998　汉语方言大词典　中华书局

张华文、毛玉玲　1997　昆明方言词典　云南教育出版社

张惠英　2002　汉藏系语言和汉语方言比较研究　民族出版社

张济民　1993　仡佬语研究　贵州民族出版社

张元生等　1985　海南临高话　广西民族出版社

郑贻青　1997　回辉话研究　上海远东出版社

周长楫　1996　厦门方言词典　江苏教育出版社

语缀现象评议*

——汉语方言和仡佬语的一个比较

（《汉语学报》2011 年第 4 期）

本文提出"语缀"，是用来区别于"词缀"。"词缀"一般都认为是词汇、构词平面上的问题，而还有一种是出现于句子或语流中的缀音，姑且称之为"语缀"。这种语缀在汉语方言和民族语言中都能见到，语缀和词缀有联系是肯定的。在有的语言中，语缀在形式上和词缀完全一致，可以说，词缀超出词汇平面进入句子语流，起的作用已经不是构词而是构句，如仡佬话的发语词；在有的语言中，语缀只出现于句子语流中名词之前，而这个加上语缀的名词作为单词或构词时就并不存在，如湖北大冶话的a、个、些。

下面我们以湖北大冶话、湖南娄底话、广西阳朔葡萄平声话、青海西宁话、仡佬话为例来讨论。

一　湖北大冶话

湖北大冶话的a，量词"个、些"，都有作语缀的情形。分别说明如下。

在《大冶方言语法研究》中笔者还没有看到语缀 a 的例句，而《大冶方言的"把"字句》一文（载《中国语言学报》第 10 期），语缀 a 的例句大量出现，这种虚字眼，不是一下子能让人看清的，终于给汪老师捕捉到了。请看：

（1）a牛奶忘见了把糖（牛奶忘记了加糖）

　　　忘见了把糖a牛奶漏。

（2）a菜多把点油，不是不好吃（菜多放点油，不然不好吃）

　　　多把点油a菜漏，不是不好吃

（3）a现饭把个碗装倒（剩饭用碗装着）

（4）超支千把块钱把a旧屋一抵啦［超支千把块钱用旧房子抵（账）］

---

* 本文曾在华中师大召开的语法会上宣读，写作时得到邢福义教授、汪国胜教授的指点，特此致谢。

（5）a 箱子底把 a 老鼠哈扼了（箱子底都被老鼠咬了）

（6）渠吓倒跑 a 广州去躲，了尾还是把人家捉倒了（他吓得跑到广州去躲，后来还是被人家捉住了）

（7）今年子陈贵一家连巴佬儿找个儿 a 夜子把人家杀了［今年陈贵（地名）一家夫妇加个儿子夜晚被别人杀了］

（8）把 a 洋火揩着（把火柴擦燃）

（9）从 a 屋漏拉出来，把渠打个促死（从房子里拉出来，把他打个死）

（10）去把 a 眠床牵下得（去把床理一下）

（11）渠把 a 铺子个钱哈驮跑了（他把店铺的钱都拿走了）

（12）渠一跑去，把 a 摊子打个裸干净（他一跑去，把摊子全砸了）

（13）那个人到渠 a 屋漏来把 a 锅啊锅盖啊哈打了（那个人到他家里来把锅啊锅盖啊都砸了）

（14）渠翻墙逃跑，a 兵打了几枪，冇打倒渠，把 a 墙打了几个凼（他翻墙逃跑，士兵打了几枪，把墙打了几个坑）

（15）渠把 a 细个抱了人家了（他把小的给别人领养了）

（16）带是把 a 猪个吧，a 猪蛮作孽个（这是给猪的吧，猪挺可怜的）

（17）带回 a 田地超生个不把（这次田地超生的不给）

大冶话还有一种语缀，就是量词"个、些"。请看汪国胜《大冶方言研究》126—127 页，"个、些"组成的"量名结构"作主语时用法：

（1）个人不能太自私了（一个）人不能太自私了

（2）个细伢什抹能让他开车欸，你真糊涂（一个）小孩怎么能让他开车呢，你真糊涂

（3）个碗太细了，装不到一坨饭 碗太小了，装不下一点饭

（4）个门矮了点，进出光是撞倒头 门矮了点，进出老是撞着头

（5）些老人闲倒冇得事就抹牌 老人闲着没事就打牌

（6）些后生家变倒总个怕吃苦 年轻人变得非常怕吃苦

（7）些庄稼荒个干净 庄稼全荒了

（8）些生意哈把他做去了 生意都被他做了（以上 126 页）

作者特别指出，"一些通常不用'个'来计量的名词，一旦进入这种句子，也要改用'个'字"。例如（127 页）：

（9）个被窝把他困倒龌龊死了 被子被他睡得脏死了

（10）个雨太落长了，搞倒不能挖麦 雨下得太久了，搞得不能种小麦

（11）个屋真冇做好，看倒丑死人 房子真的没做好，看着很丑

（12）个病果不能好，是谜个理呢 病这么难好，是什么原因呢

笔者以为，在词汇、构词平面上，没出现这种"量名"组合词。只有在句子平面上，才有这样的量名结构，量词"个、些"可用可不用。在例

（1）、例（2）的译文中，作者用了"一个"去译，好像把这类作主语的量名结构可理解为"一"的省略。其实这不是"一"的省略，而是说语缀之前不能有"一"。

二　湖南娄底话

娄底方言量词"滴、只、条"在语流中作语缀的例子，据刘丽华 2001《娄底方言研究》：

滴钱下还赐去哩。（钱都还给你了。）

滴路下话赐我哩。（事情都说给我听了。）

身上下是滴灰。（身上都是灰。）（以上 248 页）

楼高里下是滴书。（楼上全身书。）

只路冇做好，下怪我，不怪你。（这件事没做好，全怪我，不能怪你。）

条喉咙嗒都哭嘶哩。

手里只钱唧嗒冇得。（手里一个都没有。）

人嗒死介哩，滴路莫拿起讲哩。（人已经死了，过去的事别提了。）

你要发狠介读起书嗒对得起滴爷娘。（你要发狠读书才对得起父母。）（以上 249 页）

滴饭下嗒一眼屎，吃介算哩。（饭只剩一点点了，吃完算了。）

滴人嗒下冇来。（人全都没来。）

我一身嗒下是滴灰。（我全身都是灰。）

滴本子嗒下写完哩。（本子全写完了。）

滴书嗒下翻烂哩。（书都翻烂了。）（以上 250 页）

滴蔬菜要莫煮狠哩。（蔬菜不要煮得太久了。）（258 页）

按，《娄底方言研究》的词汇、构词特点、词缀等部分都没见到交代，这种语缀现象只是在例句中出现，是超乎作者意识的自然流露。

三　广西阳朔葡萄平声话

梁福根《阳朔葡萄平声话研究》324 页载有"支笔、个人、本书、把枪、个鸟"的说法。例如：

畜生可以不讲道理，个人_{人类/一个人}就不同

个鸟_{鸟类/一只鸟}都会讲话头

个狗_{狗类/一只狗}都通脾_{明理}，个人_{人类/一个人}当算_{反面}不通脾

同样，阳朔葡萄平声话中的"支笔、个人、本书、把枪、个鸟"之类说法，在单词记录中未见，是口语语流中的实际存在。作者梁福根把这种现象看作是省略了数词"一"，是"量词兼表总量和个量"，只是从语义上去解释，没有从一种有特色的语言现象去观察。

四　青海西宁话

"家"作发语词用，如（据程祥徽《青海口语语法散论》147页）：

（1）家我也不认得。

（2）家我也说不来。

（3）大家都踢足球者，家我踢不成阿，干急！

（4）家我不去阿，硬叫。

五　仡佬语

仡佬话的语缀 $a^{33/35}$、$auɯ^{31}$、ma^{55} 据（张济民《仡佬语研究》）：

$a^{33/35}$ 语缀：

（1）a^{33}　　　　a^{35} qei^{42} n̠e^{55} n̠tɕu^{55} mpə^{42}。（287—288页）
　　（发语词）家　我　有　盐　　没（我家没有食盐。）

（2）a^{33}　　　zue^{21} tsha^{55} li^{33} ntɛ^{55} pu^{13}　pha^{33}　pha^{33} li^{33}。（288页）
　　（发语词）边　山　的　雪　　白白状　的（山头的雪白白茫茫的。）

（3）a^{33}　　　su^{33}　lu^{21} aŋ^{13} nu^{42} tshə^{55} hen^{55} ŋka^{33}。（288页）
　　（发语词）二　捆　柴　那　湿　很　了（那两捆柴太湿了。）

（4）a^{33}　　　sau^{13} nu^{42} su^{33} ta^{33} an^{33} tshu^{55} kɛ^{33} sau^{55} saŋ^{13}，san^{13} ni^{21} an^{33}kɛ^{33} va^{21}
　　（发语词）时　那　我们　住　是　房　烂烂状　　时　这　住　房　瓦
su^{33}。（288页）
大　（从前我们住的是破烂房，现在住的是大瓦房。）

（5）a^{35}　　　den^{31} lu^{31} zi^{33}mi^{33} taŋ^{55} aŋ^{31} tshei^{55} plo^{55} mie^{35} qə^{33}luŋ^{55}。（103—104页）
　　（发语词）坎　地　包谷　种　有　十　蓬　瓜　圆形
　　（包谷地坎上种有十窠南瓜。）

（6）a^{35}　　　mi^{35} auɯ^{31} qe^{33}tshu^{35}　　a^{35}　ti^{35}na^{55}？（105页）
　　（发语词）他　是　人　（发语词）　何处（他是什么地方的人？）

按，作者于103页指出，a^{35} 的黏着性不是很强，有时也可以省略，不影响句子的完整性明确性；288页又说到，发语词和其他词没有结构上的关系，也没有意义上的牵连，它只起引发全句的作用。

我们注意到，发语词位置并不固定，可以在句首或句中如例（6）例（11）；声调可以有所变异，a^{35} 和 a^{33} 互为变体。我们以为，在句中的发语词，或者是词缀，或者别有含意。例（6）中 a^{35} ti^{35}na^{55} 的 a^{35} 可以理解为表领属，而且，$a^{31/35}$ 在句末还表示动作完成，见下文例（12）（15），也就是说，发语词 a^{35} 和 a^{33} 可以有多种词性和用途。

$auɯ^{31}$ 语缀：

（7）aɯ³¹　　ei⁵⁵ aŋ³¹ aŋ⁵⁵　an⁵⁵ an⁵⁵ o⁵⁵。（101 页）

　　（发语词）我　有　没有　妹妹　不　（我没有妹妹。）

（8）aɯ³¹　　mi³⁵ aɯ⁵⁵ to³¹ ʔlo⁵⁵ o⁵⁵。（101 页）

　　（发语词）他　不是　仡佬　不　（他不是仡佬族。）

（9）aɯ³¹　　mɯ³¹ han⁵⁵ vu³³ çe⁵⁵。（101 页）

　　（发语词）你　勿　去　了　（你不要去了。）

（10）aɯ³¹　　aɯ³¹mɯ³¹ ka⁵⁵ maɯ⁵⁵ ma⁵⁵ ka³¹？（101 页）

　　（发语词）　你　吃　饭　不　吃　（你吃饭不吃？）

（11）aɯ³¹　　mi³⁵ vu³³　a³⁵　uan³¹vu³¹ suŋ⁵³ do³¹ qə³³n̠aŋ⁵⁵ tɯ³¹lie³⁵。（105 页）

　　（发语词）他　去（发语词）转身　过　来　摇　头

　　（他转过身来摇了摇头。）

按，例（11）句中的发语词 a³⁵ 实际上也是表示动作完成的意思，因为作者注释的"a³⁵ uan³¹vu³¹（发语词　转身）"就成了发语词在动词之前了。而一般情况是发语词只能是在名词、代词、量词前。笔者怀疑，"mi³⁵ vu³³　a³⁵（他去了）"连读，a³⁵ 表完成，和下文例（12）（15）的 a³⁵ 表完成一致。

　　ma⁵⁵ 语缀

（12）ma⁵⁵　　daɯ³⁵ n̠i³¹ n̠i³⁵ tçi³⁵ suɯ³¹ pei³¹ a³⁵。（105 页）

　　（发语词）个　牛　这　满　二　岁　了　（这头牛满两岁了。）

（13）ma⁵⁵　　biaɯ³¹　la³⁵tsau⁵⁵ bɯ³⁵ vu³³ çe⁵⁵！（105 页）

　　（发语词）群　　姑娘　　那　去　了　（那一群姑娘走了。）

（14）ma⁵⁵　　phɯ³¹ ti³¹ bɯ³⁵ tsho⁵⁵ taŋ⁵⁵ puŋ⁵⁵ o⁵⁵。（106 页）

　　（发语词）棵　树　那　不成　栽　活　不　（那棵树栽不活。）

（15）ma⁵⁵　　mi⁵⁵ mi³⁵　uŋ³¹ n̠i³⁵ pə³³ze³³ a³¹。（106 页）

　　（发语词）母　他　日　这　病　了　（他母亲今天生病了。）

（16）ma⁵⁵　　tçuŋ³¹ uŋ³¹ ti⁵⁵ tço³¹ vu³³ a³⁵ qə³³tso³¹ da³¹ mlɯ⁵⁵。（106 页）

　　（发语词）中　日　　他们　去　　　山　做　活路

　　（白天他们要去山上做活路。）

按，例（16）中的 a³⁵，作者未予注释，从 482 页六枝仡佬语"山"为 qə³³ dzo³¹ 看，qə³³ 是词头，a³⁵ 这里既可以理解为和 qə³³ 叠用的词头，也可以理解为发语词，相当于我说的语缀。

　　最后看看语缀和其他词类的关系，或说语缀的来源。从娄底话、阳朔葡萄平声话看，语缀都来自量词。大冶话"个、些"也是量词，只是 a 还看不清楚。如果和仡佬话排比一下的话，也许要清楚一些。

　　仡佬语语缀 a³³/³⁵ 来自词头 a³³/³⁵ 或 qa³³（a³³/³⁵、qa³³ 有时可互用不别，见张济民 1993，115 页）。qa³³ 就是"仡佬"的词头"仡"，"仡佬"古也作

"哀牢","仡、哀"之别犹如"qɑ³³、ɑ³³′³⁵"之别。"仡佬"者,"个老"也。这样,语缀、词头ɑ³³′³⁵就是量词"个"的异读。

语缀mɑ⁵⁵,来自表母亲、母性的词头 mɒ²¹′³³,mɒ²¹ 同时又可以用作量词,例如:

mɒ²¹ thau³³ ni²¹ tshu⁵⁵ qɑ³³ su³³ sɑ³³ li³³。(116 页)

把　刀　这　是　家　你们　的　(这把刀是你们家的。)

ɑɯ³¹ 这个韵母,在《仡佬语研究》22—23 页的韵母表上就未见,看来是语流中出现的变音。ɑɯ³¹ 可以用作人称代词词头,例如 515 页六枝仡佬语:ɑɯ³¹ ei⁵⁵(我)、ɑɯ³¹ mɯ³¹(你)、ɑɯ³¹ mi³⁵(他)。而且,这个ɑɯ³¹还可表示肯定的判断,相当于"是"(515 页)。

笔者以为,ɑɯ³¹ 大概就是ɑ³³′³⁵的变音。这个虚字眼ɑɯ³¹,即使如张济民这样的有经验学者,也不容易抓住。所以语缀ɑɯ³¹ 大概就是ɑ³³′³⁵的异读,也就是来源于"个"。而且这个ɑɯ³¹还可表示肯定的判断这一点,和湖北大冶话"个"可用作判断(《湖北大冶方言研究》129 页)也相对应,此从略。仡佬话和语缀、词头音同或音近的ɑ³¹′³⁵,在句末也可以表动作完成的用法(见例 12、15,还有例 3 的ŋkɑ³³),和吴语、客家话等很多方言"个"可表动作完成的用法也一致。此从略。

最后,西南官话 "个老子!"的"个",只在单词句中出现。再联系武汉话量词"个、些"的用法,也许可以看得更清楚,既可以看到语缀、词缀的有关来源,也可以看到方言中词缀、语缀发展的不同情况。例如(据朱建颂《武汉方言词典》):

个:个苕_傻家伙|个死货|个杂种|个坯子_{不通人情的人}|个半铫子_{同前}|个木头人|个老实坨子|个杂种事情的(128 页)

些:些人都来了|些伢们蛮吵人|些桌子|些椅子|些书(138 页)

我们再扩展一下,看看"圪"头"圪"尾的地名,这个"圪"也就是用作词头词尾用作语缀的"个"。地名就是专名,可单用,相当于单词句。请看李小平《山西方言地名中的"圪"字词研究》的末尾:

在山西方言地名中,圪字用法还有一些特别的地方。比如"圪曹湾(安泽)、圪村塔(平遥)、圪沟本(平遥)、圪家岭(交口)、圪石(土窊)(阳城)、圪徐沟(娄烦)、前圪雷岭(沁水)"等地名中,出现了"圪曹、圪村、圪沟、圪家、圪石、圪徐、圪雷"的说法,这在非地名方言词汇中是见不到的,这可以看作是圪字的一种特别的用例。还有,如"颉纥(榆次),高阁(蒲县)、南阁(乡宁)、裴阁(汾西)、厦阁(朔城)、严家阁(平定)、大圣阁(盂县)、上阳阁(代县)、下阳阁(代县),北格(太原)、小北格(太原)、西北格(太原)、南格

（太原）、上合格（大宁）、木格（繁峙），上各（沁水），臭水圪（平顺）"
等地名，如果不把它们归入圪字地名的话，会觉得这种地名特别费解，
可如果归入圪字地名的话，又会觉得此处的圪字使用十分特别，类似
"高圪、北圪、木圪、上圪、臭水圪"的说法在非地名方言语汇中也是
见不到的。这是一些有待进一步研究的问题。

笔者以为，李小平文中提到的"在非地名方言词汇中是见不到的"圪
字地名，是否可以这样看待："圪"在首音节的是语缀，犹如"个老子"之
类；"圪"在尾音节的是词尾，量词"个、只、件"等词构成词尾的情形常
见，如：船只、狗只、猫只、物个即粤语"乜嘢"、客家话"脉个"、疑问词、物件、布匹、马
匹、牲口口、头都可作量词、车辆、房间、花朵、檩条崇明话指檩、拖把、打架（捆
架梁金荣142）、吵架、劝架等，吴语崇明话还有"碗盏、灯盏"等。

汉藏语系活语言中这种语缀现象，在古汉语中也存在，清刘淇《助字
辨略》，把古汉语虚词分为三十类，其中一类是"发语辞"，如"夫、盖、
繄、维、其"等。古注疏家并早已指出"其"这个发语词是刘邦故乡沛地
方言：

>《史记·高祖本纪》（中华书局标点本 389-390 页）："（高祖）谓沛
>父兄曰：'游子悲故乡。吾虽都关中，万岁后吾魂魄犹乐思沛。且
>朕自沛公以诛暴逆，遂有天下，其以沛为朕汤沐邑。'"（晋裴骃）
>《集解》：《风俗通义》曰："《汉书注》，沛人语初发声皆言'其'。
>其者，楚言也。高祖始登帝位，教令言'其'，后以为常耳。"

"其"作为语缀，既有用在句首，也有用在句中：《诗·邶风·北风》：
"北风其凉，雨雪其雱。"又《诗·邶风·击鼓》："击鼓其镗，踊跃用兵。"

引用书目

程祥徽　1980　青海口语语法散论　《中国语文》第 1 期

李小平　2008　山西方言地名中的"圪"字词研究　载乔全生主编《晋方
　　言研究》，希望出版社（太原）

梁福根　2005　阳朔葡萄平声话研究　广西民族出版社

刘丽华　2001　娄底方言研究　中南大学出版社

刘　淇　1963　助字辨略　中华书局

司马迁　史记　中华书局标点本

汪国胜　1994　大冶方言语法研究　湖北教育出版社

汪国胜　2001　大冶方言的"把"字句（载《中国语言学报》第 10 期）

张济民　1993　仡佬语研究　贵州民族出版社

朱建颂　1995　武汉方言词典　江苏教育出版社